本书的出版得到

国家重点文物保护专项补助经费资助

句容浮山果园土墩墓群发掘报告

（上）

南 京 博 物 院
镇 江 博 物 馆　编著
常 州 博 物 馆
句 容 市 博 物 馆

文物出版社

图书在版编目（CIP）数据

句容浮山果园土墩墓群发掘报告/南京博物院等编著.
－北京：文物出版社，2019.9
ISBN 978-7-5010-6107-5

Ⅰ.①句…　Ⅱ.①南…　Ⅲ.①墓群－发掘报告－句容
Ⅳ.①K878.85

中国版本图书馆CIP数据核字（2019）第054791号

句容浮山果园土墩墓群发掘报告

编　　著：　南京博物院、镇江博物馆
　　　　　　常州博物馆、句容市博物馆

封面设计：秦　彧
责任编辑：秦　彧
英文翻译：黄义军
责任印制：梁秋卉

出版发行：文 物 出 版 社
地　　址：北京市东直门内北小街2号楼
邮　　编：100007
网　　址：http://www.wenwu.com
邮　　箱：web@wenwu.com
制版印刷：北京荣宝艺品印刷有限公司
经　　销：新华书店
开　　本：889mm×1194mm　1/16
印　　张：38
版　　次：2019年9月第1版
印　　次：2019年9月第1次印刷
书　　号：ISBN 978-7-5010-6107-5
定　　价：600.00元（全二册）

Excavation Report on Burial Mounds at Fushan Orchard in Jurong

(I)

by

Nanjing Museum
Zhenjiang Museum
Changzhou Museum
Jurong Museum

Cultural Relics Press

内容简介

2005年4～9月，为配合宁常、镇溧高速公路建设，南京博物院考古研究所与镇江博物馆、常州博物馆、句容博物馆等单位对江苏省句容市天王镇境内的10座土墩墓进行了抢救性考古发掘。这些土墩墓位于茅山以西、浮山以北的丘陵地带，分别属于浮山果园、东边山、谷城土墩墓群，其中的浮山果园土墩墓群D19、D27、D29、D33位于原浮山果园三队，与20世纪70年代南京博物院、镇江博物馆在浮山果园发掘的7座土墩墓在同一片岗地上，属于同一个土墩墓群。

考古发掘采用四分法，即在墩中心设南北和东西两条隔梁，两条隔梁将土墩墓分为4个发掘区域。考古人员按考古层位学原理解析土墩墓，还原其营造过程，在土墩墓的形制结构、丧葬习俗等诸多方面取得新的突破。

本次发掘共发现墓葬80座、器物群23处、房址2座、界墙1处。浮山果园D29是迄今已发掘的单个土墩中遗迹最为丰富的土墩墓，共发现45座墓葬。墩内最早的墓葬位于土墩中心最早的封土堆内，为平地起封类型；其余墓葬围绕着早期封土堆呈向心式分布，为晚期逐次葬入，除M41外其余墓葬有深浅不一的墓坑。虽然此座土墩墓的遗迹与地层的关系十分复杂，但发掘者较好地把握了地层与墓葬、墓葬与墓葬的关系，为研究者展示了一个复杂的立体模型，是研究一墩多墓类型土墩墓的重要资料。

浮山果园D29M45、东边山D2M1位于两座土墩墓的中心位置，上有"人"字形木构建筑，这类遗迹在江苏、浙江地区同时期墓葬中偶有发现，具有浓郁的地方特色。

东边山D1土墩边缘发现有作为上墩的界域的界墙，平面呈方形，这类界墙是土墩墓发掘中首次发现。

浮山果园D29、东边山D1、谷城D1等3座土墩墓中的26座墓葬发现有人骨、人牙等残留，可确定为墓葬。由于本地区特殊的土壤环境，墓葬中人的骨骸以往很少发现，因此对土墩墓中这类遗迹的性质存有较多争议，此次发现为今后此类遗迹的定性提供了依据。

土墩墓出土遗物十分丰富，共出土各类器物1176件，其中夹砂陶器199件、泥质陶器484件、硬陶器303件、原始瓷器180件。器物年代从西周中晚期至春秋晚期，可分为由早至晚的六期，基本涵盖了这一时期茅山周边地区土墩墓出土器物的所有类型，这些器物组合关系清晰，早晚关系明确，为今后本地区周代器物分期研究提供了珍贵的实物资料。

宁常、镇溧高速公路土墩墓发掘取得了重要收获，被评为"2005年度全国十大考古新发现"，发掘工作受到社会各界的广泛关注，新闻媒体和网络媒体都进行了大量的宣传报道，提高了公民的文物保护意识。

Abstract

From April to September, 2005, to cooperate with the construction of Ningchang and zhenli expressway, Institute of Archaeology of Nanjing Museum, Zhenjiang Museum, Changzhou Museum, Jurong Museum carried out a rescue excavation on ten burial mounds in Tianwang Township, Jurong City, Jiangsu Province.

These mounds are located in the foothills, west of Maoshan and north of Fushan composing the mound groups of Fushan Orchard, Dongbianshan and Gucheng. Among them, No. 19, No 27, No 29 and No.33 mounds at Fushan Orchard are located on the same foothill as those excavated by Nanjing Museum and Zhenjiang Museum in 1970's. Both of them compose a same group of burial mounds.

Perpendicular to each other at the center of the mound, two baulks were designed for the convenience of observing the layers of earth fill of the mound. And then, from top to bottom, just like peeling the onion, the excavation was carried out reversing to the process of earth filling so that the excavator can understand the construction process of the burial mound.

Among the remains of the ten burial mounds, there are 23 deposits of objects, 80 graves, two house foundations and one boundary wall discovered. With 45 burials found, the No.29 mound of Fushan orchard have the most graves among mounds excavated so far. The earliest burial on this mound was interred on the old surface in the center of this mound. Other burial buried in the late stages are distributed in a centripetal pattern on the capping the center burial. Earth pits are universally used in these tombs except No. 41 tomb. Despite of the complication of distribution of remains and stratum, the reporter represents the archaeological relations between the stratum and tombs or that between tombs with a visual stereoscopic model, which will sets a good example for the study of mound with mass burials.

Interred respectively in the centers of No.29 mound of Fushan orchard and No. 2 mound of Dongbianshan, No.45 tomb and No.1 tomb were both equipped with herringbone wooden roof at the entrance of the chamber, which have been occasionally found in the contemporary tombs in Jiangsu and Zhejiang regions and bear a strong local characteristics.

For the first time in the excavation of burial mounds, an earth wall with a square plane, served as the boundary of the mound, has been detected along the edge of No.1 Mound of Dongbianshan.

Among the excavated ten burial mounds, human skeletons or teeth were found from 26 burials on three mounds (No.29 of Fushan Orchard, No.1 at Dongbianshan and No.1 at Gucheng), by which these remains can be identified as graves. Thanks to the specific soil environment, human bone debris was seldom preserved, so there are some controversial issues on the nature and function of the burial mound. This exaction will provide evidence for identification of the similar remains in the future.

Objects from these burial mounds are abundant and a total of 1176 piece of goods have been unearthed. Among them there are 199 pieces of sandy clay vessels, 484 pieces of clay earthwares, 303 pieces of hard pottery wares and 180 pieces of proto porcelains. There objects are dated from middle and late West Zhou to the late Spring and Autumn period, falling into six phases. The finds covers all the categories of burial goods having been discovered in the peripheral area of Maoshan. With a clear assembly and determined clue of evolution, they will provide very precious data for the study of periodization of Zhou wares in this region.

The excavations of the burial mounds along Ningchang and Zhenli expressway have attracted extensive attention from all levels of the society. A large amount of publicity and reports have been carried out by the news media and online media, which has improved citizens' awareness of cultural relic protection. Providing rich materials for the archaeological study, this excavation was rated as one of the Top Ten New Archaeological Discoveries in China in 2005.

序

江苏金坛、句容土墩墓群大型考古发掘报告即将出版，这是江南土墩墓考古的重大学术成果。

催生这一重大学术成果的契机是江苏宁常、镇溧高速公路建设引发的"江苏金坛、句容土墩墓群"文物保护工程。2004年江苏宁常、镇溧高速公路开工建设，这两条公路穿越茅山东、西两侧句容、金坛土墩墓特别密集的区域。南京博物院考古研究所主持了对高速公路沿线土墩墓的抢救性发掘，从4月11日至9月中旬，历时150余天，共发掘土墩墓群40座。这次共清理墓葬233座、祭祀器物群（坑）229个、丧葬建筑14座，出土文物3800余件（组）。此次抢救性考古发掘取得了重大收获，先被评为中国社会科学院考古论坛"2005年中国考古新发现"，随之又被国家文物局、中国考古学会、中国文物报社评为"2005年度全国十大考古新发现"。2007年又荣获国家文物局"2006—2007年度田野考古奖二等奖"（一等奖空缺），以得票数第一排名二等奖第一名。此次土墩墓考古在方法论、学术研究和文化遗产保护三个方面都具有重要的意义。

一 地层学与埋藏学的结合——"剥洋葱"

"2005年江苏金坛、句容土墩墓群"考古发掘过程科学、严谨，出土文物和重要遗迹等阶段性研究成果为解开江南土墩墓之谜提供了第一手科学资料，也为江南土墩墓及青铜时代江南地区社会结构的进一步研究提供了新资料。国家文物局专家组组长黄景略、中国考古学会理事长张忠培先生在考察土墩墓发掘现场后给予高度评价，称之为是我国基本建设工程中考古工作的样板，著名考古学家、"夏商周断代工程"项目首席科学家、北京大学教授李伯谦先生更是称此次土墩墓的发掘是"江南土墩墓考古的里程碑"！

一个考古项目得到国内外学术界的高度关注，获得如此多的荣誉，是基于它的重要收获，而取得这些重大收获是基于考古工作思路、理念、方法的创新。这次抢救性发掘是土墩墓考古史上规模最大的一次，是揭开江南土墩墓之谜的一次历史性机遇。

首先，根据发掘对象的特殊性，我们抛开以前土墩墓考古的框框，引进了遗址的发掘方法，采用四分法和探方法相结合，即土墩留1米宽的十字形交叉隔梁，将土墩分为四个探方。在发掘过程中，改变以往"切蛋糕式"的解剖，四个探方保持同样的进度，根据土质、土色和其他微现象划分地层和遗迹单位，由晚及早，逐层揭露覆土，严格把握每一层每一堆土的平面范围、立体走向和堆积形成过程及其原因，用逆向操作过程还原土墩的营造过程，收到了良好的效果。这一方法，我将其形象的譬喻为"剥洋葱"。在坚持地层学的基础上，引入了埋藏学，将两者结合，从方法上有效解决了20世纪70年代以来中国南方青铜时代土墩墓考古中的重大谜团，还原了青铜时代江南土墩墓的内涵，取得了重大收获。

其次，坚持强化课题意识，带着学术问题去发掘，在发掘中解决问题，发现新问题，抓住每一条线索、每一个信息，尽最大可能解决土墩墓考古中的诸多学术问题。比方说，困扰学术界多年的，土墩墓是一墩一墓，还是一墩多墓？是平地掩埋还是竖穴挖坑？祭祀器物群与主墓葬到底是什么关系？正是这些工作方法和思路，使我们在这次土墩墓考古中有了一系列新的发现，在土墩墓的形制结构、埋葬方式、祭祀习俗等方面取得了诸多重要的学术收获和重大突破。

二　主要收获与学术突破

（一）一墩一墓与一墩多墓并存

在本次发掘的40座土墩中，除了被破坏而埋葬情况不详外，可以确定的一墩一墓有3座，一墩多墓有28座。一墩一墓的土墩除中心部位的一座墓葬外，在其四周不同层面上一般放置数量不等的祭祀器物群（坑），如东边山D2、薛埠上水D2、薛埠磨盘林场D1等。一墩多墓的土墩除一座中心墓葬外，在其四周不同层面上再埋有多座墓葬，如句容寨花头D2底径约20、高约4.5米，在中心墓葬周围的不同层面上葬有26座墓葬、D4在中心墓葬周围埋有20座墓葬和8组祭祀器物群，东边山D1底径约22、高约2.3米，在中心墓葬周围葬有14座墓葬。而浮山果园D29为一底径约30、高约2.8米的土墩，除中心墓葬外，在周边先后埋有44座墓葬和一组祭祀器物群，这是目前发现的在一座土墩中埋葬墓葬最多的土墩。这次发掘充分说明，江南土墩墓不仅存在一墩一墓，而且存在一墩多墓，本次发掘资料显示，一墩多墓的现象明显较一墩一墓普遍存在。

（二）多种埋葬方式共存

"土墩墓是西周时期江南地区一种特殊的埋葬方式，主要分布在苏南、皖南和浙江、上海等长江下游一带。这种墓有坟丘而无墓穴，利用丘陵地带的山冈或平原上的高地，在地面上安置死者和随葬器物，然后堆积起未经夯打的馒头状土墩。每个墩内埋一墓或埋几座甚至十几座墓……"以往学术界普遍认为，作为先秦时期有别于其他地区的特殊葬俗的江南土墩墓一般没有墓坑，采用平地掩埋、平地起封的特殊方式安葬。后来也发现有土坑现象，但并不普遍，主要集中在一墩一墓的土墩中。本次发掘的40座土墩共清理墓葬233座，埋葬方式主要有四种。

第一种埋葬方式为挖坑埋葬，占绝大多数。墓坑为长方形或梯形，直壁，底近水平，墓坑长3米左右，宽1米左右，坑深浅不一，多数墓坑朝墩心一段较深，如寨花头D2M3。

第二种埋葬方式为堆坑掩埋，仅发现一座。东边山D1M13为中心墓葬，在墩子的基础上用较细腻的灰黄土堆成圆形土包，中部预留一带墓道的近长方形墓坑，在东、西、北三面用红褐土夯实堆出宽约50厘米的土墙，形成与墓道相通类似椁室的空间，在其中垫厚约50厘米土后放置船棺和随葬品，再覆土掩埋。墓坑长4.25、宽2.2～3.3米，船棺长2.12、宽0.8、高0.12～0.15米，方向32°，棺内有明显的人骨腐痕，在脚部放置一陶盉，在棺的周围放置豆、碗、瓿、罐、坛、壶、鼎、石器等随葬品41件。这种埋葬方式在一墩一墓土墩中曾有发现，但在一墩多墓土墩中首次发现。

第三种埋葬方式为堆土掩埋，仅属个别现象。如浮山果园D29M41、许家沟D2M4。浮山果园D29M41位于墩子的东北，将⑥a层面略作平整后，堆土掩埋，平地起小封土，封土平面呈长方形，断面为弧形，封土长3.3、宽约1.45、高0.5米，方向205°，出土人牙一组及碗、豆、瓿、罐、坛、鼎等随葬品28件。

第四种埋葬方式为挖浅坑，其上堆小封土。如浮山果园D29M29、M42、浮山果园D27M2。浮山果园D29M29位于墩子西北侧，开口⑤层面上，挖浅坑，直壁，平底，然后上面封土，封土可分两层，墓坑长2.9、宽1.1、深约0.15米，封土最高点约0.5米，随葬豆、碗、瓿、罐、坛、鼎等器物32件。

在很多墓葬中还发现了人牙和人骨朽痕，从另一个方面佐证这些竖穴土坑就是墓葬。

（三）一墩多墓的向心布局

这次土墩墓发掘表明，一墩多墓土墩的墓葬布局方式多样，其中向心结构的布局方式较为特别，与中原及周边地区的墓地布局有着显著的差别，具有浓郁的江南土著特色，在土墩墓考古中也是首次发现。

向心式布局即在土墩中心墓葬周围的不同层面安葬的多座墓葬，头向均朝向中心墓葬，周围的墓葬常出现复杂的叠压打破关系，但与中心墓葬发生叠压打破关系的现象非常罕见。在40座土墩中明确存在这一布局方式的有14座。东边山D1共清理墓葬15座，开口于②、③层面上的14座墓葬均朝向墩子中心的M13。寨花头D2共清理墓葬27座，中心墓葬为M22，开口于周围的不同层面上的26座墓葬均朝向中心墓葬。浮山果园D29共清理墓葬45座，开口于不同层位的44座墓葬均朝向中心的M45，其中②层面上分布有墓葬14座，④层面上分布有墓葬17座，⑤层面上分布有9座墓葬，⑥b层面上的墓葬共5座，每层所有墓葬都朝向土墩中心的主墓，周围墓葬有较多的复杂的叠压打破关系。

（四）形式多样的丧葬建筑遗存

这次发掘的40座土墩中有9座墩子发现了14座丧葬建筑，包括墓上和墓下两种。

墓上建筑主要指在墩子中心墓葬上的建筑，由基槽、两面坡的棚子、石床等部分组成，有的还有通往墓葬的道路，在棚子上再堆土成丘。如浮山果园D29M45为墩子的中心墓葬，由墓门、基槽、柱子、石床及小路组成，墓葬总长7.2米，其中石床长4.3、宽2.1米，路长2.8、宽约1米。从发掘情况推断，M45在墩子基础层面的中心部位挖弧壁、圜底基槽，在基槽内埋剖开的树木片，搭成人字形两面坡的棚子，在东端立柱留门，门两侧用石块垒砌；门外用黑土堆成通往棚内的斜坡道路；棚内垫20厘米厚的土，其上铺设石床。这类棚子建筑与浙江印山越王墓较为类似，这类建筑遗存实际上就是截面呈三角形的两面坡椁室。

墓下建筑一般位于墩子基础层面的中心，建筑内不见遗物，它在中心墓葬的下一层，与中心墓葬没有直接关系，但上下基本对应，在建造中心墓葬时已经撤除或毁坏，仅存基槽、柱洞等，基槽有的全封闭，有的半封闭，有的在基槽内垫有石块。如寨花头D5F1、寨花头D2M22F1、寨花头D1G1和G2、上水D3F1、上水D4F1等等。寨花头D5F1建在土墩中部的⑥层面上，由基槽和柱洞组成，基槽南、北、西三面环绕形成长条状，东部缺口，基槽内密集分布柱洞32个，柱洞基本向内倾斜。基槽的东西中轴线上还有4个圆形柱洞，推测原为两面坡人字形建筑，中心墓葬的石床与基槽范围基本一致。这类建筑应属营造墓地时的标识性祭祀建筑。

（五）墓地界域

本次发掘中有1座土墩有明显的界墙和护坡，1座土墩有土垄，这在土墩墓发掘中首次发现。

句容东边山D1的界墙平面近方形，建造于墓地土墩的基础层面上，外侧有一周护坡，在西、南两面有两个缺口，土墩的堆积基本在界墙范围内，仅最上一层堆积局部溢出墙外。界墙边长约20、残高0.10~0.70米，墙宽约0.15、护坡宽约0.40米。

金坛薛埠上水D4的土垄平面呈弧形，建造于生土面上，中部有一缺口，墩子的基础和各层堆积均在土垄范围内。

从发掘情况看，界墙和土垄起到确定墓地四至的作用。在另两座土墩中发现护坡堆积，其功用可能与界墙、土垄相似。

没有明显界墙、土垄的土墩，其墓地的界域与墩子的基础范围大体一致，墩子堆积包括墓葬和祭祀器物群等活动基本在基础范围内，除最后覆土外，溢出现象较为罕见。也就是说在墩子基础铺垫完后，墓地的范围也就确定了，尚未见扩大墓地基础的现象，这类土墩的基础间接起到了墓地界域的作用。

这些现象说明土墩作为墓地在建造之初就有了明确的规划。

（六）以瘗埋器物群为主要特征的祭祀习俗

以瘗埋器物群祭祀的土墩墓主要是一墩一墓或一墩几墓的土墩，一墩多墓的土墩鲜见或可见一两组零星的祭祀器物群，大量祭祀器物群（坑）在茅山东侧土墩墓中较为常见。祭祀器物群（坑）放置于中心墓葬周围的封土层面上，有的将斜向层面进行平整，形成簸箕形小龛或浅坑。一个墩子里祭祀器物群（坑）的数量在1到25组之间，放置器物数量1到24件不等，器形包括罐、瓿、坛、鼎、豆、碗、盅、盖等。如金坛薛埠茅东D5呈漫坡馒头状，平面大体呈圆形，南北约33、东西约35.5、高约2.1米，保存较好。堆积分10层，共发现墓葬2座，祭祀器物群25组，其中有两组器物群用小土包覆盖。金坛裕巷D1墓葬3座，发现起自于生土面上的平台，在四周发现10组器物群，其中部分器物群有簸箕形坑，如裕巷D1Q6簸箕形坑，开口于②层下，直壁，平底。底部放置器物12件，器形包括硬陶坛、泥质灰陶罐、原始瓷盅和杯等。

（七）还原土墩营造过程

采用"剥洋葱"的方法，通过逆向操作过程还原了土墩的营造过程。从发掘的情况看，本次发掘的多数土墩墓的营造过程：首先平整土地；再在其上铺垫1～3层土，形成土墩的基础，现有资料显示基础完成，也就确定了墩子的范围，即确定了墓地的范围；在基础的中心部位建造中心墓葬及相关建筑，封土形成最早的坟丘。也有在土墩中部生土面或基础面上建造标识性祭祀建筑，后在建筑基础上堆土再建造中心墓葬；以后不同的时期在坟丘上堆土埋墓，或进行祭祀活动；在一定时期后再进行一次封土，停止埋墓和祭祀活动，完成该土墩即墓地的经营过程。

（八）出土了大量有明确层位关系的遗物

这次发掘的40座土墩，共清理墓葬233座、祭祀器物群（坑）229个，出土器物3800余件（组）。墓葬的随葬品组合主要包括原始瓷豆或碗、硬陶瓿、坛、泥质陶罐和夹砂陶鼎等，随葬品一般放置于墓坑的一侧和脚部，其中硬陶坛等高大的器物多放置于脚部，少数墓葬的随葬品仅放置于坑的一侧或脚部，如浮山果园D29M8长4.2、宽约1.2、深0.44～0.8米，方向350°，25件随葬器物沿墓坑一侧放置。随葬品数量少则五六件，多则四十多件，多数在十多件。

无论是墓葬还是器物群都有明确的层位关系，尤其在一墩多墓的土墩中，许多墓葬还存在诸多直接的叠压打破关系，如浮山果园D29仅直接叠压打破关系就有10多组。这在以往土墩墓考古中较为少见。为弥补土墩墓分期中的不足，建立一个更为细化、科学的江南土墩墓分期标尺提供了翔实的第一手资料。

三　土墩墓是见证中华文明一体化进程的重要文化遗产

土墩墓主要分布在江、浙、沪、皖、赣和闽北，它们分布范围大，延续时间长，在中国青铜时代考古当中占据有重要地位。但是，从20世纪70年代江苏句容开始正式发掘并命名，80年代浙江、安徽也发现、发掘土墩墓以来，由于各地发现的土墩结构异常复杂，争议不断，诸多问题遂使土墩墓成为长期以来困扰南方考古学界的谜。土墩墓遗产价值得不到学术的支持。此次发掘使江南土墩墓自20世纪70年代发现以来，首次以其明确、翔实、可靠的田野考古学资料确立了土墩墓在中国青铜时代考古学中的地位，对研究商周时期中原文化和江南土著文化的关系、中华文明的一体化进程等重大课题具有重要意义，同时为推动江南土墩墓的保护提供了最新的价值判断和学术支撑。

"2005年江苏金坛、句容土墩墓群"是江苏大型工程建设中规模最大的考古项目，在江苏考古学史以及文化遗产保护史上都显得尤为重要。这时段恰逢中国考古的目标与任务发生转变的关键时期，也就是说中国考古由"发掘、研究、保护"向"发掘、研究、保护、利用、传承"悄然转变。考古不仅仅是发现，也不仅仅在于研究，更重要的在于保护，在于利用和传承。苏南地区属于城市化进程最为快速发展的地区，土墩墓因为建设而遭到的破坏时有发生，保护的形势也非常严峻，只有充分发掘研究和认识到它的历史价值、文化价值、科学价值，才能引起地方政府对土墩墓的重视，从而做好文物保护工作。土墩墓所蕴含的文化价值与中华文化传统紧密相关，譬如土墩墓的向心结构就具有独特性和唯一性，土墩墓向心结构的布局方式与当时中原地区抑或其他地区的墓地截然不同，它仅仅见于青铜时代的江南地区；土墩墓封土等诸多文化因素也被中原文化所吸纳，成为中国古代陵墓制度和丧葬传统文化中的显著特征。此次土墩墓考古的成果不仅仅是大家所见到的这三部考古报告，还有在茅山东西两侧两个同时被公布为全国重点文物保护单位的春城土墩墓群和薛埠土墩墓群，还有矗立在茅山脚下的江南土墩墓博物馆和南京博物院江南工作站。从文化遗产保护角度看，金坛、句容土墩墓考古成为江苏考古"探索地域文明、保护文化遗产、服务社会公众"的典范。

基于金坛、句容土墩墓群考古重要收获和突破所取得的科学成果廓清了土墩墓自20世纪50年代发现以来的模糊认识，在国内学术界引发了土墩墓源流的讨论，导致了"汉代土墩墓"概念与内涵的大讨论；在东亚范围内，引发了中国土墩墓对朝鲜半岛马韩坟丘墓以及日本古坟影响的讨论。

土墩墓是吴越文化的典型遗存，是江南文脉承前启后的重要物质遗存，是中华文明一体化进程的见证，也是东亚土墩遗存文化圈中具有核心地位的重要文化遗产。江南土墩墓发掘、研究、保护、利用、传承任重道远，还需要我们考古人一如既往的执着与担当，需要我们保持遇到风暴"云娜""麦莎"的那份淡定，面对"极度干旱"和"禽流感"的那份从容——在十四年前句容、金坛土墩墓发掘的夏天。

总领队：林留根

2019年8月26日

前　言

一　缘起与经过

宁（南京）常（常州）、镇（镇江）溧（溧阳）高速公路是江苏省建设的大型基础设施工程项目。宁常高速公路为沿江高速公路的组成部分，西起南京溧水，向东经过镇江句容、常州金坛、武进等地，连接常澄高速公路，全长约87.3千米。镇溧高速公路是扬（扬州）溧（溧阳）高速公路的组成部分，北接润扬大桥，通过丹徒枢纽与沪宁高速公路互通，向南经过镇江丹徒、常州金坛、溧阳等地，在溧阳新昌与宁杭高速公路互连，全长约66.2千米。这两条高速公路是上海至洛阳国家重点公路和江苏省"四纵四横四联"高速公路路网中的重要组成部分。建成后进一步完善江苏省高速公路网络，加快推进长三角公路交通一体化进程，为"泛长三角"地区的形成及其公路交通现代化的实现奠定基础；同时，对改善苏南地区西南部，尤其是茅山老区的交通条件，充分发挥禄口国际机场的通行功能，有效缓解沪宁高速公路运输压力，激活沿线地区发展潜力，促进区域共同发展等均将起到积极的作用。镇溧高速公路先导试验段于2003年10月在镇江丹徒开工建设，宁常高速公路也于2003年10月27日在金坛正式动工。

2004年7～8月，受江苏省文化厅、文物局委托，南京博物院考古研究所对宁常、镇溧高速公路工程所经地域范围进行先期的考古调查和勘探。调查小组由田名利、杭涛、赵东升、盛之翰、朱国平、周润垦等组成，调查发现高速公路将穿越镇江句容、常州金坛土墩墓特别密集的区域，工程沿线涉及四十多座土墩墓。调查组于8月底完成了"宁常、镇溧高速公路文物保护规划"的编制，江苏省文化厅、文物局以及南京博物院考古研究所与省交通厅、省高速公路建设指挥部随即就两条高速公路涉及的文物保护问题开始磋商和协调，形成了抢救性发掘保护的协议。在获国家文物局批准后，2005年4～9月，江苏省文物局专门成立了宁常、镇溧高速公路文物保护工作领导小组。领导小组组织南京博物院、南京市博物馆、镇江博物馆、常州博物馆、南京大学、南京师范大学以及溧水、句容、金坛和溧阳文管会、博物馆等单位共同参加，并从全省其他地市博物馆和考古队抽调了多名专业人员，总共由80余名专业人员分别组成8支考古队同时对高速公路沿线的土墩墓和其他文物点进行抢救性考古发掘，发掘工作由南京博物院主持。江苏省文物局还成立了专家组，对各工地进行业务检查和指导，专家组成员有邹厚本、张敏、魏正瑾、肖梦龙、陈丽华等。发掘工作开始之前，领导小组根据此次抢救性发掘的对象和具体情况，制定和颁发了"宁常、镇溧高速公路考古发掘田野阶段工作要求"，对田野考古操作规程做了强调和细化，如发掘和测量方法、绘图、摄影以及自然遗物标本采集等。

句容和金坛土墩墓群发掘工作由林留根任总领队，王奇志任副总领队，总体负责有关方面的协调、发掘进程的安排、发掘方案的制定和各考古队人员的组织、经费的安排等工作，并分别管理句容片和金坛片的发掘工作，句容片浮山果园、寨花头土墩墓群的具体发掘分别由李虎仁和田名利领队负责，金坛片薛埠土墩墓群的具体发掘则由王奇志和杭涛领队负责。参加人员有：南京博物院考古研究所周润垦、郝明华、赵东升、盛之翰、周恒明，江苏省文物局吕春华，南京大学黄建秋，镇江博物馆王书敏、何未艾、何汉生、李永军，常州博物馆黄建康、唐星良、李威，句容市博物馆翟忠华、文茂秀、胡宁，金坛博物馆（现常州市金坛区博物馆）王卫东、丁明宏、李媛媛，徐州博物馆原丰，淮安博物馆胡兵，新沂博物馆张浩林，此外参加发掘的还有南京大学考古专业04级研究生孙名利，南京大学02级本科生，南京师范大学文博专业02级14名本科生等。

考古发掘从4月11日开始，9月中旬结束，历时150余天。发掘过程中，国家文物局专家组组长黄景略、上海博物馆考古部主任宋建以及省内专家组成员察看发掘现场并举行了现场座谈会，对考古队发掘方法及取得的成绩表示了肯定，并对下一步发掘提出了有益的建议。本次调查在高速公路占地范围内发现土墩墓46座，其中被高速公路建设彻底破坏的6座，实际发掘土墩墓40座。共清理墓葬233座、器物群（坑）229个、建筑遗存14座，出土文物3800多件。发掘过程中，各考古队还对高速公路两侧约1千米范围内的先秦遗址、墓葬进行了调查。

2005年9月至2008年9月，考古队进行了考古资料的整理工作。林留根对整理工作做了统筹安排，具体由王奇志、李虎仁和田名利负责，参加人员有：南京博物院考古研究所杭涛、盛之翰、郝明华、顾篔、朱国平、周润垦、赵东升、马永强，镇江博物馆何未艾、何汉生，常州博物馆黄建康、彭辉，句容市博物馆翟忠华、文茂秀、胡宁，泰州博物馆张长东等。整理期间，南京博物院召开了句容、金坛土墩墓群发掘成果研讨会，国家文物局专家组副组长、故宫博物院原院长张忠培、北京大学中国考古学研究中心主任李伯谦教授、南京博物院邹厚本研究员、中国社会科学院考古研究所副所长白云翔研究员、中国文物报社副总编曹兵武、中国社会科学院考古研究所编辑室主任施劲松研究员、上海博物馆考古部主任宋建研究员、浙江考古研究所所长曹锦炎研究员、副所长陈元甫研究员、陕西考古研究所副所长王占奎研究员、南京大学历史系博士生导师水涛教授、南京师范大学社会发展学院博士生导师裴安平教授，视察了整理工作现场，充分肯定了发掘所取得的成果，对所发现的一些考古现象作了研讨，并对整理工作提出了要求和建议。

二　发掘方法

本次发掘采用探方发掘法，即以墩顶为中心，按正方向将土墩分成4个象限，以1米宽隔梁为间隔形成外侧敞开的4个探方，4个探方按照堆积情况逐层同时下挖，基本保持同步进行，这样既可以通过隔梁的剖面观察封土堆积情况及遗迹现象，又可以控制平面，从而更为清楚地获得土墩堆积各层面以及各层面遗迹的平面关系。

测量则以墩顶为基点，所有测量数据皆采用象限法记录，如：深度为负数，处于第一象限的测点数据皆为正数，处于第三象限的测点数据皆为负数。

关于遗迹的判断，由于学术界对于土墩墓"一墩一墓"和"一墩多墓"存在不同看法，形成不同看法的原因主要是以往土墩墓发掘中很少发现人骨，更未发现过葬具，再加上存在平地掩埋的葬俗，仅靠成组的器物很难作出准确的判断，因而本次发掘时特别关注了土墩墓中成组器物是否有人骨、葬具和石床、器物放置的方式和位置、器物的数量和组合等现象，以期能对其性质作出判断。在未发现人骨、葬具和石床的情况下，发掘中判定墓葬的标准是：一般具有长方形土坑竖穴，少数为平地掩埋但有独自的封土，封土形制较为规整，平面略呈长方形，截面略呈上小下大的梯形，且大多出土有数量较多、器类较为齐全的随葬品，随葬品的放置常沿墓坑壁呈一条直线或"L"形，围绕着埋葬空间排列；也有少数定性为墓葬的器物组器物较少，器类不全，但它们有明显的长方形竖穴土坑，是墓葬的可能性较大；本次发掘对不能明确断定为墓葬的成组器物采用了"器物群"的名称（简称Q），这个名称带有描述性，而非严格的性质判断，其特点器物一般较少，器类不全，多集中成堆分布于土墩外围，多放置于层面或置于地层之中，放置面多倾斜或不平整，少数有较小的土坑，但也有些器物群出土器物较多、器类较全，有的还带有独自的封土，不排除其中有的是墓葬的可能。土墩中堆土（有意而为者，土垄）与一般的封土地层相比有较为规整的形制，同样带有描述性，其性质尚待研究。

土墩的地层堆积根据叠压关系依次编号，有的在同一地层中还划分出小层，以地层名称后加英文字母a、b、c等记录。遗迹则以发现先后为序依次编号。

三　整理与报告编写

1. 整理人员

整理期间，主要进行了发掘资料的检查核对、器物修复、统一定名、器物卡片绘制、器物拓片和摄影。参加器物摄影有王奇志、李虎仁、周润垦、盛之翰。参加器物绘图有王奇志、李虎仁、田名利、杭涛、盛之翰、郝明华、何未艾、何汉生、黄健康、顾篢、彭辉、赵东升、朱国平、周润垦、马永强。进行电脑制作有周润垦、盛之翰、张长东、钱春峰。参加器物修复有周恒明、花纯强、齐军、钱松浦、钱发家等。进行器物拓片有花纯强、文茂秀、胡宁、陈长荣、王凤花。

2. 整理方法

器物的定名方法：土墩墓出土器物的主要器型有釜、鼎、鬲、罐、坛、瓿、大口器、豆、碗、盂、器盖、纺轮等，以往诸多报告中，经常出现不同报告对部分同类器物的名称不同，不同类器物名称相同的情况，如碗、盂、豆和盅，盘、盆、小盆和钵，坛、罐和瓿。本报告采用以往土墩墓报告惯用的名称，如鼎、釜、鬲、大口器、器盖（有的报告将覆豆形器盖称为豆）、纺轮等，对名称较为混乱的器物作如下区别和界定：

（1）坛、罐和瓿

坛：基本为硬陶，少数火候较低类似泥质陶，与罐相比器型较大，器高明显大于器宽。

罐：多为硬陶和泥质陶，少量为原始瓷，侈口，弧腹或折腹，平底。

瓿：大多为硬陶，少量为泥质陶和原始瓷，与罐相比器型较小，器高明显小于器宽。

（2）豆、碗、盂和盅

器型均较小。

豆：一般为原始瓷，与碗和盂的区别在于有或高或矮的圈足。

碗：多为原始瓷，也有少量质地为泥质陶和硬陶，一般为敞口、直口或侈口，弧腹或弧折腹，饼形底或平底，部分内凹。

盂：以硬陶居多，也有少量原始瓷，敛口或侈口小折沿，弧腹或折腹，平底。

盅：皆为原始瓷，多带盖，直口或略敞，也有子母口的，腹较深，上腹壁直，下腹折内收，平底或有内凹。

（3）盘、盆、小盆和钵

盘：器型较碗、盂等为大。大多为泥质陶，敞口或直口，浅腹，平底。

盆：绝大多数为泥质陶，腹部比盘深。

小盆：陶质、形制与盆相似，但器型明显较小。

钵：器型较小，原始瓷，敛口，腹较深。

器物纹饰的名称也采用以往土墩墓报告惯用的定名方法：主要纹饰有方格纹、席纹、菱形填线纹、回纹、折线纹、窗格纹、变体凤鸟纹、堆饰（辫形、S形、倒U形）、弦纹、水波纹、叶脉纹等。绘图对于印纹的处理大多只是绘制器物中部从口到底的一条，带有示意性质。

3.报告编写

资料整理工作完成后，考古队随即开始了发掘报告的编写。本发掘报告以自然地理单元和土墩墓群的分布为依据分为金坛薛埠土墩墓群、句容浮山果园土墩墓群和句容寨花头土墩墓群三部分。

每一部分按照自然地理单元分成土墩墓群逐个介绍，每个土墩墓群则以土墩为单位逐个介绍，内容包括：

位置和概况：介绍自然位置、在该群中的相对位置、地表情况、土墩形状、保存状况等。

地层堆积：介绍地层、地层中出土遗物、采集（包括盗洞和现代坑中出土的）遗物以及地层与遗迹的关系等。

遗迹和遗物：为了较为全面完整地反映遗迹及其中出土遗物的情况，本报告对发现的所有遗迹逐个介绍，其中的出土遗物也是逐件全部（包括残破的）介绍。

　　小结：大致概括该土墩墓的地层堆积、遗迹、遗物的特点和关系，根据出土遗物大致推测土墩墓形成年代上、下限。

　　本卷报告由李虎仁任主编，周润垦、原丰任副主编。第一章和第五章由李虎仁执笔；第二章第一～三节、第五节和第三章第三节由胡宁执笔；第二章第四节由周润垦和原丰执笔；第三章第一节、第二节和第四节由文茂秀执笔；第四章由原丰执笔。

目　录

（上）

附　表

（下）

彩　版

插图目录

第一章　概述

第一节　地理环境与历史沿革

句容市位于江苏省西南部，长江南岸。茅山、宁镇山脉会合境内，是太湖湖西水系和秦淮河东支水系的发源地与分水岭。东与丹徒、金坛毗邻，南与溧阳、溧水交界，西和西北与南京市接壤；北临长江，与扬州市仪征区隔江相望。

句容属丘陵山区，境内多山，在近代地图上注名的有159座，地势南北高，中部丘陵起伏，间以岗塝冲凹及河谷平原，境北大华山最高，海拔437.2米，南部丫髻山最高，海拔410.6米。1985年底，全市总面积1385平方千米，低山区约占16%，丘岗地占71%，平圩区占13%。县境属北亚热带季风气候区，温暖湿润，四季分明，年平均气温15.1℃，日照时数2116小时，降雨量1000毫米左右，无霜期229天，土壤肥沃，自然条件优越，物产丰饶。

市境河流因山丘分割，分为秦淮水系、太湖水系和沿江水系三个部分，共有大小河道44条，310多千米。

句容历史悠久，于西汉元朔元年（公元前128年）置县，迄今已有2000多年的历史。

句容，《禹贡》称其为扬州之域；春秋属吴；战国属越，楚并越遂属楚；秦属鄣郡。

秦置江乘县，三国吴废，晋复置，隋开皇初废，句容境北部属之。

汉置句容县，隶丹阳郡。汉武帝元光六年（公元前129年）封长沙王子党为句容侯，元朔元年（公元前128年）党死，复为县。直至南北朝，均属丹阳郡。

东晋大兴三年（320年）句容琅琊乡、江乘金陵乡立为怀德县，安置琅琊国人。咸康元年（335年）侨置琅琊郡有实土、桓温为太守，治所在金城（今县境宝华乡西部）；南朝宋改为南琅琊郡，齐迁治于白下，陈废。

隋废郡置州，以州领县，句容属扬州。

唐武德三年（620年），以句容、延陵二县置茅州，七年茅州废，句容属蒋州。武德九年（626年）句容划归润州。天宝元年（742年），句容属丹阳郡。乾元元年（758年），昇州辖句容。上元二年（761年）昇州废，句容复归润州。光启三年（887年），复置昇州，句容重归其辖，直至唐末。

五代时期，昇州先后改称金陵府、江宁府，均辖句容。

宋初复置昇州，天禧二年（1018年），置江宁府，辖句容。天禧四年改句容县为常宁县，寻复为句容。南宋建炎三年（1129年）江宁府改称建康府，句容属建康府。

元建省设路，建康府改为建康路，后又改名集庆路，句容归其领治。

明改集庆路为应天府，句容属应天府。

清改应天府为江宁府，句容属江宁府。太平天国时句容直属天京。

民国元年（1912年），江宁府改称南京府，辖句容。民国三年（1914年），废府设道，句容属金陵道。民国十六年（1927年）道废，句容直属江苏省政府。民国二十四年（1935年），江苏省划分10个行政督察区，句容属第十行政督察区。抗日战争时期，句容属江南行署第一行政督察区。民国二十七年（1938年）新四军进入茅山地区，建立了以茅山为中心的苏南抗日根据地，先后成立了"抗敌总会"和"抗日民主政府"，此间根据地和抗日民主政府归苏南第五行政区专员公署（后又曾与邻县地区建立过镇句、江句等县政府）。民国三十二年（1943年）后为苏南行政公署。敌占区被日伪统治。

1945年抗日战争胜利后，句容重归江苏省第一行政督察区。

1949年4月23日句容解放，4月26日句容县人民政府正式成立，属苏南行政公署镇江专员公署。同年12月2日中共中央华东局决定将句容划归南京市所辖，1950年1月仍划归镇江专员公署。1953年江苏建省后属镇江专区。1958年镇江专区改为常州专区，后又改为镇江专区，句容仍属之。

1983年3月，江苏省实行市管县后，句容属镇江市。

1995年，句容撤县设市（县级）。[1]

第二节　发掘历史

句容市境内土墩墓密集，1987年镇江博物馆与华东师范大学地理系运用遥感技术对镇江地区的台形遗址、土墩墓进行了普查，在句容市境内共发现土墩墓2162座（表一）。[2]

表一　句容市土墩墓统计表

乡镇	土墩墓数量	乡镇	土墩墓数量
宝华	0	天王	395
下蜀	2	袁巷	55
亭子	0	茅西	403
黄梅	1	陈武	12
大卓	11	行香	50
石狮	15	磨盘	67
二圣	128	春城	457
后白	303	茅山	160
三岔	0	东昌	12
郭庄	28	白兔	16
葛村	21	环城	26
总计			2162

句容市境内的土墩墓多见于茅山西、北的低山丘陵区，这一区域主要为海拔20～30米的丘陵岗地，土墩墓大多分布在黄土岗地的顶部及坡面上，或三五成群，或数十座至数百座连成一片，分

---

[1] 据《句容市志》修改。

[2] 陆九皋、肖梦龙、刘树人、谈三平：《镇江商周台形遗址与土墩墓分布规律遥感研究》，《东南文化》1993年第1期。

布特点为成群性强、密度大、数量多。如春城乡百培山一带 0.73 平方千米内就有 187 座土墩墓。在茅山西麓有句容县春城乡百培山土墩墓群、后白—葛村土墩墓群、二圣长里岗土墩墓群、天王浮山果园土墩墓群、茅西老鸦岗土墩墓群和茅山张家边土墩墓群等[1]。句容北部的宁镇山脉周边亦有发现土墩墓，但数量较茅山周边少。

浮山果园土墩墓群位于句容市天王镇，天王镇位于句容市西南，北距市区 24 千米，镇区面积 140.9 平方千米，人口 5.6 万，下辖 14 个行政村。天王镇因天王寺得名，天王寺初名丰乐寺，建于茅山之南，唐中和二年（882 年）迁至浮山（即今天王集镇）。镇南有浮山，海拔 221 米，因在早上和傍晚在山北侧向南看低处烟雾缭绕，山若悬于空中，故名；浮山向北是典型的丘陵地貌，蜿蜒伸展着几条东南而西北走向的岗峦。

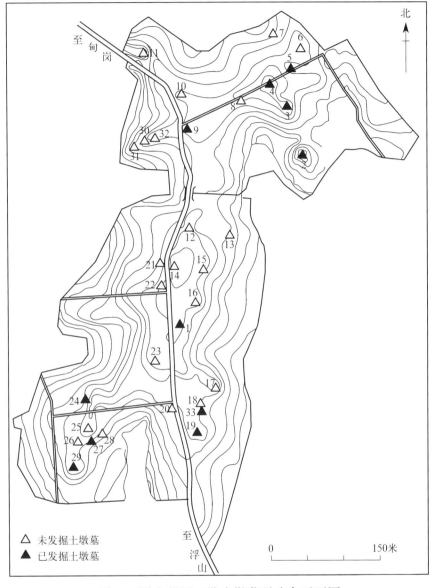

图一　浮山果园三队土墩墓群分布平面图

浮山果园土墩墓群东起陈岗、周岗，西至旬岗，南起浮山脚下，北至天王至溧水的公路，在方圆约 3 千米的范围之内，岗阜上散布着大大小小的土墩墓 150 多个。土墩直径大部分为 10～15、高 2.5～3 米。其中 10 余个大型土墩直径为 40、高 6 米左右。

浮山果园土墩墓群是土墩墓的命名地，20 世纪 70 年代南京博物院、镇江博物馆先后在此三次共发掘 7 座土墩墓，对认识这一类型的古代遗存起了重要作用。三次发掘的土墩墓均位于浮山果园西南的果园三队，分布于一条南北向的岗地上，在南北长约 750、东西宽约 400 米的范围内有土墩墓三十余座（图一）。

1974 年 11 月，镇江博物馆发掘 I 号墩，发掘清理墓葬 16 座，出土器物 358 件，判断其为西周中期荆蛮族家族墓葬。发掘后特邀南京博物院、扬州博物馆、常州博物馆等单位的考古学者到现场

[1]　《江苏考古五十年》，南京出版社，2000年。

会审研究，在发掘报告中正式称这类在江南地区广泛分布不挖墓穴、平地起坟的墓葬为"土墩墓"。[1]

1975 年 5 月，南京博物院发掘Ⅱ号墩，发掘清理墓葬 8 座，出土器物 66 件。发现这类墓葬平地堆土不挖坑、无葬具，墓葬有早、有晚，在大封土下有各自封土，伴有毁器现象，判断该土墩是一个西周武士家族墓地。[2]

1977 年秋，南京博物院发掘Ⅲ、Ⅳ、Ⅴ、Ⅸ和ⅩⅩⅣ号墩，发掘清理墓葬 29 座，出土器物 362 件。[3]
5 个土墩均为一墩多墓类型，墓葬有打破、叠压关系，除"石床"类型、无坑无"床"类型墓葬外，发现有长方形"烧坑"类型墓葬，发现有人头骨及牙齿。报告中作者根据各墓葬的打破、叠压关系，以及同一土墩内墓葬的排比，将 29 座墓葬分为三期，是《江苏南部土墩墓》[4]建立分期的主要依据之一。

第三节　发掘概况

2005 年为配合宁常、镇溧高速公路建设，考古人员在句容市天王镇境内发掘了道路涉及的 18 座土墩墓。18 座土墩墓分属于 5 个土墩墓群，处于茅山以西的丘陵地带，除谷城土墩墓群位置偏东、距离较远外，其余 4 个土墩墓群均位于浮山果园范围内，分布在相邻的岗地上。为了便于区分，使用土墩墓群所处位置最小地理单元将命名细化，由东向西依次为周岗土墩墓群、寨花头土墩墓群、东边山土墩墓群，最西侧的一个土墩墓群发掘的 4 座土墩墓处于原果园三队，与 1974、1975、1977 年南京博物院、镇江博物馆发掘的 7 座土墩墓属于同一片岗地，仍按原浮山果园土墩墓群命名编号。

浮山果园土墩墓群、东边山土墩墓群（彩版一）、谷城土墩墓群发掘土墩墓 10 座（图二），由南京博物院考古研究所李虎仁任领队，报告编入第二部，即《句容浮山果园土墩墓群发掘报告》。

寨花头土墩墓群、周岗土墩墓群发掘土墩墓 8 座，由南京博物院考古研究所田名利任领队，报告编入第三部，即《句容寨花头土墩墓群发掘报告》。

《句容浮山果园土墩墓群发掘报告》各土墩墓群介绍顺序由西向东，依次为：

第二章：浮山果园土墩墓群。土墩墓共 4 座，编号为 JTFD19、D27、D29、D33。

第三章：东边山土墩墓群。土墩墓共 5 座，编号为 JTDD1 ～ D5。

第四章：谷城土墩墓群。土墩墓 1 座，编号为 JTGD1。

发掘工作由南京博物院考古研究所统一安排，江苏省内的徐州博物馆、句容市博物馆指派考古人员参与，南京大学、南京师范大学两所高校多名学生参加。发掘领队李虎仁，参与发掘的主要人员有：李虎仁、周润恳、张浩林、周恒明、原丰、钱松浦、钱海江、文茂秀、胡宁等（彩版二，1、2）。

田野发掘工作从 2005 年 4 月 15 日起，至 2005 年 9 月 13 日结束，历时 152 天。

土墩墓发掘采用四分法，即以墩中心为基点按正方向布探方 4 个（编号 T1 ～ T4），探方间保留 1 米宽"十"字隔梁，按层位逐层发掘，对各层下的遗迹集中清理，遗迹清理完成后再发掘下一层。发掘过程中各探方力求同步在相同层位，在不影响遗迹发掘前提下，尽可能地保留隔梁。

---

[1] 镇江博物馆浮山果园古墓发掘组：《江苏句容浮山果园土墩墓》，《考古》1979 年第 2 期。

[2] 南京博物院：《江苏句容县浮山果园西周墓》，《考古》1977 年第 5 期。

[3] 南京博物院：《江苏句容浮山果园土墩墓第二次发掘报告》，《文物资料丛刊（第 6 辑）》，文物出版社，1982 年。

[4] 邹厚本：《江苏南部土墩墓》，《文物资料丛刊（第 6 辑）》，文物出版社，1982 年。

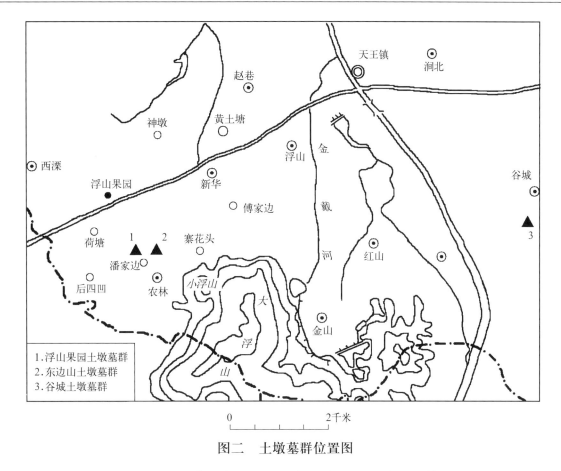

图二　土墩墓群位置图

考古发现的遗迹有器物群、墓葬、房址、界墙等，共计发掘清理墓葬 80 座、器物群 23 处、房址 2 座（组）、界墙 1 处。

出土遗物以陶瓷类为主，另有少量石器；共计出土器物 1176 件，其夹砂陶器 199 件、泥质陶器 484 件、硬陶器 303 件、原始瓷器 180 件、其他器物 10 件。

第二章　浮山果园土墩墓群

第一节　概述

　　浮山果园土墩墓群位于潘家边村北侧，周边是典型的丘陵地貌，顶部海拔约40米，浮山果园土墩墓群、东边山土墩墓群位于两条相邻的土岗上，之间隔一条沟谷，相距约250米。浮山果园土墩墓群位于西侧的土岗上，土岗南北走向，南端有两个分叉，土墩墓即分布于土岗顶部的较高位置（图三）。

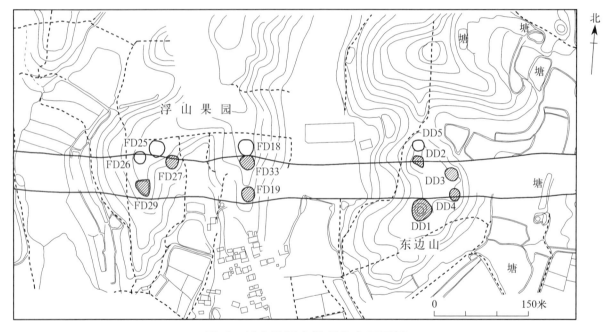

图三　浮山果园土墩墓分布平面图

　　此次发掘了道路涉及的4座土墩墓，位于土岗南端的两个分叉上，其中D27、D29位置偏西，D19、D33位置偏东，之间隔一条低谷（编号分别为JTFD19、D19、D27、D33）。

第二节　浮山果园土墩墓D19

一　概况

　　浮山果园土墩墓D19（编号JTFD19）处于宁常高速主线上，位于天王镇农林大队潘家边村北侧的浮山果园内，西面是通往甸岗村的乡村公路。

JTFD19 遭严重破坏，现存平面呈椭圆形，已经不见隆起的封土，顶部平缓。底部南北残长约 20、东西残长约 15 米，中心最高处高出周围地表约 0.60 米（图四）。

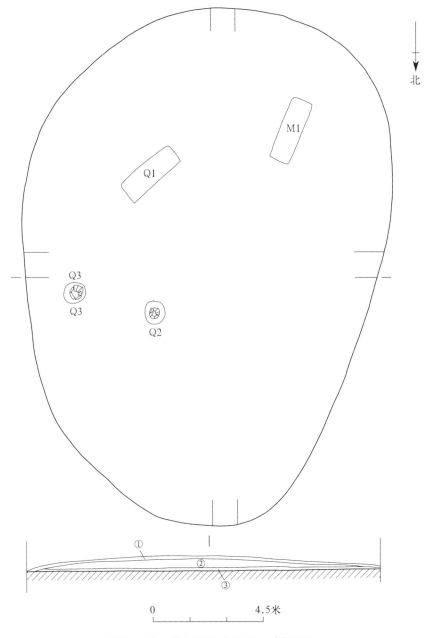

图四　浮山果园JTFD19平、剖面图

二　地层堆积

根据土质土色的不同，JTFD19 封土可分为依次叠压的 3 层（见图四）。

第①层：灰黄色土，厚 0.10～0.15 米。土质略硬，分布于全墩，顶部遭破坏，JTFD19Q1、Q2、Q3、M1 均暴露于此层层面。

第②层：黄灰色土，深 0.10～0.50、厚 0～0.40 米。土质疏松，无包含物，分布于全墩，中间厚，四周薄。

　　第③层:红色土,深 0.10～0.60、厚 0.10～0.15 米。为土墩建造之前的原地表土,土质疏松、纯净。

　　第③层下为生土,红褐色,土质坚硬,纯净。

三　遗迹遗物

JTFD19 出土墓葬 1 座、器物群 3 处,下面按单位逐一介绍。

(一) 墓葬

1 座。

JTFD19M1

JTFD19M1 位于土墩西南部,中心坐标 −2.50×−5.20−0.25 米。为竖穴土坑墓,坑上部已被破坏,打破第①层 (图五;彩版三,1)。坑平面呈长方形,方向约 204°。长 2.50、宽 0.85 米,直壁、平底,残深 0.15 米。坑内填红褐色花土。

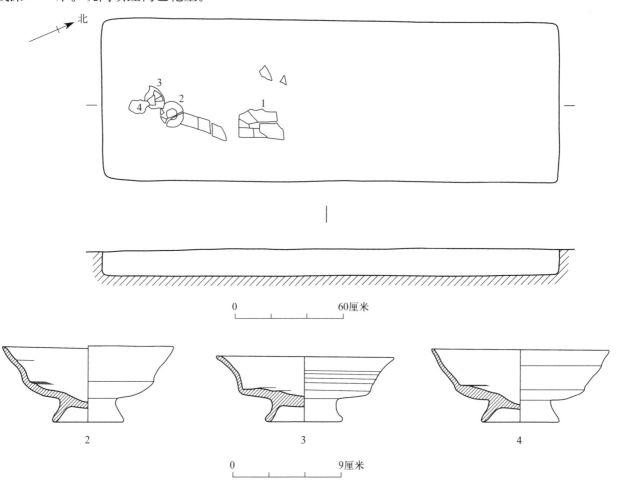

图五　浮山果园JTFD19M1及出土器物
1. 泥质红陶器JTFD19M:1　2～4. 原始瓷豆JTFD19M1:2～4

随葬品有泥质陶器 1 件、原始瓷豆 3 件；陶器残片散布于南侧墓底，原始瓷 2 件正置、1 件倒扣，略高于墓底。

豆　3 件。

原始瓷，灰色胎。敞口，圆唇，折腹，圈足。器内壁有轮制形成的数道弦纹。施灰绿色釉。

JTFD19M1：2，口径 14.0、底径 5.8、高 6.0 厘米（图五，2；彩版三，2）。

JTFD19M1：3，口径 14.6、底径 6.4、高 5.2 厘米（图五，3；彩版三，3）。

JTFD19M1：4，口径 14.4、底径 6.4、高 5.7 厘米（图五，4）。

泥质红陶器　1 件。

JTFD19M1：1，残破严重，形制不明。

（二）器物群

1. JTFD19Q1

JTFD19Q1 为一竖穴土坑，位于土墩东南部，中心坐标 3.00×−3.50−0.07 米。坑上部已被破坏，坑口打破第①层（图六；彩版三，4）。土坑平面大致呈长方形，方向约 50°。坑口长 2.60、宽 0.85～1.00 米，直壁、平底，残深 0.15～0.25 米。坑内填黄褐色土，土质较疏松。

器物置于坑底部，器形较大的器物上部被破坏。出土器物 5 件，其中夹砂陶器 1 件，硬陶器 4 件；器形有釜、坛等，坛正置。

釜　1 件。

JTFD19Q1：4，夹砂红陶。底残。侈口，圆唇，折沿，腹较直。腹内中部有三箅隔。口径 32.0、残高 14.4 厘米（图六，4）。

坛　3 件。

JTFD19Q1：1，褐色硬陶。口沿及肩部残缺。弧腹，平底微凹。腹部饰菱形填线纹。底径 21.6、残高 19.2 厘米（图六，1）。

JTFD19Q1：2，褐色硬陶。口沿及肩部残缺。弧腹，平底微凹。腹部饰菱形填线纹。底径 22.8、残高 34.0 厘米（图六，2）。

JTFD19Q1：3，褐色硬陶。口沿及肩部残缺。弧腹，平底微凹。腹部饰菱形填线纹。底径 21.8、残高 18.4 厘米（图六，3）。

残器　1 件。

JTFD19Q1：5，灰色硬陶，仅余部分器底残片，形制不明。

2. JTFD19Q2

JTFD19Q2 为一浅坑，位于土墩中部略偏东北，中心坐标 2.75×2.00−0.06 米。坑上部已被破坏，打破第①层（图七；彩版四，1）。坑平面近圆形，直径约 0.86 米，直壁、平底，残深 0.40 米。坑内填灰褐色土，土质疏松。

出土器物有硬陶坛 1 件，正置于坑底。

坛　1 件。

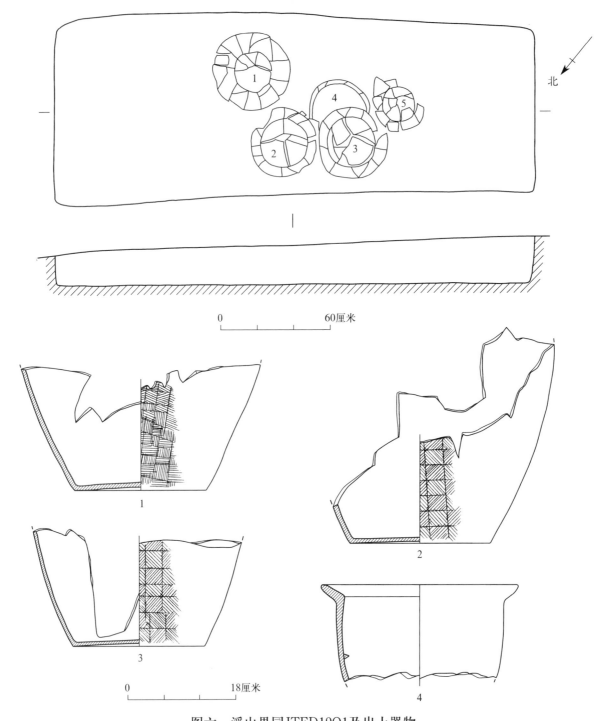

北

0　　　　　　　　60厘米

0　　　　　　　18厘米

图六　浮山果园JTFD19Q1及出土器物
1～3. 硬陶坛JTFD19Q1∶1～3　4. 陶釜JTFD19Q1∶4　5. 硬陶残器JTFD19Q1∶5

　　JTFD19Q2∶1，灰色硬陶。侈口，圆唇，卷沿，束颈，弧肩略折，鼓腹，平底微凹。颈部饰弦纹，肩及上腹部饰席纹，下腹部饰菱形填线纹。口径23.8、底径22.0、高49.4厘米（图七，1；彩版四，2）。

3. JTFD19Q3

　　JTFD19Q3为一浅坑，位于土墩东部，中心坐标6.00×1.00-0.15米。坑上部已被破坏，打破第

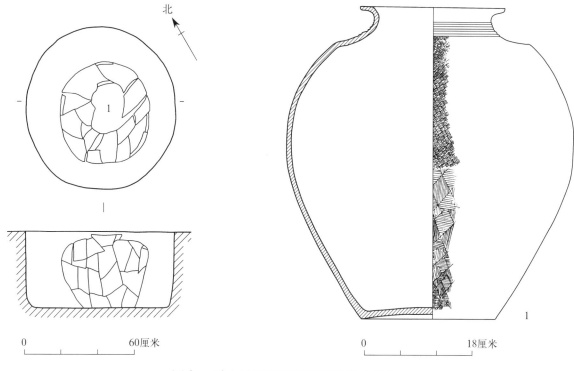

图七　浮山果园JTFD19Q2及出土器物
1. 硬陶坛JTFD19Q2：1

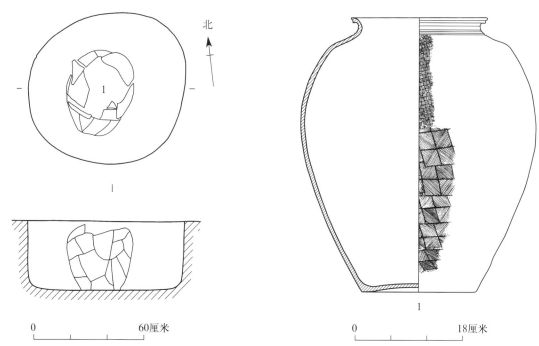

图八　浮山果园JTFD19Q3及出土器物
1. 硬陶坛JTFD19Q3：1

①层（图八；彩版四，3）。坑平面近圆形，直径约0.80米，直壁、平底，残深0.37米。坑内填灰褐色土夹杂褐斑。

出土器物有硬陶坛1件，正置于坑底。

坛　1件。

JTFD19Q3：1，灰褐色硬陶。侈口，方圆唇，卷沿，唇面有一道凹槽，矮颈，弧肩，深弧腹，底内凹。颈部饰弦纹，肩及上腹部饰席纹，下腹部饰菱形填线纹。口径22.7、底径19.0、高43.4厘米（图八，1；彩版四，4）。

四　小结

JTFD19保存较差，堆积保留较少，仅3层，堆积较平坦。发现器物群3处、墓葬1座，分布无规律，均有浅坑，坑口暴露于墩表。

```
Q1 ┐
Q2 │
   ├→①→②→③→生土
Q3 │
M1 ┘
```

全墩出土器物仅11件；JTFD19M1出土的原始瓷豆盘壁略深，圈足稍矮，是西周晚期到春秋早期的器物特征。器物群出土的硬陶坛腹下部饰菱形填线纹，JTFD19Q2、Q3肩部较圆，腹鼓突出，上腹部所饰席纹偏小，符合春秋中期的器物特征。

JTFD19年代上限是西周晚期，下限是春秋中期。

第三节　浮山果园土墩墓D27

一　概况

浮山果园土墩墓D27（编号JTFD27）位于天王镇农林村浮山果园内一条南北向土岗的东南坡面上，西南距潘家边村约100米，东距通往甸岗的乡村公路约30米，处于宁常高速主线之上，其西侧为JTFD25，西南侧为JTFD29。

JTFD27在农民平整土地时遭到严重破坏，现存外观为一较为平缓的土包，西侧、北侧边缘被破坏。土墩平面大致呈圆形，底径约20米，顶部高出周围地表约1.50米（图九；彩版五，1）。

二　地层堆积

根据土质、土色及包含物的不同，JTFD27封土堆积可分为5层（见图九；彩版五，2）。

第①层：耕土层，黄褐色土，厚0.20～0.25米。土质疏松，夹杂一些印纹硬陶残片。该层下有器物群JTFD27Q1～Q10，墓葬JTFD27M1、M3～M6。

第②层：浅黄色土，深0.20～0.40、厚0～0.20米。土质疏松，分布于土墩的中间位置，由中间向四周渐薄。本层下有墓葬JTFD27M2。

第③层：可分为4个小层：

第③a层：灰白色土，深0.30～0.50、厚约0.20米。土质略硬，斜向堆积，分布于土墩北部外围。

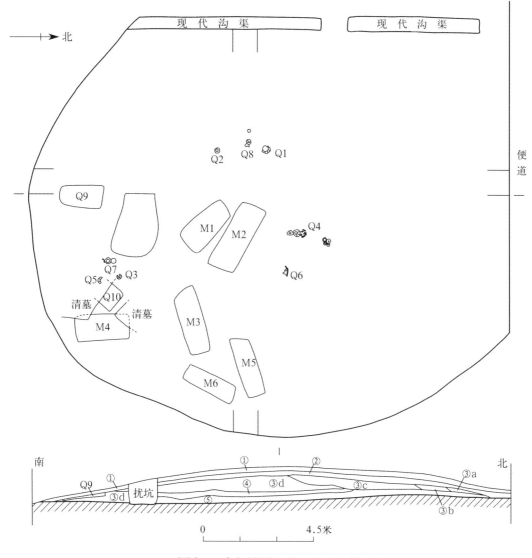

图九　浮山果园JTFD27平、剖面图

第③b层:浅红色土,深0.40~0.65、厚0.20~0.24米。土质略硬,斜向堆积,分布于土墩北部。

第③c层:黄色花土,深0.45~0.80、厚0~0.30米。土质略疏松,斜向堆积,分布于土墩北部。

第③d层:暗褐色土,深0.40~1.00、厚0~0.40米。土质略硬,顶部呈缓坡状,底部较平整,分布于墩体中部及南部。

第④层:灰黄色土,深约0.60~1.20、厚约0.20米。土质疏松,大致水平分布于土墩中部。

第⑤层:黄褐色土,深约0.50~1.50、厚0.25~0.40米。土质较疏松,水平分布于土墩底部。

第⑤层下为生黄土层。

三　遗迹遗物

JTFD27遭破坏较为严重,发现器物群10处,墓葬6座,多分布于土墩东南部。另在土墩东南部靠近墩脚处发现残破的清代墓葬2座。下面按遗迹单位逐一介绍:

（一）墓葬

墓葬有 6 座。

1．JTFD27M1

JTFD27M1 位于土墩中部偏南，中心坐标 1.80×−1.60−0.28 米。开口于第①层下，打破第②层（图一〇；彩版六，1）。为竖穴土坑墓，坑平面近长方形，方向约 139°。坑口长约 2.30、宽 0.80～1.05 米，直壁，底向东南倾斜，坑较浅，深 0.25～0.28 米。坑内填土呈灰褐色，夹褐斑和黄土块。墓内未见人骨及葬具痕迹。

随葬品有泥质陶罐 1 件，正置于墓东南角。

罐　1 件。

JTFD27M1：1，泥质红陶。残破严重，无法复原。

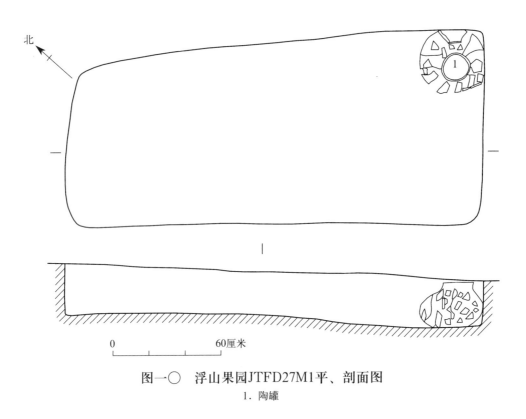

图一〇　浮山果园JTFD27M1平、剖面图
1. 陶罐

2．JTFD27M2

JTFD27M2 位于土墩中部，中心坐标 2.50×−0.50−0.42 米。开口于第②层下，打破第③ d 层（图一一；彩版六，2、3）。为竖穴土坑墓，坑平面近长方形，方向 112°。坑口长约 2.95、宽约 1.10 米，直壁，底略向东倾斜，墓坑深 0.20～0.35 米。

墓内填土溢出墓坑形成高约 0.25 米的封土，可分为 3 层：①层即外层，为灰黄色土，夹红褐色土，质略硬；②层即中间层，灰色土，夹褐斑，质略硬；③层即底层，为红褐色土，质硬。①、②层主要分布于西侧，③层分布于墓坑大部。墓内未见人骨及葬具痕迹。

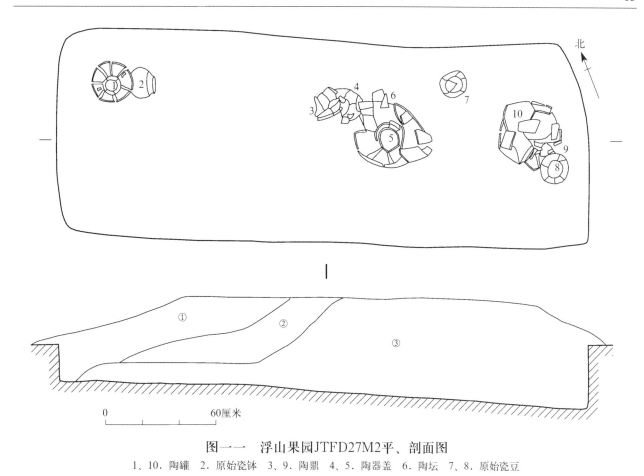

图一一　浮山果园JTFD27M2平、剖面图

1、10. 陶罐　2. 原始瓷钵　3、9. 陶鼎　4、5. 陶器盖　6. 陶坛　7、8. 原始瓷豆

随葬品均置于墓偏北侧。其中夹砂陶器2件，泥质陶器3件，硬陶器2件，原始瓷器3件；器形有鼎、坛、罐、豆、钵、器盖等。

鼎　2件。

JTFD27M2：3，夹砂红陶。侈口，圆唇，折沿，弧腹，圜底，圆锥形足。口径17.2、高13.2厘米（图一二，1；彩版六，4）。

JTFD27M2：9，夹砂红陶。残破较甚，无法复原。侈口，圆唇，折沿，圆锥形足。

坛　1件。

JTFD27M2：6，褐色硬陶。侈口，尖唇，卷沿，长束颈，弧肩，深弧腹，平底局部略外凸。颈部饰弦纹，肩、腹部饰折线纹与回纹组合。口径15.4、底径18.0、高37.5厘米（图一二，2；彩版七，1）。

罐　2件。

JTFD27M2：1，泥质黑皮陶。侈口，平折沿，束颈，平弧肩，扁鼓腹，平底微凹。肩部设一对竖耳。口径8.0、底径11.0、高14.3厘米（图一二，3；彩版七，2）。

JTFD27M2：10，灰色硬陶。侈口，方唇，卷沿，束颈，弧肩，鼓腹，平底。肩、腹部贴附4条泥条堆饰，环首，辫形尾。颈部饰弦纹，肩、腹部饰菱形填线纹。口径16.4、底径18.2、高25.7厘米（图一二，4；彩版七，3）。

豆　2件。

原始瓷。敞口，尖圆唇，折腹，圈足外撇。器内近底部饰数周弦纹。

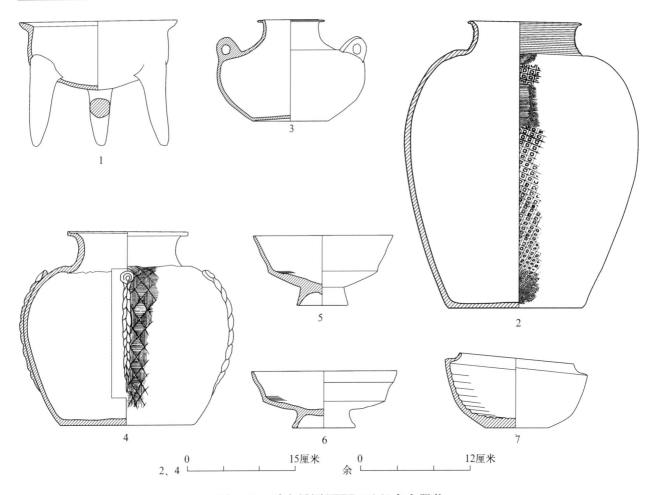

图一二　浮山果园JTFD27M2出土器物

1. 陶鼎JTFD27M2：3　2. 硬陶坛JTFD27M2：6　3. 陶罐JTFD27M2：1　4. 硬陶罐JTFD27M2：10　5、6. 原始瓷豆JTFD27M2：7、8　7. 原始瓷钵JTFD27M2：2

JTFD27M2：7，灰黄色胎，施黄色釉，釉脱落殆尽。口径15.2、足径5.6、高7.4厘米（图一二，5；彩版七，4）。

JTFD27M2：8，灰色胎，施黄绿色釉，圈足不施釉。口径15.8、底径6.8、高6.0厘米（图一二，6；彩版七，5）。

钵　1件。

JTFD27M2：2，原始瓷，灰色胎。广口，圆唇，折肩，弧腹，平底。器身变形严重，内有螺旋纹。施黄色釉，剥落较甚。口径12.4、底径6.8、高7.6厘米（图一二，7；彩版六，5）。

器盖　2件。

JTFD27M2：4、5，泥质黑皮陶。残破严重，无法复原。

3. JTFD27M3

JTFD27M3位于土墩东南部，中心坐标5.75×−2.25−0.15米。开口于第①层下，打破第②层（图一三；彩版八，1、2）。为竖穴土坑墓，墓坑平面近长方形，方向约73°。坑口长2.62、宽0.85～1.07米，直壁，东部底略低，墓坑深0.37～0.45米。墓内填土呈灰褐色，夹褐色斑，质略松。随葬品16件，

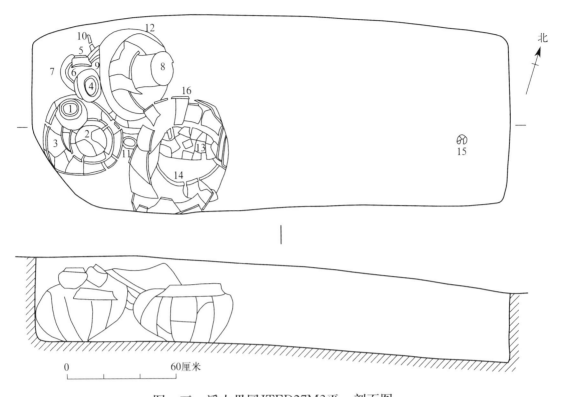

图一三　浮山果园JTFD27M3平、剖面图

1、4、16.陶瓿　2、12.陶盆　3.原始瓷罐　5、6、11.原始瓷盅　7.硬陶罐　8.陶大口器　9、10、13.陶鼎　14.硬陶坛　15.陶玦

盆倒扣于其他器物上作器盖用。陶玦置于墓东侧，位置略高于墓底，其余器物集中堆放于墓坑西端，除盆、大口器倒扣外，其余器物多正置叠放，夹砂陶、泥质陶及器形较大的坛等器物破碎严重。

　　随葬品16件，其中夹砂陶器3件，泥质陶器5件，硬陶器4件，原始瓷器4件；器形有鼎、坛、罐、瓿、盆、大口器、盅、玦等。

　　鼎　3件。

　　JTFD27M3：9，夹砂红陶。侈口，圆唇，折沿近平，直腹，腹、底间折，圜底近平，扁铲形足外撇。口径17.0、高9.5厘米（图一四，1；彩版八，3）。

　　JTFD27M3：10，夹砂红陶。侈口，圆唇，折沿近平，直腹，腹、底间折，圜底近平，扁铲形足外撇。口径25.6、高18.6厘米（图一四，2；彩版八，4）。

　　JTFD27M3：13，夹砂红陶。残破严重，形制不明。

　　坛　1件。

　　JTFD27M3：14，灰色硬陶。侈口，圆唇，卷沿，束颈，弧肩，深弧腹，平底微凹。颈部饰弦纹，肩及上腹部饰席纹，下腹部饰菱形填线纹。口部变形严重。器表有爆浆釉。口径25.0、底径25.4、高52.8厘米（图一四，3；彩版九，1）。

　　罐　2件。

　　JTFD27M3：3，原始瓷，灰色胎。短直口，方唇，平弧肩，鼓腹，平底。肩部饰水波纹，腹部饰窗格纹。器表满施黄绿釉，釉脱落殆尽。口径20.8、底径21.0、高26.4厘米（图一四，4；彩版九，2）。

　　JTFD27M3：7，灰褐色硬陶。侈口，方唇，溜肩，垂腹，平底。内壁可见泥条盘筑痕迹及指按纹。器表饰方格纹。口径10.2、底径10.8、高15.0厘米（图一四，5；彩版九，3）。

瓿　3件。

JTFD27M3：1，灰褐色硬陶。侈口，尖圆唇，折沿，束颈，折肩，扁鼓腹，平底。肩部饰弦纹，腹部饰席纹。口径 10.0、底径 10.8、高 11.6 厘米（图一五，1；彩版九，4）。

JTFD27M3：4，灰褐色硬陶。侈口，尖圆唇，卷沿，束颈，弧肩，扁鼓腹，平底。颈部饰弦纹，肩、腹部饰席纹。口径 11.6、底径 12.0、高 12.2 厘米（图一五，2；彩版九，5）。

JTFD27M3：16，泥质灰陶。敛口，圆唇，弧肩，扁鼓腹，平底。肩、腹部饰数组凹弦纹，每组 2～3 道。口径 13.6、底径 17.0、高 15.3 厘米（图一五，3）。

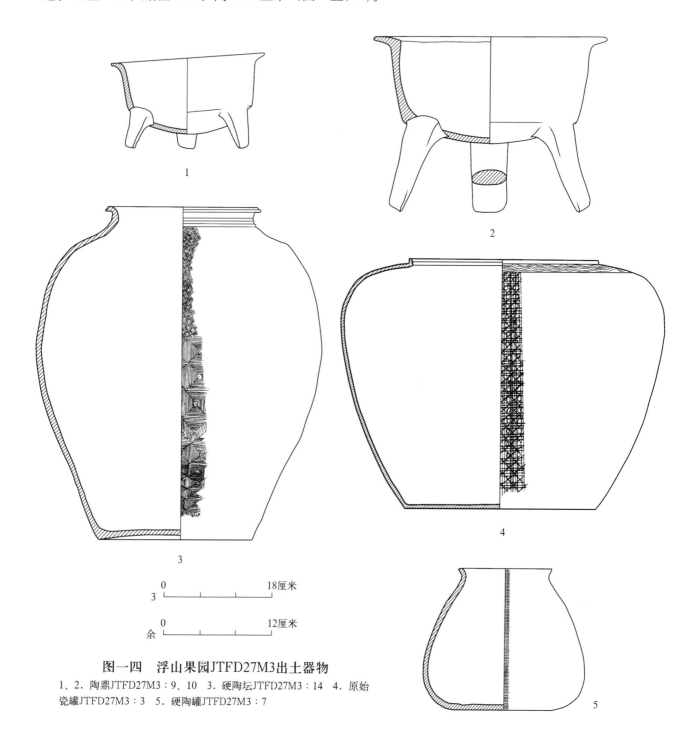

图一四　浮山果园JTFD27M3出土器物

1、2．陶鼎JTFD27M3：9、10　3．硬陶坛JTFD27M3：14　4．原始瓷罐JTFD27M3：3　5．硬陶罐JTFD27M3：7

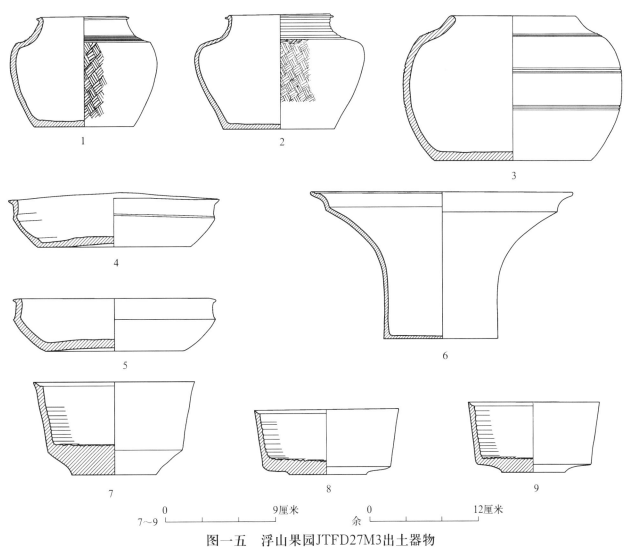

图一五　浮山果园JTFD27M3出土器物

1、2. 硬陶瓿JTFD27M3：1、4　3. 陶瓿JTFD27M3：16　4、5. 陶盆JTFD27M3：2、12　6. 陶大口器JTFD27M3：8　7～9. 原始瓷盅JTFD27M3：5、6、11

　　盆　2件。

　　JTFD27M3：2，泥质黑皮陶，黑皮剥落较甚。口近直，平折沿，折腹，平底微凹。口径22.8、底径16.6、高5.6厘米（图一五，4；彩版一〇，1）。

　　JTFD27M3：12，泥质灰陶。口近直，平折沿，折腹，平底微凹。口径22.0、底径15.0、高5.4厘米（图一五，5；彩版一〇，2）。

　　大口器　1件。

　　JTFD27M3：8，泥质灰陶。倒"几"字形，敞口，圆唇，卷沿，沿面有一道凹槽，折腹内曲，平底。口径43.0、底径18.8、高23.2厘米（图一五，6；彩版一〇，3）。

　　盅　3件。

　　原始瓷。无盖，子母口，直腹，近底部折收，饼形足。内壁有螺旋纹，外壁有轮制形成的弦痕。

　　JTFD27M3：5，灰色胎。施青绿釉。口径13.2、底径6.8、高7.4厘米（图一五，7；彩版一〇，4）。

JTFD27M3：6，灰黄色胎。施黄绿釉。口径11.8、底径6.2、高5.2厘米（图一五，8；彩版一〇，5）。

JTFD27M3：11，灰黄色胎。施黄绿釉。口径10.8、底径5.2、高5.6厘米（图一五，9；彩版一〇，6）。

块　1件。

JTFD27M3：15，泥质黑皮陶。残破严重，无法复原。

4．JTFD27M4

JTFD27M4位于土墩东南部，中心坐标6.00×−6.00−1.10米。为开口于第①层下，打破第②层，西北、西南角被清代墓葬破坏（图一六；彩版一一，1）。竖穴土坑墓，墓坑平面近长方形，方向约178°。长约2.20、宽1.00～1.12米，直壁，底略向南倾斜墓，坑较浅，深0.07～0.13米。坑内填土呈灰褐色，夹褐斑，质略松。墓内未见人骨及葬具痕迹。

随葬品有硬陶坛1件，残碎，散布于墓底。

坛　1件。

JTFD27M4：1，灰褐色硬陶。肩部以上残缺。弧腹，底内凹。上腹饰席纹，下腹饰方格纹，内壁可见泥条盘筑痕迹及指窝纹。底径24.0、残高32.0厘米（图一六，1）。

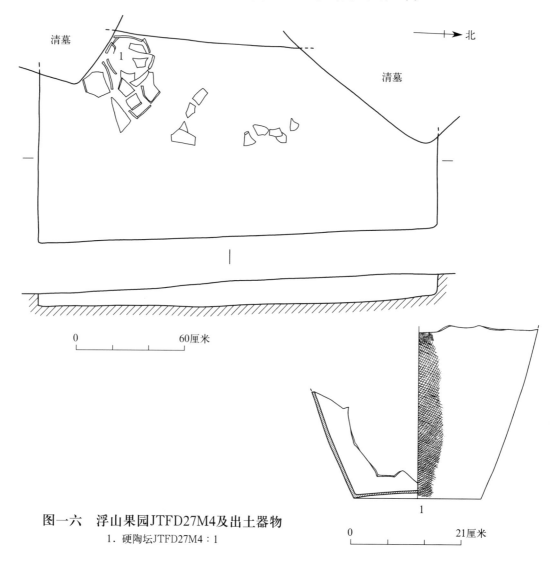

图一六　浮山果园JTFD27M4及出土器物

1. 硬陶坛JTFD27M4：1

5．JTFD27M5

JTFD27M5位于土墩东部近墩脚处，中心坐标7.40×0-0.40米。开口于第①层下，打破第②层（图一七；彩版一一，2）。为竖穴土坑墓，墓坑平面近长方形，方向72°。坑口长约2.50、宽约0.85米，直壁，底近平，坑较浅，深约0.18米。坑内填土呈灰褐色，夹红褐土，质略硬。墓内未见人骨及葬具痕迹。

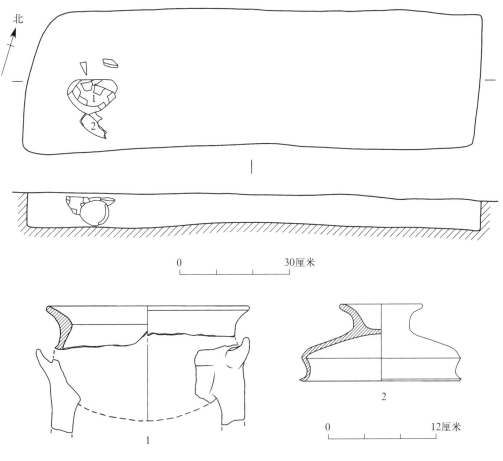

图一七　浮山果园JTFD27M5及出土器物

1. 陶鼎JTFD27M5：1　2. 陶器盖JTFD27M5：2

随葬品有夹砂陶鼎、泥质陶器盖各1件，放置于墓坑西端，器物破碎严重。

鼎　1件。

JTFD27M5：1，夹砂红陶。腹、底残缺。侈口，圆唇，折沿，扁锥形足，足根部设有角状耳。口径22.0厘米（图一七，1）。

器盖　1件。

JTFD27M5：2，泥质黑皮陶。喇叭形捉手，弧顶，折壁，侈口，尖唇，卷沿，沿面外侧有一周凹槽。捉手径9.2、口径17.8、高8.1厘米（图一七，2）。

6．JTFD27M6

JTFD27M6位于土墩东部近墩脚处，JTFD27M5南侧，中心坐标8.25×-1.50-0.45米。开口于第①层下，打破第②层（图一八；彩版一一，3）。为竖穴浅土坑墓，墓坑平面近长方形，方向28°。长约2.20、宽约0.80米，直壁，底近平，坑较浅，深0.17～0.20米。坑内填土呈灰褐色，夹褐色斑，质略松。墓内未见人骨及葬具痕迹。

随葬品有夹砂陶鼎、泥质陶坛、泥质陶器盖各1件，器物放置于墓坑北端，出土时十分破碎。

鼎　1件。

JTFD27M6：3，夹砂红陶。残破，仅余口沿部分。侈口，圆唇，折沿。器表有烟黛。口径18.0厘米（图一八，3）。

坛　1件。

JTFD27M6：2，泥质红陶。侈口，圆唇，卷沿近平，沿面有一道凹槽，束颈，弧肩，深弧腹，平底微凹。颈部饰弦纹，肩、腹部饰菱形填线纹不及底，拍印杂乱无章。口径17.4、底径15.0、高34.5厘米（图一八，2）。

器盖　1件。

JTFD27M6：1，泥质黑皮陶，残破严重，无法复原。

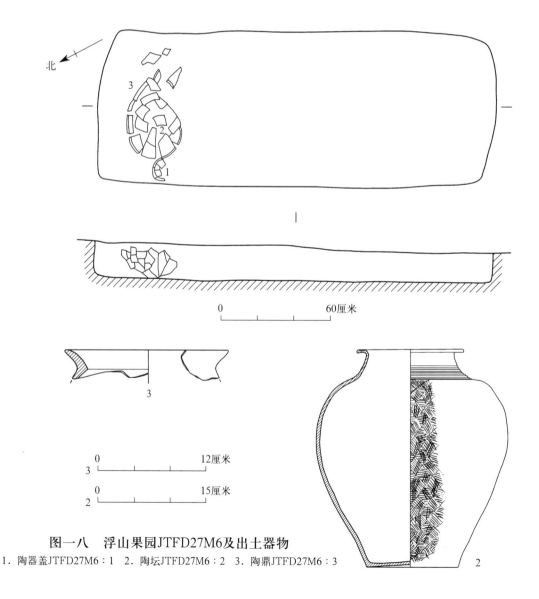

图一八　浮山果园JTFD27M6及出土器物

1. 陶器盖JTFD27M6：1　2. 陶坛JTFD27M6：2　3. 陶鼎JTFD27M6：3

（二）器物群

器物群有 10 处。

1．JTFD27Q1

JTFD27Q1 位于土墩中部略偏西，中心坐标 −1.25×0.90−0.10 米（图一九；彩版一二，1）。器物放置于第②层层面，放置的层面略呈东高西低之坡势，被第①层叠压。

出土器物有硬陶坛 1 件，正置。坛上部被破坏，仅存近底部分。

坛　1 件。

JTFD27Q1：1，褐色硬陶。口及上腹残缺，下腹弧收，平底略凹。腹部饰方格纹，内壁可见泥条盘筑痕迹，内外壁皆有刮抹痕。底径 23.8、残高 16.4 厘米（图一九，1）。

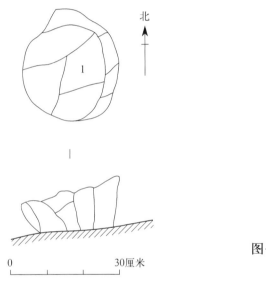

北

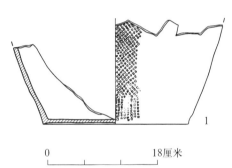

0　　　　　18厘米

0　　　　　30厘米

图一九　浮山果园JTFD27Q1及出土器物
1. 硬陶坛JTFD27Q1：1

2．JTFD27Q2

JTFD27Q2 位于土墩中部略偏西，中心坐标 −1.25×−1.15−0.15 米（图二〇；彩版一二，2）。器物放置于第②层层面，放置的层面略呈东高西低之坡势，被第①层叠压。

出土器物有硬陶瓿 1 件，正置。

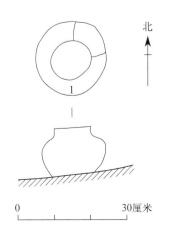

北

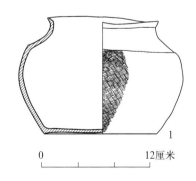

0　　　　　12厘米

0　　　　　30厘米

图二〇　浮山果园JTFD27Q2及出土器物
1. 硬陶瓿JTFD27Q2：1

瓿　1件。

JTFD27Q2：1，褐色硬陶。侈口，尖唇，卷沿，沿面有一道凹槽，折肩，扁鼓腹，平底微凹。腹部饰席纹，下腹近底部有一周刮抹痕。器身略有变形。口径 12.2、底径 12.4、高 12.4 厘米（图二〇，1；彩版一二，3）。

3．JTFD27Q3

JTFD27Q3 位于土墩东南部近墩脚处，中心坐标 3.90×−5.25−0.80 米（图二一）。器物放置于第②层层面，器物放置的层呈北高南低的缓坡势，被第①层叠压。

出土器物有硬陶瓿 1 件，正置。

瓿　1件。

JTFD27Q3：1，红色硬陶，器表局部呈灰色。侈口，尖唇，卷沿，平弧肩，肩部有一对以泥条捏制的耳，扁鼓腹，平底内凹。颈部饰弦纹，肩部饰菱形填线纹，腹部饰方格纹。口径 10.4、底径 11.0、高 15.8 厘米（图二一，1；彩版一二，4）。

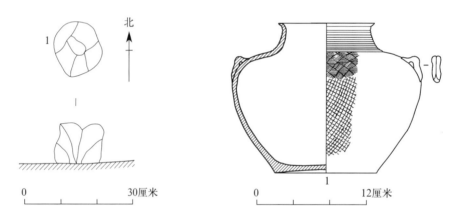

图二一　浮山果园JTFD27Q3及出土器物
1. 硬陶瓿JTFD27Q3：1

4．JTFD27Q4

JTFD27Q4 位于土墩中部偏东，中心坐标 2.20×2.50−0.22 米（图二二；彩版一三，1）。器物放置于第②层层面上，被第①层叠压。

出土器物大致排列成一条直线，朝向墩中心。其中夹砂陶器 3 件，泥质陶器 3 件，硬陶器 3 件，原始瓷器 1 件；器形有鼎、坛、罐、瓿、豆、盂、器盖等。鼎 JTFD27Q4：5 倒扣于 JTFD27Q4：7 口部，内置 1 件器盖 JTFD27Q4：6，其余器物正置。器物出土时均破碎严重。

鼎　3件。

JTFD27Q4：2，夹砂红陶。侈口，尖唇，折沿，弧腹，圜底，扁锥形足，足尖部残。口径 9.5、残高 5.6 厘米（图二三，1；彩版一三，2）。

JTFD27Q4：5，夹砂红陶。敛口，圆唇，弧腹，锥形足较矮。口径 18.8、高 12.4 厘米（图二三，2；彩版一三，3）。

JTFD27Q4：7，夹砂红陶。侈口，圆唇，卷沿，弧腹，底残，锥形足，足尖较平。口径 21.0 厘米（图

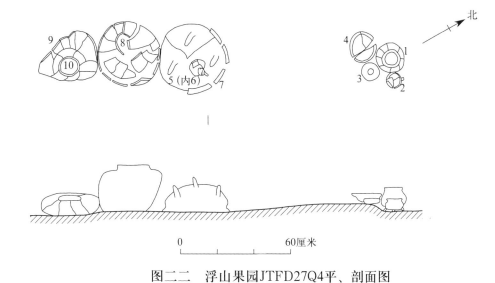

图二二 浮山果园JTFD27Q4平、剖面图

1. 硬陶瓿 2、5、7. 陶鼎 4. 原始瓷豆 6、9. 陶器盖 8. 硬陶坛 10. 陶罐

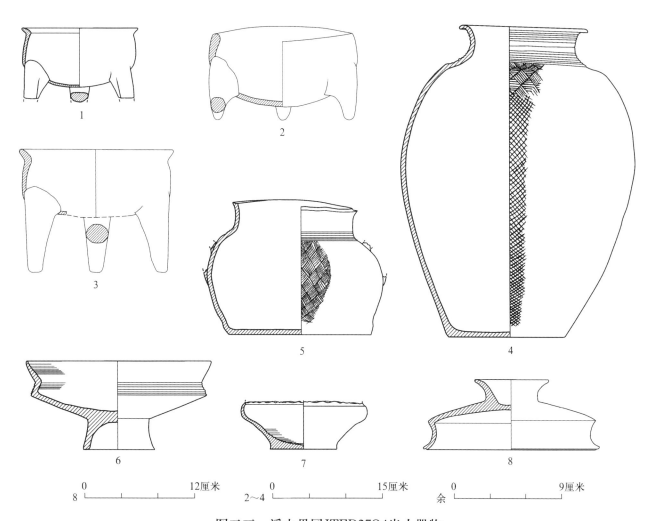

图二三 浮山果园JTFD27Q4出土器物

1～3. 陶鼎JTFD27Q4：2、5、7 4. 硬陶坛JTFD27Q4：8 5. 硬陶瓿JTFD27Q4：1 6. 原始瓷豆JTFD27Q4：4 7. 陶盂 JTFD27Q4：3 8. 陶器盖JTFD27Q4：6

二三，3）。

坛　1件。

JTFD27Q4：8，褐色硬陶。侈口，圆唇，卷沿，束颈，弧肩，深弧腹，平底。颈部饰弦纹，肩部饰菱形填线纹，腹部饰方格纹。口径17.8、底径16.0、高41.0厘米（图二三，4；彩版一三，4）。

罐　1件。

JTFD27Q4：10，泥质黑皮陶。残破严重，形制不明。

瓿　1件。

JTFD27Q4：1，硬陶，灰黄色胎，器表灰黑色。口微侈，圆唇，卷沿，沿面有一道凹槽，溜肩，扁鼓腹，平底。上部有一对残耳痕迹。颈部饰弦纹，肩、腹部饰席纹。器身略有变形。口径10.2、底径11.6、高10.7厘米（图二三，5；彩版一四，1）。

豆　1件。

JTFD27Q4：4，原始瓷，灰色胎。敞口，圆唇，折腹，圈足。腹内外饰弦纹。施黄绿色釉，部分剥落。口径15.0、底径5.8、高7.0厘米（图二三，6）。

盂　1件。

JTFD27Q4：3，红色硬陶。唇部残缺。敛口，弧腹，平底。器内底部有螺旋纹。口径9.6、底径5.4、残高3.7厘米（图二三，7；彩版一四，2）。

器盖　2件。

JTFD27Q4：6，泥质黑皮陶。喇叭形捉手，弧顶，折腹，侈口，卷沿，沿面有一道凹槽。捉手径8.2、口径19.5、高7.4厘米（图二三，8；彩版一四，3）。

JTFD27Q4：9，泥质黑皮陶。残破严重，形制不明。

5．JTFD27Q5

JTFD27Q5位于土墩东南部靠近墩脚处，中心坐标4.00× −6.10−1.10米（图二四）。器物放置于第②层层面上，被第①层叠压。JTFD27Q5东部被清代墓葬破坏。

出土器物有硬陶坛1件，正置，上部残。

坛　1件。

JTFD27Q5：1，灰褐色硬陶。仅余部分残片。下腹弧收，饰菱形填线纹。底径18.0、残高20.0厘米（图二四，1）。

6．JTFD27Q6

JTFD27Q6位于土墩中部偏东北，中心坐标3.75×1.70−0.15米（图二五）。器物放置于第②层层面上，被第①层叠压。

出土器物有夹砂陶鼎1件，正置。

鼎　1件。

JTFD27Q6：1，夹砂红陶，残破。侈口，圆唇，折沿，弧腹，底部残，扁锥形足。口径30.0厘米（图二五，1）。

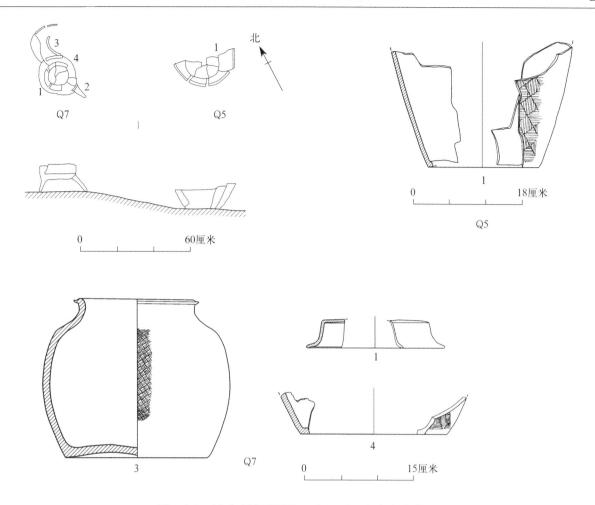

图二四　浮山果园JTFD27Q5、Q7及出土器物

Q5：1.硬陶坛JTFD27Q5：1　Q7：1.陶器盖JTFD27Q7：1　2.陶鼎JTFD27Q7：2　3、4.硬陶罐JTFD27Q7：3、4

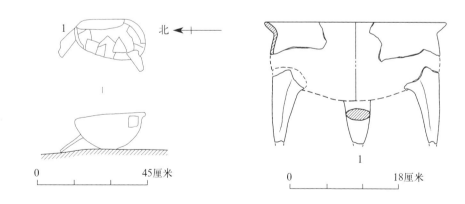

图二五　浮山果园JTFD27Q6及出土器物

1.陶鼎JTFD27Q6：1

7. JTFD27Q7

JTFD27Q7 位于土墩东南部近墩脚处，中心坐标3.25×−5.75−1.10（见图二四）。东南距 JTFD27Q5 约0.50、东北距 JTFD27Q3 约0.60米。器物放置于第②层层面上，被第①层叠压。

出土器物有4件。其中夹砂陶器1件，泥质陶器1件，硬陶器2件；器形有鼎、罐、器盖。器盖扣于鼎内。

鼎　1件。

JTFD27Q7：2，夹砂红陶。残破，圆锥形鼎足。无法复原。

罐　2件。

JTFD27Q7：3，灰色硬陶。侈口，尖唇，卷沿，矮颈，溜肩，鼓腹，底微凹。肩、腹部饰席纹。口径13.6、底径15.4、高16.8厘米（图二四，3）。

JTFD27Q7：4，灰色硬陶。仅存器底及下腹部分残片。下腹弧收，饰菱形填线纹。底径20.0厘米（图二四，4）。

器盖　1件。

JTFD27Q7：1，泥质黑皮陶。残破。弧顶，折腹，敞口，圆唇，卷沿，沿面内凹。口径19.0厘米（图二四，1）

8．JTFD27Q8

JTFD27Q8位于土墩中部偏西，中心坐标 −1.50×0−0.20米（图二六；彩版一四，4）。器物放置于第②层层面上，被第①层叠压。出土器物大致排列成一条直线朝向墩中心，出土时破碎严重。

出土器物有4件，其中夹砂陶器1件，泥质陶器1件，硬陶器2件；器形有鼎、坛、豆、器盖。

鼎　1件。

JTFD27Q8：3，夹砂红陶。侈口，圆唇，卷沿，弧腹，圆底，扁锥形足。口径15.6、高11.2厘米（图二七，1；彩版一四，5）。

坛　1件。

JTFD27Q8：2，灰色硬陶。侈口，尖唇，卷沿，束颈，弧肩，弧腹，平底。颈部饰弦纹，肩部饰菱形填线纹，腹部饰方格纹。口径14.6、底径15.0、高26.2厘米（图二七，2）。

豆　1件。

JTFD27Q8：1，灰色硬陶。敞口，尖圆唇，折腹，上腹近折处内凹，下腹弧收，圈足外撇。器内饰弦纹数周。口径13.1、足径5.7、高6.2厘米（图二七，3）。

器盖　1件。

JTFD27Q8：4，泥质灰陶。喇叭状捉手，弧顶，折腹，敞口，圆唇，卷沿，沿面内凹。捉手径10.3、口径17.8、高7.1厘米（图二七，4）。

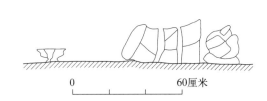

图二六　浮山果园JTFD27Q8平、剖面图

1．硬陶豆　2．陶罐　3．陶鼎　4．陶器盖

9．JTFD27Q9

JTFD27Q9有竖穴浅坑，位于土墩南部墩脚处，中心坐标0.50× −6.75−1.00米。开口于第①层下，打破第③d层（图二八；彩版一五，1、2）。土坑平面大致呈长方形，南北向，口长1.80、宽1.00米，口、底部顺土墩坡度倾斜，北高南低，直壁，深0.08～0.12

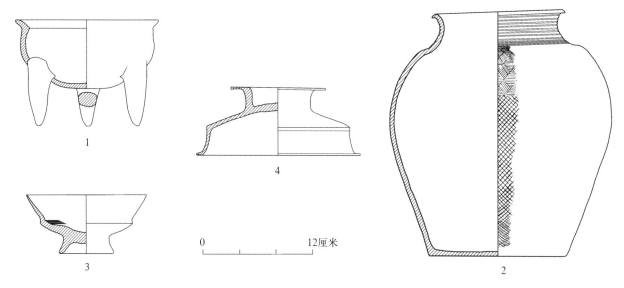

图二七　浮山果园JTFD27Q8出土器物

1. 陶鼎JTFD27Q8：3　2. 硬陶坛JTFD27Q8：2　3. 硬陶豆JTFD27Q8：1　4. 陶器盖JTFD27Q8：4

米。坑内填黄褐色土，土质略松。罐、盆正置，破碎严重，5件盖盅呈梅花状排列，盅正置，盖有些扣于盅口，有一侧有些脱落（彩版一六，1）。

出土器物有7件。其中泥质陶盆1件，硬陶罐1件，原始瓷盖盅5件。器形有罐、盆、盖盅。

罐　1件。

JTFD27Q9：6，灰褐色硬陶。口及上腹残缺。下腹弧收，平底。下腹饰窗格纹不及底。底径19.2厘米（图二九，1）。

盆　1件。

JTFD27Q9：7，泥质黑皮陶。敞口，圆唇，折沿，束颈，折腹，平底。口径24.4、底径19.0、高7.4

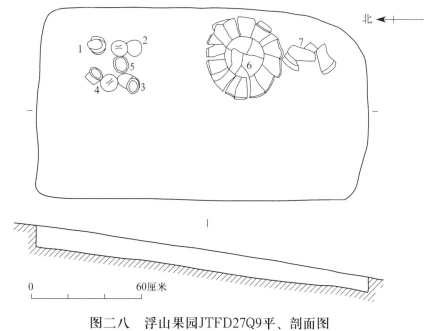

图二八　浮山果园JTFD27Q9平、剖面图

1～5. 原始瓷盅　6. 硬陶坛　7. 陶盆

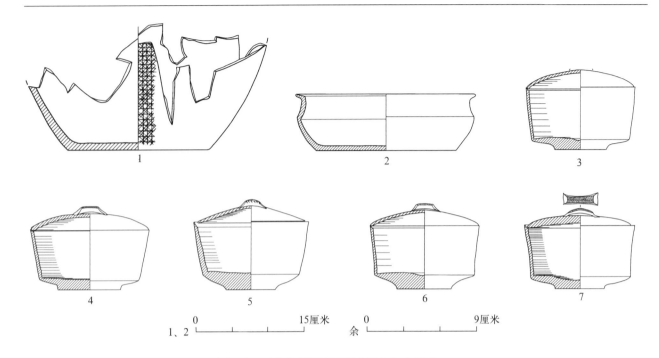

图二九　浮山果园JTFD27Q9出土器物
1. 硬陶罐JTFD27Q9：6　2. 陶盆JTFD27Q9：7　3~7. 原始瓷盅JTFD27Q9：1~5

厘米（图二九，2；彩版一六，2）。

盖盅　5件。

原始瓷，除1件盖纽残缺外，余均完整，形制一致。灰白色胎，施青绿色釉，釉层薄，脱落严重。盖弧形，顶部有泥条捏制成的桥形纽，纽上饰叶脉纹。盅子母口，斜直腹，近底部折收，饼形足，平底。器内有螺旋纹。

JTFD27Q9：1，口径8.9、底径4.2、通高6.3厘米（图二九，3；彩版一六，3）。

JTFD27Q9：2，口径9.6、底径5.1、通高6.6厘米（图二九，4；彩版一七，1）。

JTFD27Q9：3，口径9.5、底径4.1、通高7.2厘米（图二九，5；彩版一七，2、3）。

JTFD27Q9：4，口径8.9、底径4.4、通高6.8厘米（图二九，6；彩版一七，4）。

JTFD27Q9：5，口径9.0、底径4.0、通高6.4厘米（图二九，7；彩版一七，5）。

10. JTFD27Q10

JTFD27Q10位于土墩东南部近墩脚处，中心坐标4.75×−5.50−0.93米。其南侧被一清代墓葬破坏，残存部分为一浅坑，开口于第①层下，打破第②层（图三〇；彩版一八，1）。坑平面近长方形，残长约0.60、宽约0.90米，直壁，底略倾斜，残深0.16~0.20米。坑内填土呈灰褐色，夹褐色斑。出土时盆倒扣于罐上，作器盖使用，碗正置于鼎上。

出土器物有4件。其中夹砂陶器1件，泥质陶器2件，原始瓷器1件。器形有鼎、罐、盆、碗。

鼎　1件。

JTFD27Q10：4，夹砂红陶。侈口，圆唇，折沿，弧腹，圜底，扁锥形足。口径11.4、高8.1厘米（图三一，1；彩版一八，2）。

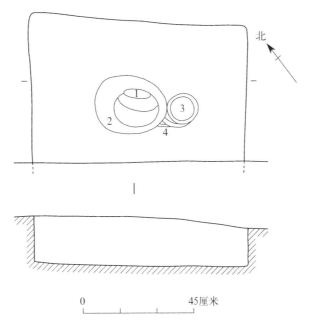

图三〇　浮山果园JTFD27Q10平、剖面图
1. 陶盆　2. 陶罐　3. 原始瓷碗　4. 陶鼎

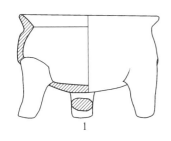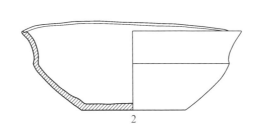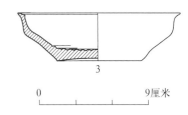

图三一　浮山果园JTFD27Q10出土器物
1. 陶鼎JTFD27Q10：4　2. 陶盆JTFD27Q10：1　3. 原始瓷碗JTFD27Q10：3

罐　1件。

JTFD27Q10：2，泥质黑皮陶。残破严重，无法复原。

盆　1件。

JTFD27Q10：1，泥质黑皮陶，灰黄色胎，黑皮剥落较甚。敞口，圆唇，卷沿，沿面有一道凹槽，折腹，平底。器身略有变形。口径18.0、底径8.4、高6.7厘米（图三一，2；彩版一八，3）。

碗　1件。

JTFD27Q10：3，原始瓷，灰色胎。敞口，折沿，沿面有一道凹槽，圆唇，弧折腹，底微凹。器内有螺旋纹。施黄绿釉，脱落严重。口径13.4、底径6.9、高3.8厘米（图三一，3；彩版一八，4）。

四　小结

JTFD27顶部较平缓，封土厚约1.40米，第④、⑤层为墩子基础垫土，第③层是起墩的堆土，其中③a、③b、③c层呈环形分布于墩北外围。器物群及墓葬主要分布于墩东南部，多位于第①层下，器物群多呈散点式无规律分布，而器物排列成一条直线的 JTFD27Q4、Q9，方向朝向墩中心。

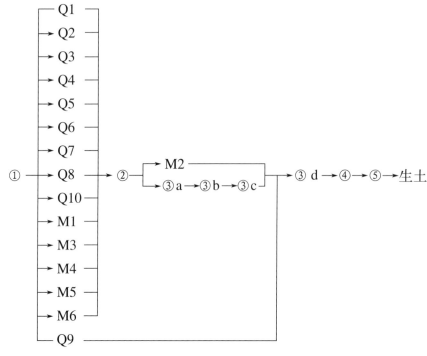

JTFD27 内最早的遗迹是第②层下的 JTFD27M2 出土的硬陶坛、罐束颈较长，肩部较圆，纹饰既有早期的折线纹与回纹的组合纹饰，也有稍晚的菱形填线纹；出土 2 件原始瓷豆，未见碗，豆盘壁较深，符合西周晚期至春秋早期器物特征。第①层下各遗迹单元的器物特征差异较大，显示年代跨度较大，其中最晚的是 JTFD27Q9、M3，出土夹砂陶鼎底较平，沿是较宽的平折沿，足宽扁外撇；出土子母口直腹盅，是春秋晚期的特征。

因此 JTFD27 的年代上限为西周晚期，下限为春秋晚期。

第四节　浮山果园土墩墓D29

一　概况

浮山果园土墩墓 D29（编号 JTFD29）位于浮山果园南部，天王镇农林村潘家边自然村北侧，东距天王镇约 5 千米，中心地理坐标北纬 31°42.986′，东经 119°09.612′。土墩位于一条南北向土垄顶部南端，其东北约 30 米处为 D27。

JTFD29 平面近圆形，因果农种植果树，在土墩的半腰形成一周平台，顶部近平。土墩底径 25～26 米，现高出地表约 2.80 米。地表植被为果树和杂草（图三二；彩版一九～二五）。

二　地层堆积

根据土质、土色的不同，JTFD29 堆积可分为依次叠压的 10 层（图三三；彩版二六、二七）。

第①层：灰色土，厚 0.1～0.45 米。表土层，土质疏松，遍布全墩，该层表有多个近几十年来

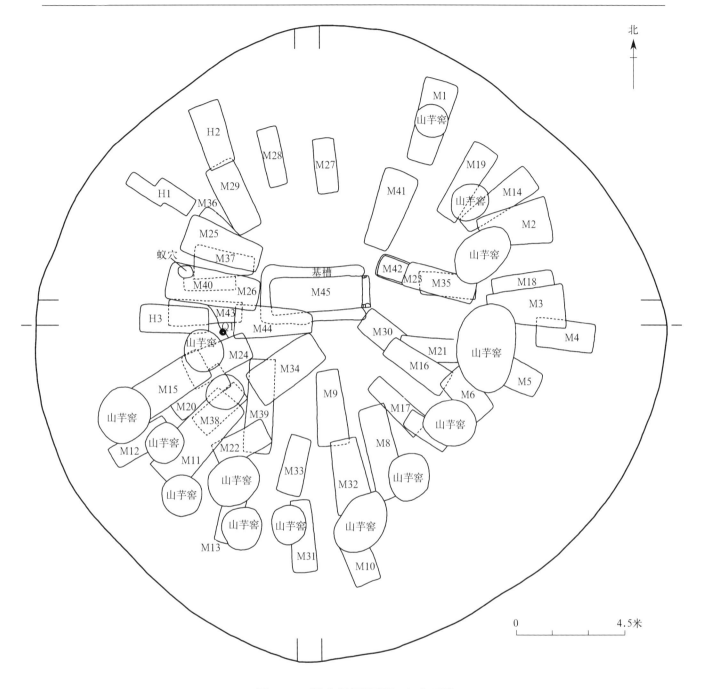

北

0   4.5米

图三二　浮山果园JTFD29平面图

挖建的山芋窖，有的尚在使用。本层下有墓葬JTFD29M1～M7、M10～M15、M18、M31，灰坑JTFD29H1～H3。

　　第②层：红褐色土，深0.15～1.30、厚0～1.10米。土质较硬，斜向堆积，分布于土墩墩脚，顶部不见。

　　第③层：浅灰色土，深0.15～1.45、厚0～1.05米。夹黄色土块，质略硬，斜向堆积，分布于土墩大部，顶部局部被现代扰坑破坏。本层下有墓葬JTFD29M8、M16、M19、M27～M29、M32。

　　第④层：可分为④a、④b、④c、④d等4小层。其中，④a层叠压于其他3层之上，④b层，

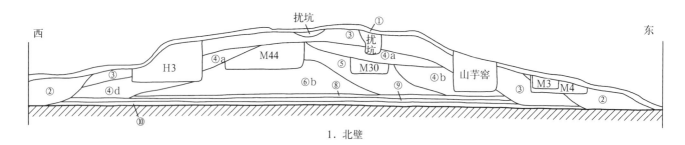

1. 北壁

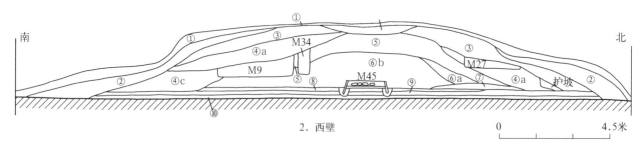

2. 西壁

0　　　　　　4.5米

图三三　浮山果园JTFD29剖面图

④c层、④d层三者为并列关系。

第④a层：灰色土，深0.50～1.60、厚0～0.85米。夹黄土块，土质较硬，斜向堆积，分布于土墩四周，中心顶部不见。本层下有墓葬JTFD29M9、M17、M20～M26、M30、M33～M38、M40、M44。

第④b层：灰色土层与红褐色土层相间，深0.85～2.10、厚0～1.10米。土质硬，水平分布于土墩东部。本层下有墓葬JTFD29M42。

第④c层：灰黄色土，深0.80～2.30、厚0～0.80米。土质细腻，较硬，当地俗称"白山土"，略呈斜向堆积于土墩南部。

第④d层：灰色土层与红褐土层相间，深0.50～1.35、厚0～0.85米。土质略硬，水平分布于土墩西南和西部，西北部渐薄并消失。本层下有墓葬JTFD29M43。

第⑤层：灰黑色土，深0.50～2.50、厚0～1.20米。土质硬，斜向堆积于土墩的大部分。本层下有器物群JTFD29Q1、墓葬JTFD29M39、M41。

第⑥层：该层可分为⑥a、⑥b二小层，⑥a层叠压于⑥b层之上。

第⑥a层：灰褐色土，深1.40～2.20、厚0～0.45米。夹浅灰土粒和少量炭屑，土质略硬，斜向堆积于土墩北部，范围较小。JTFD29M41开口于该层层面（图三三）。

第⑥b层：黄色土夹灰色土块，深1.20～2.50、厚0～1.50米。土质略硬，呈馒头形堆积于土墩中部。本层下有墓葬JTFD29M45。

第⑦层：黄褐色土，深1.85～2.20、厚0～0.35米。土质硬，分布地土墩北部，范围较小（图三三）。

第⑧层：灰色土，深约2.75、厚约0.15米。夹褐色斑，土质细腻，较疏松，水平分布于土墩中部。

第⑨层：黄色土，深约2.90、厚约0.15米。土质细腻、纯净，较疏松，水平分布于土墩底部。

第⑩层：浅红色土，深约3.05、厚约0.15米。土质细净，较硬，水平分布于土墩底部。

第⑩层下为红褐色生土，土质坚硬，表面平整。

三　遗迹遗物

JTFD29发现的遗迹有器物群1处，墓葬45座，灰坑3座。灰坑内未出土遗物。下面按单位逐一介绍。

（一）墓葬

JTFD29共发现墓葬45座，除JTFD29M45位于土墩中心外，余皆分布于土墩外围，大致朝向土墩中心。墓葬开口层面不尽相同，同层开口的墓之间有的还存在打破关系。有的墓中出土有人骨残骸，人骨保存极差。每墓皆有随葬器物出土，数量多少不等；器形主要为鼎、釜、坛、罐、瓿、碗等。

1．JTFD29M1

JTFD29M1位于土墩东北部近墩脚处，中心坐标5.00×7.46−1.50米。开口于第①层下，打破第②层，中部被开口于墩表的山芋窖打破（图三四；彩版二八，1、2）。为竖穴土坑墓。墓坑开口面略倾斜，南高北低，平面略呈梯形，方向约18°。长约3.60、宽1.08～1.50米，直壁，平底，深0.23～0.70米。墓坑内填红褐色土，土质较硬，颗粒较粗。随葬品置于墓坑底部偏西南处，包括1件泥质陶器和4件硬陶器。其中坛和罐残破较甚。陶盂JTFD29M1∶1扣在陶瓿JTFD29M1∶2上，侧放于墓南部，其余器物无规律的放置于墓坑西侧中部。

随葬品5件，器形有坛、罐、瓿、盂、纺轮。

坛　1件。

JTFD29M1∶3，灰色硬陶。侈口，卷沿，沿面下凹，肩弧折，深弧腹，底微凹。口沿至及上腹部饰席纹，颈部抹而未尽加饰弦纹，下腹部饰菱形填线纹。口径17.7、底径18.4、高33.8厘米（图三五，1；彩版二八，3）。

罐　1件。

JTFD29M1∶5，褐色硬陶。腹部残缺。侈口，尖唇，卷沿，沿面微凹，束颈，溜肩，鼓腹，底略凹。

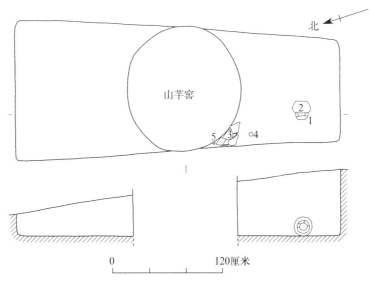

图三四　浮山果园JTFD29M1平、剖面图

1．硬陶盂　2．硬陶瓿　3．硬陶坛　4．陶纺轮　5．硬陶罐

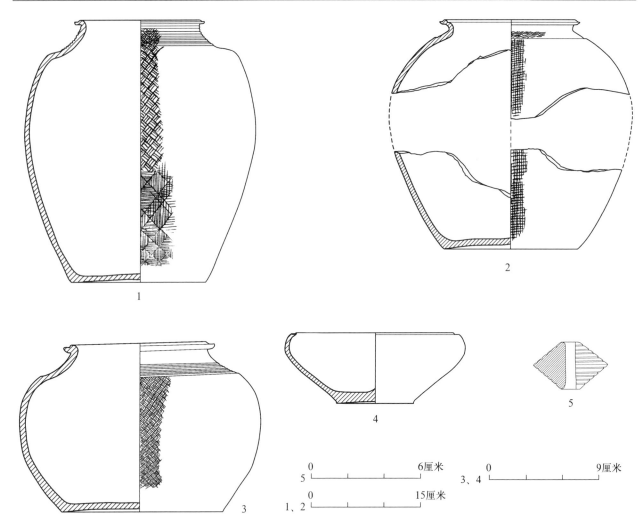

图三五　浮山果园JTFD29M1出土器物

1. 硬陶坛JTFD29M1：3　2. 硬陶罐JTFD29M1：5　3. 硬陶瓿JTFD29M1：2　4. 硬陶盂JTFD29M1：1　5. 陶纺轮JTFD29M1：4

颈部饰水波纹，肩、腹部饰方格纹。口径19.0、底径18.0厘米（图三五，2）。

　　瓿　1件。

　　JTFD29M1：2，灰色硬陶。侈口，圆唇，卷沿，沿面内凹，束颈，弧折肩，扁鼓腹，底微凹。颈部饰弦纹，肩、腹部饰席纹。口径11.2、底径13.4、高13.4厘米（图三五，3；彩版二八，4）。

　　盂　1件。

　　JTFD29M1：1，褐色硬陶。敛口，尖唇，弧腹，平底微凹。唇外侧有一道凹槽，底面有线切割痕。口径13.0、底径6.4、高5.6厘米（图三五，4；彩版二八，5）。

　　纺轮　1件。

　　JTFD29M1：4，泥质黑皮陶，残。算珠形，中有圆形穿孔。器表饰弦纹。直径4.0、孔径0.6、高2.5厘米（图三五，5）。

2．JTFD29M2

　　JTFD29M2位于土墩平面东北部、JTFD29M1的东南侧，中心坐标8.60×3.50-1.90米。墓坑开口于第①层下，打破第②层，西南部被开口于墩表的山芋窖打破（图三六；彩版二九，1）。墓坑呈簸箕状，东端敞开朝向墩外，方向约77°。坑口面斜，西高东低，平面略呈梯形，西部较窄，东部较宽，残长2.90、宽0.55～1.90米，直壁，平底，深0～0.71米。墓坑填土红褐色，土质较硬，颗粒较粗。

随葬器物主要整齐放置于墓坑底面的北侧，一组碗JTFD29M2：16～20正置排列呈梅花状，大件的容器及炊器正置，上有器盖或倒扣陶盆作器盖之用，器形较大的器物破碎，放置于外口（东端）的器物遭破坏残缺严重。

出土器物25件及少量器物残片。包括夹砂陶器4件，泥质陶器13件，硬陶器6件，原始瓷器2件。器形有鼎、釜、坛、罐、瓿、盆、碗、钵、器盖。

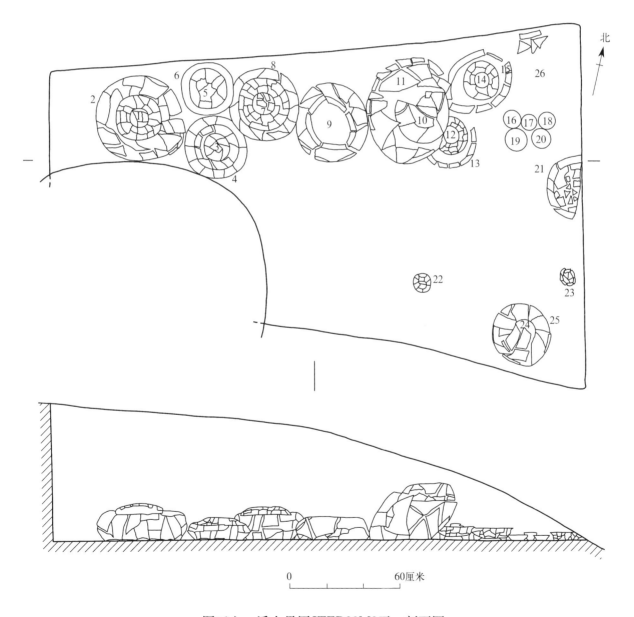

图三六　浮山果园JTFD29M2平、剖面图

1、5、22. 陶盆　2、9、24. 硬陶罐　4. 陶罐　3、7、10. 陶钵　6. 硬陶瓿　8、11. 硬陶坛　12、14、15. 陶器盖　13、15、23. 陶鼎　16、19、20. 陶碗　17. 原始瓷碗　21. 陶釜　26. 陶片

鼎　3件。

JTFD29M2：13，夹砂红陶。侈口，圆唇，折沿近平，略卷曲，腹部残，腹、底间折，圜底近平，凿形足。口径24.0厘米（图三七，1）。

JTFD29M2：15，夹砂红陶。侈口，圆唇，折沿，腹部残，腹、底间折，圜底近平，凿形足。口径28.4厘米（图三七，2）。

JTFD29M2：23，夹砂红陶。残破严重，无法复原。

釜　1件。

JTFD29M2：21，夹砂红陶。残。侈口，圆唇，宽折沿，腹及底破碎，腹部设箅隔。口径32.0厘米（图三七，3）。

坛　2件。

灰色硬陶。侈口，尖圆唇，卷沿，沿面下凹，束颈，弧肩，深弧腹，平底微凹。颈部饰弦纹，下腹部饰菱形填线纹。

JTFD29M2：8，肩及上腹部饰席纹，口径17.2、底径17.6、高32.4厘米（图三七，4；彩版二九，2）。

JTFD29M2：11，肩及上腹部饰方格纹。口径21.6、底径22.0、高48.6厘米（图三七，5；彩版二九，3）。

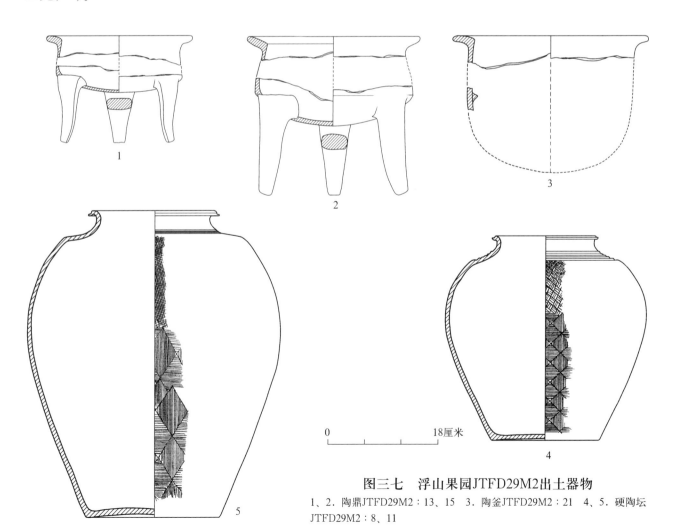

0　　　　　　　　18厘米

图三七　浮山果园JTFD29M2出土器物

1、2. 陶鼎JTFD29M2：13、15　3. 陶釜JTFD29M2：21　4、5. 硬陶坛
JTFD29M2：8、11

罐　4件。

JTFD29M2：4，泥质黑皮陶。敛口，方唇，平弧肩，扁鼓腹，平底。肩部饰两组细凹弦纹和水波纹。口径12.8、底径14.4、高14.2厘米（图三八，1；彩版二九，4）。

JTFD29M2：2，灰黑色硬陶。侈口，斜方唇，卷沿，唇面内凹，束颈，弧肩略折，鼓腹，平底略凹。颈部饰弦纹，肩及上腹部饰席纹，下腹部饰菱形填线纹。口径24.0、底径21.8、高34.0厘米（图三八，2；彩版二九，5）。

JTFD29M2：9，灰色硬陶。口近直，尖唇，折沿，平肩，鼓腹，平底内凹。上腹近肩部等距贴附三个"Ω"形泥条堆饰，沿面饰2道凹弦纹，上腹部饰席纹，下腹部饰菱形填线纹。口径22.0、底径20.4、高27.2厘米（图三八，3；彩版三○，1）。

JTFD29M2：24，灰色硬陶。敛口，圆唇，折沿，沿面内凹，折肩，鼓腹，平底略凹。肩部对称贴附4组卷云状和环形泥条堆饰，上腹部饰席纹，下腹部饰菱形填线纹。口径12.8、底径18.2、高

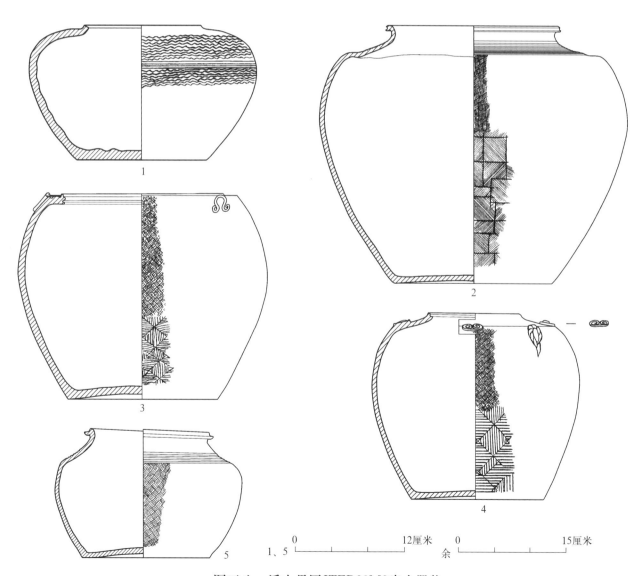

0　　　　　　12厘米
1、5

0　　　　　　15厘米
余

图三八　浮山果园JTFD29M2出土器物

1. 陶罐JTFD29M2：4　2～4. 硬陶罐JTFD29M2：2、9、24　5. 硬陶瓿JTFD29M2：6

24.6厘米（图三八，4；彩版三〇，2）。

瓿 1件。

JTFD29M2：6，灰色硬陶。侈口，尖唇，卷沿，沿面外侧下凹，束颈，弧肩，扁鼓腹，平底内凹。颈部饰弦纹，腹部饰席纹。口径14.2、底径14.0、高13.6厘米（图三八，5；彩版三〇，3）。

盆 3件。

JTFD29M2：1，泥质黑皮陶。质地疏松，破碎严重。浅弧腹，小平底。

JTFD29M2：5，泥质黑皮陶。直口微敞，折沿，沿面内凹，尖圆唇，折腹，平底。内壁有轮旋痕。口径18.0、底径12.4、高4.3厘米（图三九，1；彩版三〇，4）。

JTFD29M2：22，泥质黑皮陶，红色胎。质地疏松，破碎严重。平底。

碗 5件。

JTFD29M2：17，原始瓷，灰色胎。敞口，斜方唇，弧腹稍鼓，平底内凹。内壁有螺旋纹，外底面有平行切割痕。器表施黄绿色釉，剥落殆尽。口径8.3、底径5.3、高3.1厘米（图三九，2；彩版三〇，5）。

JTFD29M2：18，原始瓷，灰黄色胎。敞口，尖唇，窄折沿，沿面微凹，弧腹微折，平底内凹。

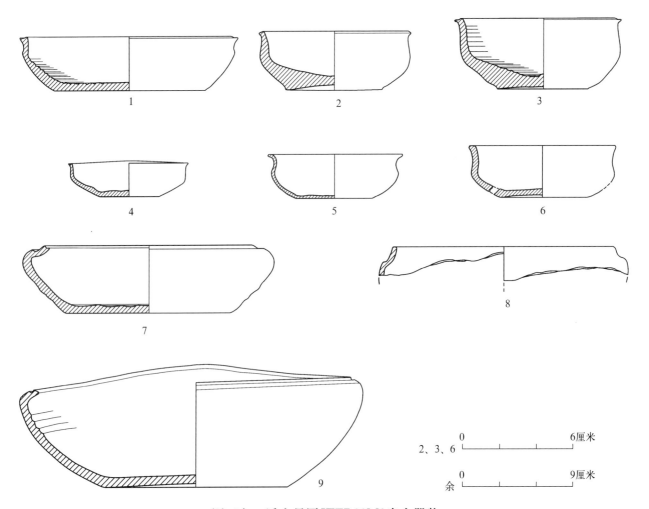

图三九　浮山果园JTFD29M2出土器物

1. 陶盆JTFD29M2：5　2、3. 原始瓷碗JTFD29M2：17、18　4～6. 陶碗JTFD29M2：16、19、20　7～9. 陶钵JTFD29M2：3、7、10

内壁有螺旋纹，外底面有线切割痕。器表施青釉。口径 9.1、底径 4.9、高 3.7 厘米（图三九，3；彩版三〇，6）。

JTFD29M2：16，泥质黑皮陶。直口，尖圆唇，卷沿，沿面内凹，腹略折，平底内凹。口径 9.8、底径 4.8、高 2.9 厘米（图三九，4；彩版三一，1）。

JTFD29M2：19，泥质黑皮陶。侈口，圆唇，卷沿，束颈，弧腹，平底内凹。口径 11.1、底径 6.2、高 3.5 厘米（图三九，5）。

JTFD29M2：20，泥质黑皮陶。敞口，方圆唇，弧腹，下腹残，平底内凹。口径 8.0、底径 4.8、高 2.7 厘米（图三九，6）。

钵　3 件。

JTFD29M2：3，泥质黑皮陶。敛口，方唇，唇面内凹，耸肩，斜弧腹，平底。口径 17.2、底径 13.6、高 5.4 厘米（图三九，7；彩版三一，2）。

JTFD29M2：7，泥质黑皮陶。陶质疏松，破碎严重。敛口，圆唇，弧腹及底残缺。口径 18.0 厘米（图三九，8）。

JTFD29M2：10，泥质黑皮陶。敛口，斜方唇，弧腹，平底。肩部饰凹弦纹一周。口径 26.0、底径 15.2、高 9.8 厘米（图三九，9；彩版三一，3）。

器盖　3 件。

泥质黑皮陶，红胎。喇叭形捉手，整体呈覆豆形，敞口，圆唇，卷沿，沿面饰一道凹弦纹。

JTFD29M2：12、M2：14、M2：25，均残破严重，无法复原。

3．JTFD29M3

JTFD29M3 位于土墩东部，M2 南侧，中心坐标 9.00×0.25-2.00 米。开口于第①层下，打破第②层，西南部被开口于墩表的山芋窖破坏（图四〇；彩版三二，1、2）。为竖穴土坑墓，墓坑开口面倾斜，西高东低，平面略呈梯形，方向约 89°。长 3.20、宽 1.40～1.84 米，直壁，平底，深 0.15～0.86 米。墓坑填红褐色土，土质较硬，颗粒较粗。随葬品呈一线整齐摆放于墓坑底部北侧，多数容器上有器盖或倒扣作器盖之用的陶盆，器形较大的器物破碎，泥质陶和夹砂陶破碎尤其。

随葬品 12 件，包括夹砂陶器 2 件，泥质陶器 5 件，硬陶器 5 件。器形有鼎、坛、罐、瓿、盆、器盖。

鼎　2 件。

夹砂红陶。侈口，圆唇，直腹，圜底。

JTFD29M3：4，卷沿近平，宽凿形足。口径 27.2、高 18.2 厘米（图四一，1；彩版三一，4）。

JTFD29M3：7，折沿，腹、底间折，扁锥形足。口径 17.0、高 10.6 厘米（图四一，2）。

坛　2 件。

灰色硬陶。深弧腹，平底内凹。下腹部饰菱形填线纹。

JTFD29M3：11，侈口，尖唇，卷沿外翻，沿面下凹，束颈，弧折肩。肩及上腹部饰方格纹。器身变形严重。口径 20.4、底径 20.4、高 44.0 厘米（图四一，3；彩版三三，1）。

JTFD29M3：12，上部残缺。上腹部饰席纹。底径 21.2、残高 29.6 厘米（图四一，4）。

罐　1 件。

JTFD29M3：6，灰色硬陶。侈口，尖唇，卷沿，沿面内凹，束颈，弧肩，鼓腹，平底略凹。颈

图四〇　浮山果园JTFD29M3平、剖面图
1、10. 陶盆　2、9. 硬陶瓿　3、5. 陶器盖　4、7. 陶鼎　6. 硬陶罐　8. 陶器盖　11、12. 硬陶坛

部饰弦纹，肩及上腹部饰席纹，下腹部饰菱形填线纹，纹饰较浅。口径18.6、底径19.6、高27.2厘米（图四一，5；彩版三三，2）。

瓿　2件。

灰色硬陶。侈口，卷沿，沿面下凹，束颈，扁鼓腹，平底微凹。颈、肩部饰弦纹，腹部饰席纹。

JTFD29M3∶2，尖圆唇，弧肩略折。口径11.4、底径15.6、高15.0厘米（图四二，1；彩版三三，3）。

JTFD29M3∶9，尖唇，弧肩。口径18.4、底径18.4、高21.0厘米（图四二，2；彩版三三，4）。

盆　3件。

JTFD29M3∶1，泥质黑皮陶。质地疏松，破碎严重，无法复原。

JTFD29M3∶10，泥质黑皮陶。质地疏松，破碎严重，无法复原。

JTFD29M3∶8，泥质黑皮陶。直口，尖圆唇，折沿，弧腹。口径20.0、底径14.0、高4.8厘米（图四二，3；彩版三三，5）。

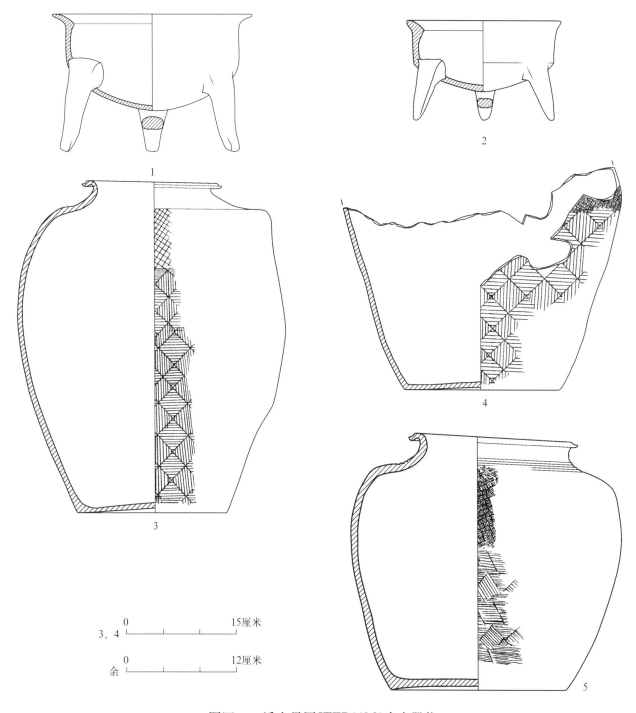

图四一　浮山果园JTFD29M3出土器物

1、2. 陶鼎JTFD29M3：4、7　3、4. 硬陶坛JTFD29M3：11、12　5. 硬陶罐JTFD29M3：6

器盖　2件。

JTFD29M3：3，泥质黑皮陶。整体呈覆豆形，喇叭形捉手，弧顶近平，折腹，斜壁，敞口，尖圆唇，卷沿。捉手径8.2、口径24.5、高7.4厘米（图四二，4；彩版三三，6）。

JTFD29M3：5，泥质黑皮陶。半球形，顶置一桥形纽，敞口，方圆唇，弧壁，上腹及顶残。口径20.0厘米（图四二，5）。

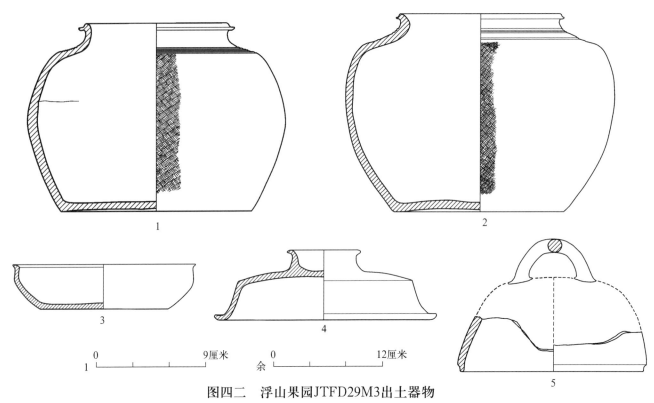

图四二　浮山果园JTFD29M3出土器物

1、2. 硬陶瓿JTFD29M3：2、9　3. 陶盆JTFD29M3：8　4、5. 陶器盖JTFD29M3：3、5

4. JTFD29M4

JTFD29M4 位于土墩东部近墩脚处，JTFD29M3 东南侧，中心坐标 10.50×－1.00-2.20 米。开口于第①层下，打破第②层，西北部被 JTFD29M3 打破（图四三；彩版三四，1）。为竖穴土坑墓，墓坑开口面倾斜，西高东低，平面近长方形，方向约 97°。长 2.42、宽 1.20 米，直壁，平底，深 0.16～0.62 米。墓坑填红褐色土，土质较硬，颗粒较粗。随葬品除 3 件较小的 JTFD29M4：12～14 置于中部外，其余器物略呈"L"形整齐摆放于墓坑底部北侧和东端。多数容器上有倒扣的陶盆、碗等作器盖之用，器形较大的器物破碎，夹砂陶和泥质陶破碎尤甚。

随葬品 18 件。包括夹砂陶器 2 件，泥质陶器 14 件，硬陶器 2 件；器形有鼎、罐、瓿、盆、碗、钵、残器。

鼎　2 件。

JTFD29M4：8，夹砂红陶。破碎严重，形制不明。

JTFD29M4：9，夹砂红陶。侈口，圆唇，折沿近平，直腹，圜底，腹、底间折，扁锥形足。口径 16.8、高 13.2 厘米（图四四，1）。

罐　2 件。

JTFD29M4：2，泥质黑皮陶。敛口，方唇，斜颈，折肩，鼓腹，腹部残，平底。上腹近肩部贴附一对桥形耳，残缺，颈部饰弦纹。口径 10.0、底径 12.0 厘米（图四四，2）。

JTFD29M4：11，泥质黑皮陶。破碎严重，平底。底径 12.0 厘米（图四四，6）。

瓿　3 件。

灰色硬陶。侈口，尖唇，卷沿，沿面下凹，束颈，弧肩，扁鼓腹，平底略凹。颈部饰弦纹。

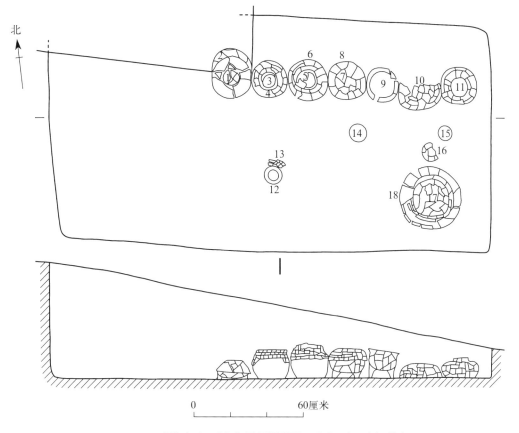

0　　　　　　　　60厘米

图四三　浮山果园JTFD29M4平、剖面图

1、12、14～16. 陶碗　7、10、11. 陶器盖　2、11. 陶罐　3、5、7、10、17. 陶盆　4、6. 硬陶瓿　8、9. 陶鼎　13. 陶片　18. 陶瓿

　　JTFD29M4：4，灰色硬陶。侈口，尖唇，卷沿，沿面下凹，束颈，弧肩，扁鼓腹，平底略凹。颈部饰弦纹。肩、腹部饰方格纹。口径 14.0、底径 15.4、高 13.8 厘米（图四四，5；彩版三四，3）。

　　JTFD29M4：6，灰色硬陶。侈口，尖唇，卷沿，沿面下凹，束颈，弧肩，扁鼓腹，平底略凹。颈部饰弦纹。肩、腹部饰席纹。口径 10.8、底径 11.4、高 11.2 厘米（图四四，3；彩版三五，1）。

　　JTFD29M4：18，泥质黑皮陶。敛口，方唇，肩微耸，扁鼓腹，平底。口径 16.8、底径 16.8、高 16.8 厘米（图四四，4；彩版三四，2）。

　　盆　4 件。

　　JTFD29M4：1，泥质黑皮陶，轮制。口略敞，斜方唇，唇面内凹，弧腹，平底内凹。制作不甚规整。口径 18.2、底径 8.0、高 6.3 厘米（图四五，1；彩版三五，2）。

　　JTFD29M4：17，泥质黑皮陶。破碎严重。敞口，卷沿，平底。

　　JTFD29M4：7，泥质黑皮陶。破碎严重，无法复原。

　　JTFD29M4：10，泥质黑皮陶。破碎严重，无法复原。

　　碗　4 件。

　　JTFD29M4：12，泥质黑皮陶。侈口，斜方唇，弧腹，平底。手制，底另接。口径 9.6、底径 6.6、高 4.0 厘米（图四五，2；彩版三五，3）。

　　JTFD29M4：15，泥质灰陶。直口，方唇，弧腹，底近平。器形不规整。口径 8.1、底径 3.2、高 3.2 厘米（图四五，3；彩版三五，4）。

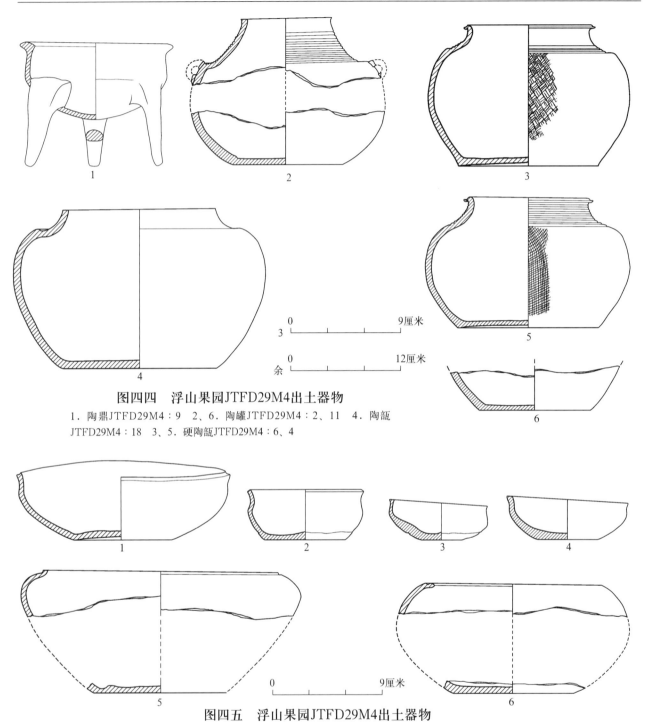

图四四　浮山果园JTFD29M4出土器物

1. 陶鼎JTFD29M4：9　2、6. 陶罐JTFD29M4：2、11　4. 陶瓿
JTFD29M4：18　3、5. 硬陶瓿JTFD29M4：6、4

图四五　浮山果园JTFD29M4出土器物

1. 陶盆JTFD29M4：1　2~4. 陶碗JTFD29M4：12、15、16　5、6. 陶钵JTFD29M4：3、5

　　JTFD29M4：14，泥质黑皮陶。破碎严重，形制不明。

　　JTFD29M4：16，泥质黑皮陶，红褐色胎。敞口，方唇，弧腹，平底。器形略斜。口径9.9、底径4.9、高3.5厘米（图四五，4；彩版三五，5）。

　　钵　2件。

　　JTFD29M4：3，泥质黑皮陶。敛口，方唇，弧肩，腹部残，平底。口径19.3、底径11.0厘米（图四五，5）。

JTFD29M4：5，泥质黑皮陶。敛口，尖圆唇，弧腹，下腹残，平底。沿面饰一道凹弦纹。口径13.0、底径10.0厘米（图四五，6）。

残器　1件。

JTFD29M4：13，泥质黑皮陶，红胎。残破严重，器形不明。

5．JTFD29M5

JTFD29M5位于土墩平面东部略偏南，JTFD29M4西南侧，中心坐标8.50×−2.60−1.80米。开口于第①层下，打破第②层，西部被开口于墩表的现代山芋窖打破（图四六；彩版三六，1）。为竖穴土坑墓，墓坑开口面倾斜，西高东低，平面近梯形，方向约115°。残长2.42、宽1.00～1.23米，直壁，平底，深0.12～0.50米。墓坑填红褐色土，土质较硬，颗粒较粗。器物集中摆放于墓坑底部东部，倒扣的陶盆散落在容器口部作器盖用，一件陶罐叠放在陶坛上，器形较大的器物多破碎，泥质陶器破碎尤甚。

随葬品共13件。包括泥质陶器6件，硬陶器4件，原始瓷器3件。器形有坛、瓶、盆、盘、碗、器盖。

坛　4件。

侈口，卷沿外翻，沿面下凹，束颈，深弧腹，平底内凹。

JTFD29M5：1，泥质红陶。残。尖唇，弧肩，腹部残缺。颈部以下饰席纹。口径16.0、底径18.0厘米（图四七，1；彩版三六，2）。

JTFD29M5：3，红色硬陶。圆唇，弧肩近平。肩及上腹部饰席纹，下腹部饰菱形填线纹。口径15.9、底径21.2、高33.0厘米（图四七，2；彩版三六，3）。

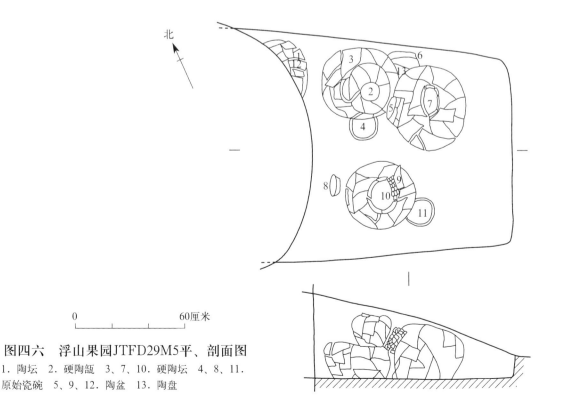

图四六　浮山果园JTFD29M5平、剖面图
1. 陶坛　2. 硬陶瓶　3、7、10. 硬陶坛　4、8、11.
原始瓷碗　5、9、12. 陶盆　13. 陶盘

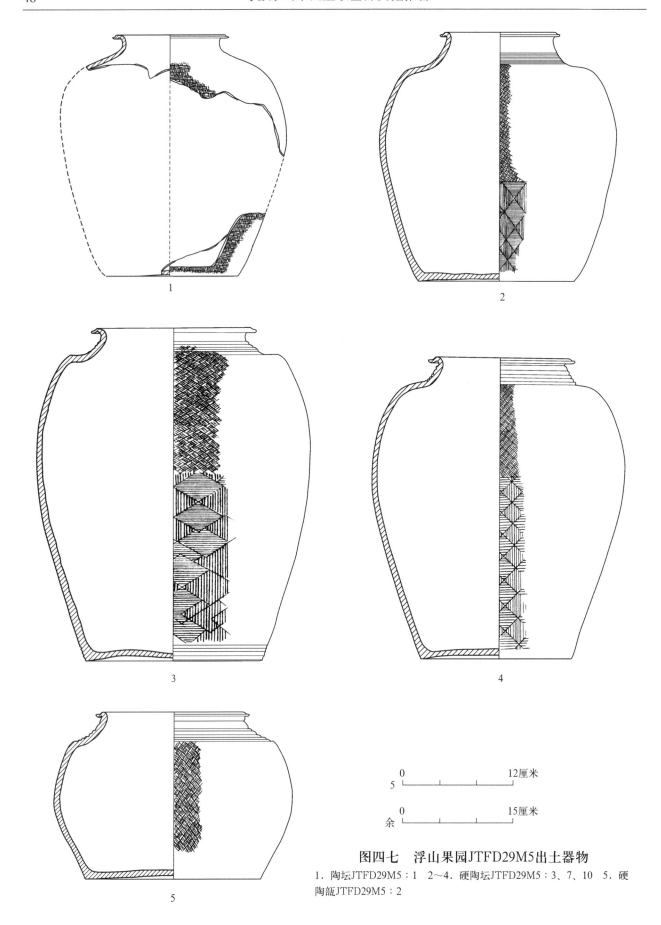

图四七　浮山果园 JTFD29M5 出土器物
1. 陶坛 JTFD29M5：1　2～4. 硬陶坛 JTFD29M5：3、7、10　5. 硬陶瓿 JTFD29M5：2

JTFD29M5：7，灰色硬陶。圆唇，平肩略折。颈部饰浅弦纹，颈至上腹部饰席纹，下腹部饰菱形填线纹。口径22.4、底径24.0、高44.1厘米（图四七，3）。

JTFD29M5：10，灰色硬陶。尖圆唇，弧肩。颈部饰弦纹，肩及上腹部饰席纹，下腹部饰菱形填线纹。口径20.0、底径20.4、高40.0厘米（图四七，4；彩版三七，1）。

瓿　1件。

JTFD29M5：2，灰色硬陶。侈口，尖唇，卷沿，束颈，弧肩，扁鼓腹，平底内凹。颈部饰弦纹，腹部饰席纹。口径16.8、底径19.2、高17.8厘米（图四七，5；彩版三七，2）。

盆　3件。

JTFD29M5：5，泥质黑皮陶。烧成火候低，破碎严重。形制不明。

JTFD29M5：9，泥质黑皮陶。烧成火候低，破碎严重。形制不明。

JTFD29M5：12，泥质黑皮陶。敞口，方圆唇，沿面有两道凹槽，束颈，弧腹，平底。口径18.8、底径11.0、高6.6厘米（图四八，1；彩版三七，3）。

盘　1件。

JTFD29M5：13，泥质黑皮陶。侈口，方圆唇，浅弧腹，平底。口径19.6、底径14.6、高3.2厘米（图四八，2）。

碗　3件。

原始瓷。敞口，窄折沿，沿面饰两周凹弦纹，尖唇，弧腹。外壁有轮制形成的凹槽，内壁有螺旋纹。施黄绿色釉不及底。

JTFD29M5：4，灰色胎。上腹略束，外底面有线割痕。釉脱落殆尽。口径14.7、底径7.6、高5.2厘米（图四八，3；彩版三七，4）。

JTFD29M5：8，灰色胎。底内凹。口径15.0、底径7.6、高4.1厘米（图四八，4；彩版三七，5）

JTFD29M5：11，灰黄色胎。底内凹。外底面有线切割痕。釉脱落殆尽。口径15.0、底径7.1、高4.9厘米（图四八，5；彩版三八，1）。

器盖　1件。

JTFD29M5：6，泥质黑皮陶。整体呈覆豆形，喇叭形捉手，残，弧顶，斜壁，顶壁间折，敞口，圆唇。口径20.0、残高6.8厘米（图四八，6；彩版三八，2）。

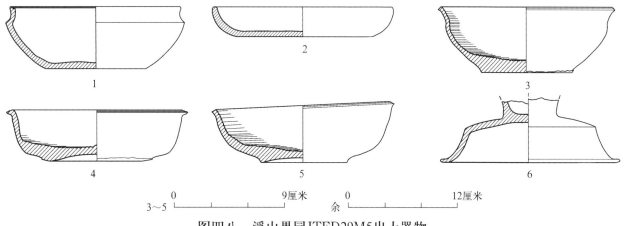

图四八　浮山果园JTFD29M5出土器物

1. 陶盆JTFD29M5：12　2. 陶盘JTFD29M5：13　3～5. 原始瓷碗JTFD29M5：4、8、11　6. 陶器盖JTFD29M5：6

6．JTFD29M6

JTFD29M6位于土墩东南部，JTFD29M5西南侧，中心坐标4.50×-3.30-1.20米。开口于第①层下，打破第②层，东南部和西北部各被一个开口于表土层下的山芋窖打破（图四九；彩版三八，3）。为竖穴土坑墓，墓坑开口面倾斜，西北高东南低，平面近长方形，方向约145°。长2.24、残宽0.95～1.13米，直壁，平底，深0.15～0.50米。墓坑填红褐色土，土质较硬，颗粒较粗。器物集中摆放于墓坑底部的西北部，容器上有器盖，器形较大的器物多破碎，泥质陶器破碎尤甚。

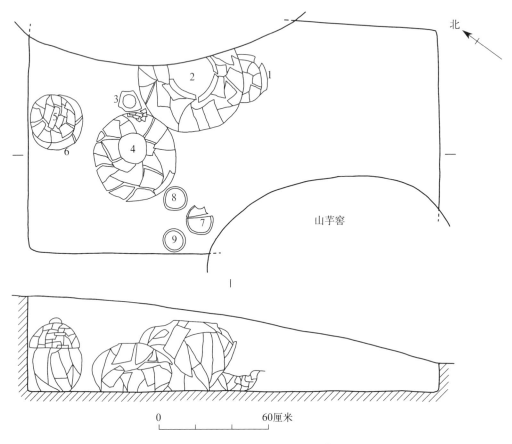

图四九　浮山果园JTFD29M6平、剖面图
1. 陶盆　2、4、6. 硬陶坛　3、5. 陶器盖　7～9. 原始瓷碗

随葬品有9件。包括夹砂陶器1件，泥质陶器2件，硬陶器3件，原始瓷器3件。器形有坛、盆、碗、器盖。

坛　3件。

硬陶。束颈，深弧腹，平底内凹。

JTFD29M6：2，灰色胎。侈口，方唇，卷沿近平，唇面有一道凹槽，溜肩。肩、腹部饰折线纹与回纹组合。口径25.8、底径25.0、高56.0厘米（图五〇，1；彩版三九，1）。

JTFD29M6：4，褐色胎，口沿残，溜肩。肩、腹部饰折线纹与方格纹组合。底径21.6、残高40.2厘米（图五〇，2；彩版三九，2）。

JTFD29M6：6，红褐色胎。侈口，尖唇，卷沿，弧肩。颈部饰弦纹，肩及上腹部饰席纹，下腹部饰菱形填线纹。口径19.2、底径16.8、高35.0厘米（图五〇，3）。

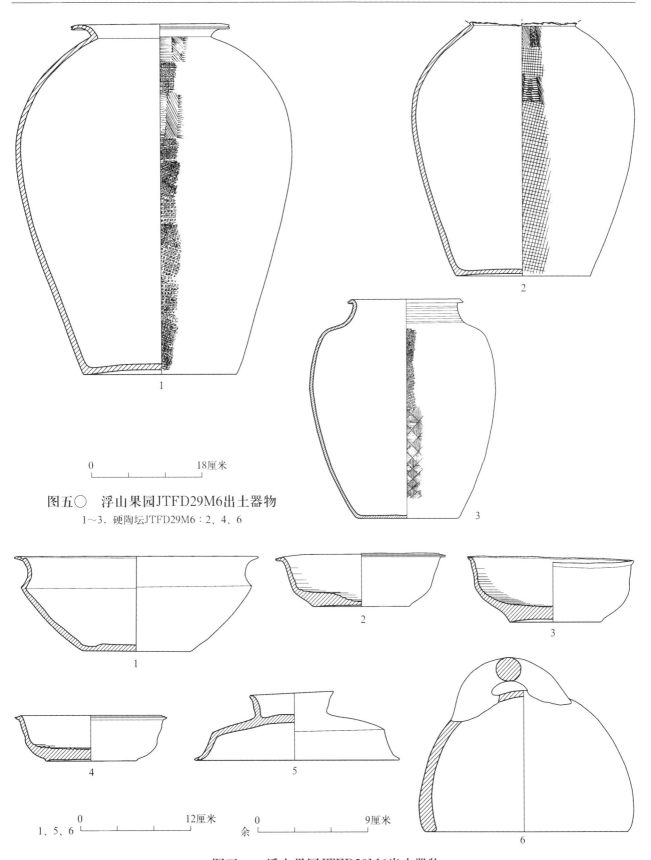

图五〇 浮山果园JTFD29M6出土器物
1~3. 硬陶坛JTFD29M6：2、4、6

图五一 浮山果园JTFD29M6出土器物
1. 陶盆JTFD29M6：1 2~4. 原始瓷碗JTFD29M6：7~9 5、6. 陶器盖JTFD29M6：3、5

盆　1件。

JTFD29M6：1，泥质黑皮陶。侈口，尖圆唇，折沿，沿面有一道凹槽，束颈，折腹，平底。口径26.8、底径11.6、高10.0厘米（图五一，1；彩版三八，4）。

碗　3件。

原始瓷，灰白色胎。敞口，折沿，沿面有两道凹槽，弧腹，底略内凹。内壁有螺旋纹。施青釉。

JTFD29M6：7，圆唇。器形不太规整，外底面有平行切割痕。口径14.0、底径8.0、高4.2厘米（图五一，2；彩版三九，3）。

JTFD29M6：8，尖圆唇。器形不太规整。口径14.8、底径7.6、高5.3厘米（图五一，3；彩版三九，4）。

JTFD29M6：9，尖唇。口径12.5、底径7.4、高3.6厘米（图五一，4；彩版三九，5）。

器盖　2件。

JTFD29M6：3，泥质黑皮陶。整体呈覆豆形，喇叭形圈足，弧顶，斜壁，顶、壁之间折，敞口，圆唇，卷沿，沿面有一道凹槽。捉手径9.2、口径22.6、高7.6厘米（图五一，5）。

JTFD29M6：5，夹砂红陶。整体半球形，环形纽，截面圆形，敛口，方圆唇。口径22.6、高18.6厘米（图五一，6；彩版三八，5）。

7．JTFD29M7

JTFD29M7位于土墩东南部，JTFD29M6西南侧，中心坐标4.75×−4.40−1.40米。开口于第①层下，打破第②层，东北部被开口于墩表的山芋窖打破（图五二）。为竖穴土坑墓，墓坑开口面倾斜，西北

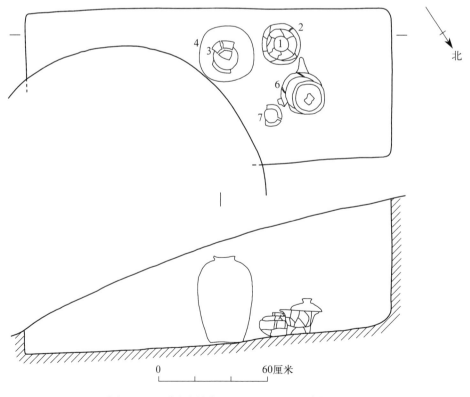

图五二　浮山果园JTFD29M7平、剖面图

1、3、5. 陶器盖　2. 硬陶瓿　4. 硬陶坛　6、7. 陶鼎

高东南低，平面近长方形，方向 124°。长 2.00、宽 0.80 米，直壁，底面西北高东南略低，深 0.13～0.65 米。墓坑填红褐色土，土质较硬，纯净，颗粒较粗。随葬品集中摆放于墓坑底部的中部偏西北，容器和炊器上有器盖，夹砂陶器和泥质陶器破碎较甚。

随葬品有 7 件。包括夹砂陶器 3 件，泥质陶器 2 件，硬陶器 2 件；器形有鼎、坛、瓿、器盖。

鼎　2 件。

夹砂红陶。侈口，圆唇，折沿，折腹，圜底。

JTFD29M7：6，扁锥形足。口径 19.4、高 15.8 厘米（图五三，1；彩版四〇，1）。

JTFD29M7：7，锥形足，尖部残。口径 11.5、残高 7.6 厘米（图五三，2）。

坛　1 件。

JTFD29M7：4，灰色硬陶。侈口，尖圆唇，卷沿，沿面内凹，束颈，弧肩，深弧腹，平底略凹。颈部饰弦纹，肩、腹部饰菱形填线纹。口径 18.6、底径 18.6、高 45.0 厘米（图五三，3；彩版四〇，2）。

瓿　1 件。

JTFD29M7：2，褐色硬陶。侈口，尖唇，窄卷沿，沿面下凹，束颈，弧肩，扁鼓腹，平底微凹。颈部饰弦纹，肩部饰菱形填线纹，腹部饰方格纹。器形不规整。口径 11.2～12.2、底径 13.0～13.8、高 12.4～12.8 厘米（图五三，4；彩版四〇，3）。

器盖　3 件。

JTFD29M7：1，泥质黑皮陶。整体呈覆豆形，喇叭状捉手，弧顶，斜壁内弧，顶、壁间折，敞口，圆唇，卷沿。沿面饰一道凹弦纹。捉手径 7.6、口径 16.0、高 7.0 厘米（图五三，5；彩版四〇，4）。

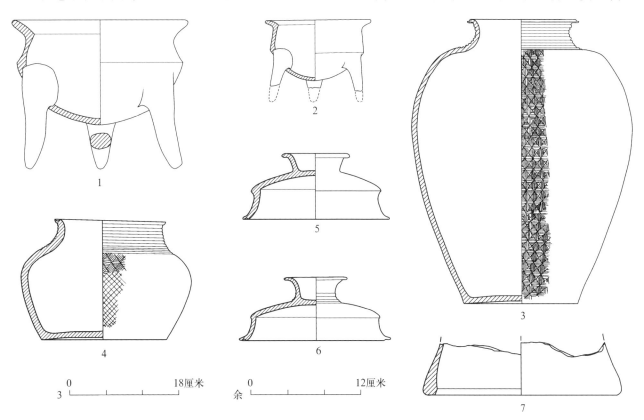

图五三　浮山果园 JTFD29M7 出土器物

1、2. 陶鼎 JTFD29M7：6、7　3. 硬陶坛 JTFD29M7：4　4. 硬陶瓿 JTFD29M7：2　5～7. 陶器盖 JTFD29M7：1、5、3

JTFD29M7：5，泥质黑皮陶。整体呈覆豆形，喇叭状捉手，弧顶，斜壁内弧，顶、壁之间折，敞口，圆唇，卷沿。沿面饰一周凹弦纹，捉手与顶交接处有三周突棱。捉手径7.0、口径16.6、高6.7厘米（图五三，6；彩版四〇，5）。

JTFD29M7：3，夹砂红陶，捉手、顶残。敞口，方圆唇，弧壁。口径22.0、残高5.6厘米（图五三，7）。

8．JTFD29M8

JTFD29M8位于土墩平面南部略偏东，JTFD29M7西侧，中心坐标3.00×−5.50−1.52米。开口于第③层下，打破第④a层，东南角和西南角各被一个开口于表土层下的山芋窖打破（图五四；彩版四一，1）。为竖穴土坑墓，墓坑开口面倾斜，北高南低，平面近长方形，方向约170°。长4.20、宽1.20米，直壁，平底，深0.44～0.80米。墓坑填土杂乱，灰土中夹杂黑色、红褐色和黄色土块，土质较硬。随葬品基本按从大到小的顺序呈一线摆放于墓坑底部西侧，容器和炊器上有盆倒扣作器盖之用，器形较大的器物多破碎，泥质陶和夹砂陶器破碎尤甚。

出土随葬品24件。包括夹砂陶器4件，泥质陶器12件，硬陶器8件；器形有鼎、釜、坛、罐、瓿、盆、碗、钵。

鼎　3件。

夹砂红陶。侈口，圆唇，折沿近平，沿尖部略卷曲，圜底。

JTFD29M8：8，斜弧腹，腹、底间折，扁锥形足。口径20.2、高15.8厘米（图五五，1；彩版四一，2）。

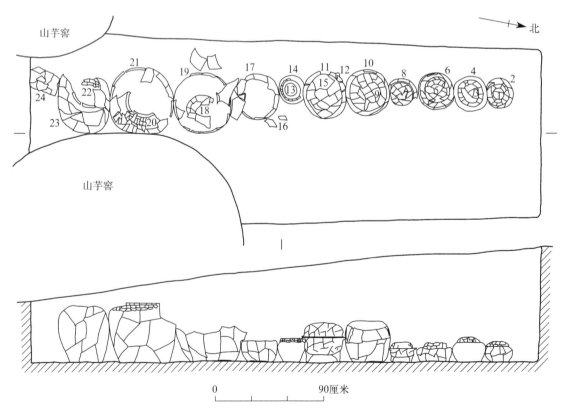

图五四　浮山果园JTFD29M8平、剖面图

1、5、7、13、24. 陶盆　2、4、14、17. 硬陶瓿　3、9、18. 陶钵　6. 陶瓿　8、12、16. 陶鼎　10、20、22. 陶罐　11. 陶釜　15. 陶碗　19、21、23. 陶坛

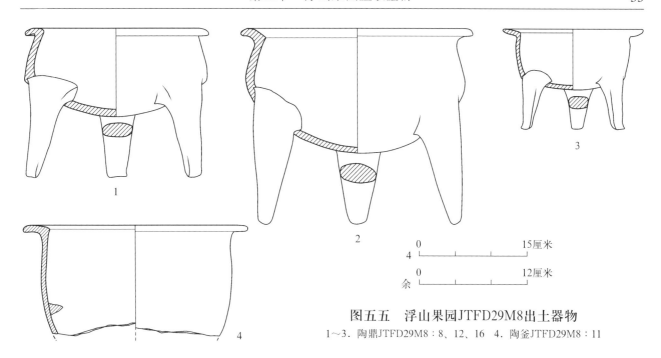

图五五 浮山果园JTFD29M8出土器物

1～3. 陶鼎JTFD29M8：8、12、16 4. 陶釜JTFD29M8：11

JTFD29M8：12，弧腹，扁锥形足。口径25.4、高20.8厘米（图五五，2；彩版四一，3）。

JTFD29M8：16，扁锥形足，足尖略外撇。口径15.4、高10.6厘米（图五五，3；彩版四一，4）。

釜 1件。

JTFD29M8：11，夹砂红陶。侈口，圆唇，折沿近平，弧腹，腹内贴置三个箅隔，圜底残。口径30.6、残高14.8厘米（图五五，4）。

坛 3件。

侈口，尖圆唇，卷沿，沿面外侧内凹，束颈，深弧腹，平底。肩及上腹部饰席纹，下腹部饰菱形填线纹。

JTFD29M8：19，红褐色硬陶。折肩。颈部饰弦纹。口径21.4、底径23.0、高48.0厘米（图五六，1；彩版四二，1）。

JTFD29M8：21，红褐色硬陶。肩弧折，底略凹。颈部饰弦纹。口径26.4、底径23.4、高45.0厘米（图五六，2；彩版四二，2）。

JTFD29M8：23，红色硬陶。肩弧折，底略凹。口径24.0、底径22.8、高46.9厘米（图五六，3；彩版四二，3）。

罐 3件。

JTFD29M8：10，灰色硬陶。侈口，尖唇，卷沿，沿面外侧内凹，束颈，折肩，鼓腹，平底微凹。颈部饰弦纹，肩及上腹部饰方格纹，下腹部饰菱形填线纹。口径18.8、底径18.4、高31.0厘米（图五七，1；彩版四一，5）。

JTFD29M8：20，泥质黑皮陶。侈口，圆唇，卷沿，沿面有一道凹槽，束颈，弧腹，平底。腹部饰席纹。口径38.0、底径18.0、高22.2厘米（图五八，4）。

JTFD29M8：22，泥质黑皮陶。侈口，方圆唇，卷沿，沿面有一道凹槽，束颈，弧腹，平底。腹部饰方格纹。口径30.0、底径15.2、高17.6厘米（图五八，5；彩版四四，1）。

瓿　5件。

侈口，卷沿，沿面外侧内凹，扁鼓腹，平底略凹，

JTFD29M8：2，褐色硬陶。尖唇，束颈，溜肩。颈、肩部饰弦纹，腹部饰席纹。口径 13.0、底径 12.7、高 11.6 厘米（图五七，2；彩版四二，4）。

JTFD29M8：4，灰色硬陶。尖唇，弧肩。颈部饰弦纹，肩、腹部饰席纹。器形略斜。口径 14.2～15.2、底径 16.8、高 13.4～14.4 厘米（图五七，3；彩版四三，1）。

JTFD29M8：14，灰色硬陶。尖唇，束颈，折肩。颈部饰弦纹，腹部饰方格纹。器身略有变形，内有兽骨。口径 13.5～15.0、底径 16.4、高 15.6～16.0 厘米（图五七，4；彩版四三，2）。

JTFD29M8：17，灰色硬陶。尖唇，束颈，折肩。颈部饰弦纹，肩及上腹部饰席纹，下腹部饰菱

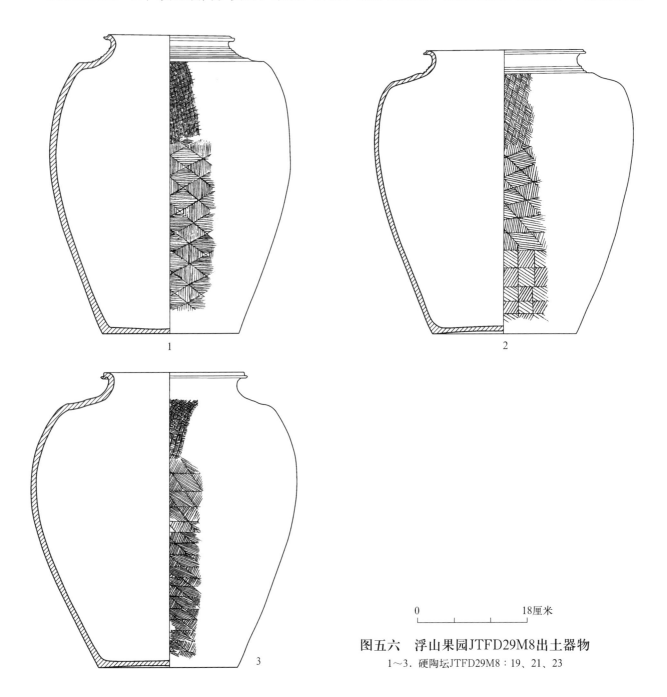

0　　　　　　　　　　18厘米

图五六　浮山果园JTFD29M8出土器物
1～3. 硬陶坛 JTFD29M8：19、21、23

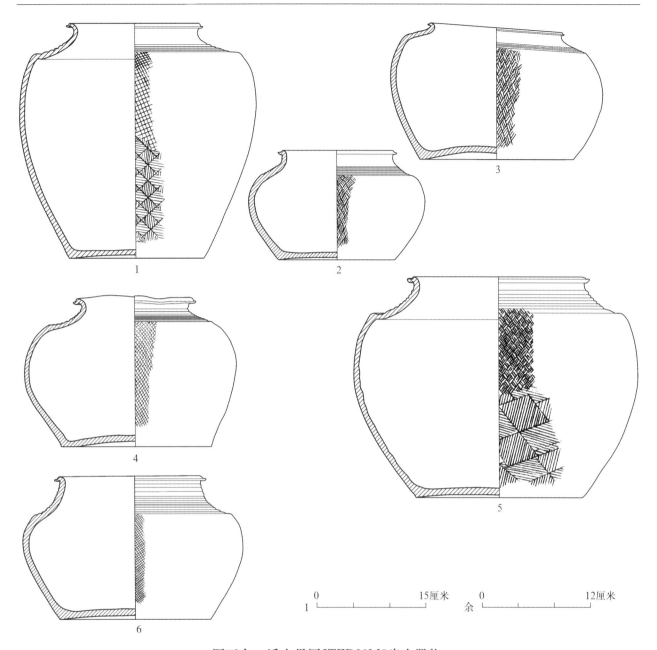

图五七 浮山果园JTFD29M8出土器物
1. 硬陶罐JTFD29M8：10 2～5. 硬陶瓿JTFD29M8：2、4、14、17 6. 陶瓿JTFD29M8：6

形填线纹。肩部内外壁可见粘接口、颈部与器身留下的手指捺窝。口径20.0、底径18.4、高23.4厘米（图五七，5；彩版四三，3）。

JTFD29M8：6，泥质红陶。尖圆唇，束颈，弧肩。颈部饰弦纹，肩、腹部饰方格纹。口径16.6、底径16.6、高15.2厘米（图五七，6；彩版四三，4）。

盆 7件。

JTFD29M8：1，泥质黑皮陶，黄褐胎，器表黑皮多脱落。口近直，方唇，颈微束，弧腹，平底。腹内壁有轮旋痕。口径18.0、底径8.4、高4.5厘米（图五八，1；彩版四三，5）。

JTFD29M8：5，泥质黑皮陶，红褐色胎。口近直，方圆唇，颈微束，弧腹，平底。腹内壁有轮旋痕。

口径 18.8、底径 10.0、高 5.6 厘米（图五八，2；彩版四三，6）。

JTFD29M8：7，泥质黑皮陶。口近直，尖唇，窄折沿，沿面略凹，颈微束，弧腹，平底。腹内壁有轮旋痕。口径 18.0、底径 9.0、高 5.1 厘米（图五八，3）。

JTFD29M8：24，泥质黑皮陶。侈口，圆唇，卷沿，沿面有一道凹槽，束颈，折腹，平底。颈部饰弦纹。口径 25.5、底径 16.0、高 6.6 厘米（图五八，6）。

JTFD29M8：13，泥质黑皮陶。烧成火候低，破碎严重，形制不明。

碗　1 件。

JTFD29M8：15，泥质黑皮陶。直口，方唇，唇面有一道凹槽，弧腹，底略凹。口径 10.6、底径 6.2、高 3.5 厘米（图五八，7；彩版四四，2）。

钵　3 件。

JTFD29M8：3，泥质黑皮陶。敛口，斜方唇，唇面内凹，弧腹，平底。口径 14.4、底径 9.6、高 6.0 厘米（图五八，8；彩版四四，3）。

JTFD29M8：9，泥质黑皮陶。敛口，方唇，唇面内凹，折肩，弧腹，平底。口径 22.0、底径 15.0、高 7.6 厘米（图五八，9；彩版四四，4）。

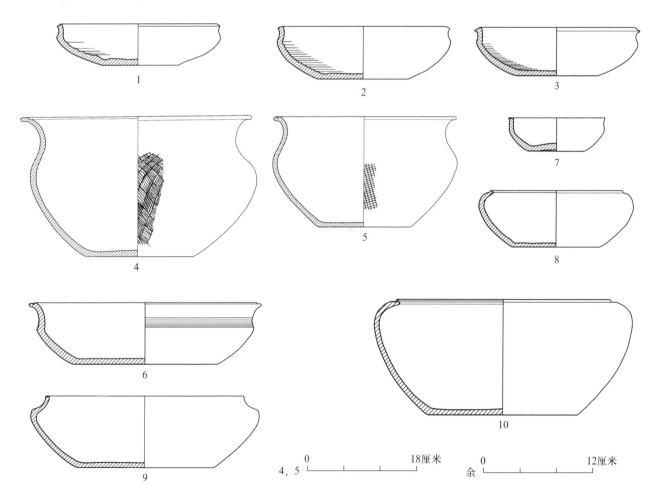

图五八　浮山果园JTFD29M8出土器物

1～3、6. 陶盆JTFD29M8：1、5、7、24　4、5. 陶罐JTFD29M8：20、22　7. 陶碗JTFD29M8：15　8～10. 陶钵JTFD29M8：3、9、18

JTFD29M8：18，泥质黑皮陶。侈口，尖圆唇，斜折沿，沿面饰一道凹弦纹，弧腹，平底。口径23.4、底径16.4、高12.2厘米（图五八，10；彩版四四，5）。

9．JTFD29M9

JTFD29M9位于土墩南部略偏东，中心坐标1.00×−4.00−1.60米。开口于第④a层下，打破第④c层（图五九；彩版四五，1、2）。为竖穴土坑墓，墓坑开口面倾斜，北高南低，平面略呈梯形，方向约170°。长2.59、宽1.00～1.40米，直壁，平底，深0.30～0.60米。墓内填土土色较杂，灰土中夹杂黑色、红褐色和黄色土块，土质较硬。墓底发现两段腐烂的人肢骨，位于墓底中部偏北。随葬器物呈"L"形摆放于墓坑底面的西侧和南侧，容器和炊器上多有器盖或倒扣陶钵作器盖之用，器形较大的器物破碎，泥质陶和夹砂器破碎尤甚。

随葬品有18件。包括夹砂陶器4件，泥质陶器6件，硬陶器8件。器形有鼎、坛、罐、瓿、钵、盂、器盖。

鼎　3件。

夹砂红陶。侈口，折沿，直腹，圜底，腹、底间折。

JTFD29M9：4，圆唇，锥形足。口径14.5、高11.2厘米（图六○，1；彩版四五，3）。

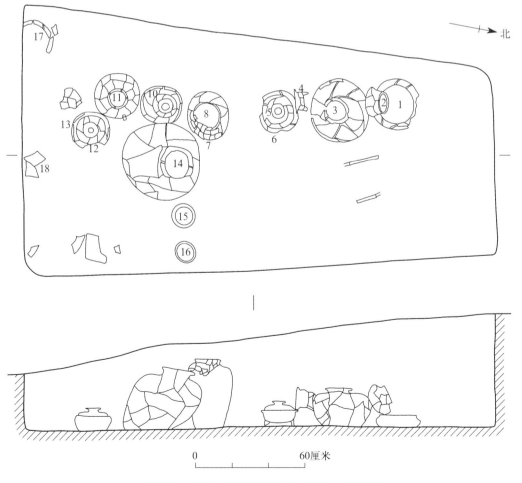

图五九　浮山果园JTFD29M9平、剖面图

1．陶钵　2、11．陶罐　3、18．硬陶罐　4、6、17．陶鼎　5、7、9、12．陶器盖　8、14．硬陶坛　10、13．硬陶瓿　15、16．硬陶盂

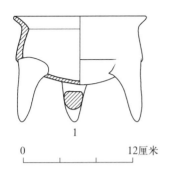
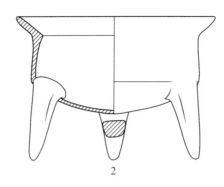
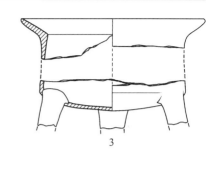

0　　　　　　12厘米

图六○　浮山果园JTFD29M9出土器物
1~3. 陶鼎JTFD29M9：4、6、17

JTFD29M9：6，圆唇，扁锥形足。口径21.8、高15.2厘米（图六○，2；彩版四五，4）。

JTFD29M9：17，腹部残缺，锥形足，尖部残。口径20.0、残高11.6厘米（图六○，3）。

坛　2件。

硬陶。侈口，卷沿，束颈，弧肩，深弧腹，平底略凹。颈部饰弦纹。

JTFD29M9：8，灰褐色胎，器表褐色。尖唇。肩、腹部饰折线与回纹组合。口径16.0、底径16.4、高33.4厘米（图六一，1；彩版四六，1）。

JTFD29M9：14，灰褐色胎，器表灰色。方唇。肩部饰叶脉纹，腹部饰方格纹。颈、肩部有青黄色爆浆釉。口径19.8、底径19.4、高39.2厘米（图六一，2；彩版四六，2）。

罐　4件。

JTFD29M9：2，泥质陶，桔黄色胎，表面磨光。敛口，方唇，唇面内凹，折肩，弧腹，平底微凹。口径12.8、底径9.2、高9.6厘米（图六一，3；彩版四五，5）。

JTFD29M9：3，灰色硬陶。侈口，尖唇，卷沿，沿面外侧内凹，束颈，弧肩，鼓腹，平底微凹。腹部等距贴附3条泥条堆饰，环首，辫形尾。颈部饰弦纹，肩及上腹部饰水波纹，下腹部饰菱形填线纹。口径16.0、底径19.4、高24.0厘米（图六一，4；彩版四六，3）。

JTFD29M9：11，泥质黑皮陶，残破严重，无法复原。扁弧腹，上腹对称设一对桥形耳。颈部饰弦纹，腹部饰席纹。

JTFD29M9：18，红褐色硬陶。侈口，尖唇，卷沿，束颈，弧肩鼓腹，平底微凹。颈部饰弦纹，肩部饰席纹，腹部饰方格纹。口径17.2、底径18.0、高26.6厘米（图六一，5；彩版四六，4）。

瓿　2件。

硬陶。侈口，卷沿，束颈，弧肩，扁鼓腹，平底内凹。颈部饰弦纹。

JTFD29M9：10，灰色胎，器表褐色。圆唇。肩部对称设一对泥条耳。肩及上腹部饰席纹，下腹饰方格纹。口径12.8、底径16.0、高14.8厘米（图六一，6；彩版四六，5）。

JTFD29M9：13，灰褐色胎，器表灰色。尖唇。肩部饰席纹，纹饰较浅，且多有重叠，腹部饰方格纹。口径12.5、底径14.0、高12.8厘米（图六一，7；彩版四七，1）。

钵　1件。

JTFD29M9：1，泥质黑皮陶，残。敛口，尖圆唇，折肩，弧腹，下部略残，平底。口径24.0、底径16.0、高7.8厘米（图六二，1）。

图六一　浮山果园JTFD29M9出土器物

1、2. 硬陶坛JTFD29M9：8、14　3. 陶罐JTFD29M9：2　4、5. 硬陶罐JTFD29M9：3、18　6、7. 硬陶瓿JTFD29M9：10、13

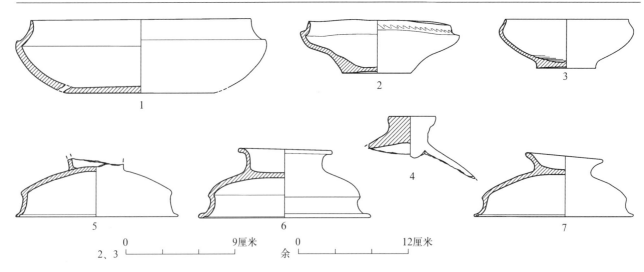

图六二　浮山果园JTFD29M9出土器物

1. 陶钵JTFD29M9：1　2、3. 硬陶盉JTFD29M9：15、16　4～7. 陶器盖JTFD29M9：7、5、9、12

盉　2件。

硬陶。敛口，尖唇，弧腹，平底微凹。外底面有平行切割痕。

JTFD29M9：15，灰褐色胎，器表褐色。折肩。肩部刻划水波纹，器身略有变形。口径11.6、底径5.6、高4.2厘米（图六二，2；彩版四七，2）。

JTFD29M9：16，褐色胎，器表灰褐色。内壁有螺旋纹。口径10.0、底径4.8、高3.9厘米（图六二，3；彩版四七，3）。

器盖　4件。

JTFD29M9：7，夹砂红陶。饼形捉手，斜壁，口部残。捉手径5.0、残高6.6厘米（图六二，4）。

JTFD29M9：5，泥质黑皮陶。整体呈覆豆形，喇叭形捉手，残，弧顶，壁内弧，顶、壁间折，敞口，圆唇，卷沿，沿面有一道凹槽。口径17.8、残高6.2厘米（图六二，5）。

JTFD29M9：9，泥质黑皮陶。整体呈覆豆形，喇叭形捉手，弧顶，壁内弧，顶、壁间折，敞口，圆唇，卷沿，沿面有一道凹槽。捉手径10.4、口径19.0、高7.4厘米（图六二，6；彩版四七，4）。

JTFD29M9：12，泥质黑皮陶，桔黄色胎，黑皮脱落严重。整体呈覆豆形，喇叭形捉手，弧顶，壁内弧，顶、壁间折，敞口，圆唇，卷沿，沿面有一道凹槽。器身略有变形。捉手径8.4、口径17.4、高6.8厘米（图六二，7；彩版四七，5）。

10．JTFD29M10

JTFD29M10位于土墩南部近墩脚处，中心坐标2.00×-9.80-2.25米。开口于第①层下，打破第②层，北部被开口于墩表的山芋窖打破（图六三；彩版四八，1）。为竖穴土坑墓，墓坑开口面倾斜，北高南低，平面近长方形，方向165°。残长2.20、宽1.15米，直壁，平底，深0.30～0.60米。墓坑内填红褐色土，土质较硬，颗粒较粗。随葬品略呈"L"形摆放于墓坑底部的西侧和南侧，容器上倒扣陶盆作器盖之用，器形较大的器物多破碎，泥质陶和夹砂陶器破碎尤甚。

出土随葬品8件，包括夹砂陶器1件，泥质陶器2件，硬陶器2件，原始瓷器3件；器形有釜、坛、盆、碗等。

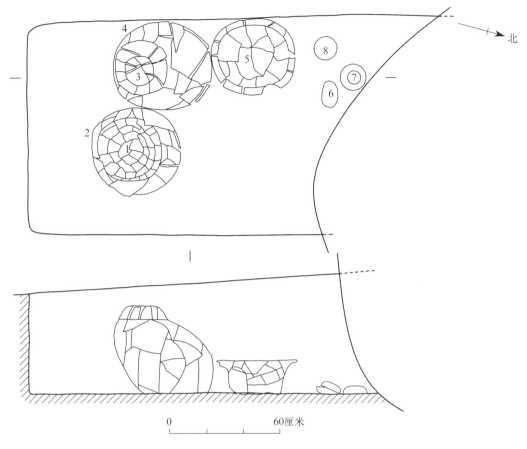

图六三　浮山果园JTFD29M10平、剖面图
1、3. 陶盆　2、4. 硬陶坛　5. 陶釜　6～8. 原始瓷碗

釜　1件。

JTFD29M10：5，夹砂红陶。侈口，圆唇，折沿，弧腹，腹内壁设有箅隔。口径39.2、残高14.4厘米（图六四，1）。

坛　2件。

侈口，卷沿，沿面外侧内凹，束颈，深弧腹，平底微凹。颈部饰弦纹，肩及上腹部饰方格纹，下腹部饰菱形填线纹。

JTFD29M10：2，红色硬陶。尖唇，肩圆折微耸。口径24.0、底径23.4、高46.5厘米（图六四，2；彩版四八，2）。

JTFD29M10：4，灰色硬陶。尖圆唇，肩弧折。口径24.8、底径22.4、高44.0厘米（图六四，3）。

盆　2件。

JTFD29M10：1，泥质黑皮陶。烧成火候低，破碎严重，形制不明。

JTFD29M10：3，泥质黑皮陶。敞口，圆唇，卷沿，沿面有一道凹槽，束颈，折腹，平底内凹。上腹部饰弦纹。口径29.2、底径18.0、高10.4厘米（图六四，4）。

碗　3件。

原始瓷，灰白色胎。敞口，尖唇，窄折沿，沿面有两周凹弦纹，平底稍内凹。内有螺旋纹。

JTFD29M10：6，上腹较直，下腹弧收。底面有线切割痕。器表施青釉。口径12.4、底径8.4、高4.8

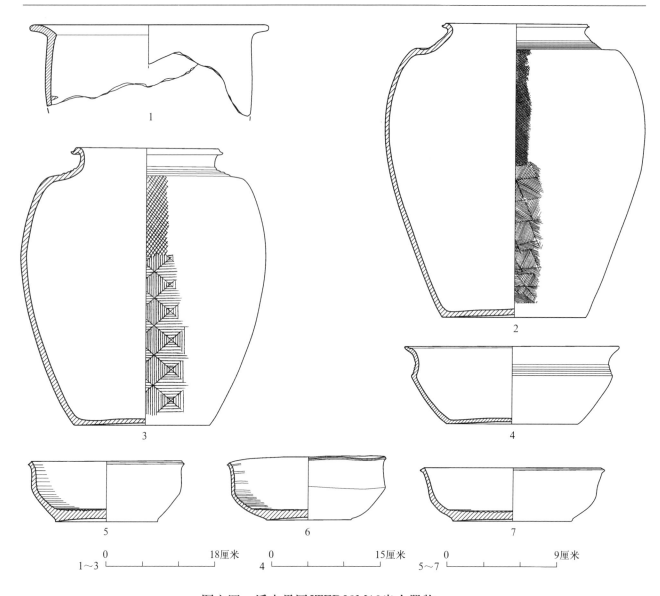

图六四　浮山果园JTFD29M10出土器物

1. 陶釜JTFD29M10：5　2、3. 硬陶坛JTFD29M10：2、4　4. 陶盆JTFD29M10：3　5～7. 原始瓷碗JTFD29M10：6～8

厘米（图六四，5；彩版四八，3）。

　　JTFD29M10：7，上腹较直，下腹弧收。器身略有变形，底面有线切割痕。器表施黄绿釉。口径13.1、底径7.0、高5.1厘米（图六四，6；彩版四八，4）。

　　JTFD29M10：8，弧腹。器表施青釉。口径15.1、底径9.8、高4.3厘米（图六四，7；彩版四八，5）。

11. JTFD29M11

　　JTFD29M11位于土墩西南部，中心坐标-4.60×-4.80-1.50米。开口于第①层下，打破第②层，东南部、西南部、西北部被开口于墩表的三个山芋窖打破（图六五；彩版四九，1、2）。为竖穴土坑墓，墓坑开口面倾斜，东北高西南低，平面近梯形，方向227°。长4.20、宽1.55～1.74米，直壁，平底，深0.40～1.02米。墓坑内填红褐色土，土质较硬，颗粒较粗。随葬品略呈一线摆放于墓坑底部的西北侧，

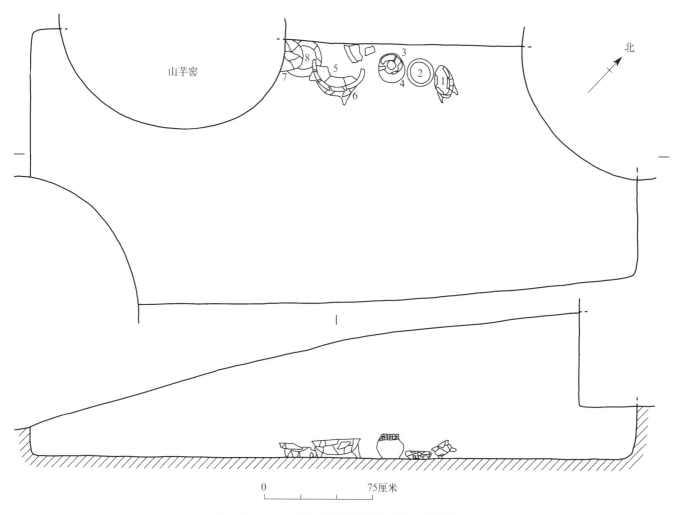

图六五　浮山果园JTFD29M11平、剖面图

1、6. 陶鼎　2、5、7. 陶钵　3. 陶盆　4. 硬陶瓿　8. 陶罐

容器和炊器上倒扣的陶盆、陶钵作器盖之用，器形较大的器物多破碎，泥质陶和夹砂陶器破碎尤甚。

出土随葬品8件，包括夹砂陶器2件，泥质陶器5件，硬陶器1件；器形有鼎、罐、瓿、盆等。

鼎　2件。

夹砂红陶。侈口，圆唇，圜底，扁锥形足。

JTFD29M11：1，平折沿，弧腹。器身略歪。口径21.0、高13.1厘米（图六六，1；彩版五〇，1）。

JTFD29M11：6，折沿，直腹，腹、底间折。口径27.0、高19.2厘米（图六六，2；彩版五〇，2）。

罐　1件。

JTFD29M11：8，泥质灰黄陶。直口微敛，方唇，溜肩，鼓腹，平底略凹。上腹部贴附一对竖耳，肩部饰弦纹。口径16.8、底径13.4、高12.8厘米（图六六，3；彩版五〇，3）。

瓿　1件。

JTFD29M11：4，褐色硬陶。侈口，尖唇，窄卷沿，沿面外侧内凹，束颈，弧肩，扁鼓腹，平底微凹。肩、腹部饰方格纹，内壁留有较多的指窝痕。口径12.4、底径12.6、高11.0厘米（图六六，4；彩版五〇，4）。

碗　1 件。

JTFD29M11：3，泥质黑皮陶。直口，方唇，折腹，平底内凹。器内壁有轮旋痕。口径 16.6、底径 8.0、高 5.0 厘米（图六六，5；彩版五〇，5）。

钵　3 件。

JTFD29M11：2，泥质黑皮陶，红褐色胎。残破严重，无法复原。

JTFD29M11：5，泥质黑皮陶，灰黄色胎。敛口，方唇，唇面内凹，弧腹，平底。口径 18.2、底径 14.8、高 6.6 厘米（图六六，6）。

JTFD29M11：7，泥质黑皮陶，灰色胎。敛口，方唇，弧腹，平底微凹。口径 17.0、底径 12.0、高 7.2 厘米（图六六，7；彩版五〇，6）。

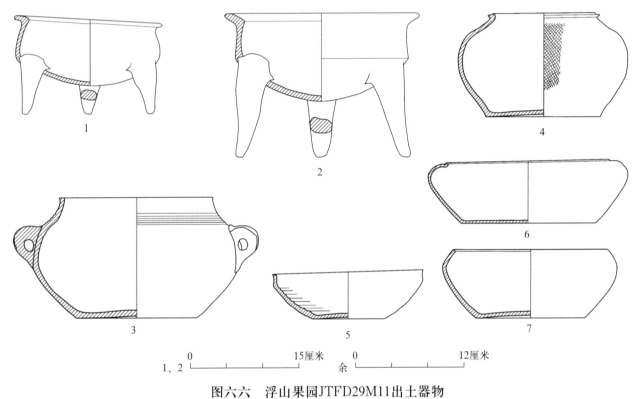

图六六　浮山果园 JTFD29M11 出土器物

1、2. 陶鼎 JTFD29M11：1、6　3. 陶罐 JTFD29M11：8　4. 硬陶瓿 JTFD29M11：4　5. 陶碗 JTFD29M11：3　6、7. 陶钵 JTFD29M11：5、7

12．JTFD29M12

JTFD29M12 位于土墩西南部，JTFD29M11 西南侧。中心坐标 −7.00×−5.00−2.20 米。开口于第①层下，打破第②层，东部、西部被开口于表土层下的两个山芋窖打破（图六七；彩版五一，1）。为竖穴土坑墓，墓坑开口面倾斜，东北高西南低，平面近长方形，方向 245°。长 2.70、宽 1.00 米，直壁，平底，深 0.38～0.54 米。墓坑内填红褐色土，土质较硬，颗粒较粗。随葬品集中放于墓坑底部的南侧，其中夹砂陶器因遭山芋窖破坏，破碎严重。

出土随葬品 3 件。包括夹砂陶器 1 件，原始瓷碗 2 件。

碗　2 件。

原始瓷，灰白色胎。敞口，窄折沿，尖唇，弧腹略鼓，平底内凹。沿面饰两道凹弦纹。内壁有螺旋纹。

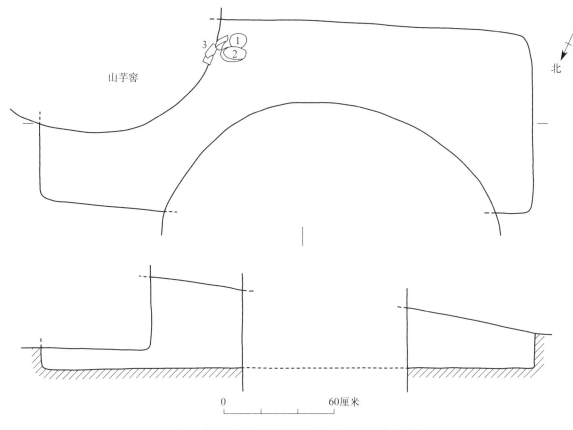

图六七　浮山果园JTFD29M12平、剖面图
1、2. 原始瓷碗　3. 陶片

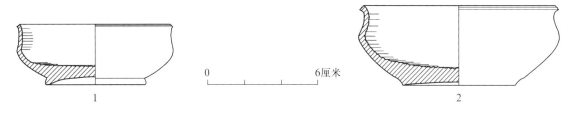

图六八　浮山果园JTFD29M12出土器物
1、2. 原始瓷碗JTFD29M12：1、2

通体施青釉。

JTFD29M12：1，假圈足。口径8.5、底径5.5、高3.2厘米（图六八，1；彩版五一，2）。

JTFD29M12：2，口径11.0、底径6.2、高4.2厘米（图六八，2；彩版五一，3）。

夹砂红陶器　1件。

JTFD29M12：3，破碎严重，器形不明。

13. JTFD29M13

JTFD29M13位于土墩南部偏西近墩脚处，中心坐标 −3.20 × −8.20−2.05米。开口于第①层下，打破第②层，北部和东南部被开口于墩表的两个山芋窖打破（图六九；彩版五一，4）。为竖穴土坑墓，墓坑开口面较平，平面近长方形，方向205°。残长2.00、宽0.94米，直壁，平底，深0.40米。墓

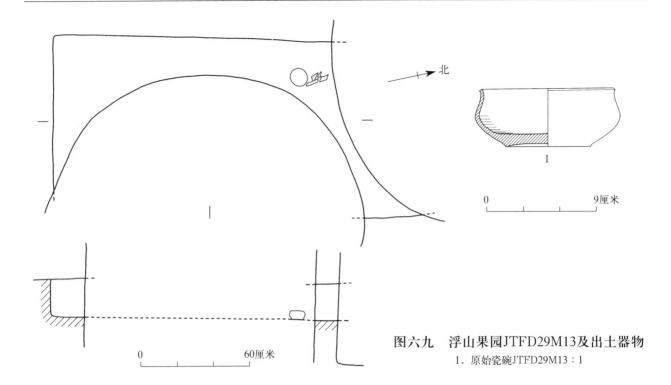

图六九　浮山果园JTFD29M13及出土器物
1. 原始瓷碗JTFD29M13：1

坑填红褐色土，土质较硬，颗粒较粗。

出土夹砂陶鼎1件，原始瓷碗1件，摆放于墓坑底部西侧。

鼎　1件。

JTFD29M13：2，夹砂红陶，破碎严重，形制不明。

碗　1件。

JTFD29M13：1，原始瓷，灰白色胎。敞口，窄折沿，尖唇，弧腹略鼓，平底略内凹。内壁有螺旋纹，外底面有线切割痕。通体施黄釉。口径11.0、底径7.0、高4.6厘米（图六九，1）。

14. JTFD29M14

JTFD29M14位于土墩东北部，中心坐标7.80×4.50−1.60米。开口于第①层下，打破第②层，西部被开口于表土层下的一个山芋窖打破，南侧被JTFD29M2打破（图七○；彩版五二，1、2）。为竖穴土坑墓，墓坑开口面倾斜，西南高东北低，平面近梯形，方向约55°。西南部略窄，东北部较宽，长3.40、宽0.67～1.25米，直壁，平底，深0.42～0.99米。墓坑内填红褐色土，土质较硬，颗粒较粗，坑底铺垫一层厚0.05～0.10米的较软红褐色土。墓内葬具已朽，西南侧发现有人牙痕迹。随葬品除少数散布于墓底西部外，主要分布于墓底东侧和北侧，略呈"L"形排列，多有叠置，容器和炊器上多有器盖或倒扣的盆、碗等作器盖之用，器形较大的器物破碎，泥质陶和夹砂陶器破碎尤甚。

出土随葬品30件。包括夹砂陶器5件，泥质陶器15件，硬陶器4件，原始瓷器5件，石器1件；器形有鼎、坛、罐、瓶、盆、大口器、碗、器盖、纺轮、块等。

鼎　5件。

夹砂红陶。侈口，折沿，圆底，腹、底间折，扁锥形足。

JTFD29M14：5，圆唇，斜直腹。口径17.0、高15.1厘米（图七一，1；彩版五二，3）。

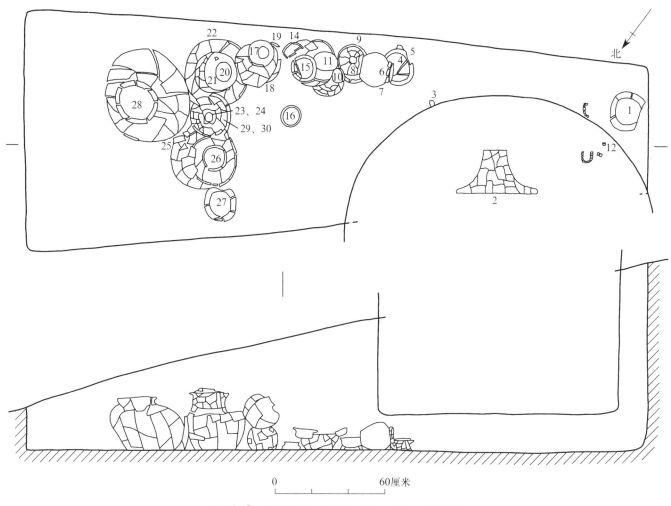

0　　　　　　　60厘米

图七〇　浮山果园JTFD29M14平、剖面图

1、6、8、23.陶器盖　2.陶大口器　3.陶纺轮　4、13、21、30.陶盆　5、9、19、24、27.陶鼎　7、22.硬陶罐　10、11、15、17. 原始瓷碗　12.石块　14、26.陶罐　16、25、29.陶碗　18.硬陶瓿　20.原始瓷瓿　28.硬陶坛

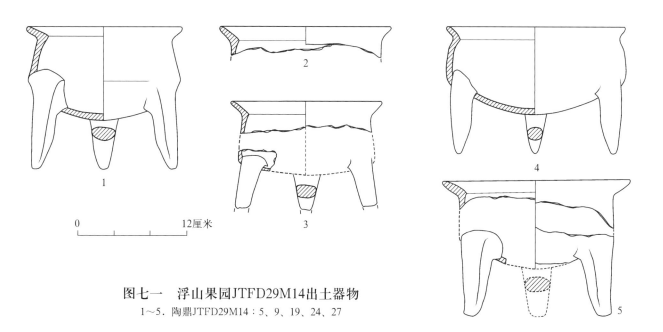

0　　　　　　　12厘米

图七一　浮山果园JTFD29M14出土器物

1～5.陶鼎JTFD29M14：5、9、19、24、27

JTFD29M14：9，圆唇，腹、底部残缺。口径 19.0 厘米（图七一，2）。

JTFD29M14：19，圆唇，腹部较直，腹略残缺，足尖残。口径 16.6 厘米（图七一，3）。

JTFD29M14：24，弧腹。口径 19.8、高 13.4 厘米（图七一，4；彩版五二，4）。

JTFD29M14：27，尖圆唇，腹部较直，下部残缺，足尖略外撇。口径 20.8 厘米（图七一，5）。

坛　1 件。

JTFD29M14：28，灰色硬陶。侈口，圆唇，卷沿，沿面外侧内凹，束颈，溜肩，深弧腹，平底略凹。肩及上腹部饰水波纹，中腹部饰叶脉纹，下腹部饰菱形填线纹。口径 22.2、底径 22.8、高 42.0 厘米（图七二，1；彩版五三，1）。

罐　4 件。

JTFD29M14：7，灰色硬陶。侈口，尖唇，卷沿，沿面内凹，溜肩，鼓腹，平底。颈部饰弦纹，肩、

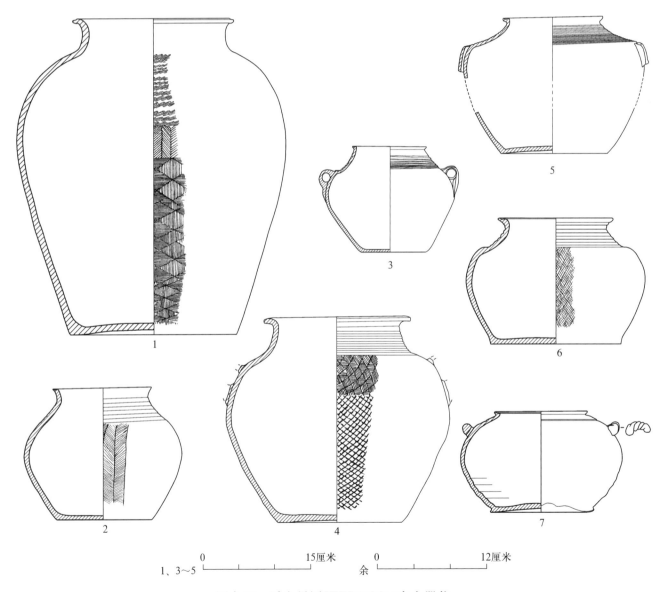

图七二　浮山果园 JTFD29M14 出土器物

1. 硬陶坛 JTFD29M14：28　2、4. 硬陶罐 JTFD29M14：7、22　3、5. 陶罐 JTFD29M14：14、26　6. 硬陶瓿 JTFD29M14：18　7. 原始瓷瓿 JTFD29M14：20

腹部饰叶脉纹。口径10.8、底径10.4、高14.0厘米（图七二，2；彩版五三，2）。

JTFD29M14：14，泥质黑皮陶。直口微敛，圆唇，窄折沿，沿面内凹，鼓腹，平底。上腹贴附一对竖耳，颈部饰弦纹。口径10.0、底径9.0、高14.0厘米（图七二，3；彩版五三，3）。

JTFD29M14：22，灰色硬陶。侈口，方唇，卷沿，束颈，弧肩，鼓腹，平底微凹。上腹部贴附一对竖耳，残。颈部饰弦纹，肩部饰菱形填线纹，腹部饰方格纹。口径20.0、底径17.2、高27.2厘米（图七二，4）。

JTFD29M14：26，泥质黑皮陶，腹部稍残。敛口，圆唇，卷沿，沿面内凹，鼓腹，平底内凹。上腹部贴附一对贯耳，肩部饰凹弦纹。口径13.6、底径14.4厘米（图七二，5）。

瓿 2件。

JTFD29M14：18，灰色硬陶。侈口，圆唇，卷沿，沿面有一道凹槽，束颈，弧肩，扁鼓腹，平底。颈部饰弦纹，肩、腹部饰席纹。口径12.6、底径14.2、高13.3厘米（图七二，6；彩版五三，4）。

JTFD29M14：20，原始瓷，灰色胎。侈口，尖圆唇，折沿，沿面下凹，束颈，溜肩，扁鼓腹，平底内凹。肩部设置一对横向绞索状耳。肩部划一道凹弦纹，底面有平行切割痕。施青绿色釉。口径10.2、底径11.2、高10.7厘米（图七二，7；彩版五三，5）。

盆 4件。

JTFD29M14：4，泥质黑皮陶，灰色胎。侈口，尖圆唇，卷沿，沿面有一道凹槽，折腹，平底。内壁有轮旋痕。口径13.6、底径4.0、高3.2厘米（图七三，1；彩版五四，1）。

JTFD29M14：13，泥质黑皮陶，灰色胎。敞口，尖圆唇，卷沿，沿面有一道凹槽，折腹，平底内凹。口径22.6、底径9.5、高4.1厘米（图七三，2；彩版五四，2）。

JTFD29M14：21，泥质黑皮陶，灰色胎。侈口，尖圆唇，卷沿，沿面有一道凹槽，折腹，平底。口径20.0、底径7.0、高4.3厘米（图七三，3；彩版五四，3）。

JTFD29M14：30，泥质黑皮陶，灰色胎。侈口，卷沿，沿面内凹，腹弧折，平底。内壁有轮旋痕。口径12.2、底径5.0、高3.8厘米（图七三，4；彩版五四，4）。

大口器 1件。

JTFD29M14：2，泥质黑皮陶。形似喇叭，侈口，卷沿，沿面有一道凹槽，圆唇，折腹，上腹近直，下腹向内弧，平底。上腹部饰弦纹，下腹部饰席纹。口径40.0、底径12.0、高20.2厘米（图七三，5；彩版五四，5）。

碗 7件。

原始瓷，4件。敞口，折沿，弧腹，平底。内壁有螺旋纹。

JTFD29M14：10，灰黄色胎。沿面下凹，尖圆唇，底部制作较粗糙。施黄色釉，器表釉剥落殆尽。口径8.4、底径4.6、高3.5厘米（图七四，1；彩版五四，6）。

JTFD29M14：11，灰白色胎。沿面下凹，圆唇，底内凹。器形不正，内底有气泡。施黄绿色釉。口径13.8、底径6.0、高4.4厘米（图七四，2；彩版五五，1）。

JTFD29M14：15，灰褐色胎。沿面有两道凹槽，圆唇，底内凹。施黄绿色釉，釉剥落殆尽。口径13.9、底径7.3、高4.7厘米（图七四，3；彩版五五，2）。

JTFD29M14：17，灰黄色胎，釉剥落殆尽。尖唇，沿面下垂，沿面下凹，底微凹。口径15.4、底径7.2、高4.8厘米（图七四，4）。

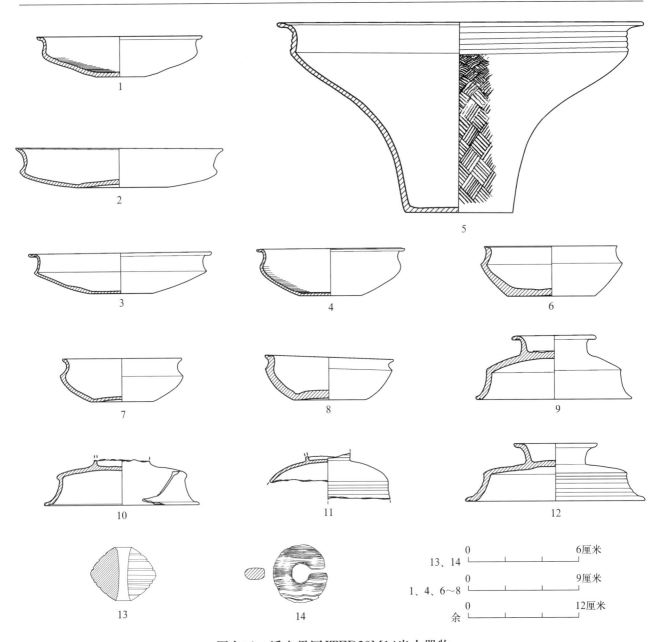

图七三　浮山果园JTFD29M14出土器物

1～4. 陶盆JTFD29M14：4、13、21、30　5. 陶大口器JTFD29M14：2　6～8. 陶碗JTFD29M14：16、25、29　9～12. 陶器盖
JTFD29M14：1、6、8、23　13. 陶纺轮JTFD29M14：3　14. 石块JTFD29M14：12

泥质灰陶，3件。卷沿，折腹，平底微凹。

JTFD29M14：16，侈口，沿面有一道凹槽，尖圆唇。内壁有轮旋痕。口径10.9、底径7.1、高4.1
厘米（图七三，6；彩版五五，3）。

JTFD29M14：25，侈口，圆唇。口径9.8、底径5.0、高3.5厘米（图七三，7）。

JTFD29M14：29，直口，圆唇，沿面有一道凹槽。口径10.6、底径5.6、高3.6厘米（图七三，8；
彩版五五，4）。

器盖　4件。

泥质陶。整体呈覆豆形，弧顶，壁内弧，顶、壁间折。

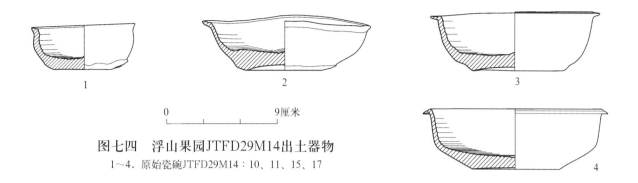

图七四　浮山果园JTFD29M14出土器物
1～4. 原始瓷碗JTFD29M14：10、11、15、17

JTFD29M14：1，黑皮陶。喇叭状捉手，敞口，圆唇，卷沿，沿面有一道凹槽。捉手径9.2、口径17.0、高6.8厘米（图七三，9；彩版五五，5）。

JTFD29M14：6，灰色胎。捉手残缺，敞口，圆唇，卷沿，沿面有一道凹槽。口径17.0厘米（图七三，10）。

JTFD29M14：8，黑皮陶。捉手及口沿残缺，外壁饰弦纹。残高4.9厘米（图七三，11）。

JTFD29M14：23，黑皮陶。喇叭状捉手，敞口，圆唇，卷沿，沿面有一道凹槽。外壁饰弦纹。捉手径9.0、口径19.5、高6.0厘米（图七三，12）。

纺轮　1件。

JTFD29M14：3，泥质黑皮陶。算珠形，中有一圆形穿孔，器表饰弦纹。直径3.5、孔径0.4、高2.8厘米（图七三，13；彩版五五，6）。

玦　1件。

JTFD29M14：12，青灰色石质。表面风化较甚。扁圆环形，有一小缺口，断面近椭圆形。直径3.0、厚0.6厘米（图七三，14）。

15．JTFD29M15

JTFD29M15位于土墩西南部，JTFD29M12北侧，中心坐标−5.80×−2.80−1.50米。开口于第①层下，打破第②层，两端被开口于墩表的两个山芋窖打破（图七五；彩版五六，1、2）。为竖穴土坑墓，墓坑开口面倾斜，东北高西南低，平面近长方形，方向约240°。东北部较窄，西南部较宽，残长2.90、宽1.36～1.52米，直壁，平底，深0.24～0.96米。墓坑填红褐色土，土质较硬，颗粒较粗。墓底东部发现人牙一组，散乱破碎（彩版五六，3）。随葬品主要分布于墓底的中部偏东，器形较大的器物破碎，泥质陶和夹砂陶破碎尤甚。

出土随葬品13件。包括夹砂陶器1件，泥质陶器9件，硬陶器1件，原始瓷器2件；器形有鼎、坛、罐、盆、盘、碗、器盖等。

鼎　1件。

JTFD29M15：8，夹砂红陶。侈口，圆唇，折沿，弧腹，圜底，扁锥形足。口径24.6、高18.8厘米（图七六，1）。

坛　1件。

JTFD29M15：10，褐色硬陶。侈口，卷沿，圆唇，沿面内凹，溜肩，弧腹，平底。上腹饰席纹，下腹饰菱形填线纹。口径19.5、底径20.2、高32.4厘米（图七六，2；彩版五六，4）。

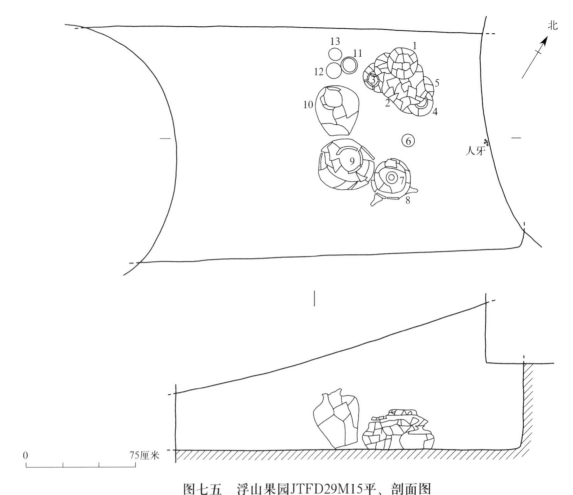

图七五　浮山果园JTFD29M15平、剖面图

1、6、12. 陶盆　2、3、5、9. 陶罐　4、7. 陶器盖　8. 陶鼎　10. 硬陶坛　11、13. 原始瓷碗

罐　4件。

JTFD29M15：2，泥质陶，桔黄色胎，破碎严重，形制不明。

JTFD29M15：3，泥质黑皮陶，灰色胎。侈口，折沿，沿面内凹，束颈，折肩，弧腹，平底略残。腹部贴附一对竖耳，残。口径11.8、底径11.6、高17.6厘米（图七六，3；彩版五七，1）。

JTFD29M15：5，泥质黑皮陶，灰色胎。侈口，尖唇，卷沿，沿面内凹，圆肩，肩部贴附竖耳，残破严重，无法复原。

JTFD29M15：9，泥质红胎陶。侈口，圆唇，卷沿，沿面内凹，弧肩，弧腹，平底略凹。颈部饰弦纹，肩、腹部饰席纹。口径21.8、底径17.6、高31.6厘米（图七六，4；彩版五七，2）。

盆　3件。

JTFD29M15：1，泥质黑皮陶。烧成火候低，破碎严重，形制不明。

JTFD29M15：6，泥质黑皮陶。破碎严重，形制不明。

JTFD29M15：12，泥质黑皮陶。侈口，圆唇，卷沿，折腹，平底。口径12.2、底径5.4、高4.4厘米（图七六，7；彩版五七，5）。

碗　2件。

原始瓷，灰色胎。敞口，折沿，弧腹，平底。内壁有螺旋纹，外底有线切割痕。施青绿色釉。

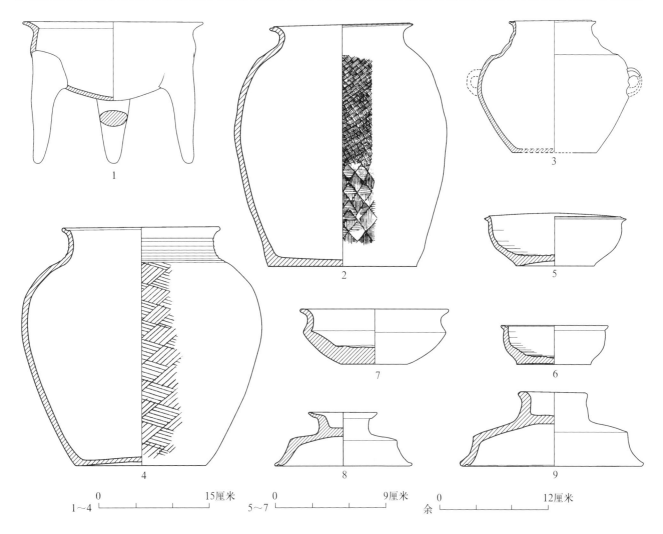

图七六 浮山果园JTFD29M15出土器物

1. 陶鼎JTFD29M15：8 2. 硬陶坛JTFD29M15：10 3、4. 陶罐JTFD29M15：3、9 5、6. 原始瓷碗JTFD29M15：11、13 7. 陶盆 JTFD29M15：12 8、9. 陶器盖JTFD29M15：4、7

JTFD29M15：11，尖唇，沿面有两道浅凹槽，底略内凹，器身略歪。口径11.6、底径6.4、高4.2 厘米（图七六，5；彩版五七，3）。

JTFD29M15：13，圆唇，沿面内凹，弧腹。口径8.85、底径6.1、高3.1厘米（图七六，6；彩版 五七，4）。

器盖 2件。

泥质灰陶。整体呈覆豆形。喇叭形捉手，弧顶，壁内弧，顶、壁间折，敞口，圆唇，卷沿，沿 面有一道凹槽。

JTFD29M15：4，捉手径7.4、口径15.0、高5.7厘米（图七六，8；彩版五七，6）。

JTFD29M15：7，捉手径7.6、口径20.0、高8.0厘米（图七六，9）。

16. JTFD29M16

JTFD29M16位于土墩东南部，中心坐标4.40×－2.05－1.50米。开口于第③层下，打破第④a层

（图七七；彩版五八，1）。为竖穴土坑墓，墓坑开口面倾斜，西北高东南低，平面略呈梯形，方向124°。西北部较窄，东南部较宽，长2.90、宽0.93～1.18米，直壁，底部平整略斜，西北略高东南略低，深0.33～0.44米。墓坑填土土色较杂，灰土中夹杂红褐色和黄色土块，土质较硬。器物主要靠两侧壁摆放，器形较大的器物破碎，泥质陶和夹砂陶破碎尤甚，其中几件器物的破碎陶片散布范围较大。

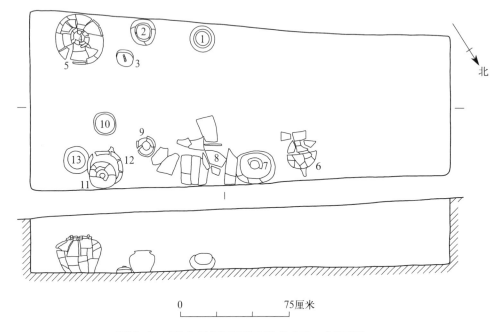

0　　　　　　　　　75厘米

图七七　浮山果园JTFD29M16平、剖面图

1、2、13. 硬陶瓿　3. 原始瓷器盖　4、9. 陶盆　5、8. 硬陶罐　6、12. 陶鼎　7、11. 陶器盖　10. 原始瓷碟

出土器物13件。包括夹砂陶器2件，泥质陶器4件，硬陶器5件，原始瓷器2件；器形有鼎、罐、瓿、盆、碟、器盖等。

鼎　2件。

JTFD29M16：6，夹砂红陶。敛口，方圆唇，弧腹，圜底，锥形足。口径19.7、高17.6厘米（图七八，1；彩版五八，2）。

JTFD29M16：12，夹砂红陶。侈口，圆唇，折沿，直腹，圜底，腹、底间折，扁锥形足。口径25.0、高17.5厘米（图七八，2；彩版五八，3）。

罐　2件。

JTFD29M16：5，灰色硬陶。侈口，尖圆唇，卷沿，沿外侧下凹，束颈，鼓肩略折，弧腹，平底。颈、肩部饰弦纹，上腹部饰席纹，下腹部饰菱形填线纹。腹内壁有刮痕和指窝痕。口径16.8、底径19.2、高23.2厘米（图七八，3；彩版五八，4）。

JTFD29M16：8，灰色硬陶，残片，无法复原。

瓿　3件。

硬陶。侈口，尖圆唇，卷沿，沿面外侧下凹，束颈，扁鼓腹，平底。颈部饰弦纹，腹部饰席纹。

JTFD29M16：1，器表灰色。弧肩。口径12.2、底径13.6、高8.8厘米（图七八，4；彩版五八，5）。

JTFD29M16：2，器表褐色。肩略折，底微凹。口径12.0、底径14.0、高11.8厘米（图七八，5；

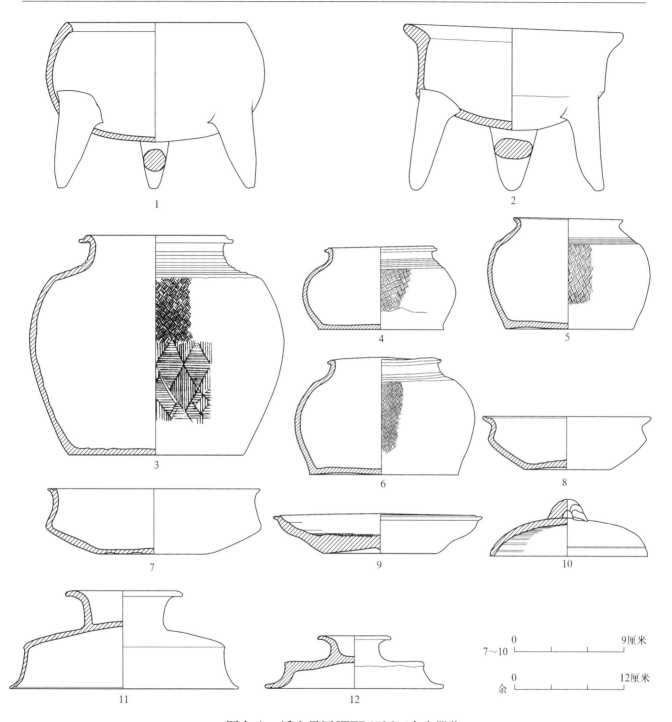

图七八　浮山果园JTFD29M16出土器物

1、2. 陶鼎JTFD29M16：6、12　3. 硬陶罐JTFD29M16：5　4～6. 硬陶瓿JTFD29M16：1、2、13　7、8. 陶盆JTFD29M16：4、9　9. 原始瓷碟JTFD29M16：10　10. 原始瓷器盖JTFD29M16：3　11、12. 陶器盖JTFD29M16：7、11

彩版五九，1）。

JTFD29M16：13，器表褐色。溜肩，口径 12.4、底径 16.4、高 12.4 厘米（图七八，6；彩版五九，2）。

盆　2件。

泥质陶。侈口，沿面有一道凹槽，平底微凹。

JTFD29M16：4，灰色胎，黑皮。尖圆唇，卷沿，折腹，上腹内弧。口径 17.4、底径 8.4、高 5.2

厘米（图七八，7；彩版五九，3）。

JTFD29M16：9，灰色胎。圆唇，卷沿，折腹。口径14.0、底径7.0、高4.2厘米（图七八，8；彩版五九，4）。

碟　1件。

JTFD29M16：10，原始瓷，灰色胎。敞口，圆唇，折沿，沿面内凹，浅弧腹，平底略凹。内底部有密而深的螺旋纹。施青黄色釉。口径16.2、底径9.2、高3.2厘米（图七八，9；彩版五九，6）。

器盖　3件。

JTFD29M16：3，原始瓷，灰褐色胎。绞索状纽，弧顶，弧壁，敞口，方唇。内壁有螺旋纹。外表施黄绿色釉。口径13.1、高4.5厘米（图七八，10；彩版五九，5）。

JTFD29M16：7，泥质黑皮陶。整体呈覆豆形，喇叭形捉手，弧顶，直壁内弧，顶、壁间折，敞口，圆唇，卷沿，沿面有一道凹槽。捉手径12.8、口径25.2、高10.4厘米（图七八，11；彩版六〇，1）。

JTFD29M16：11，泥质灰陶。整体呈覆豆形，喇叭形捉手，盖顶近平，直壁，顶、壁间折，敞口，圆唇，卷沿，沿面有一道凹槽。捉手径8.0、口径19.6、高5.6厘米（图七八，12；彩版六〇，2）。

17．JTFD29M17

JTFD29M17位于土墩东南部，JTFD29M16的南侧，中心坐标3.50×−3.60−1.50米。开口于第④a层下，打破第④b层，东部一角被开口于表土层下的山芋窖打破（图七九；彩版六〇，3）。为竖穴土坑墓，墓坑平面略呈梯形，方向约135°。西北部较窄，东南部较宽，长2.74、宽0.74～0.94米，直壁，底部略斜，西北略高东南略低，深度0.36～0.40米。墓坑填红褐色土，土质较硬，颗粒较粗。

出土泥质陶罐、盆各1件，位于墓底中部靠近北壁处，器物破碎。

罐　1件。

JTFD29M17：2，泥质陶，桔红色胎。侈口，圆唇，卷沿，沿面内凹，束颈，弧肩，鼓腹，平底。颈部饰弦纹，肩、腹部饰席纹，较乱。口径17.6、底径16.4、高23.8厘米（图七九，2；彩版六〇，4）。

盆　1件。

JTFD29M17：1，泥质黑皮陶。侈口，圆唇，平折沿，沿面内凹，折腹，平底微凹。上腹饰弦纹。口径22.2、底径10.5、高4.9厘米（图七九，1；彩版六〇，5）。

18．JTFD29M18

JTFD29M18位于土墩东部，中心坐标8.80×1.25−2.10米。开口于第①层下，打破第②层，南部被JTFD29M3打破（图八〇）。为竖穴土坑墓，墓坑开口面倾斜，西高东低，平面略呈梯形，方向82°。西部较窄，东部较宽，长2.50、残宽0.40～0.65米，直壁，平底，深0.15～0.40米。墓坑填土土色较杂，灰土中夹杂红褐色和黄色土块，土质较硬，颗粒较细。

出土泥质陶碗1件，倒扣于墓底的东端。

碗　1件。

JTFD29M18：1，泥质黑皮陶，黑皮多剥落。敞口，圆唇，折腹，平底微凹。口径10.4、底径5.4、高3.6厘米（图八〇，1）。

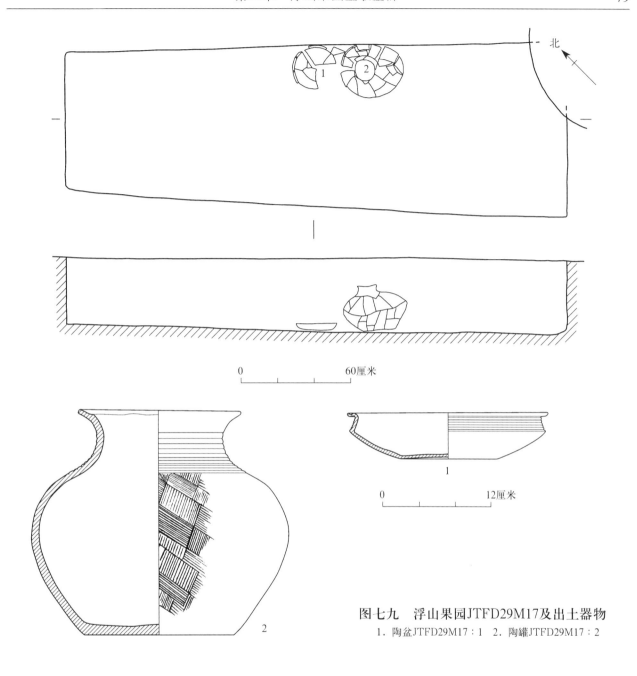

图七九　浮山果园JTFD29M17及出土器物
1. 陶盆JTFD29M17：1　2. 陶罐JTFD29M17：2

19. JTFD29M19

JTFD29M19位于土墩东北部，中心坐标6.50×5.30-2.00米。开口于第③层下，打破第④a层，东南部被开口于墩表的山芋窖打破（图八一；彩版六一，1、2）。为竖穴土坑墓，墓坑平面略呈梯形，方向35°。西南部较窄，东北部较宽，长3.40、宽1.02～1.25米，直壁，平底，深0.36～0.40米。墓坑填土土色较杂，灰土中夹杂红褐色和黄色土块，土质较硬，颗粒较细。随葬品主要分布于墓底的东南侧，大致分两排整齐摆放，容器和炊器上多有器盖或倒扣的盆、碗等作器盖之用，器形较大的器物破碎，泥质陶和夹砂陶破碎尤甚。

出土随葬品27件。包括夹砂陶器4件，泥质陶器15件，硬陶器6件，原始瓷器2件；器形有鼎、坛、罐、瓿、盆、盘、钵、碗、器盖、纺轮等。

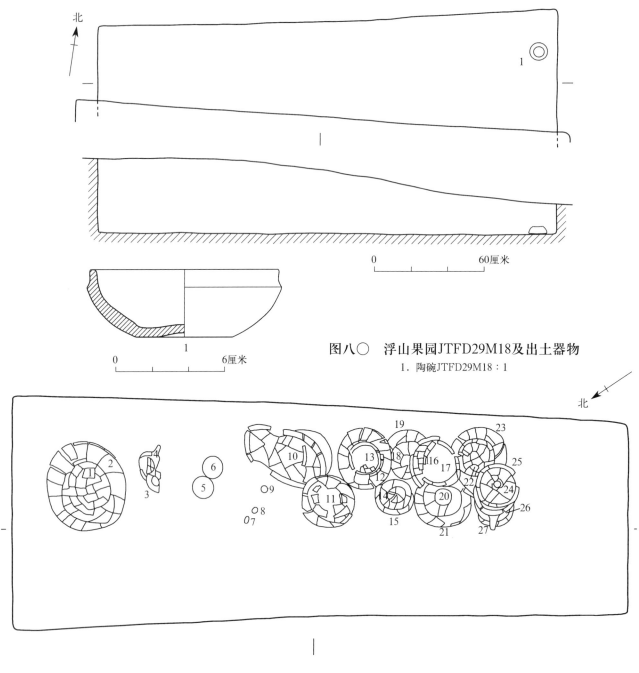

图八〇　浮山果园JTFD29M18及出土器物
1.陶碗JTFD29M18：1

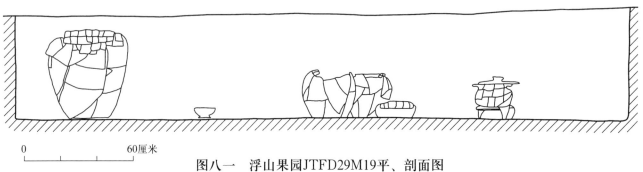

图八一　浮山果园JTFD29M19平、剖面图

1、12、16、18、22.陶盆　2.陶坛　3、14.陶碗　5、6.原始瓷碗　4、10、17、25.陶鼎　7～9.陶纺轮　11、13.硬陶坛　15、19、23、27.陶瓿　20、26.陶钵　21.硬陶罐　24.陶器盖

鼎　4件。

夹砂红陶。侈口，折沿近平，圆唇，圆底。

JTFD29M19：4，弧腹略直，铲形足。口径 13.6、高 11.6 厘米（图八二，1；彩版六二，1）。

JTFD29M19：17，弧腹，锥形足。口径 23.0、高 20.0 厘米（图八二，2；彩版六二，2）。

JTFD29M19：25，弧腹，铲形足。口径 23.2、高 18.9 厘米（图八二，3；彩版六二，3）。

JTFD29M19：10，残破严重，无法复原。

坛　3件。

侈口，卷沿，深弧腹，平底。

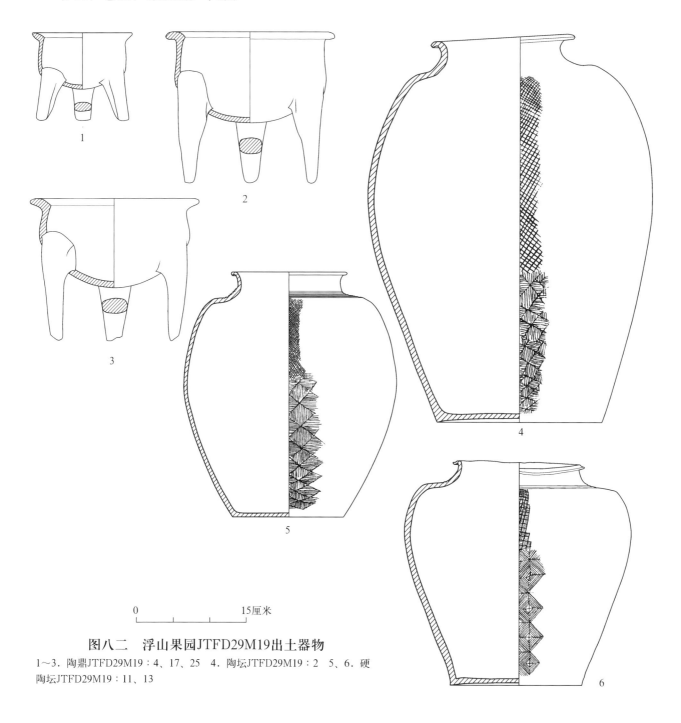

0　　　　　　　　　　15厘米

图八二　浮山果园JTFD29M19出土器物

1～3. 陶鼎JTFD29M19：4、17、25　4. 陶坛JTFD29M19：2　5、6. 硬
陶坛JTFD29M19：11、13

　　JTFD29M19：2，泥质红陶。方唇，弧肩，底略凹。肩及上腹部饰方格纹，下腹部饰菱形填线纹。器身略歪。口径 19.6、底径 22.8、高 51.6 厘米（图八二，4；彩版六二，5）。

　　JTFD29M19：11，灰色硬陶。圆唇，束颈，肩弧折。颈部饰弦纹，上腹部饰方格纹，下腹部饰菱形填线纹。口径 15.6、底径 15.2、高 32.4 厘米（图八二，5；彩版六二，4）。

　　JTFD29M19：13，灰色硬陶。尖唇，沿面外侧内凹，圆折肩，底微凹。颈下部饰弦纹，肩及上腹部饰席纹，下腹部饰菱形填线纹。口径 18.3、底径 18.2、高 29.6 厘米（图八二，6；彩版六三，1）。

　　罐　1件。

　　JTFD29M19：21，灰黑硬陶。侈口，圆唇，卷沿，沿面外侧内凹，折肩，鼓腹，平底。颈、肩部饰数道弦纹，腹部饰大席纹。口径 16.2、底径 19.0、高 21.6 厘米（图八三，2；彩版六三，3）。

　　瓿　4件。

　　JTFD29M19：19，泥质黑皮陶。直口，方圆唇，沿面有一道凹槽，平弧肩，鼓腹，平底略凹。口径 17.8、底径 16.4、高 17.4 厘米（图八三，1；彩版六三，2）。

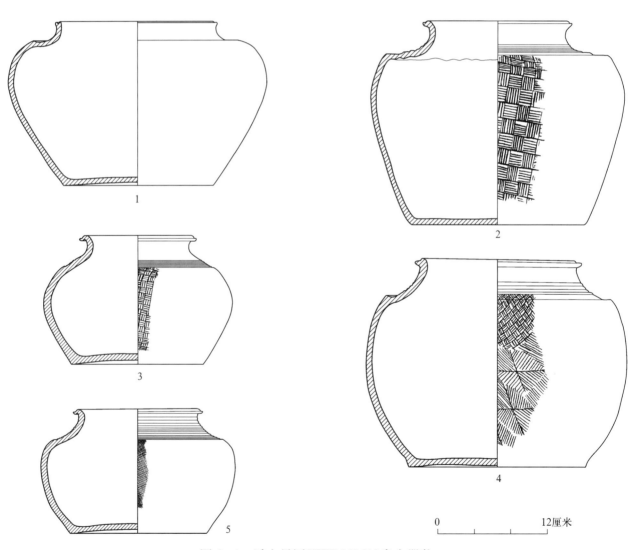

0　　　　　　　　　　12厘米

图八三　浮山果园JTFD29M19出土器物

1. 陶瓿JTFD29M19：19　2. 硬陶罐JTFD29M19：21　3～5. 硬陶瓿JTFD29M19：15、23、27

硬陶 3 件。侈口，卷沿，沿面外侧内凹，束颈，扁鼓腹，平底微凹。

JTFD29M19：15，褐色胎。圆唇，弧肩。肩部饰弦纹，腹部饰席纹。口径 12.8、底径 14.5、高 13.7 厘米（图八三，3；彩版六三，4）。

JTFD29M19：23，红褐色胎。尖唇，折肩。肩部饰弦纹，上腹部饰席纹，下腹部饰菱形填线纹。口径 18.0、底径 19.2、高 22.0 厘米（图八三，4；彩版六三，5）。

JTFD29M19：27，灰色胎。尖圆唇，弧肩。颈部饰弦纹，肩、腹部饰方格纹。口径 14.2、底径 15.0、高 13.2 厘米（图八三，5；彩版六四，1）。

盆　4 件。

JTFD29M19：1，泥质红褐色胎。破碎严重，无法复原。腹部饰席纹。

JTFD29M19：12，泥质黑皮陶，灰褐色胎。破碎严重，无法复原。

JTFD29M19：16，泥质黑皮陶，灰色胎。敞口，方圆唇，卷沿，沿面有一道凹槽，折腹，底部残。口径 26.0、残高 5.4 厘米（图八四，1）。

JTFD29M19：18，泥质黑皮陶，灰色胎。残破严重，无法复原。

盘　1 件。

JTFD29M19：22，泥质黑皮陶，灰褐色胎。直口，方圆唇，唇面略凹，腹弧折，平底。口径 22.0、底径 12.0、高 4.8 厘米（图八四，2）。

碗　4 件。

JTFD29M19：5，原始瓷，灰黄色胎。敞口，尖唇，窄折沿，沿面有两道浅凹槽，弧腹略鼓，平

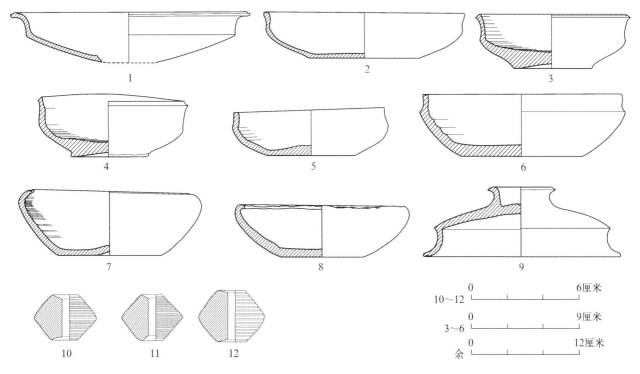

图八四　浮山果园JTFD29M19出土器物

1. 陶盆JTFD29M19：16、22　2. 陶盘JTFD29M19：22　3、4. 原始瓷碗JTFD29M19：5、6　5、6. 陶碗JTFD29M19：3、14
7、8. 陶钵JTFD29M19：20、26　9. 陶器盖JTFD29M19：24　10～12. 陶纺轮JTFD29M19：7～9

底内凹。内壁有螺旋纹，外底面有线切割痕。施黄绿色釉，釉层薄，剥落殆尽。口径 12.8、底径 6.4、高 4.3 厘米（图八四，3；彩版六四，2）。

JTFD29M19：6，原始瓷，灰黄色胎。直口，窄折沿，沿面内凹，尖唇，弧腹略鼓，平底内凹。内壁有螺旋纹，外底面有平行的切割痕。施黄绿色釉，剥落殆尽。口径 12.4、底径 6.4、高 5.0 厘米（图八四，4；彩版六四，3）。

JTFD29M19：3，泥质黑皮陶。直口，方唇，弧腹，平底。口径 12.4、底径 7.2、高 3.8 厘米（图八四，5；彩版六四，4）。

JTFD29M19：14，泥质灰陶。直口，方唇，唇面内凹，折腹弧收，平底。内壁有螺旋纹。口径 16.3、底径 10.0、高 5.0 厘米（图八四，6；彩版六四，5）。

钵　2件。

JTFD29M19：20，泥质黑皮陶。敛口，圆唇，斜弧腹，平底，底部中心内凹。内壁有螺旋纹，器形不甚规则。口径 17.2、底径 11.2、高 7.0 厘米（图八四，7；彩版六四，6）。

JTFD29M19：26，泥质黑皮陶，黑皮多剥落。敛口，唇部残，弧腹，平底。底径 9.0、残高 5.5 厘米（图八四，8；彩版六五，1）。

器盖　1件。

JTFD29M19：24，泥质黑皮陶。整体呈覆豆形，喇叭形捉手，弧顶，直壁内弧，顶、壁间折，敞口，卷沿，圆唇。沿面饰两道细弦纹。捉手径 7.6、口径 21.8、高 7.4 厘米（图八四，9）。

纺轮　3件。

泥质黑皮陶。算珠形。器表饰凹弦纹。

JTFD29M19：7，直径 3.4、孔径 0.4、高 2.4 厘米（图八四，10；彩版六五，2）。

JTFD29M19：8，直径 3.5、孔径 0.4、高 2.5 厘米（图八四，11；彩版六五，3）。

JTFD29M19：9，直径 3.5、孔径 0.4、高 2.7 厘米（图八四，12；彩版六五，4）。

20．JTFD29M20

JTFD29M20 位于土墩西部偏南，中心坐标为 −4.50×−3.00−1.80 米。开口于第④a层下，打破第④d层，东南部被 JTFD29M11 打破，西北部被 JTFD29M15 打破（图八五；彩版六五，5）。为竖穴土坑墓，墓坑平面形状不规则，方向约 235°。长 2.50、残宽约 1.20 米，直壁，平底，壁上半部及东西两侧底部多被上述两墓葬打破，深约 0.60 米。填土为红褐土，夹有灰土、黄土块等，质地较硬。

出土硬陶罐 1件，置于墓底中部。

罐　1件。

JTFD29M20：1，灰褐色硬陶。残破严重，无法复原。

21．JTFD29M21

JTFD29M21 位于土墩中部偏东，中心坐标 4.90×−1.50−1.50 米。开口于第④a层下，打破第④b层，西南角被 JTFD29M16 打破（图八六；彩版六六，1），东端被开口于墩表的山芋窖打破。为竖穴土坑墓，墓坑平面近长方形，方向 92°。残长约 2.40、宽约 1.20 米，直壁，平底，深 0.40～0.50 米。填土为灰土夹红褐土、黄土，土块较小，土质略硬。随葬器物集中摆放于墓葬东南角及中部靠北壁部位，

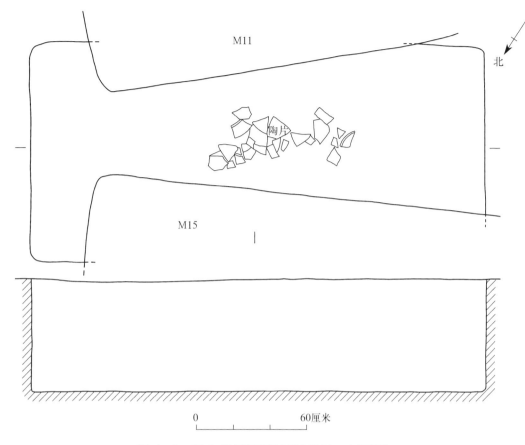

图八五　浮山果园JTFD29M20平、剖面图

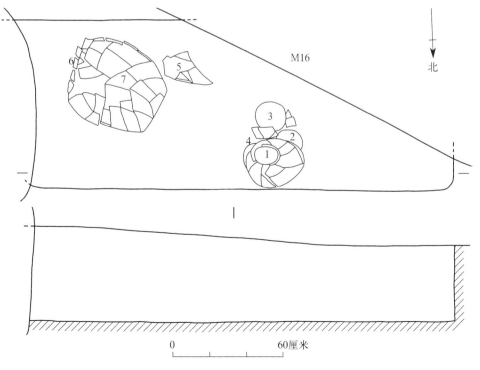

图八六　浮山果园JTFD29M21平、剖面图

1、5.陶罐　2～4.原始瓷碗　6.陶盆　7.硬陶坛

泥质陶盆扣在硬陶坛口部,应为作器盖使用,倒伏于地,其余器物基本正置,器形较大者破碎严重,泥质陶器尤甚。

出土随葬品7件。包括泥质陶器2件,硬陶器2件,原始瓷器3件;器形有坛、罐、盆、碗。

坛　1件。

JTFD29M21:7,红褐色硬陶。侈口,尖圆唇,卷沿,沿面外侧下凹,束颈,弧折肩,深弧腹,平底略凹。颈部饰弦纹,肩部饰席纹,腹部饰方格纹。口径19.8、底径17.7、高45.9厘米(图八七,1)。

罐　2件。

JTFD29M21:1,泥质红陶。侈口,圆唇,卷沿近平,沿面略凹,溜肩,鼓腹,平底。颈部饰浅细弦纹,腹部饰席纹。口径16.8、底径14.0、高19.3厘米(图八七,2;彩版六六,2)。

JTFD29M21:5,硬陶。破碎严重,无法复原。

盆　1件。

JTFD29M21:6,泥质黑皮陶。残。平底。底径9.0厘米(图八七,3)。

碗　3件。

原始瓷,灰白色胎。敞口,圆唇,折沿,沿面内凹,假圈足,底略凹,制作较粗糙。内壁有螺旋形纹,外底有切割痕。施青绿色釉。

JTFD29M21:2,弧折腹,中部有一条折棱。口径17.1、底径8.7、高6.0厘米(图八七,4;彩

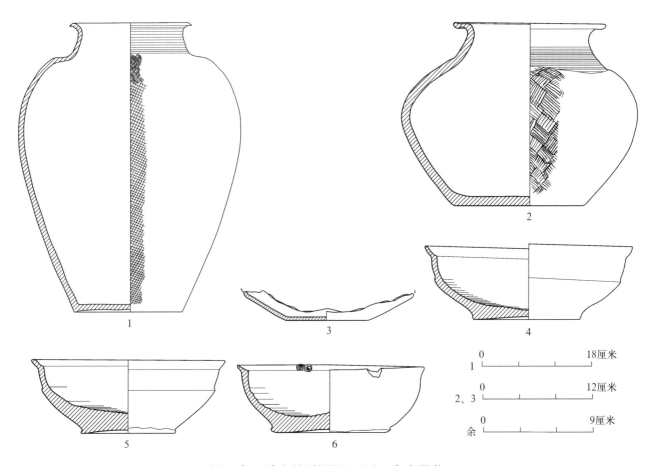

图八七　浮山果园JTFD29M21出土器物

1. 硬陶坛JTFD29M21:7　2. 陶罐JTFD29M21:1　3. 陶盆JTFD29M21:6　4~6. 原始瓷碗JTFD29M21:2~4

版六六，3）。

JTFD29M21：3，弧折腹，中部有一道折棱。口径 16.0、底径 7.8、高 5.8 厘米（图八七，5；彩版六六，4）。

JTFD29M21：4，弧腹。沿面贴饰一对横"S"形堆饰，内底部凹凸不平，中心突起。口径 15.4、底径 10.0、高 5.4 厘米（图八七，6；彩版六六，5）。

22．JTFD29M22

JTFD29M22 位于土墩西南部，中心坐标 −2.80×−5.10−1.75 米。开口于第④a 层下，打破第④d 层，西南角被开口于墩表的山芋窖打破（图八八；彩版六七，1）。为竖穴土坑墓，墓坑开口面略东高西低，平面近长方形，方向为 245°。长 2.40、宽约 1.09 米，直壁，平底，深 0.30～0.40 米。填土为灰土夹红褐土、黄土，土质略硬。有人牙数枚散布于墓底东部。随葬品除 1 件原始瓷碗置于墓葬东部靠南壁外，其他器物集中摆放于墓葬西部，泥质陶器盖扣在 1 件夹砂红陶鼎内，器形较大器物破碎严重，泥质陶器和夹砂陶器尤甚。

出土器物 8 件。包括泥质陶器 2 件，夹砂陶器 3 件，原始瓷器 3 件；器形有鼎、罐、碗和器盖。

鼎　3 件。

JTFD29M22：1，夹砂红陶。侈口，圆唇，折沿，腹部残，圜底近平，腹、底间折，足残。口径 12.1 厘米（图八九，1）。

JTFD29M22：4，夹砂红陶。敛口，圆唇，弧腹，上腹近直，圜底，扁锥形足。口径 19.0、高

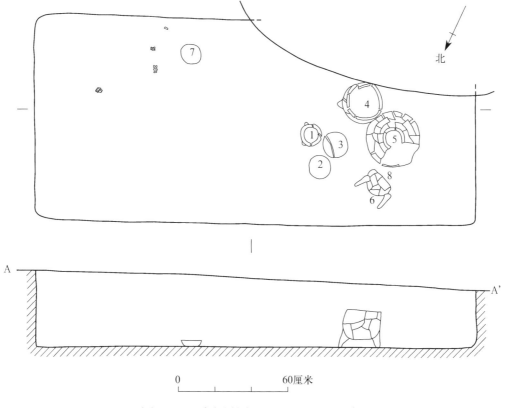

0　　　　　　　　60厘米

图八八　浮山果园JTFD29M22平、剖面图

1、4、6. 陶鼎　2、7. 原始瓷碗　3. 硬陶碗　5. 陶罐　8. 陶器盖

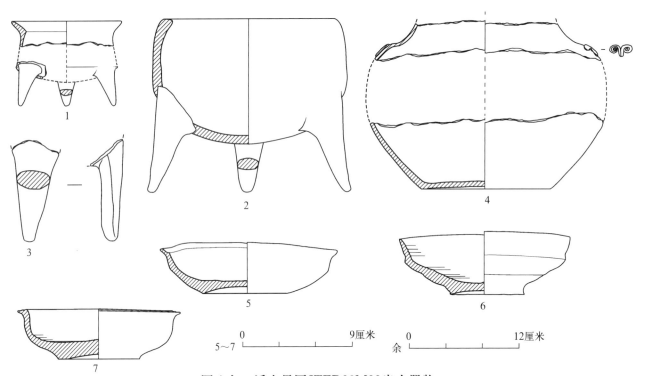

图八九　浮山果园JTFD29M22出土器物

1～3. 陶鼎JTFD29M22：1、4、6　4. 陶罐JTFD29M22：5　5、7. 原始瓷碗JTFD29M22：2、7　6. 硬陶碗JTFD29M22：3

18.4 厘米（图八九，2；彩版六七，2）。

JTFD29M22：6，夹砂红陶。口、腹无法复原，扁锥形足。足高 10.8 厘米（图八九，3）。

罐　1件。

JTFD29M22：5，泥质黄褐陶。口、颈部残，弧肩，鼓腹，腹中部残，平底略凹。肩部对称饰一对羊角形堆饰。底径 14.2 厘米（图八九，4）。

碗　3件。

JTFD29M22：2，原始瓷，灰白色胎。敞口，圆唇，折沿，沿面内凹，弧折腹，平底内凹。内壁有螺旋形纹，外底有线切割痕，器体略有变形。施黄绿色釉。口径 14.8、底径 7.1、高 4.1 厘米（图八九，5；彩版六七，3）。

JTFD29M22：3，红褐色硬陶。敞口，尖唇，折腹，平底略凹。内壁有螺旋形纹，外底有平行的切割痕。口径 14.0、底径 6.1、高 5.0 厘米（图八九，6；彩版六七，4）。

JTFD29M22：7，原始瓷，灰白色胎。敞口，圆唇，平折沿，沿面有两道凹槽，弧腹，平底略凹。内壁有螺旋形纹，外底有平行的切割痕。施青绿色釉，凹槽内有积釉现象。口径 13.4、底径 6.6、高 4.0 厘米（图八九，7；彩版六七，5）。

器盖　1件。

JTFD29M22：8，泥质黑皮陶。呈覆豆形，喇叭形捉手，顶、壁间折，破碎严重，无法复原。

23．JTFD29M23

JTFD29M23 位于土墩东部，JTFD29M21 北侧，中心坐标 5.30×1.30-2.15 米。开口于第④ a 层下，

打破第④b层，东北角被开口于墩表的山芋窖打破（图九〇；彩版六八，1、2）。为竖穴土坑墓，墓坑平面近长方形，方向约106°。长2.90、宽1.00米，直壁，平底，深0.39米。填土为灰土夹杂红褐、褐、黄土块，土质略硬。未发现人骨及葬具，墓底东半部有草木灰，南北两壁较硬，有烧烤痕迹。除几件器物置于墓坑北部中间外，其他器物略成一线置于南部。现场可见两片蚌壳置于泥质黑皮陶盆内，夹砂红陶器盖分别扣于罐和坛上，夹砂陶鼎JTFD29M23：5倒扣于硬陶罐JTFD29M23：6之上作器盖使用，JTFD29M223：13倒扣于墓底，器物底部有草木灰痕迹，多数器物被厚约2厘米的红烧土包围（彩版六九，1、2）。器形较大者破碎严重，泥质陶器和夹砂陶器破碎尤甚。

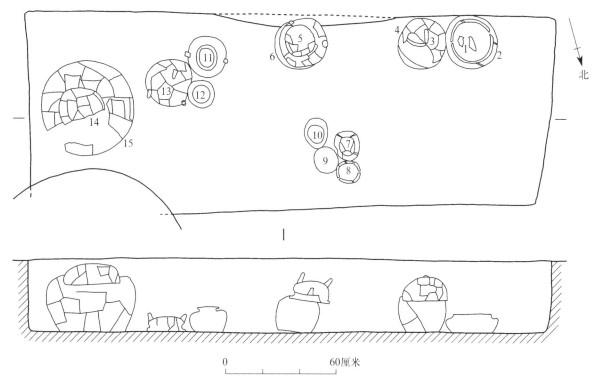

图九〇　浮山果园JTFD29M23平、剖面图

1. 蚌壳　2. 陶盆　3、7、14. 陶器盖　4、6. 硬陶罐　5、8、13. 陶鼎　9. 原始瓷碗　10. 原始瓷豆　11、12. 陶罐　15. 硬陶坛

出土器物15件。包括夹砂陶器5件，泥质陶器4件，硬陶器3件，原始瓷器2件，蚌壳1件；器形有鼎、坛、罐、豆、盆、碗和器盖等。

鼎　3件。

JTFD29M23：5，夹砂红陶。侈口，圆唇，卷沿，折腹，圜底，扁锥形足。折腹处饰一对角状耳。口径23.5、高16.2厘米（图九一，3；彩版七〇，1）。

JTFD29M23：8，夹砂红陶。侈口，圆唇，折沿，束颈，弧腹，圜底，扁锥形足。器表有烟熏痕迹。口径12.2、高7.8厘米（图九一，1；彩版七〇，2）。

JTFD29M23：13，夹砂红陶。敛口，圆唇，弧腹，圜底近平，扁锥形足。口径17.0、高16.5厘米（图九一，2；彩版七〇，3）。

坛　1件。

JTFD29M23：15，褐色硬陶。侈口，尖圆唇，卷沿，沿面有一道凹槽，束颈，弧肩，鼓腹，平

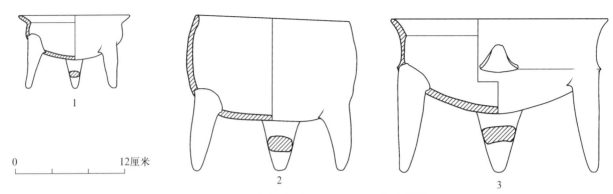

0 　　　　　　　　　12厘米

图九一　浮山果园JTFD29M23出土器物

1~3. 陶鼎JTFD29M23：8、13、5

底内凹。腹部贴附一对辫形堆饰，环首。颈部饰弦纹，肩及上腹部饰水波纹，下腹部饰叶脉纹。口径19.5、底径19.6、高43.9厘米（图九二，1）。

　　罐　4件。

　　JTFD29M23：4，硬陶，灰色胎。侈口，圆唇，卷沿，沿面内凹，束颈，弧肩，鼓腹，平底略外凸。肩部设一对泥条耳。颈部饰弦纹，肩及上腹部饰折线纹，下腹部饰回纹。口径12.8、底径16.4、高22.0厘米（图九二，2；彩版七〇，4）。

　　JTFD29M23：6，硬陶，灰褐色胎。侈口，尖唇，卷沿，沿面内凹，束颈，弧肩，鼓腹，平底略内凹。肩部设一对泥条耳。颈部饰弦纹，肩及上腹部饰菱形填线纹，下腹部饰方格纹，器底有几道刻划的线条。口径16.8、底16.2、高24.3厘米（图九二，3；彩版七〇，5）。

　　JTFD29M23：11，泥质黑皮陶，黑皮部分已脱落，烧成温度较高。侈口，圆唇，卷沿，沿面有一道凹槽，束颈，弧肩，扁鼓腹，平底微凹。肩部设一对环形耳。颈部饰弦纹。口径12.2、底径12.4、高14.0厘米（图九二，4；彩版七〇，6）。

　　JTFD29M23：12，泥质黑皮陶。敛口，方唇，唇面有一道凹槽，折腹，平底。折腹处饰一道凹弦纹。口径11.3、底径8.4、高7.6厘米（图九二，5；彩版七一，1）。

　　豆　1件。

　　JTFD29M23：10，原始瓷，灰黄色胎。敞口，尖圆唇，折腹，圈足。内壁有螺旋纹。器形不规整。施黄绿色釉，脱落殆尽。口径15.2、底径5.8、高7.4厘米（图九三，1；彩版七一，2）。

　　盆　1件。

　　JTFD29M23：2，泥质黑皮陶。侈口，尖圆唇，卷沿，沿面有一道凹槽，束颈，折肩，弧腹，平底。颈、肩部饰弦纹。口径24.0、底径11.8、高9.0厘米（图九三，2；彩版七一，3）。

　　碗　1件。

　　JTFD29M23：9，原始瓷，灰色胎。敞口，圆唇，折沿，沿面内凹，折腹，中部有一道折棱，饼形足，底微凹。内壁有螺旋形凹槽，外底有平行的切割痕。器体略有变形。施青绿色釉，凹槽有积釉现象。口径14.5、底径7.6、高5.45厘米（图九三，3；彩版七一，4）。

　　器盖　3件。

　　JTFD29M23：3，夹砂红陶。整体半球形，弧形提手，弧顶，直口微敛，圆唇。口径22.0、高15.5厘米（图九三，4；彩版七一，5）。

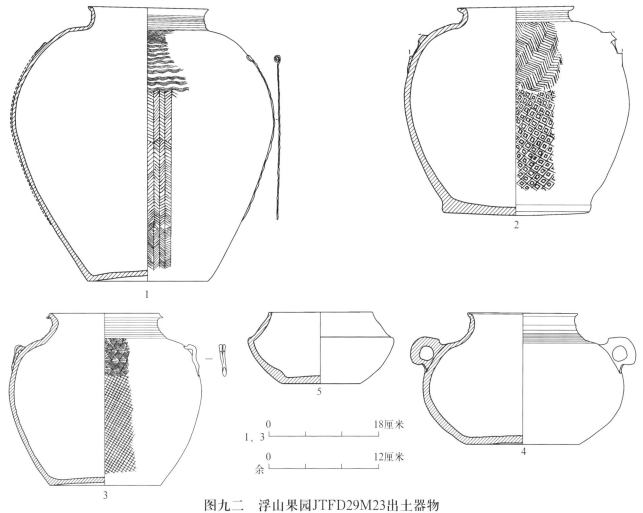

图九二　浮山果园JTFD29M23出土器物

1. 硬陶坛JTFD29M23：15　2、3. 硬陶罐JTFD29M23：4、6　4、5. 陶罐JTFD29M23：11、12

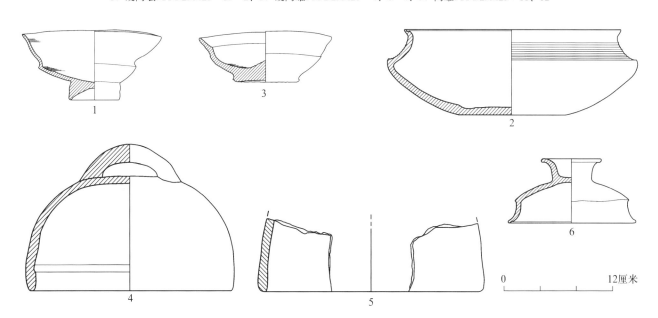

图九三　浮山果园JTFD29M23出土器物

1. 原始瓷豆JTFD29M23：10　2. 陶盆JTFD29M23：2　3. 原始瓷碗JTFD29M23：9　4~6. 陶器盖JTFD29M23：3、14、7

JTFD29M23：14，夹砂红陶。顶部残，敞口，圆唇。口径25.0、残高7.6厘米（图九三，5）。

JTFD29M23：7，泥质黑皮陶。整体呈覆豆形，喇叭形捉手，弧顶，弧壁内收，顶、壁间折，侈口，方圆唇，卷沿，沿面有一道凹槽。捉手径6.6、口径14.0、高6.8厘米（图九三，6；彩版七一，6）。

蚌壳　2片。

JTFD29M23：1，残。白色，残损严重。

24. JTFD29M24

JTFD29M24位于土墩西部略偏南，中心坐标−3.75×−1.70−1.75米。开口于第④a层下，打破第④d层，西南部被JTFD29M15和开口于墩表的山芋窖打破（图九四；彩版七二，1、2）。为竖穴土坑墓，墓坑开口面略倾斜，东高西低，平面近梯形，方向为242°。长2.80、宽1.10～1.40米，直壁，平底，深0.22～0.45米。填土为灰土夹红褐土、灰黑土、黄土，土质略硬。随葬器物成"U"形集中摆放于墓葬西部，整齐有序。器形较大者破碎严重，泥质陶器和夹砂陶器破碎尤甚。

出土器物23件。包括泥质陶8件，夹砂陶8件，硬陶7件；器形有鼎、坛、罐、瓿、盆、碗、盂和器盖等。

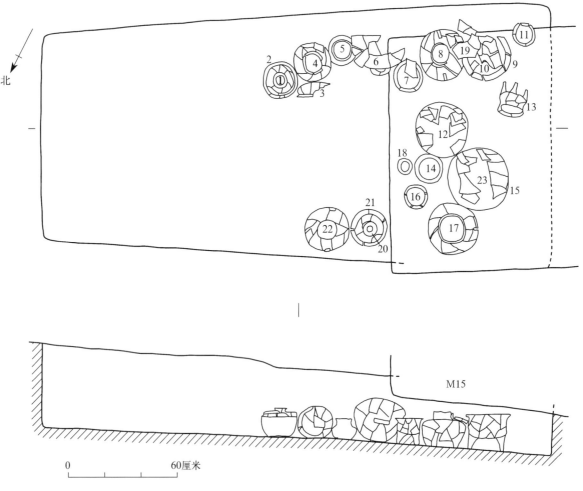

图九四　浮山果园JTFD29M24平、剖面图

1、6、10、19、20、23.陶器盖　2.陶瓿　3、16.陶盆　4、17.硬陶罐　5、8、22.陶罐　7、9、11、13、21.陶鼎　12、15.硬陶坛　14.硬陶碗　18.硬陶盂

鼎　5件。

夹砂红陶。侈口，圆唇，束颈，折腹，圜底，扁锥形足。

JTFD29M24：11，卷沿。口径12.3、高9.0厘米（图九五，1）。

JTFD29M24：13，折沿。口径14.4、高11.8厘米（图九五，2；彩版七三，1）。

JTFD29M24：7，折沿，足尖略外撇。折腹处设一对角状耳。器身略有变形。口径17.3、高16.5厘米（图九五，3；彩版七三，2）。

JTFD29M24：21，折沿。口径20.6、高14.8厘米（图九五，4；彩版七三，3）。

JTFD29M24：9，卷沿，足尖略外撇。折腹处设一对角状耳。口径24.6、高21.8厘米（图九五，5；彩版七三，4）。

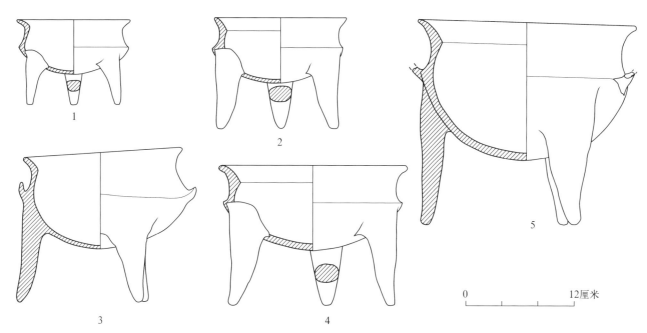

图九五　浮山果园JTFD29M24出土器物

1～5. 陶鼎JTFD29M24：11、13、7、21、9

坛　2件。

硬陶。弧肩，深弧腹，平底微凹。颈部饰弦纹。

JTFD29M24：12，灰褐色胎。口颈部残。肩及上腹部饰折线纹，下腹部饰回纹与弦纹夹套菱形纹组合。底径16.8、残高36.0厘米（图九六，1）。

JTFD29M24：15，红褐色胎。口部残，束颈，腹中部残。肩部饰菱形填线纹，腹部饰方格纹。底径17.8厘米（图九六，2）。

罐　5件。

JTFD29M24：4，褐色硬陶。侈口，圆唇，卷沿，束颈，弧肩，鼓腹，平底微凹。颈部饰弦纹，上腹部饰席纹，下腹部饰方格纹，近底处被抹平。口径12.4、底径12.8、高15.2厘米（图九六，3；彩版七三，5）。

JTFD29M24：8，泥质黑皮陶，黑皮已部分脱落。侈口，圆唇，卷沿，沿面有一道凹槽，弧肩，鼓腹，平底。颈部饰弦纹，肩部设一对竖耳。口径11.3、底径11.8、高22.8厘米（图九六，4；彩版七三，6）。

JTFD29M24：17，褐色硬陶。敛口，斜方唇，唇面内凹，折肩，弧腹，平底内凹。颈部饰弦纹，肩部饰水波纹，腹部饰叶脉纹。肩部贴附一对倒"U"形泥条堆饰。口径17.6、底径17.4、高21.4厘米（图九六，5；彩版七四，1）。

JTFD29M24：22，泥质黑皮陶，黑皮已部分脱落。口颈残，弧肩，鼓腹，平底。肩部设一对竖耳，

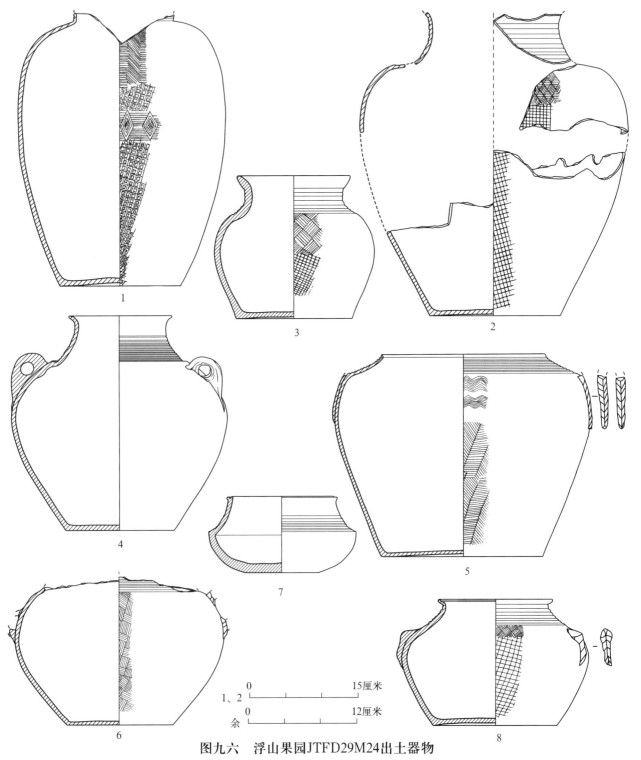

图九六　浮山果园JTFD29M24出土器物

1、2. 硬陶坛JTFD29M24：12、15　3、5. 硬陶罐JTFD29M24：4、17　4、6、7. 陶罐JTFD29M24：8、22、5　8. 硬陶瓿JTFD29M24：2

残。颈部饰弦纹，肩、腹部饰席纹。底径 11.6、残高 15.8 厘米（图九六，6；彩版七四，2）。

JTFD29M24：5，泥质黑皮陶，灰白色胎，黑皮大多已脱落。口稍敛，窄卷沿，沿面有一道凹槽，尖圆唇，折肩，弧腹，平底。颈、肩部饰弦纹。口径 12.2、底径 8.1、高 8.1 厘米（图九六，7；彩版七四，3）。

瓿　1 件。

JTFD29M24：2，灰褐色硬陶。侈口，圆唇，卷沿，沿面有一道凹槽，束颈，弧肩，扁鼓腹，平底微凹。上腹堆贴一对瓣形泥条堆饰。颈部饰弦纹，肩部饰席纹，腹部饰方格纹。口径 12.3、底径 13.5、高 13.4 厘米（图九六，8；彩版七四，4）。

盆　1 件。

JTFD29M24：3，泥质黑皮陶。侈口，圆唇，卷沿，沿面有一道凹槽，束颈，折腹，平底。口径 20.0、底径 8.6、高 5.0 厘米（图九七，3；彩版七四，5）。

小陶盆　1 件。

JTFD29M24：16，泥质黑皮陶。侈口，圆唇，卷沿，沿面有一道凹槽，束颈，折腹，平底。口径 11.0、底径 6.5、高 4.4 厘米（图九七，4；彩版七四，6）。

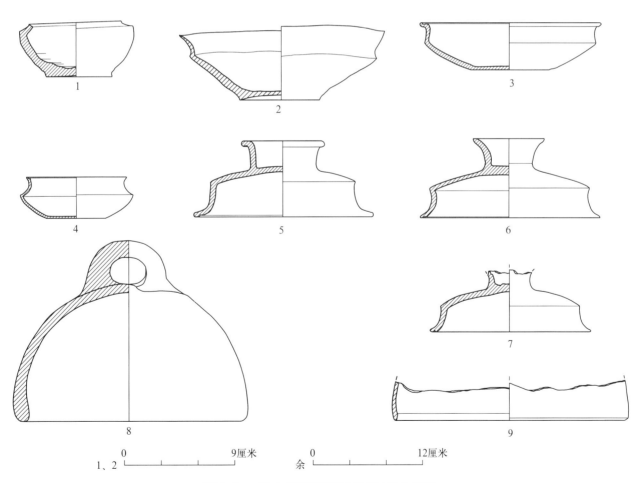

图九七　浮山果园JTFD29M24出土器物

1. 硬陶盂JTFD29M24：18　2. 硬陶碗JTFD29M24：14　3. 陶盆JTFD29M24：3　4. 小陶盆JTFD29M24：16　5～9. 陶器盖
JTFD29M24：1、10、20、6、19

碗　1件。

JTFD29M24：14，硬陶，红褐色胎，内壁灰褐色。敞口微侈，尖唇，卷沿，折腹，上腹内弧，平底内凹。外底有平行的切割痕。口径16.9、底径6.6、高5.9厘米（图九七，2；彩版七五，1）。

盂　1件。

JTFD29M24：18，红褐色硬陶。敛口，斜方唇，唇面内凹，折肩，弧腹，饼形足，底微凹。内壁有螺旋形凹槽，底部有平行的切割痕。口径7.7、底径5.4、高4.2厘米（图九七，1；彩版七五，2）。

器盖　6件。

JTFD29M24：1，泥质黑皮陶，黄褐色胎，黑皮大多已脱落。整体呈覆豆形，喇叭状捉手，弧顶，壁较直，顶、壁间折，侈口，圆唇，卷沿，沿面有一道凹槽。捉手径9.2、口径19.6、高8.1厘米（图九七，5；彩版七五，3）。

JTFD29M24：10，泥质黑皮陶。整体呈覆豆形，喇叭形捉手，弧顶，弧壁，顶、壁间折，侈口，圆唇，卷沿，沿面有一道凹槽。捉手径7.6、口径19.8、高8.4厘米（图九七，6；彩版七五，4）。

JTFD29M24：20，泥质黑皮陶。整体呈覆豆形，喇叭形捉手残，弧顶，弧壁，顶、壁间折，侈口，圆唇，卷沿，沿面有一道凹槽。口径17.8、残高6.6厘米（图九七，7；彩版七五，5）。

JTFD29M24：6，夹砂红陶。半球形，环形提手，口微敛，圆唇。口径25.6、高19.2厘米（图九七，8；彩版七五，6）。

JTFD29M24：19、23，夹砂红陶。残碎严重，无法复原。整体呈覆豆形，顶、壁残，口微敛，圆唇。素面。口径26.0、残高4.2厘米（图九七，9）。

25．JTFD29M25

JTFD29M25位于土墩西北部，中心坐标−3.50×2.80−1.50米。开口于第④a层下，打破第⑤层（图九八；彩版七六，1、2）。为竖穴土坑墓，墓坑开口面略倾斜，东高西低，平面近梯形，方向290°。东端较窄，西端较宽，长3.10、宽1.03～1.60米，直壁，平底，深0.55～0.80米。填土为灰土夹红褐土、灰黑土、黄土，土质略硬。墓葬东北角可见残存头骨及牙齿，保存情况较差。随葬器物成"U"型集中摆放于墓葬西部，大致排列成两条直线，整齐有序。器盖置于鼎、罐和瓿之上，器形较大的器物破碎严重，泥质陶器和夹砂陶器破碎尤甚。

出土器物27件。包括夹砂陶器3件，泥质陶器15件，硬陶器6件，原始瓷器3件；器形有鼎、坛、罐、瓿、盆、碗、盘、器盖和纺轮。

鼎　3件。

夹砂红陶。侈口，圆唇，折沿，束颈，圜底。

JTFD29M25：22，弧腹，锥形足。口径14.2、高11.0厘米（图九九，1；彩版七七，1）。

JTFD29M25：4，折腹，扁锥形足。器形略有变形。口径14.8、高13.1厘米（图九九，2）。

JTFD29M25：9，沿面微凹，折腹。锥形足略扁。口径24.2、高22.8厘米（图九九，3；彩版七七，2）。

坛　3件。

灰褐色硬陶。侈口，卷沿，束颈，弧肩，深弧腹。

JTFD29M25：14，圆唇，沿面内凹，平底内凹。肩及上腹部饰席纹，下腹部饰菱形填线纹。口径24.0、底径21.7、高51.0厘米（图一○○，1；彩版七七，3）。

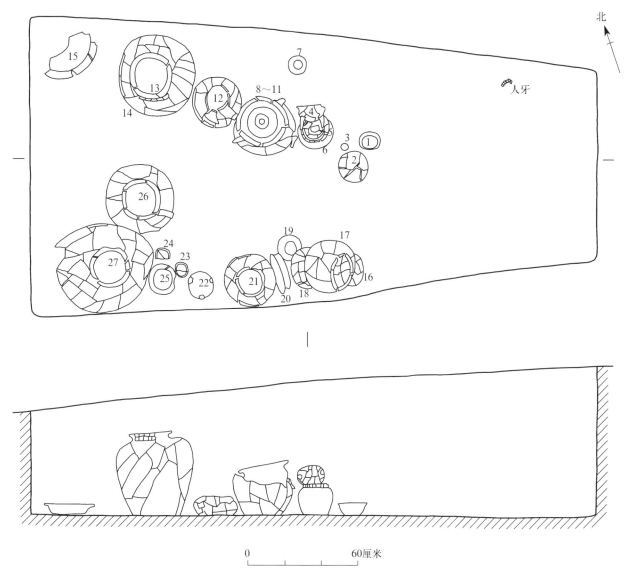

图九八　浮山果园JTFD29M25平、剖面图

1、13、15、23.陶盆　2、7、24.陶碗　3.陶纺轮　4、9、22.陶鼎　5、8、10、19、25.陶器盖　6、11.硬陶瓿　7.原始瓷碗　12、16、18、21、26.陶罐　14、17、27.硬陶坛　20.陶盘

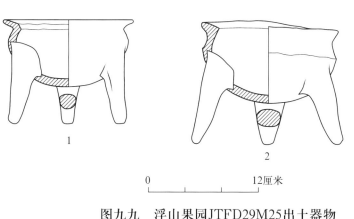
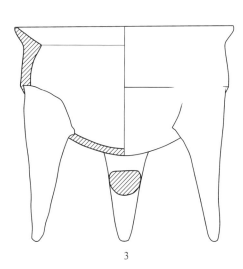

图九九　浮山果园JTFD29M25出土器物

1～3.陶鼎JTFD29M25：22、4、9

　　JTFD29M25：17，尖圆唇，平底。口部略有变形。肩部饰弦纹，下腹饰方格纹。口径15.2、底径16.1、高30.6厘米（图一〇〇，3；彩版七七，4）。

　　JTFD29M25：27，器表红褐色。方唇，平底。肩、腹部饰交叉直线与回纹组合。口径23.8、底径22.1、高50.7厘米（图一〇〇，2；彩版七八，1）。

　　罐　5件。

　　JTFD29M25：12，泥质黑皮陶。侈口，方唇，折沿，束颈，弧肩，腹、底残。肩部对称贴附一

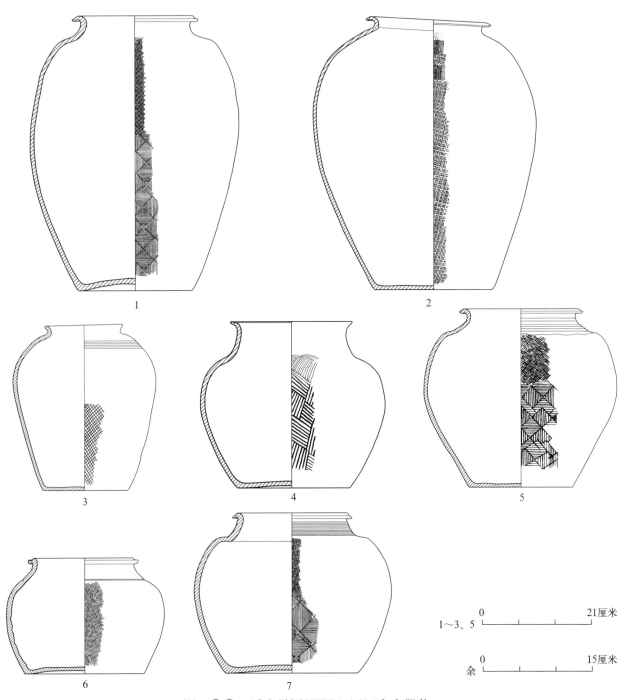

图一〇〇　浮山果园JTFD29M25出土器物

1～3. 硬陶坛JTFD29M25：14、27、17　4. 陶罐JTFD29M25：21　5. 硬陶罐JTFD29M25：26　6、7. 硬陶瓿JTFD29M25：6、11

对桥形耳，耳上有不规则弦纹。颈肩部饰弦纹。

　　JTFD29M25：16、18，泥质黑皮陶，残破严重，无法复原。

　　JTFD29M25：21，泥质红陶。侈口，圆唇，卷沿，沿面有一道凹槽，束颈，弧肩，鼓腹，平底微凹。肩、腹部饰席纹。口径16.6、底径15.4、高22.0厘米（图一〇〇，4；彩版七八，2）。

　　JTFD29M25：26，灰褐色硬陶。侈口，尖唇，卷沿，沿面微凹，束颈，弧肩，鼓腹，平底。颈部饰浅弦纹，肩及上腹部饰席纹，下腹部饰菱形填线纹。口径23.6、底径19.6、高33.0厘米（图一〇〇，5；彩版七八，3）。

　　瓿　2件。

　　红褐色硬陶。侈口，卷沿，沿面有一道凹槽，束颈，扁鼓腹，平底内凹。

　　JTFD29M25：6，圆唇，弧肩。肩部饰一道弦纹，肩、腹部饰席纹。口径15.0、底径16.4、高15.3厘米（图一〇〇，6；彩版七八，4）。

　　JTFD29M25：11，尖唇，弧折肩。颈部饰弦纹，肩及上腹部饰席纹，下腹部饰菱形填线纹。口径16.4、底径18.3、高21.2厘米（图一〇〇，7；彩版七八，5）。

　　盆　3件。

　　JTFD29M25：15，泥质黑皮陶。侈口，方圆唇，卷沿，沿面有一道凹槽，束颈，折腹残，平底微凹。

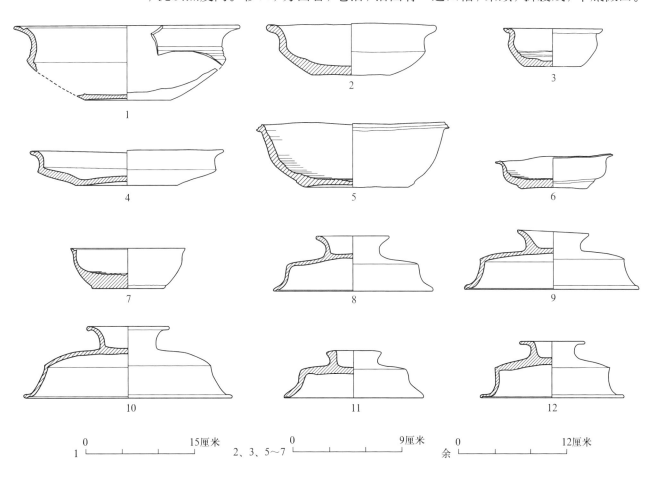

图一〇一　浮山果园JTFD29M25出土器物

1、2.陶盆JTFD29M25：15、1　3.陶碗JTFD29M25：23　4.陶盘JTFD29M25：20　5~7.原始瓷碗JTFD29M25：2、7、24　8~12.陶器盖JTFD29M25：5、8、10、19、25

上腹部饰弦纹。口径30.8、底径11.8厘米（图一〇一，1）。

JTFD29M25：13，泥质黑皮陶，残破严重，无法复原。

JTFD29M25：1，泥质黑皮陶，黑皮部分已脱落。侈口，圆唇，卷沿，沿面有一道凹槽，折腹，平底。口径14.0、底径6.3、高4.2厘米（图一〇一，2；彩版七九，1）。

盘　1件。

JTFD29M25：20，泥质黑皮陶，黄褐色胎，黑皮大部分已脱落。侈口，卷沿，沿面有一道凹槽，折腹，上腹部内弧，下腹斜收至底，平底内凹。口径21.2、底径11.2、高3.8厘米（图一〇一，4；彩版七九，3）。

碗　4件。

JTFD29M25：2，原始瓷，灰白色胎。敞口，尖唇，折沿，沿面有两道凹槽，弧腹，平底略凹。内壁有螺旋形纹，器表有轮旋痕。施黄绿色釉，凹槽有积釉现象。口径15.8、底径8.4、高5.2厘米（图一〇一，5；彩版七九，4）。

JTFD29M25：7，原始瓷，灰色胎。敞口，圆唇，折沿，沿面有一道凹槽，弧折腹，底不平。内壁有螺旋形纹。施青绿色釉，凹槽有积釉现象。口径9.8、底径5.5、高2.9厘米（图一〇一，6；彩版七九，5）。

JTFD29M25：23，泥质黑皮陶。侈口，尖圆唇，卷沿，沿面有一道凹槽，弧折腹，平底。内壁有螺旋形凹槽。口径8.2、底径4.6、高3.0厘米（图一〇一，3；彩版七九，2）。

JTFD29M25：24，原始瓷，灰黄色胎。敞口，尖圆唇，折沿，沿面有一道凹槽，弧腹，平底。内壁有螺旋形纹。施黄绿色釉，胎釉结合不好，脱落殆尽。口径9.5、底径6.0、高3.2厘米（图一〇一，7；彩版七九，6）。

器盖　5件。

泥质黑皮陶。整体呈覆豆形，喇叭形捉手，弧顶，弧壁，顶、壁间折，敞口，圆唇，卷沿，沿面有一道凹槽。

JTFD29M25：5，红色胎。顶较平。捉手径7.8、口径17.6、高5.8厘米（图一〇一，8）。

JTFD29M25：8，灰褐色胎，黑皮大多已脱落。捉手径7.8、口径19.3、高5.9～6.3厘米（图一〇一，9；彩版八〇，1）。

JTFD29M25：10，红色胎，黑皮部分脱落。捉手径9.0、口径22.6、高7.6厘米（图一〇一，10；彩版八〇，2）。

JTFD29M25：19，黄褐胎，黑皮大部分已脱落。顶较平。捉手径6.0、口径15.2、高5.0厘米（图一〇一，11；彩版八〇，3）。

JTFD29M25：25，灰黑胎，黑皮部分脱落。捉手径7.2、口径16.0、高6.0厘米（图一〇一，12；彩版八〇，4）。

纺轮　1件。

JTFD29M25：3，泥质黑皮陶。算珠形。

26．JTFD29M26

JTFD29M26位于土墩西部，北约0.3米即为M25，中心坐标 −4.00 × −1.15−1.30米。开口于第④a层下，打破第⑤层（图一〇二；彩版八一，1）。为竖穴土坑墓，墓坑开口面略倾斜，东高西低，

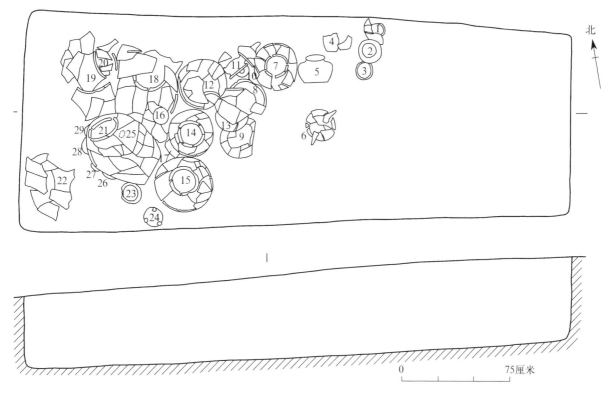

图一〇二　浮山果园JTFD29M26平、剖面图

1、9、10、17、23.陶器盖　2、15.陶罐　3、25、26、28、29.原始瓷碗　4、5、7.硬陶瓿　6、11、24.陶鼎　8、13、16、20、27.陶盆　12、14、18、19、21、22.硬陶坛

平面近梯形，方向为280°。东端较窄，西端较宽，长约3.75、宽1.09～1.46米，直壁，底亦略倾斜，东高西低，深0.48～0.55米。西半部填红土，质细腻，东半部填灰土，夹有红褐土、灰黑土、黄土，土质略硬，西部红土叠压于东部灰土之上。随葬器物集中摆放于墓葬西部，摆放较密集，多有叠置，器形较大器物靠西端。器形较大器物破碎严重，泥质陶器和夹砂陶器破碎尤其。

出土器物29件。包括夹砂陶器5件，泥质陶器9件，硬陶器9件，原始瓷器6件；器形有鼎、坛、罐、瓿、盆、碗和器盖。

鼎　3件。

夹砂红陶。侈口，圆唇，折沿，束颈，弧腹，圜底，扁锥形足。

JTFD29M26：6，口径16.4、高14.2厘米（图一〇三，1；彩版八〇，5）。

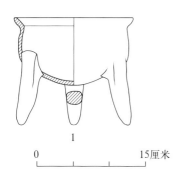
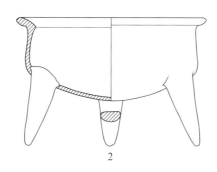
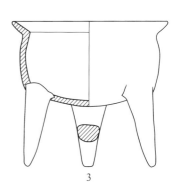

图一〇三　浮山果园JTFD29M26出土器物

1～3.陶鼎JTFD29M26：6、11、24

JTFD29M26：11，腹近直。口径 26.0、高 17.0 厘米（图一〇三，2；彩版八〇，6）。

JTFD29M26：24，口径 17.1、高 15.5 厘米（图一〇三，3；彩版八一，2）。

坛　6 件。

硬陶。侈口，卷沿，沿面内凹，束颈，深弧腹，平底。颈部饰弦纹，肩及上腹部饰席纹，下腹部饰菱形填线纹。

JTFD29M26：12，红褐色胎。圆唇，弧肩。器上部有灰绿色爆浆釉，多已剥落。口径 19.0、底径 18.6、高 37.6 厘米（图一〇四，1；彩版八一，3）。

JTFD29M26：14，红色胎。圆唇，弧肩。口径 18.4、底径 19.6、高 35.9 厘米（图一〇四，2；彩版八一，4）。

JTFD29M26：18，红褐色胎。尖圆唇，弧肩。口径 23.3、底径 24、高 50.8 厘米（图一〇四，3；彩版八二，1）。

JTFD29M26：19，灰褐胎色。尖唇，弧折肩，底微凹。口径 24.2、底径 23.6、高 50.1 厘米（图一〇四，4；彩版八二，2）。

JTFD29M26：21，红褐色胎。圆唇，弧折肩，底内凹。内壁见明显盘筑痕迹及指窝。口径 19.4、底径 21.2、高 38.0 厘米（图一〇四，5；彩版八二，3）。

JTFD29M26：22，红褐色胎。尖圆唇，弧肩，底微凹。口径 20.2、底径 17.3、高 45.6 厘米（图一〇四，6；彩版八二，4）。

罐　1 件。

JTFD29M26：15，泥质红陶。侈口，圆唇，卷沿，弧肩，鼓腹，平底内凹。肩部贴附一对泥条形横耳。颈下水波纹，肩、腹部饰方格纹。口径 22.0、底径 22.4、高 27.1 厘米（图一〇五，2；彩版八三，2）。

瓶　4 件。

JTFD29M26：2，原始瓷，灰白色胎。侈口，尖唇，折沿，沿面有一道凹槽，弧肩，扁鼓腹，平底略有凹凸。肩部贴附一对绞索状横耳，耳上方有一道突棱。施青绿色釉。口径 11.2、底径 10.4、高 8.9 厘米（图一〇五，1；彩版八三，1）。

灰褐色硬陶 3 件。侈口，卷沿，沿面内凹，弧肩，扁鼓腹，平底微凹。颈部饰弦纹。

JTFD29M26：4，尖圆唇。肩及上腹部饰席纹，下腹部饰菱形填线纹。口径 13.7、底径 15.2、高 15.4 厘米（图一〇五，3；彩版八三，3）。

JTFD29M26：5，尖圆唇。肩、腹部饰席纹。口部与肩部连接处器内可见明显指窝痕及抹刮纹。口径 13.3、底径 15.0、高 14.6 厘米（图一〇五，4；彩版八三，4）。

JTFD29M26：7，圆唇。器外饰方格纹，颈部抹而未平。口径 16.8、底径 17.2、高 20.5 厘米（图一〇五，5；彩版八三，5）。

盆　4 件。

泥质黑皮陶。敞口，圆唇，卷沿，折腹，上腹略向内弧，下腹斜收至底，平底。

JTFD29M26：8，沿面有一道凹槽，底微凹。上腹部饰弦纹。口径 22.2、底 10.0、高 7.0 厘米（图一〇六，1；彩版八三，6）。

JTFD29M26：13，沿面有两道凹槽，底微凹。上腹部饰弦纹。口径 28.6、底径 12.8、高 10.0 厘米（图一〇六，2；彩版八四，1）。

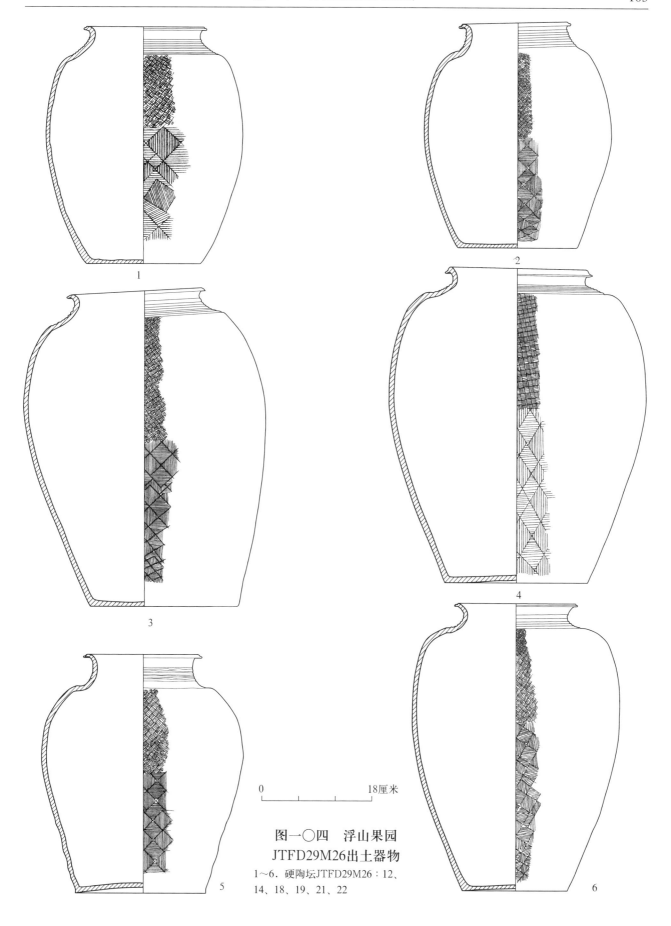

0 ⊢———————⊣ 18厘米

**图一〇四　浮山果园
JTFD29M26出土器物**

1～6. 硬陶坛JTFD29M26：12、
14、18、19、21、22

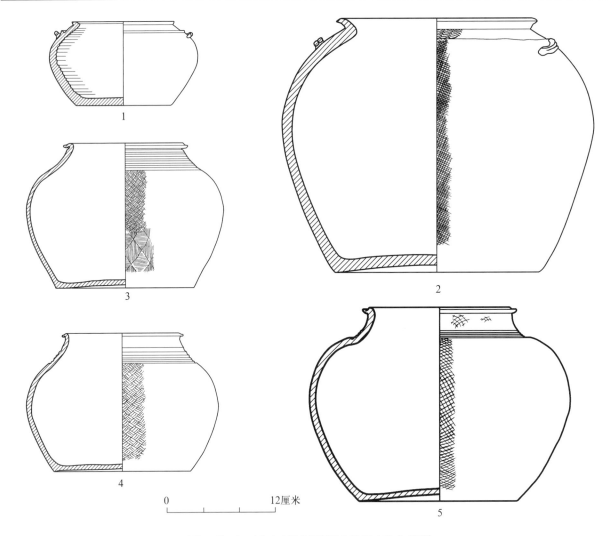

图一〇五　浮山果园JTFD29M26出土器物
1. 原始瓷瓿JTFD29M26：2　2. 陶罐JTFD29M26：15　3～5. 硬陶瓿JTFD29M26：4、5、7

JTFD29M26：16，沿面有一道凹槽。颈部饰一道凸弦纹。口径 29.2、底径 12.2、高 10.5 厘米（图一〇六，3；彩版八四，2）。

JTFD29M26：20，沿面有一道凹槽。上腹饰弦纹。口径 35.0、底径 14.0、高 10.4 厘米（图一〇六，4；彩版八四，3）。

碗　6 件。

JTFD29M26：27，泥质灰陶，红褐色胎。侈口，尖唇，卷沿，折腹，平底。口径 9.2、高 3.7 厘米（图一〇六，5；彩版八四，4）。

原始瓷 5 件，灰白色胎。敞口，折沿。内壁有螺旋形纹。

JTFD29M26：3，圆唇，沿面有两道凹槽，弧腹，平底。外底有线割痕。施青绿色釉。口径 12.8、底径 5.5、高 4.5 厘米（图一〇六，6；彩版八四，5）。

JTFD29M26：25，圆唇，沿面有两道凹槽，弧腹，平底内凹。器体有变形，内底近中心处突起。施黄绿色釉，部分已脱落。口径 12.8、底径 6.4、高 4.6 厘米（图一〇六，7；彩版八五，1）。

JTFD29M26：26，尖圆唇，沿面有两道凹槽，弧腹，平底微凹。内底近中心处突起。施黄绿色釉，

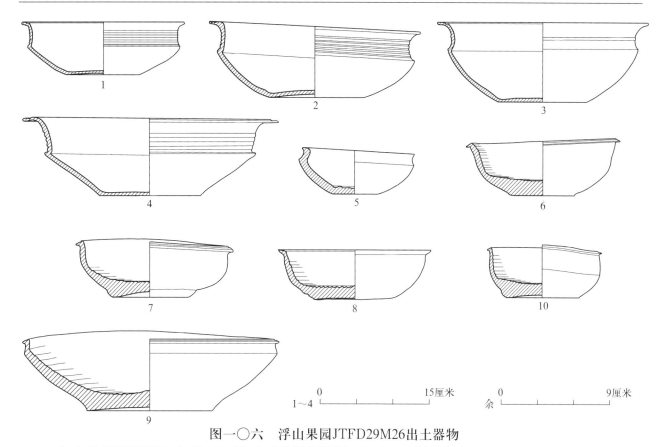

图一〇六　浮山果园JTFD29M26出土器物

1～4.陶盆JTFD29M26：8、13、16、20　5.陶碗JTFD29M26：27　6～10.原始瓷碗JTFD29M26：3、25、26、28、29

部分已脱落。口径12.6、底径6.6、高4.0厘米（图一〇六，8；彩版八五，2）。

JTFD29M26：28，尖圆唇，沿面有一道凹槽，弧折腹，下腹斜收至底，平底微凹。底有平行的切割痕。施黄绿色釉，部分已脱落。口径21.0、底径10.3、高6.4厘米（图一〇六，9；彩版八五，3）。

JTFD29M26：29，尖唇，沿面微凹，弧腹，平底略凹。施青绿色釉。口径9.6、底径6.0、高4.2厘米（图一〇六，10；彩版八五，4）。

器盖　5件。

JTFD29M26：1，泥质黑皮陶，红褐色胎，黑皮已部分脱落。整体呈覆豆形，喇叭形捉手，弧顶近平，弧壁，顶、壁间折，敞口，圆唇，卷沿，沿面有一道凹槽。捉手径8.6、口径18.4、高6.4厘米（图一〇七，1；彩版八五，5）。

JTFD29M26：10，泥质黑皮陶，红褐色胎，黑皮已部分脱落。整体呈覆豆形，喇叭形捉手，弧顶近平，弧壁，顶、壁间折，敞口，圆唇，卷沿，沿面有一道凹槽。捉手径8.6、口径18.4、高6.4厘米（图一〇七，2；彩版八五，6）。

JTFD29M26：23，泥质黑皮陶，红褐色胎。整体呈覆豆形，喇叭形捉手，弧顶近平，弧壁，顶、壁间折，敞口，圆唇，卷沿，沿面有一道凹槽。捉手径7.3、口径17.5、高6.7厘米（图一〇七，3；彩版八六，1）。

JTFD29M26：9，夹砂红陶。整体呈半球形，提手残，敞口，圆唇。口径24.4、残高13.2厘米（图一〇七，4；彩版八六，2）。

JTFD29M26：17，夹砂红陶，破碎严重，无法复原。

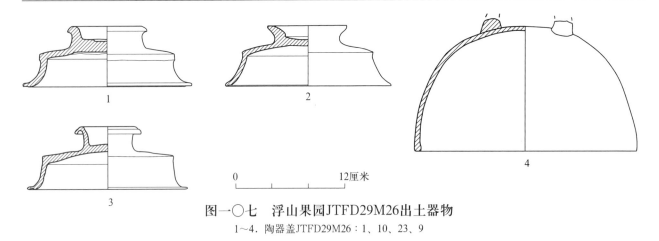

图一〇七　浮山果园JTFD29M26出土器物

1～4. 陶器盖JTFD29M26：1、10、23、9

27. JTFD29M27

JTFD29M27 位于土墩北部，中心坐标0.75×6.00−1.40米。开口于第③层下，打破第④a层（图一〇八；彩版八六，3）。为竖穴土坑墓，墓坑开口面略倾斜，南高北低，平面近长方形，方向355°。北端略宽，长2.20、宽0.88～0.95米，直壁，平底，深0.30～0.40米。填土为灰土，夹有红褐土、灰黑土、黄土，土质略硬。随葬品分别摆放于墓葬南端和北端，器盖扣于鼎、罐口部，泥质陶盆JTFD29M27：7扣于泥质陶罐JTFD29M27：8之上作器盖使用。器物破碎较严重。

出土随葬品9件。包括夹砂陶器1件，泥质陶器8件；器形有鼎、罐、壶、盆和器盖。

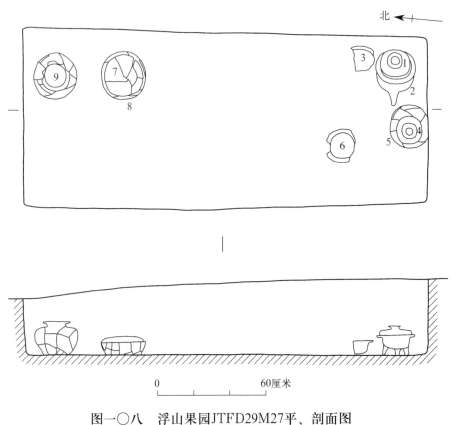

图一〇八　浮山果园JTFD29M27平、剖面图

1、3、4、6. 陶器盖　2. 陶鼎　5、8、9. 陶罐　7. 陶盆

鼎　1件。

JTFD29M27：2，夹砂红陶。侈口，圆唇，折沿，沿面微凹，直腹微弧，圜底，腹、底间折，扁锥形足。口径21.0、高17.9厘米（图一○九，1；彩版八六，4）。

罐　3件。

JTFD29M27：5，泥质黑皮陶。侈口，尖唇，折沿，沿面有一道凹槽，束颈，弧肩，鼓腹，平底。上腹设一对竖耳。颈部饰浅细弦纹。口径12.8、底径12.4、高19.0厘米（图一○九，2；彩版八六，5）。

JTFD29M27：9，泥质黄褐陶。侈口，圆唇，卷沿，沿面有一道凹槽，束颈，弧折肩，鼓腹，平底微凹。颈部饰弦纹，肩、腹部饰方格纹。口径15.8、底径13.0、高18.7厘米（图一○九，3；彩版八七，1）。

JTFD29M27：8，泥质黑皮陶，黑皮已部分脱落。敛口，圆唇，窄卷沿，沿面有一道凹槽，折肩，弧腹，平底。颈、肩部饰弦纹。口径14.6、底径10.8、高13.8厘米（图一○九，4；彩版八七，2）。

盆　1件。

JTFD29M27：7，泥质黑皮陶。敞口，尖圆唇，卷沿，沿面有一道凹槽，折腹，上腹内弧，下腹斜收至底，平底。口径21.6、底径9.6、高5.4厘米（图一○九，5；彩版八七，3）。

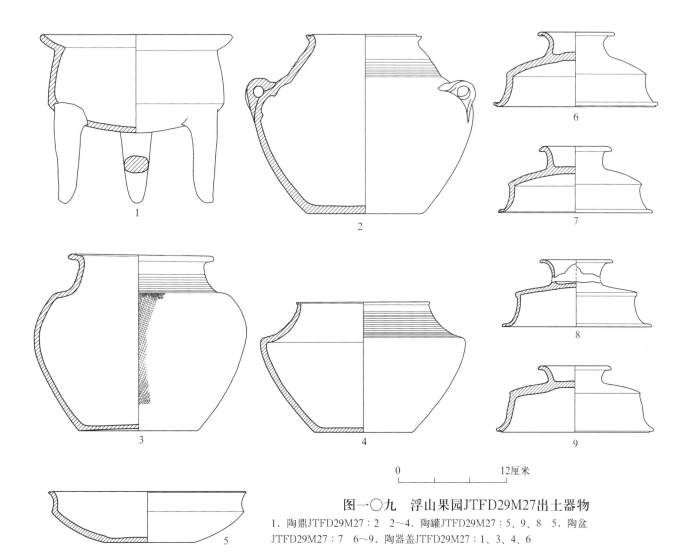

0 　　　　　　　　 12厘米

图一○九　浮山果园JTFD29M27出土器物

1. 陶鼎JTFD29M27：2　2~4. 陶罐JTFD29M27：5、9、8　5. 陶盆
JTFD29M27：7　6~9. 陶器盖JTFD29M27：1、3、4、6

器盖　4件。

泥质黑皮陶，黑皮已部分脱落。整体呈覆豆形，喇叭形捉手，弧顶较平，壁内弧，顶、壁间折，敞口，圆唇，卷沿，沿面有一道凹槽。

JTFD29M27：1，红褐色胎。捉手径8.6、口径18.3、高7.9厘米（图一〇九，6；彩版八七，4）。

JTFD29M27：3，灰黑色胎。捉手径8.0、口径17.0、高7.0厘米（图一〇九，7；彩版八七，5）。

JTFD29M27：4，灰黑色胎。捉手径8.0、口径16.5、高7.1厘米（图一〇九，8）。

JTFD29M27：6，红色胎。捉手径8.0、口径17.2、高7.0厘米（图一〇九，9；彩版八七，6）。

28．JTFD29M28

JTFD29M28位于土墩北部，东距M27约1.25米，中心坐标−1.40×6.30−1.48米。开口于第③层下，打破第④a层（图一一〇；彩版八八，1）。为竖穴土坑墓，墓坑开口面略倾斜，南高北低，平面近梯形，方向为345°。北端宽、南端窄，长2.40、宽0.72～0.92米，直壁，平底，深0.30～0.40米。填土为灰土，夹有红褐土、灰黑土、黄土，土质略硬。随葬器物集中摆放于墓葬北端，器盖扣于鼎口。器物破碎较严重。

出土器物4件。包括夹砂陶鼎1件，泥质陶罐、钵、器盖各1件。

鼎　1件。

JTFD29M28：3，夹砂红陶。侈口，尖圆唇，折沿，束颈，折腹，圜底，扁锥形足。口径14.4、高12.3厘米（图一一一，1；彩版八八，2）。

罐　1件。

JTFD29M28：4，泥质黑皮陶，黑皮已部分脱落。口微敛，方唇，折肩，弧腹，平底微凹。颈、

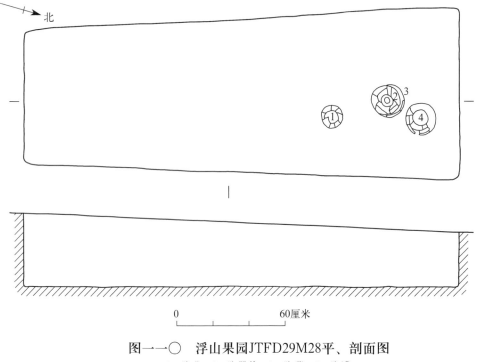

图一一〇　浮山果园JTFD29M28平、剖面图

1．陶盆　2．陶器盖　3．陶鼎　4．陶罐

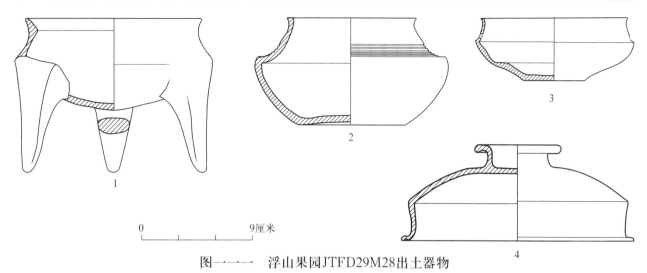

0　　　　　　　9厘米

图一一一　浮山果园JTFD29M28出土器物

1. 陶鼎JTFD29M28：3　2. 陶罐JTFD29M28：4　3. 陶钵JTFD29M28：1　4. 陶器盖JTFD29M28：2

肩部饰弦纹。口径10.6、底径8.6、高8.5厘米（图一一一，2；彩版八八，3）。

钵　1件。

JTFD29M28：1，泥质黑皮陶，黑皮已部分脱落。敛口微侈，尖圆唇，卷沿，沿面有一道凹槽，折腹略残，平底。口径12.0、底径5.0厘米（图一一一，3）。

器盖　1件。

JTFD29M28：2，泥质黑皮陶，黑皮已部分脱落。整体呈覆豆形，喇叭形捉手，弧顶，壁内弧，顶、壁间折，敞口，圆唇，卷沿，沿面有一道凹槽。捉手径7.1、口径19.2、高7.6厘米（图一一一，4）。

29．JTFD29M29

JTFD29M29位于土墩北部偏西，中心坐标−3.00×4.75−2.05米。开口于第③层下，打破第④a层（图一一二；彩版八九，1、2）。为竖穴浅土坑墓，墓坑面略倾斜，西南高，东北低，平面近长方形，方向为335°。长2.90、宽1.10～1.20米，直壁，平底，深0.10～0.20米。封土被第③层叠压，顶面弧形，高约0.60米，分2层，第①层为灰褐土，土质略硬，厚0～0.60米；第②层为灰黄土，土质略硬，厚0～0.48米。在墓葬南部有人牙数枚，保存情况较差。随葬器物呈"L"形集中摆放于墓葬东部、北部，整齐有序，器形较大器物置于北端。泥质陶盆扣于罐、瓿口部，应作器盖之用。器形较大器物破碎严重，泥质陶器和夹砂陶器破碎尤甚。

出土器物28件，部分随葬器物高出坑口平面。包括夹砂陶器3件，泥质陶器15件，硬陶器6件，原始瓷器4件；器形有鼎、坛、罐、瓿、盆、碗、器盖和纺轮等。

鼎　3件。

夹砂红陶。侈口，圆唇，折沿近平，束颈，圜底。

JTFD29M29：4，直腹微弧，底近平，腹、底间折，扁锥形足。口径17.2、高11.8厘米（图一一三，1；彩版八八，4）。

JTFD29M29：16，直腹微弧，凿形足。口径24.0、高16.8厘米（图一一三，2；彩版八八，5）。

JTFD29M29：18，直腹微弧，腹、底间折，凿形足。口径21.8、高17.2厘米（图一一三，3；彩版九〇，1）。

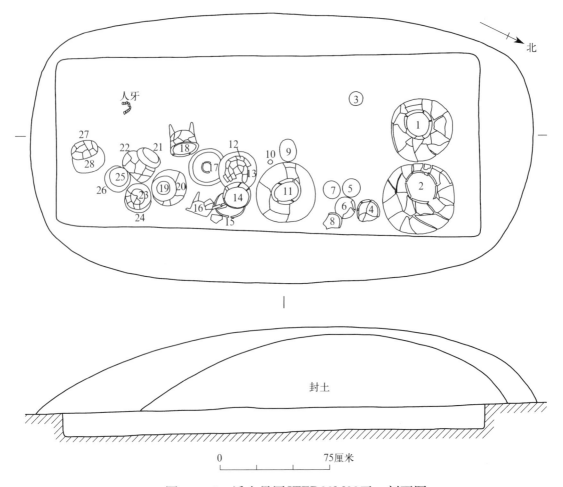

北

人牙

封土

0 ── ── ── 75厘米

图一一二　浮山果园JTFD29M29平、剖面图

1. 陶坛　2. 硬陶坛　3. 原始瓷盂　4、16、18. 陶鼎　5、7、8. 原始瓷碗　6、12、15、21、23、25、27. 陶盆　9、17. 陶器盖　10.
陶纺轮　11、13. 陶罐　14、19. 陶钵　20、22、24、26、28. 硬陶瓿

坛　2件。

侈口，尖唇，卷沿，沿面内凹，束颈，弧折肩，平底内凹。颈部饰弦纹，下腹部饰菱形填线纹。

JTFD29M29：1，泥质红陶。深弧腹。肩及上腹部饰方格纹。口径20.8、底径22.0、高46.8厘米（图一一三，4；彩版九〇，3）。

JTFD29M29：2，灰褐色硬陶。肩近平，深弧腹。肩及上腹部饰席纹，口径23.4、底径22.0、高47.5～49.0厘米（图一一三，5；彩版九〇，4）。

罐　2件。

JTFD29M29：11，泥质红陶。侈口，沿微卷，沿面微凹，圆唇，束颈，溜肩，鼓腹，平底。肩、腹部饰席纹。口径18.8、底径22.8、高38.8厘米（图一一四，1；彩版九〇，2）。

JTFD29M29：13，红褐色硬陶。敛口，尖圆唇，内折沿，沿上有数道凹槽，溜肩，鼓腹，平底。肩及上腹部饰席纹，下腹部饰菱形填线纹。口径19.0、底径21.6、高24.6厘米（图一一四，2；彩版九一，1）。

瓿　5件。

侈口，卷沿，沿面内凹，束颈，扁鼓腹，平底。颈部饰弦纹。

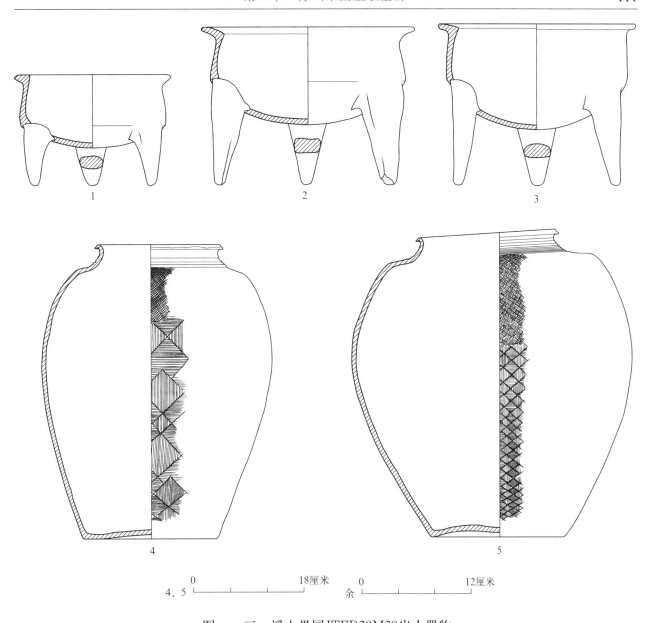

图一一三 浮山果园JTFD29M29出土器物

1～3. 陶鼎JTFD29M29：4、16、18 4. 陶坛JTFD29M29：1 5. 硬陶坛JTFD29M29：2

JTFD29M29：22，泥质红陶。尖唇，弧折肩，底内凹。肩、腹部饰席纹。口径12.8、底径13.6、高15.5厘米（图一一四，3；彩版九一，2）。

JTFD29M29：20，灰褐色硬陶。圆唇，弧肩，底内凹。肩、腹部饰席纹。口径13.6、底径17.8、高14.6厘米（图一一四，4；彩版九一，3）。

JTFD29M29：24，红褐色硬陶。圆唇，弧折肩。腹部饰方格纹。口径11.2、底径12.2、高14.2厘米（图一一四，5；彩版九一，4）。

JTFD29M29：26，红褐色硬陶。尖唇，弧肩，底微凹。肩、腹部饰席纹。口径10.4、底径12.0、高11.3厘米（图一一四，7；彩版九一，5）。

JTFD29M29：28，红褐色硬陶。尖唇，弧折肩。肩部饰弦纹，腹部饰席纹，局部被抹光。口径14.7、底径14.6、高14.2厘米（图一一四，6；彩版九一，6）。

盆　6件。

JTFD29M29：6，泥质红色胎。直口，方唇，折腹，平底。口径14.0、底径5.8、高4.0厘米（图一一五，1；彩版九二，1）。

JTFD29M29：21，泥质黑皮陶，红褐色胎。直口微敛，方圆唇，弧腹，平底。内壁有螺旋纹。

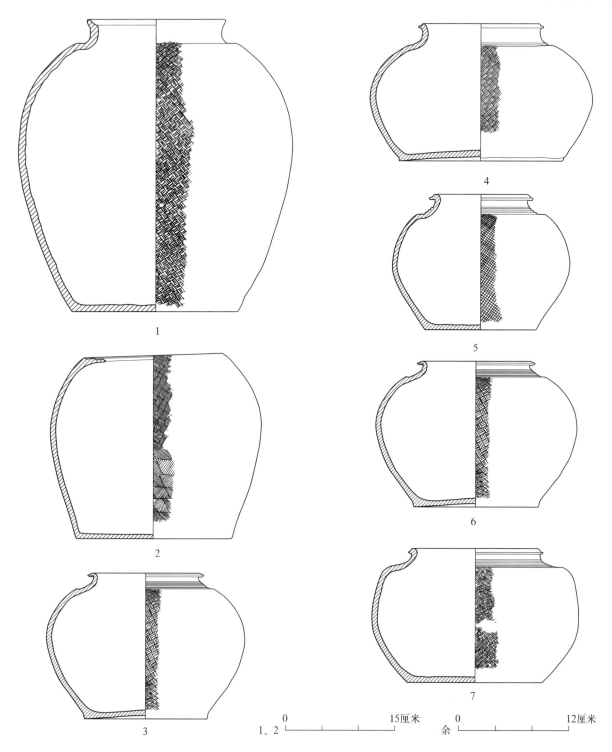

图一一四　浮山果园JTFD29M29出土器物

1. 陶罐JTFD29M29：11　2. 硬陶罐JTFD29M29：13　3. 陶瓿JTFD29M29：22　4～7. 硬陶瓿JTFD29M29：20、24、28、26

口径16.6、底径10.4、高4.1厘米（图一一五，2；彩版九二，2）。

JTFD29M29：23，泥质黑皮陶，红褐色胎。直口，方唇，唇面微凹，弧腹，平底内凹。内壁有螺旋纹。口径17.0、底径10.4、高4.8厘米（图一一五，3；彩版九二，3）。

JTFD29M29：25，泥质灰色胎。直口，方唇，唇面有一道凹槽，弧腹，平底。口径11.8、底径5.6、高4.0厘米（图一一五，4；彩版九二，4）。

JTFD29M29：12、15，泥质黑皮陶。破损严重，形制不明。

碗 4件。

原始瓷。弧腹，平底略凹。内壁有螺旋纹，外壁有轮旋痕，外底有线割痕。

JTFD29M29：5，灰黄色胎。敞口，尖唇，折沿，沿面有两道凹槽。施黄绿色釉，脱落殆尽。口径14.0、底径7.4、高4.5厘米（图一一五，5；彩版九二，5）。

JTFD29M29：7，灰白色胎。敞口，方唇。施青绿色釉，凹槽有积釉现象。口径13.0、底径6.1、高4.1厘米（图一一五，6）。

JTFD29M29：8，灰黄色胎。敞口，尖唇，折沿，沿面有两道凹槽，施黄绿色釉，脱落殆尽。口径14.0、底径6.9、高4.5厘米（图一一五，7；彩版九三，1）。

JTFD29M29：3，灰黄色胎。敛口，尖唇，内折沿，沿面内凹。内壁有螺旋纹，外底有平行的切割痕。施黄绿色釉，脱落殆尽。口径8.0、底径4.8、高3.3厘米（图一一五，8；彩版九三，2）。

钵 3件。

泥质黑皮陶，黑皮部分已脱落。方唇，平底。内壁有螺旋纹。

JTFD29M29：14，灰褐色胎。侈口，尖唇，折沿，沿面微凹，鼓腹，平底。口径16.4、底径12.8、高6.9厘米（图一一六，1；彩版九三，3）。

JTFD29M29：19，灰色胎。敛口，唇面有一道凹槽，鼓腹。口径14.0、底径10.0、高5.8厘米（图一一六，2；彩版九三，4）。

JTFD29M29：27，黑皮陶，红色胎。直口微敛，方唇，唇面微凹，弧腹，平底内凹。内壁有螺旋凹槽。口径16.4、底径10.5、高5.0厘米（图一一六，3）。

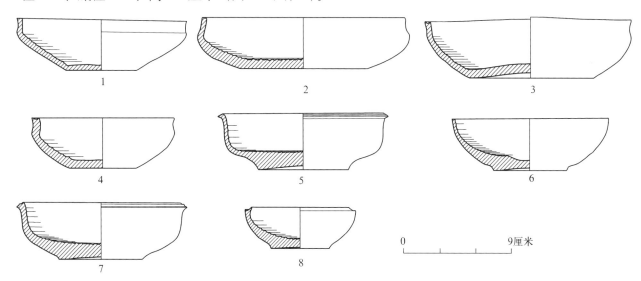

图一一五 浮山果园JTFD29M29出土器物

1～4. 陶盆JTFD29M29：6、21、23、25 5～8. 原始瓷碗JTFD29M29：5、7、8、3

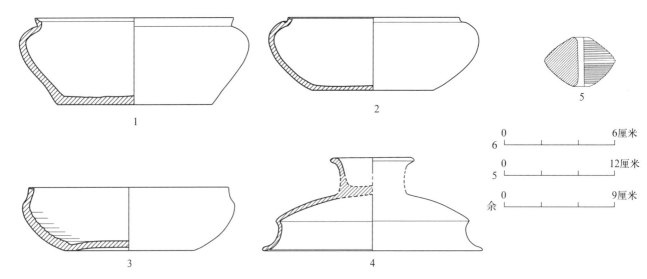

图一一六　浮山果园JTFD29M29出土器物

1～3. 陶钵JTFD29M29：14、19、27　4. 陶器盖JTFD29M29：17　5. 陶纺轮JTFD29M29：10

器盖　2件。

JTFD29M29：9，泥质黑皮陶。破碎严重，形制不明。

JTFD29M29：17，泥质黑皮陶。整体呈覆豆形，喇叭形捉手残，弧顶，壁内弧，顶、壁间折，敞口，圆唇，卷沿，沿面有一道凹槽。捉手径9.0、口径24.0、高约9.9厘米（图一一六，4；彩版九三，5）。

纺轮　1件。

JTFD29M29：10，泥质褐陶。算珠形，面饰弦纹。直径3.8、孔径0.3、厚2.6厘米（图一一六，5；彩版九三，6）。

30．JTFD29M30

JTFD29M30位于土墩中心偏东南，中心坐标3.20×−0.80−1.27米。开口于第④a层下，打破第④b层，东南部被JTFD29M16和M21打破（图一一七；彩版九四，1、2）。为竖穴土坑墓，墓坑开口面略倾斜，西北高东南底，平面大致为梯形，方向130°。西北端较窄，东南端较宽，被打破后仅余西北部，残长2.40、宽1.05～1.26米，直壁，平底，深0.37～0.46米。填土为灰土，夹有灰褐土、黄土等，土质较硬。随葬器物集中摆放于墓葬西南部，放置较紧凑，多有叠置。器形较大器物破碎严重，泥质陶器和夹砂陶器破碎尤甚。

出土器物13件。包括夹砂陶器1件，泥质陶器6件，硬陶器5件，原始瓷器1件；器形有罐、瓿、壶、盆、碗和器盖。

罐　3件。

JTFD29M30：8，泥质黑皮陶。敛口微侈，圆唇，卷沿，沿面有一道凹槽，折肩，弧腹，平底。肩部饰弦纹。口径15.8、底径10.8、高9.6厘米（图一一八，1；彩版九五，1）。

JTFD29M30：11，泥质黑皮陶。敛口，圆唇，卷沿，沿面有一道凹槽，折肩，弧腹，平底。肩部饰弦纹。口径13.4、底径10.0、高9.8厘米（图一一八，2；彩版九五，2）。

JTFD29M30：9，红褐色硬陶。侈口，尖圆唇，卷沿，沿面内凹，束颈，溜肩，弧腹，平底微凹。肩部贴附一对辫形耳。颈部饰弦纹，肩部饰折线纹，腹部饰方格纹。口径17.6、底径14.8、高26.4

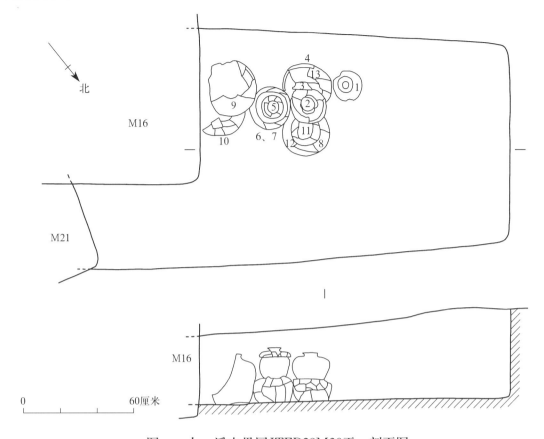

图一一七　浮山果园JTFD29M30平、剖面图

1、3、5、10．陶器盖　2、4、6、7．硬陶瓿　8、11．陶罐　9．硬陶罐　12．原始瓷碗　13．陶钵

厘米（图一一八，3；彩版九五，3）。

瓿　4件。

硬陶。侈口，卷沿，束颈，弧肩，扁鼓腹。

JTFD29M30：2，红褐色胎。圆唇，平底。肩部设一对泥条竖耳。颈部饰弦纹，肩部饰菱形填线纹，腹部饰方格纹。口径12.0、底径12.6、高12.9厘米（图一一八，4；彩版九五，4）。

JTFD29M30：4，灰褐色胎。尖唇，沿面内凹，平底微凹。肩部设一对竖耳，残。颈部饰弦纹，肩、腹部饰方格纹。口径15.2、底径13.8、高15.4厘米（图一一八，5；彩版九五，5）。

JTFD29M30：6，红褐色胎。圆唇，沿面内凹，平底微凹。肩腹部设一对竖耳，残。肩部饰席纹，腹部饰方格纹。口径13.0、底径13.0、高12.8厘米（图一一八，6；彩版九五，6）。

JTFD29M30：7，红褐色胎。尖唇，沿面内凹，平底。肩腹部设一对竖耳，残。颈部饰弦纹，肩部饰菱形填线纹，腹部饰方格纹。口径14.8、底径13.4、高14.8厘米（图一一八，7；彩版九六，1）。

碗　1件。

JTFD29M30：12，原始瓷，紫褐色胎。侈口，尖圆唇，折沿，沿面内凹，弧折腹，中部有一道折棱，平底微凹。内壁有螺旋纹，外底有平行的切割痕。施青褐色釉。口径14.5、底径7.0、高5.0厘米（图一一九，1；彩版九六，2）。

钵　1件。

JTFD29M30：13，泥质黑皮陶，黑皮已部分脱落。敛口，方唇，唇面内凹，弧腹，平底略凹。

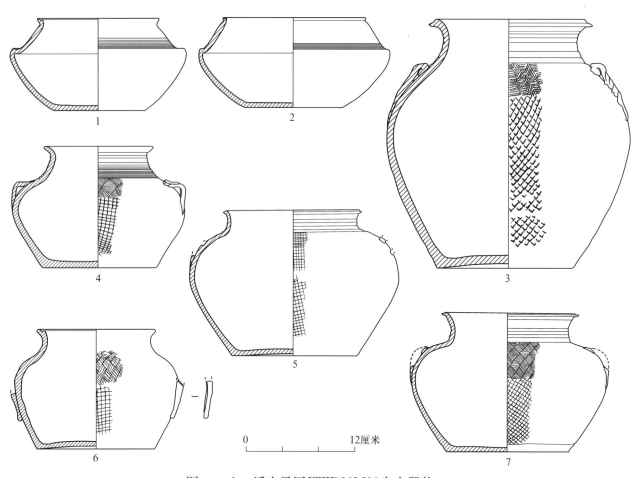

图一一八　浮山果园JTFD29M30出土器物
1、2.陶罐JTFD29M30：8、11　3.硬陶罐JTFD29M30：9　4～7.硬陶瓿JTFD29M30：2、4、6、7

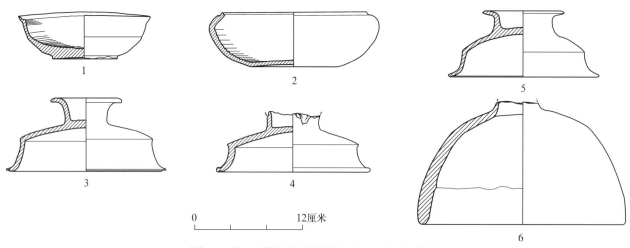

图一一九　浮山果园JTFD29M30出土器物
1.原始瓷碗JTFD29M30：12　2.陶钵JTFD29M30：13　3～6.陶器盖JTFD29M30：1、3、5、10

内壁有螺旋凹槽。口径16.0、底径9.6、高5.8厘米（图一一九，2）。

器盖　4件。

JTFD29M30：1，泥质黑皮陶，灰褐色胎，黑皮大部分已脱落。整体呈覆豆形，喇叭形捉手，弧顶，壁内弧，顶、壁间折，敞口，尖唇，卷沿，沿面有一道凹槽。捉手径 8.0、口径 17.6、高 7.8 厘米（图一一九，3；彩版九六，3）。

JTFD29M30：3，泥质黑皮陶，黄褐色胎。整体呈覆豆形，喇叭形捉手残，弧顶，壁内弧，顶、壁间折，敞口，圆唇，卷沿，沿面有一道凹槽。口径 17.0、残高 6.4 厘米（图一一九，4；彩版九六，4）。

JTFD29M30：5，泥质黑皮陶，红褐色胎，黑皮部分脱落。整体呈覆豆形，喇叭形捉手，弧顶，壁内弧，顶、壁间折，敞口，圆唇，卷沿，沿面有一道凹槽。捉手径 8.9、口径 16.4、高 7.0 厘米（图一一九，5；彩版九六，5）。

JTFD29M30：10，夹砂红陶。呈半球形，捉手残，敞口，圆唇。口径 22.6、残高 13.0 厘米（图一一九，6；彩版九六，6）。

31．JTFD29M31

JTFD29M31 位于土墩南部，东距 JTFD29M10 约 1、西距 JTFD29M13 约 2.5 米，中心坐标 −0.25×−9.00−2.20 米。开口于第①层下，打破第②层，西半部被开口于墩表的山芋窖打破（图一二〇；彩版九七，1、2）。为竖穴土坑墓，墓坑开口面倾斜，北高南底，平面为长梯形，方向为176°。北端较窄，南端较宽，长 2.90、宽 0.75～1.05 米，直壁，底斜，北高南低，深 0.45～0.52 米。填土红褐土，土质较硬。墓葬北端有牙齿数枚，保存情况较差。

出土器物 3 件。包括夹砂陶鼎、泥质陶罐、硬陶坛各 1 件。夹砂陶鼎置于墓葬北端牙齿东部，

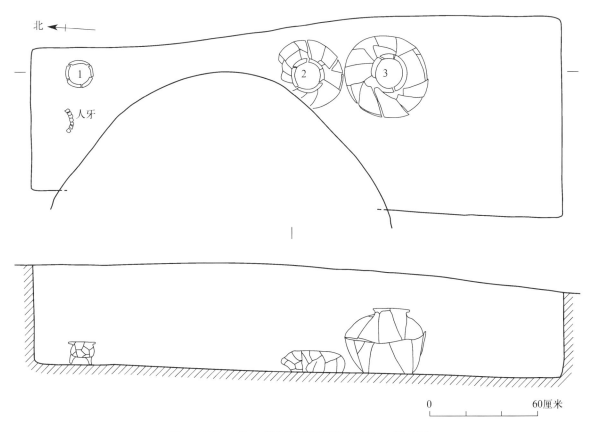

图一二〇　浮山果园JTFD29M31平、剖面图

1. 陶鼎　2. 陶罐　3. 硬陶坛

其他两件置于墓葬中部，偏近东壁。器物破碎较严重。

鼎　1件。

JTFD29M31：1，夹砂红陶。直口，圆唇，窄折沿近平，直腹稍弧，圜底，凿形足。器表有烟熏痕迹。口径14.4、高9.8厘米（图一二一，1；彩版九七，3）。

坛　1件。

JTFD29M31：3，灰褐色硬陶。侈口，圆唇，卷沿，沿面内凹，束颈，弧折肩，深弧腹，平底略凹。颈部饰弦纹，肩及上腹部饰席纹，下腹部饰菱形填线纹。口径21.6、底径19.6、高45.2厘米（图一二一，3；彩版九七，4）。

罐　1件。

JTFD29M31：2，泥质黑皮陶，红褐色胎。敛口，方唇，折肩，鼓腹，下腹及底残。口径17.6、残高14.4厘米（图一二一，2）。

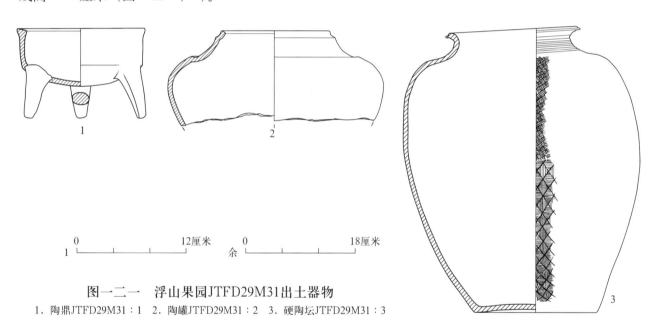

图一二一　浮山果园JTFD29M31出土器物
1. 陶鼎JTFD29M31：1　2. 陶罐JTFD29M31：2　3. 硬陶坛JTFD29M31：3

32. JTFD29M32

JTFD29M32位于土墩南部，中心坐标1.60×−6.50−1.95米。开口于第③层下，被第④a层叠压，南部被开口于墩表的山芋窖打破（图一二二；彩版九八、九九）。为竖穴土坑墓，墓坑平面近长梯形，方向170°。北端较窄，南端较宽，长约3.25、宽1.10～1.60米，直壁，平底，深约0.45米。填土红褐土，土质较硬。在墓葬东北角发现牙齿数枚和残存人骨，保存情况皆较差。随葬器物略成"L"形集中摆放于墓葬西侧和南侧，整齐有序。器盖、盆扣于鼎、坛、罐、瓿等器物口部，盆应作器盖之用。器形较大器物破碎严重，泥质陶和夹砂陶破碎尤甚。

出土器物31件。包括夹砂陶器5件，泥质陶器11件，硬陶器6件，原始瓷器8件，蚌壳1件；器形有鼎、坛、罐、瓿、盆、碗、器盖和蚌壳。

鼎　4件。

夹砂红陶。侈口，圆唇，直腹微弧，圜底，凿形足，足尖外撇。器表有烟熏痕迹。

JTFD29M32：7，卷沿，腹、底间折。口径31.2、高28.0厘米（图一二三，1；彩版一〇〇，1）。

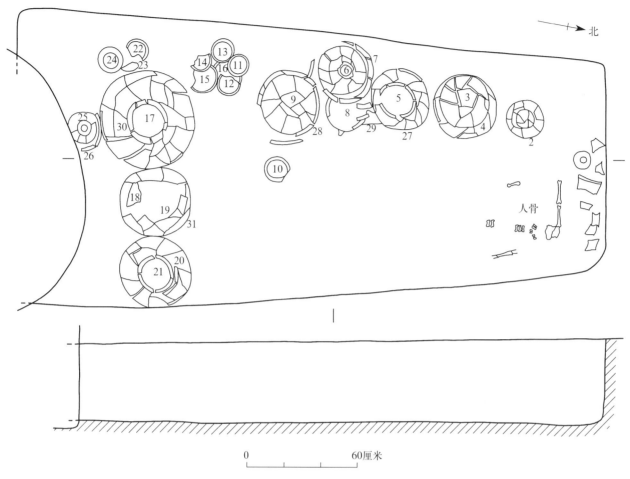

图一二二　浮山果园JTFD29M32平、剖面图

1、18、27～30.陶钵　2.硬陶瓿　3、9.陶盆　4.陶罐　5、17、19、21.硬陶坛　6、20、25.陶器盖　7、8、16、26.陶鼎　10～15、22、24.陶碗　23.蚌壳　31.陶罐

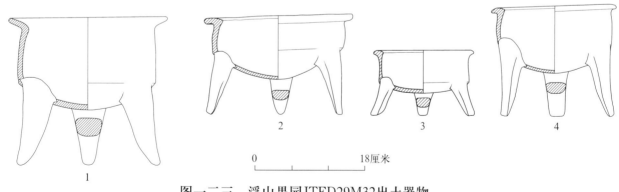

图一二三　浮山果园JTFD29M32出土器物

1～4.陶鼎JTFD29M32：7、8、16、26

JTFD29M32：8，折沿近平，腹、底间折。口径24.2、高16.0厘米（图一二三，2；彩版一○○，2）。

JTFD29M32：16，折沿近平，腹、底间折，底近平。口径14.0、高8.6厘米（图一二三，3；彩版一○○，3）。

JTFD29M32：26，折沿近平，弧腹。口径20.6、高17.4厘米（图一二三，4；彩版一○○，4）

坛　4件。

硬陶。侈口，圆唇，卷沿，沿面内凹，束颈，弧折肩，深弧腹，平底。

JTFD29M32：5，灰褐色胎。底微凹。颈部饰弦纹，肩及上腹部饰方格纹，下腹部饰菱形填线纹。口径17.8、底径18.7、高39.2厘米（图一二四，1；彩版一〇一，1）。

JTFD29M32：17，红褐色胎。肩部贴附一对瓣形泥条饰。肩及上腹部饰方格纹，下腹部饰菱形填线纹。口径25.0、底径24.5、高56.2厘米（图一二四，2；彩版一〇一，2）。

JTFD29M32：19，红褐色胎。底微凹。颈部饰弦纹，肩及上腹部饰方格纹，下腹部饰菱形填线纹。口径22.0、底径22.4、高45.3厘米（图一二四，3；彩版一〇一，3）。

JTFD29M32：21，灰褐色胎。底微凹。颈部饰弦纹，肩及上腹部饰席纹，下腹部饰菱形填线纹。口径20.8、底径20.0、高39.6厘米（图一二四，4；彩版一〇一，4）。

罐　2件。

JTFD29M32：4，红褐色硬陶。侈口，尖圆唇，卷沿，沿面内凹，束颈，弧折肩，鼓腹，平底。颈部饰弦纹，肩及上腹部饰方格纹，下腹部饰菱形填线纹。口径20.4、底径19.6、高26.0厘米（图一二四，5；彩版一〇〇，5）。

JTFD29M32：31，泥质黑皮陶，灰褐色胎。直口，方唇，唇面微凹，束颈，折肩，扁鼓腹，平底。上腹部设一对竖耳，耳宽扁。颈部饰浅弦纹。口径15.0、底径13.0、高12.1厘米（图一二四，6；彩版一〇〇，6）。

瓿　1件。

JTFD29M32：2，灰褐色硬陶。侈口，圆唇，卷沿，沿面微凹，弧肩，扁鼓腹，平底内凹。颈部有数道刮痕，肩腹饰席纹。口径14.0、底径15.2、高15.3厘米（图一二四，7；彩版一〇二，1）。

盆　2件。

JTFD29M32：3，泥质黑皮陶，黄褐色胎，黑皮大部分已脱落。侈口，圆唇，卷沿，沿面微凹，束颈，折肩，弧腹，平底。口径26.4、底径15.0、高7.8厘米（图一二五，1；彩版一〇二，2）。

JTFD29M32：9，泥质黑皮陶，灰黑色胎，黑皮部分脱落。侈口，卷沿，沿面有一道凹槽，束颈，折肩，弧腹，平底微凹。口径32.8、底径13.6、高12.3厘米（图一二五，2；彩版一〇二，3）。

碗　8件。

原始瓷，灰色胎。敞口，平底微凹。内壁有螺旋纹。施黄绿色釉。

JTFD29M32：10，斜方唇，唇面有两道凹槽，弧腹。外底有线割痕。口径13.8、底径7.4、高4.4厘米（彩版一〇二，4）。

JTFD29M32：11，斜方唇，唇面有两道凹槽，弧腹。外底有线割痕。口径13.6、底径7.0、高4.4厘米（彩版一〇二，5）。

JTFD29M32：12，尖唇，折沿，沿面有两道凹槽，弧腹。外底有切割痕。口径14.1、底径7.4、高4.3厘米（彩版一〇二，6）。

JTFD29M32：13，口近直，尖圆唇，折沿，沿面有一道较深的凹槽，弧腹。外底有线割痕。口13.3、底8.0、高5.8厘米（彩版一〇三，1）。

JTFD29M32：14，尖唇，折沿，沿面有两道凹槽，弧腹。外底有线割痕。口径11.3、底径6.8、高3.8厘米（彩版一〇三，2）。

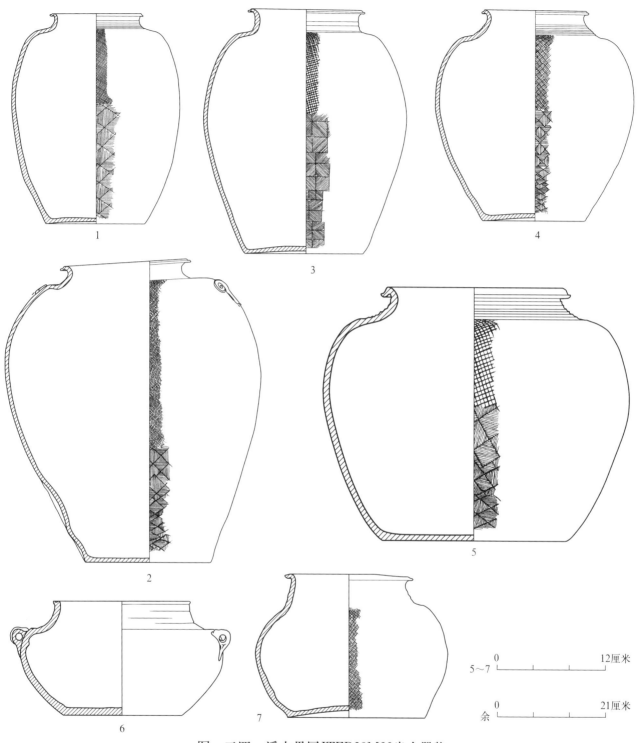

图一二四　浮山果园JTFD29M32出土器物

1～4. 硬陶坛JTFD29M32：5、17、19、21　5. 硬陶罐JTFD29M32：4　6. 陶罐JTFD29M32：31　7. 硬陶瓿JTFD29M32：2

　　JTFD29M32：15，尖唇，窄折沿，沿面有两道凹槽，弧腹。釉大部分已脱落。口径17.5、底径10.0、高5.4厘米（彩版一〇三，3）。

　　JTFD29M32：22，尖唇，折沿，沿面内凹，弧折腹。外底有线割痕。口径12.4、底径6.2、高5.0厘米（彩版一〇三，4）。

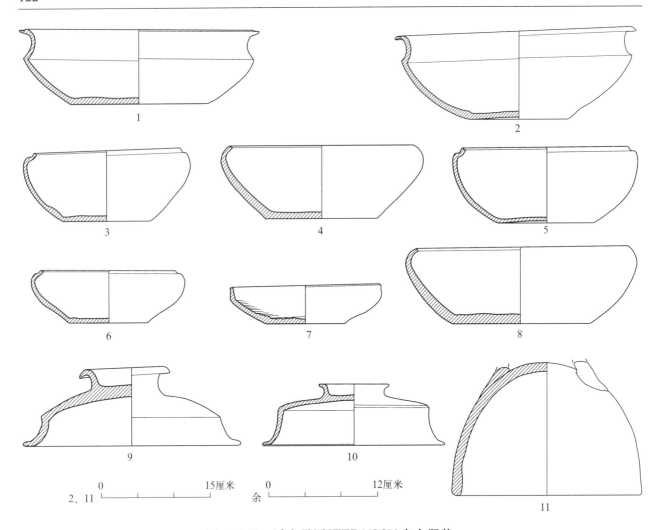

0   15厘米
2、11　├──┼──┼──┼──┤

0   12厘米
余　├──┼──┼──┼──┤

图一二五　浮山果园JTFD29M32出土器物

1、2. 陶盆JTFD29M32：3、9　3～8. 陶钵JTFD29M32：1、18、27～30　9～11. 陶器盖JTFD29M32：6、25、20

JTFD29M32：24，尖唇，折沿，沿面有两道凹槽，弧腹，中部鼓突。外底有线割痕。口径12.7、底径8.0、高4.4厘米（彩版一〇三，5）。

钵　6件。

JTFD29M32：1，泥质黑皮陶，灰褐色胎，烧成温度较高，黑皮大部分已脱落。敛口，方唇，口部外侧内凹，弧腹，平底。口径16.2、底径9.5、高7.7厘米（图一二五，3；彩版一〇三，6）。

JTFD29M32：18，泥质黑皮陶，灰白色胎，黑皮部分脱落。敛口，方唇，唇面微凹，弧腹，平底。口径20.0、底径12.0、高7.8厘米（图一二五，4）。

JTFD29M32：27，泥质黑皮陶，红褐色胎，黑皮部分脱落。敛口，方唇，唇面有一道凹槽，近口处内凹，弧腹，平底微凹。口径18.0、底径10.4、高8.0厘米（图一二五，5；彩版一〇四，1）。

JTFD29M32：28，泥质黑皮陶，灰黑色胎，黑皮大部分已脱落。敛口，方唇，近口处微凹，弧腹，平底。口径14.8、底径8.7、高5.6厘米（图一二五，6；彩版一〇四，2）。

JTFD29M32：29，泥质黑皮陶，灰褐色胎，烧成温度较高，黑皮大部分已脱落。直口微敞，方唇，唇面内凹，弧腹，平底。内壁有螺旋形纹。口径16.8、底径8.7、高4.0厘米（图一二五，7；彩版一〇四，3）。

JTFD29M32：30，泥质黑皮陶，灰黑色胎，黑皮部分脱落。敛口，方唇，唇面微凹，弧腹，平底。口径 23.0、底径 15.0、高 8.2 厘米（图一二五，8）。

器盖　3 件。

JTFD29M32：6，泥质黑皮陶，红褐色胎，黑皮大部分脱落。整体呈覆豆形，喇叭形捉手。弧顶，壁内弧，顶、壁间折，敞口，圆唇，卷沿，沿面有一道凹槽。捉手径 10.0、口径 24.0、高 9.6 厘米（图一二五，9；彩版一〇四，4）。

JTFD29M32：25，泥质黑皮陶，红褐色胎，黑皮部分脱落。整体呈覆豆形，喇叭形捉手。弧顶，壁内弧，顶、壁间折，敞口，圆唇卷沿，沿面有一道凹槽。捉手径 7.6、口径 20.0、高 6.5 厘米（图一二五，10；彩版一〇四，5）。

JTFD29M32：20，夹砂红陶。整体呈半球形，环形提手，残，直口，圆唇。口径 26.0、残高 17.6 厘米（图一二五，11；彩版一〇四，6）。

蚌壳　1 件。

JTFD29M32：23，白色，残损严重。

33．JTFD29M33

JTFD29M33 位于土墩南部，中心坐标 −0.60×−7.50−2.35 米。开口于第④ a 层下，打破第④ c 层（图一二六；彩版一〇五，1、2）。为竖穴土坑墓，墓开口面倾斜，北高南底，平面近梯形，方向

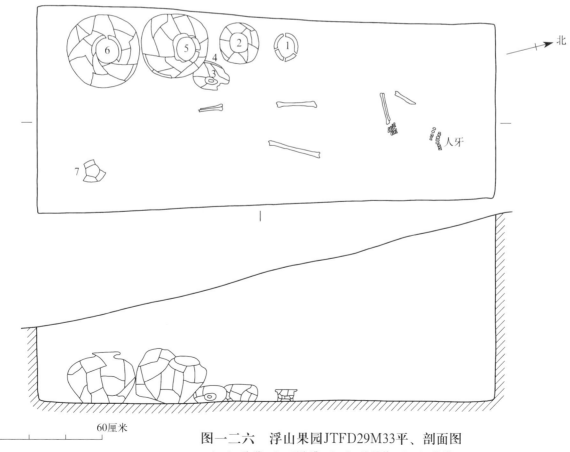

0　　　　　　　60厘米

图一二六　浮山果园JTFD29M33平、剖面图

1、4. 陶鼎　2. 硬陶罐　3、7. 陶器盖　5、6. 陶罐

约194°。北端较窄，南端较宽，长约2.50、宽0.92～1.10米，直壁，平底，深0.45～1.00米。填土为灰土，夹有红褐土，土质较硬，在墓底另有一层厚约10厘米的稍软红褐土，有人骨架出于其中，位于墓葬中部偏东，保存情况较差，仅存人牙及部分腐朽肢骨，头向为15°。面向朝上，仰身直肢。随葬品除泥质陶器盖JTFD29M33：7置于墓葬东南角外，其他器物略成一线集中摆放于墓葬西南部，靠西壁。泥质陶器盖JTFD29M33：3扣于夹砂陶鼎JTFD29M33：4上。器物破碎严重。

出土器物7件。包括夹砂陶器2件，泥质陶器4件，硬陶器1件；器形有鼎、罐和器盖。

鼎　2件。

夹砂红陶。侈口，折沿，束颈，直腹微弧，圜底，腹、底间折。器表有烟熏痕迹。

JTFD29M33：1，圆唇，锥形足，根以下残缺。口径14.0、残高7.3厘米（图一二七，1；彩版一〇六，1）。

JTFD29M33：4，方唇，扁锥形足。口径16.4、高14.4厘米（图一二七，2；彩版一〇六，2）。

罐　3件。

JTFD29M33：2，灰褐色硬陶。口部残，弧折肩，鼓腹，最大腹径近肩部，平底内凹。腹部贴附一对羊角形堆饰，肩、腹饰菱形填线纹。底径10.5、残高15.0厘米（图一二七，3）。

JTFD29M33：5，泥质陶，黄褐色胎。侈口，圆唇，卷沿，沿面内凹，束颈，弧肩，弧腹，平底。颈部饰弦纹，肩、腹部饰方格纹。口径20.4、底径17.4、高36.4厘米（图一二七，4；彩版一〇六，3）。

JTFD29M33：6，泥质陶，红褐色胎。侈口，圆唇，卷沿，沿面内凹，束颈，弧肩，鼓腹，平底内凹。

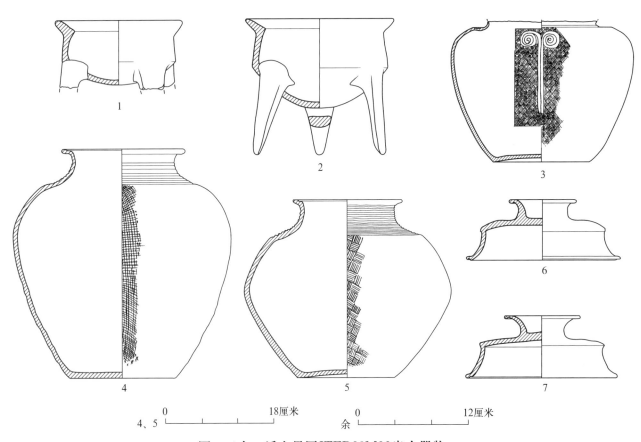

图一二七　浮山果园JTFD29M33出土器物

1、2.陶鼎JTFD29M33：1、4　3.硬陶罐JTFD29M33：2　4、5.陶罐JTFD29M33：5、6　6、7.陶器盖JTFD29M33：3、7

肩、腹部饰席纹。口径 18.0、底径 15.8、高 28.3 厘米（图一二七，5；彩版一〇六，4）。

器盖　2 件。

JTFD29M33：3，泥质黑皮陶，灰褐色胎，黑皮部分脱落。整体呈覆豆形，喇叭形捉手，弧顶，壁内弧，顶、壁间折，敞口，圆唇，卷沿，沿面有一道凹槽。捉手径 7.4、口径 16.8、高 6.4 厘米（图一二七，6；彩版一〇六，5）。

JTFD29M33：7，泥质黑皮陶，灰白色胎，黑皮部分脱落。整体呈覆豆形，喇叭形捉手，弧顶，壁内弧，顶、壁间折，敞口，圆唇，卷沿，沿面有一道凹槽。捉手径 8.2、口径 16.6、高 6.6 厘米（图一二七，7；彩版一〇六，6）。

34．JTFD29M34

JTFD29M34 位于墩体中部偏西南，中心坐标 −0.90×−2.25−1.05 米。开口于第④ a 层下，打破第⑤层（图一二八；彩版一〇七，1、2）。为竖穴土坑墓，墓坑开口面倾斜，东北高西南低，平面近梯形，方向约 238°。东北端较窄，西南端较宽，长 3.40、宽 1.43～1.55 米，直壁，平底，深 0.50～0.95 米。填土为灰土，夹有大量灰色、红褐色、黄色、黑色土粒，土质略松。在墓葬西北角发现有人牙及少量腐朽骨头，保存情况较差。随葬器物集中摆放于墓葬西南部，放置较密集，大件器物置于墓

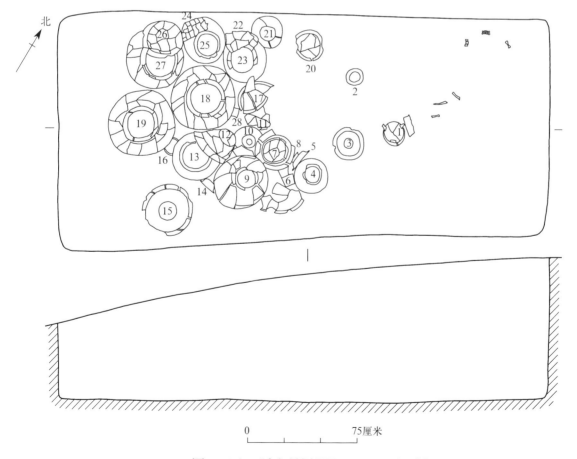

图一二八　浮山果园 JTFD29M34 平、剖面图

1、8、11．陶鼎　2、14、16．原始瓷碗　3、6、12、15、17、24、26．陶盆　4、23．硬陶罐　5、7、10、20、22、28．陶器盖　9、13、18、19、25、27．硬陶坛　21．硬陶瓿

葬西南端。器盖、盆扣于鼎、坛、罐等器物口部，盆应作器盖之用。器形较大器物破碎严重，泥质陶器和夹砂陶器破碎尤甚（彩版一〇八，1）。

出土器物28件。包括夹砂陶器5件，泥质陶器11件，硬陶器9件，原始瓷器3件；器形有鼎、坛、罐、盆、碗和器盖。

鼎　3件。

夹砂红陶。侈口，圜底，扁锥形足。

JTFD29M34：1，尖圆唇，卷沿近平，直腹微弧，腹、底间折，小平底。器表有烟熏痕迹。口径17.2、高13.6厘米（图一二九，1；彩版一〇八，2）。

JTFD29M34：8，圆唇，折沿，弧腹。口径25.0、高20.7厘米（图一二九，2；彩版一〇八，3）。

JTFD29M34：11，圆唇，折沿，弧腹。口径25.0、高18.8厘米（图一二九，3；彩版一〇九，1）。

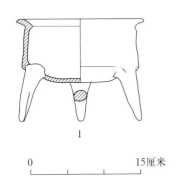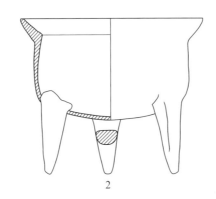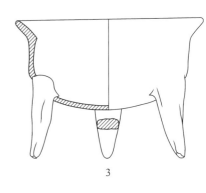

图一二九　浮山果园JTFD29M34出土器物

1～3. 陶鼎JTFD29M34：1、8、11

坛　6件。

红褐色硬陶。侈口，圆唇，卷沿，沿面内凹，束颈，深弧腹，平底微凹。颈部饰弦纹，肩及上腹部饰席纹。

JTFD29M34：9，弧肩。下腹部饰方格纹。口径18.6、底径17.8、高43.3厘米（图一三〇，1；彩版一〇九，3）。

JTFD29M34：13，弧肩。下腹部饰菱形填线纹。口径21.0、底径18.2、高39.0厘米（图一三〇，2；彩版一〇九，4）。

JTFD29M34：18，弧肩。下腹部饰菱形填线纹。口径25.6、底径25.0、高51.5厘米（图一三〇，3；彩版一一〇，1）。

JTFD29M34：19，弧肩。下腹部饰菱形填线纹。口径24.8、底径25.6、高52.8厘米（图一三〇，4；彩版一一〇，2）。

JTFD29M34：25，弧肩。下腹部饰菱形填线纹。口径17.6、底径17.2、高41.8厘米（图一三〇，5；彩版一一〇，3）。

JTFD29M34：27，弧折肩。下腹部饰菱形填线纹。口径22.8、底径20.4、高40.4厘米（图一三〇，6；彩版一一〇，4）。

罐　2件。

硬陶。侈口，卷沿，沿面微凹，束颈，鼓腹，平底微凹。

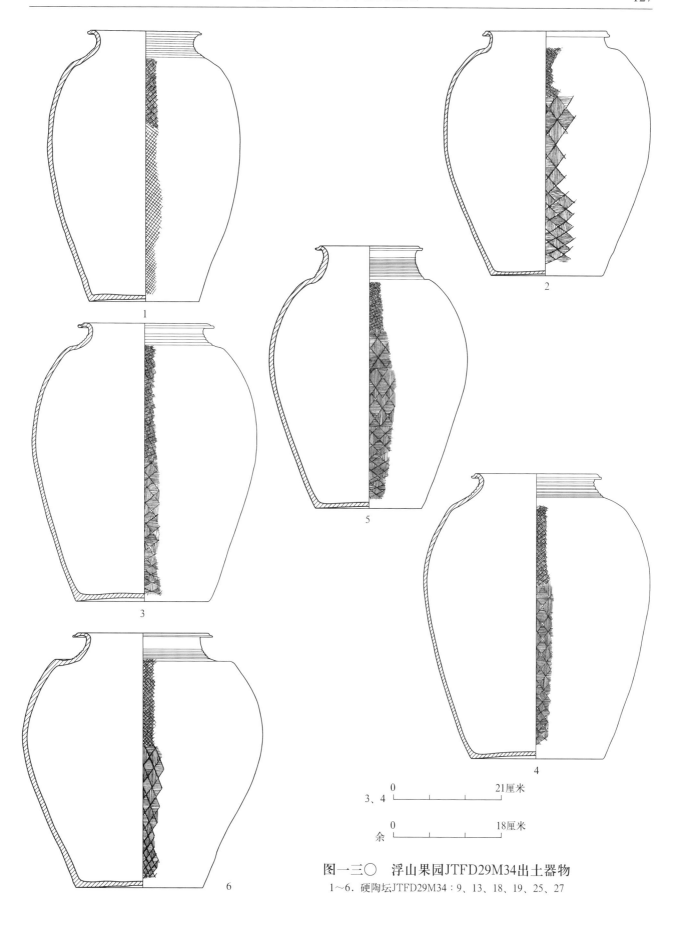

图一三〇 浮山果园JTFD29M34出土器物

1~6. 硬陶坛JTFD29M34：9、13、18、19、25、27

JTFD29M34：4，红褐色胎。尖圆唇，弧肩。颈至上腹部饰菱形填线纹，颈部纹饰抹而未平，下腹部饰方格纹。口径14.8、底径15.8、高23.7厘米（图一三一，1；彩版一○九，2）。

JTFD29M34：23，褐色胎。圆唇，弧折肩。肩及上腹部饰叶脉纹，下腹部饰席纹。口径23.7、底径20.5、高25.6厘米（图一三一，2；彩版一一一，1）。

瓿　1件。

JTFD29M34：21，硬陶，红褐色胎。侈口，尖唇，卷沿，束颈，溜肩，垂腹，平底内凹。腹部贴附一对泥条堆饰，已残。肩、腹部饰水波纹。口径11.5、底径16.0、高13.6厘米（图一三一，3；彩版一一一，2）。

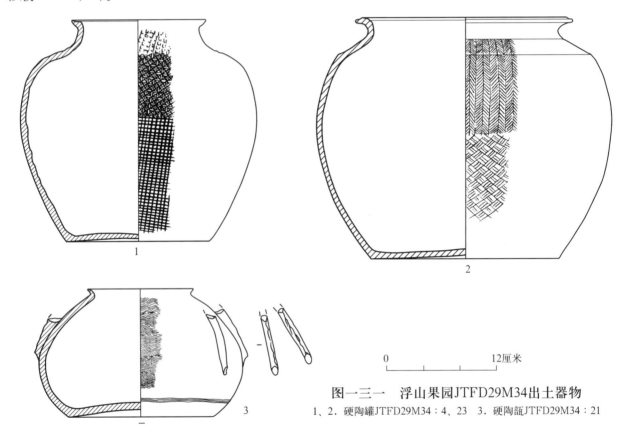

图一三一　浮山果园JTFD29M34出土器物
1、2. 硬陶罐JTFD29M34：4、23　3. 硬陶瓿JTFD29M34：21

盆　7件。

泥质黑皮陶。敞口，卷沿，沿面有一道凹槽，直颈微束，折腹，平底。

JTFD29M34：3，灰红色胎。尖圆唇。上腹部饰弦纹，外壁有刮削痕。口径21.0、底径8.8、高8.5厘米（图一三二，1；彩版一一一，4）。

JTFD29M34：6，灰色胎，黑皮大部分已脱落。圆唇。口径24.9、底径12.2、高11.3厘米（图一三二，2；彩版一一一，5）。

JTFD29M34：12，红褐色胎，黑皮部分脱落。圆唇。上腹部饰弦纹。口径27.6、底径13.4、高10.1厘米（图一三二，3；彩版一一一，3）。

JTFD29M34：15，红褐色胎，黑皮部分脱落。圆唇，底微凹。上腹部饰弦纹。口径31.2、底径13.8、高13.8厘米（图一三二，4；彩版一一一，6）。

JTFD29M34：24，红褐色胎，黑皮部分脱落。圆唇。口径23.4、底径10.0、高9.2厘米（图一三二，5；

彩版一一二，1）。

JTFD29M34：26，灰红色胎。圆唇。上腹部饰弦纹。口径27.6、底径12.0、高11.6厘米（图一三二，6）。

JTFD29M34：17，红褐色胎。圆唇。上腹部饰弦纹。口径30.7、底径15.3、高12.7厘米（图一三二，7；彩版一一二，2）。

碗　3件。

原始瓷，灰色胎。敞口，尖圆唇，折沿，弧腹，平底。内壁有螺旋纹，外底有平行的切割痕。施青绿色釉。

JTFD29M34：2，沿面有两道凹槽。口径14.0、底径7.4、高4.3厘米（图一三三，1；彩版一一二，3）。

JTFD29M34：14，沿面有一道凹槽，底微凹。内底中心附近有隆起的气泡。口径16.3、底径7.1、高5.0厘米（图一三三，2；彩版一一二，4）。

JTFD29M34：16，沿面有两道凹槽，底微凹。口径12.6、底径7.2、高3.7厘米（图一三三，3；彩版一一二，5）。

器盖　6件。

JTFD29M34：5，泥质黑皮陶，黄褐色胎，黑皮大部分已脱落。整体呈覆豆形，喇叭形捉手略残，弧顶近平，壁内弧，顶、壁间折，敞口，圆唇，卷沿，沿面有一道凹槽。口径18.4、残高6.6厘米（图一三三，4；彩版一一二，6）。

JTFD29M34：7，泥质黑皮陶，灰白色胎，黑皮部分脱落。整体呈覆豆形，喇叭形捉手，弧顶近平，壁内弧，顶、壁间折，敞口，圆唇，卷沿，沿面有一道凹槽。捉手径8.1、口径18.5、高6.5厘米（图一三三，5；彩版一一三，1）。

JTFD29M34：10，泥质黑皮陶，红褐色胎，黑皮部分脱落。整体呈覆豆形，喇叭形捉手，弧顶近平，

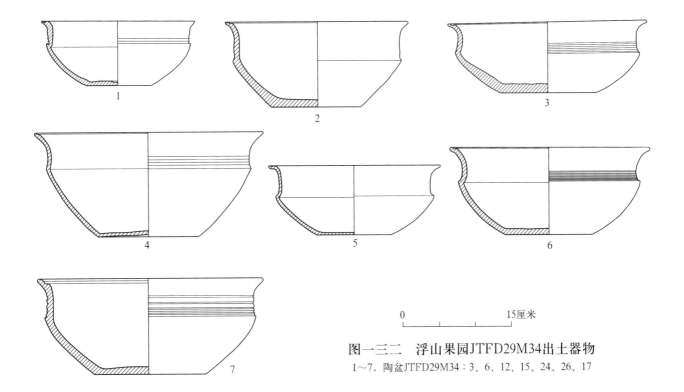

图一三二　浮山果园JTFD29M34出土器物

1～7. 陶盆JTFD29M34：3、6、12、15、24、26、17

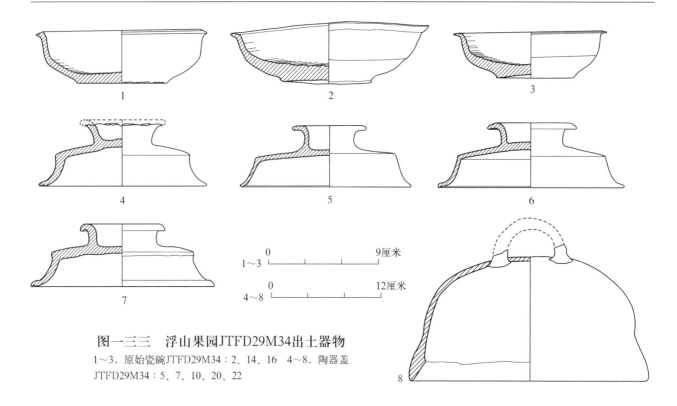

图一三三　浮山果园JTFD29M34出土器物

1~3. 原始瓷碗JTFD29M34：2、14、16　4~8. 陶器盖
JTFD29M34：5、7、10、20、22

壁内弧，顶、壁间折，敞口，圆唇，卷沿，沿面有一道凹槽。捉手径7.6、口径20.2、高6.8厘米（图
一三三，6；彩版一一三，2）。

　　JTFD29M34：20，泥质黑皮陶，灰褐色胎，黑皮大部分已脱落。整体呈覆豆形，喇叭形捉手，
弧顶近平，壁内弧，顶、壁间折，敞口，卷沿，沿面有一道凹槽，圆唇。盖口略变形，呈椭圆形。
捉手径9.4、口径20.0、高6.6厘米（图一三三，7；彩版一一三，3）。

　　JTFD29M34：22，夹砂红陶。整体呈半球形，环形提手残，敞口，尖圆唇。器形不甚规则。口
径26.0、残高14.5厘米（图一三三，8）。

　　JTFD29M34：28，夹砂红陶。整体呈半球形，环形提手，残碎严重，无法复原。口径30.0厘米。

35．JTFD29M35

　　JTFD29M35位于土墩东部，中心坐标5.60×1.10-1.90米。开口于第④a层下，打破第④b层，
上半部被JTFD29M23打破，东北角被开口于墩表的山芋窖打破（图一三四；彩版一一三，5）。为
竖穴土坑墓，墓坑开口面倾斜，西高东低，平面近长方形，方向95°。长2.30、宽1.00米，直壁，
平底，深0.20～0.30米。填土为红褐土，颗粒大，土质较硬。在墓葬西端发现人牙一枚，保存情
况较差。

　　出土夹砂红陶鼎1件，摆放于墓葬东北角，破碎较严重。

　　鼎　1件。

　　JTFD29M35：1，夹砂红陶。侈口，圆唇，折沿，弧腹，圜底，腹、底间折，锥形足。其中一足
根部及其对称位置设一对角状耳。器表有烟熏痕迹。口径20.0、高16.2厘米（图一三四，1；彩版
一一三，4）。

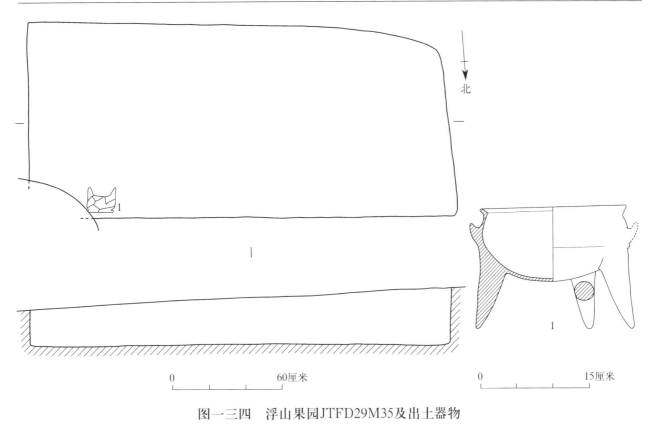

| 0 | | 60厘米 |

| 0 | | 15厘米 |

图一三四　浮山果园JTFD29M35及出土器物
1. 陶鼎JTFD29M35：1

36. JTFD29M36

JTFD29M36位于土墩的西部偏北，中心坐标－3.70×3.40－1.70米。开口于第④a下，打破第⑤层（图一三五；彩版一一四，1）。为竖穴土坑墓，墓坑南部被M25打破，仅存西北部，平面呈三角形，推测原状为长方形或梯形，方向311°。残长1.80、宽0.60米，直壁，平底，深约0.30米。填土为灰土，夹有黄土、黑土块等，土质略硬。器物集中摆放于墓葬西北角，均正置。器物皆有破碎，泥质陶器破碎尤甚。

出土器物7件。包括泥质陶器4件，硬陶器1件，原始瓷器2件。器形有瓿、盆和碗。

瓿　1件。

JTFD29M36：2，灰褐色硬陶。侈口，尖唇，卷沿，沿面内凹，束颈，弧肩，扁鼓腹，平底微凹。颈部饰弦纹，肩及上腹部饰席纹，下腹部饰菱形填线纹。口径14.0、底径18.2、高17.2厘米（图一三五，2；彩版一一四，2）。

小陶盆　3件。

泥质黑皮陶。侈口，尖圆唇，卷沿，束颈，折腹，平底微凹。内壁有浅螺旋纹。

JTFD29M36：5，灰褐色胎，烧成温度较高，黑皮大部分已脱落。沿面微凹，尖圆唇。器内底中心突起。口径12.6、底径7.0、高3.6厘米（图一三五，5；彩版一一四，3）。

JTFD29M36：6，黑皮部分脱落。口径11.8、底径6.4、高3.4厘米（图一三五，6）。

JTFD29M36：7，黑皮部分脱落。沿面微凹。口径12.4、底径5.0、高3.2厘米（图一三五，7）。

碗　2件。

JTFD29M36：4，原始瓷，灰色胎。敞口，尖唇，折沿，沿面有两道凹槽，弧腹，底内凹。内壁

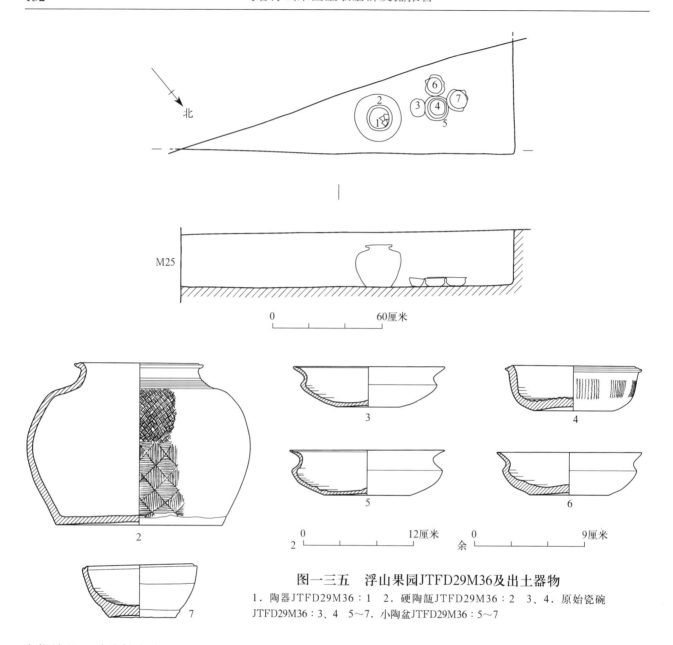

图一三五　浮山果园JTFD29M36及出土器物

1. 陶器 JTFD29M36：1　2. 硬陶瓿 JTFD29M36：2　3、4. 原始瓷碗
JTFD29M36：3、4　5～7. 小陶盆 JTFD29M36：5～7

有螺旋纹，外腹饰竖向锯齿纹，外底有线割痕。施青绿色釉，凹槽有积釉现象。口径 11.2、底径 6.4、高 3.6 厘米（图一三五，4；彩版一一四，4）。

JTFD29M36：3，原始瓷，灰黄色胎。敛口，尖圆唇，内折沿，沿面内凹，弧腹，假圈足，底微凹。内壁有螺旋纹。施黄褐色釉，部分已脱落。口径 9.4、底径 5.5、高 4.3 厘米（图一三五，3；彩版一一四，5）。

另有泥质黑皮陶器 1 件，JTFD29M36：1，仅存底部残片，平底。破碎严重，无法复原。

37. JTFD29M37

JTFD29M37 位于土墩西部偏北，中心坐标 −3.50×2.10−1.56 米。开口于第④a 层下，打破第⑤层，南部被 JTFD29M26 打破（图一三六；彩版一一五，1、2）。为竖穴土坑墓，墓坑平面近梯形，方向为 282°。东端窄、西端宽，长约 2.45、宽 0.70～1.40 米，直壁，平底，深 0.26～0.30 米。填土为

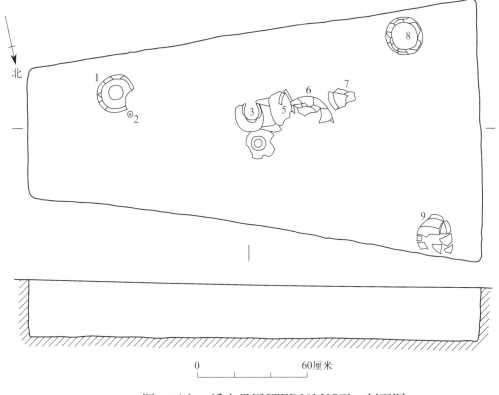

图一三六　浮山果园JTFD29M37平、剖面图

1、4、7. 陶器盖　2. 陶纺轮　3、6、8. 陶罐　5. 陶鼎　9. 陶盆

灰土，夹有黄土、黑土块等，土质略硬。随葬器物分别置于墓葬西北、西南、东南角和中部略偏西部位。器物破碎严重。

出土器物9件。包括夹砂陶器1件，泥质陶器8件；器形有鼎、罐、盆、器盖和纺轮。

鼎　1件。

JTFD29M37：5，夹砂红陶。侈口，圆唇，折沿，直腹，圜底，腹、底间折。器表有烟熏痕迹。口径21.8、高15.9厘米（图一三七，1；彩版一一六，1）。

罐　3件。

JTFD29M37：3，泥质黑皮陶。口微敛，圆唇，卷沿，沿面有一道凹槽，束颈，折肩，弧腹，平底。上腹部饰弦纹。口径11.2、底径10.0、高9.6厘米（图一三七，2；彩版一一六，2）。

JTFD29M37：6，泥质黑皮陶。敛口，圆唇，折沿，沿面有一道凹槽，折肩起棱，鼓腹，平底微凹。颈部饰弦纹，上腹部设一对竖耳。口径12.8、底径10.5、高17.2厘米（图一三七，3；彩版一一六，3）。

JTFD29M37：8，泥质黑皮陶，灰黑色胎。破碎严重，无法复原。

盆　1件。

JTFD29M37：9，泥质黑皮陶。敞口，圆唇，卷沿，沿面有一道凹槽，折腹，上腹直，下腹弧收，平底微凹。口径23.7、底径10.6、高4.9厘米（图一三七，4；彩版一一六，4）。

器盖　3件。

泥质黑皮陶。整体呈覆豆形，喇叭形捉手，弧顶，壁内弧，顶、壁间，敞口，卷沿，沿面有一道凹槽，圆唇。

JTFD29M37：1，红褐色胎。破碎严重，无法复原。

JTFD29M37：4，灰色胎。捉手径7.9、口径14.2、高7.1厘米（图一三七，5；彩版一一六，5）。

JTFD29M37：7，红褐色胎。捉手径8.4、口径15.6、高5.4厘米（图一三七，6）。

纺轮　1件。

JTFD29M37：2，泥质黑皮陶。算珠状，器表施弦纹数周。直径3.4、孔径0.4、高2.2厘米（图一三七，7；彩版一一六，6）。

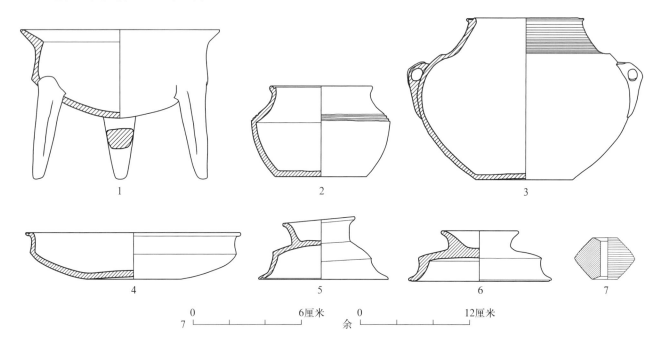

图一三七　浮山果园JTFD29M37出土器物

1. 陶鼎JTFD29M37：5　2、3. 陶罐JTFD29M37：3、6　4. 陶盆JTFD29M37：9　5、6. 陶器盖JTFD29M37：4、7　7. 陶纺轮JTFD29M37：2

38．JTFD29M38

JTFD29M38位于土墩南部偏西，北部紧邻JTFD29M20和M24，南距JTFD29M22约0.60米，中心坐标−3.65×−3.70−1.40米。开口于第④a层下，打破第④d层（图一三八；彩版一一七，1、2）。为竖穴土坑墓，墓坑平面近长方形，方向230°。长2.30、宽0.80米，直壁，平底，深0.27～0.30米。填土为浅灰土夹红褐土，土质略硬。随葬器物散布于墓葬北侧及东部，器形较大者破碎严重。

出土器物10件。包括夹砂陶器2件，泥质陶器4件，硬陶器4件；器形有鼎、坛、罐、瓿、盆、器盖和纺轮。

鼎　2件。

JTFD29M38：6，夹砂红陶。侈口，圆唇，折沿，束颈，折腹，圜底，扁锥形足。口径16.8、高13.9厘米（图一三九，1；彩版一一八，1）。

JTFD29M38：8，夹砂红陶。侈口，圆唇，折沿，束颈，折腹，圜底，扁锥形足。外腹有烟熏痕迹。口径15.6、高9.0厘米（图一三九，2；彩版一一八，2）。

坛　2件。

硬陶，腹部略残。侈口，卷沿，束颈，弧肩，深弧腹。颈部饰弦纹。

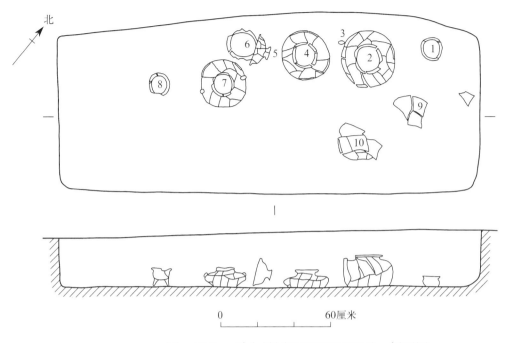

图一三八　浮山果园JTFD29M38平、剖面图

1. 小盆　2. 硬陶罐　3. 陶纺轮　4. 硬陶瓿　5. 陶器盖　6、8. 陶鼎　7. 陶罐　9、10. 硬陶坛

JTFD29M38：9，红褐色胎。尖唇，腹部残，平底微凹。肩部贴附一对辫形泥条堆饰。肩及上腹部饰水波纹，下腹部饰菱形填线纹。口径约17.5、底径约17.3厘米（图一三九，3）。

JTFD29M38：10，褐色胎。方圆唇，平底略有凹凸。肩、腹部饰回纹与套菱形纹的组合纹饰。内壁可见指窝痕，内腹近底处及底有气泡状突起。底径20.5厘米（图一三九，4）。

罐　2件。

侈口，卷沿，束颈，鼓腹。颈部饰弦纹。

JTFD29M38：2，红褐色硬陶。圆唇，沿面内凹，弧肩，平底。肩部设3只泥条形耳。肩及上腹部饰波浪纹，下腹部饰方格纹。口径16.8、底径16.8、高22.4厘米（图一四〇，1；彩版一一八，3）。

JTFD29M38：7，泥质黑皮陶，灰黑色胎，黑皮已部分脱落。口部残，溜肩，平底微凹。上腹部设一对竖耳。肩及上腹部饰菱形填线纹，下腹部饰叶脉纹。底径11.8、残高14.8厘米（图一四〇，3；彩版一一八，4）。

瓿　1件。

JTFD29M38：4，褐色硬陶。侈口，方圆唇，唇面内凹，卷沿，束颈，弧肩，扁鼓腹，平底内凹。上腹设一对竖耳。颈部饰弦纹，肩部饰菱形填线纹，腹部饰方格纹。口径14.4、底径14.2、高13.4厘米（图一四〇，2；彩版一一八，5）。

盆　1件。

JTFD29M38：1，泥质黑皮陶，灰黑色胎，黑皮大部分已脱落。侈口，圆唇，卷沿，沿面微凹，束颈，折腹，平底。口径11.1、底径7.4、高3.8厘米（图一四〇，4；彩版一一八，6）。

器盖　1件。

JTFD29M38：5，泥质黑皮陶。整体呈覆豆形，喇叭形捉手，弧顶，壁内弧，顶、壁间折，敞口，圆唇，卷沿，沿面有一道凹槽。捉手径9.2、口径17.2、高7.6厘米（图一四〇，5）。

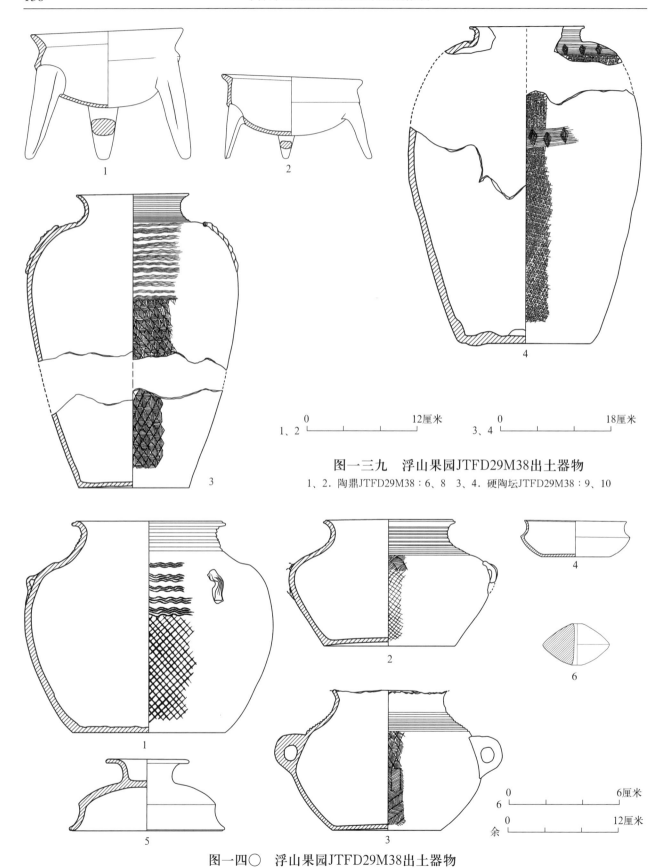

图一三九　浮山果园JTFD29M38出土器物
1、2. 陶鼎JTFD29M38：6、8　3、4. 硬陶坛JTFD29M38：9、10

图一四○　浮山果园JTFD29M38出土器物
1. 硬陶罐JTFD29M38：2　2. 硬陶瓿JTFD29M38：4　3. 陶罐JTFD29M38：7　4. 陶盆JTFD29M38：1　5. 陶器盖
JTFD29M38：5　6. 陶纺轮JTFD29M38：3

纺轮　1件。

JTFD29M38：3，泥质红褐陶。算珠状，中有圆形穿孔。腹径 3.6、孔径 0.5、高 2.2 厘米（图一四〇，6）。

39．JTFD29M39

JTFD29M39 位于土墩南部略偏西，中心坐标 −2.00×−3.50−1.50 米。开口于第⑤层下，打破第⑥b 层，北侧上半部被 M34 打破（图一四一；彩版一一九，1、2）。为竖穴土坑墓，墓坑平面近长方形，方向约 184°。长约 3.80、宽约 1.10 米，直壁，平底，深约 0.40 米。填土为灰黄土，夹红褐土、黑土，土质较硬。在墓葬北端发现有人下颌牙齿数枚（彩版一一九，3），保存情况一般，另外在原始瓷豆 JTFD29M39：17 内发现少量残存的骨骼碎渣。随葬器物成 "U" 形集中摆放于墓葬南部，器形较大器物置于南端。器形较大器物破碎严重，泥质陶器破碎尤甚。

出土器物 19 件。包括夹砂陶器 1 件，泥质陶器 9 件，硬陶器 3 件，原始瓷器 4 件，石器 1 件，蚌壳 1 件。器形有鼎、坛、罐、瓿、盆、豆、器盖、纺轮、箭镞和蚌壳。

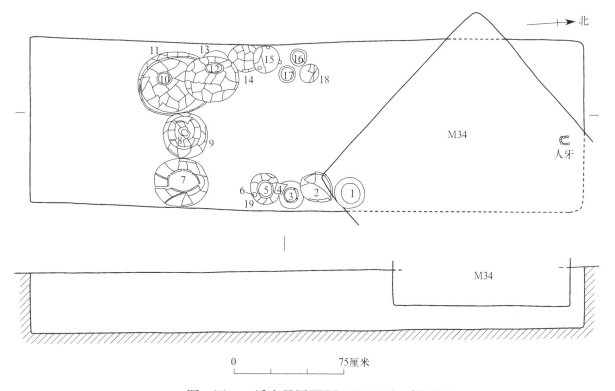

图一四一　浮山果园JTFD29M39平、剖面图

1、16～18．原始瓷豆　2．陶盆　3．硬陶瓿　4．蚌壳　5．陶瓿　6．陶纺轮　7、9．陶坛　8、13．陶器盖　10～12、14．陶罐　15．陶鼎　19．石镞

鼎　1件。

JTFD29M39：15，夹砂红陶。敞口，圆唇，沿下微束，弧腹，圆底，锥形足。一足根部有一角状耳。口径 15.8、高 8.6 厘米（图一四二，1；彩版一二〇，1）。

坛　2件。

红褐色硬陶。侈口，尖圆唇，卷沿，沿面微凹，直颈，弧肩，深弧腹，平底。颈部饰弦纹，肩、

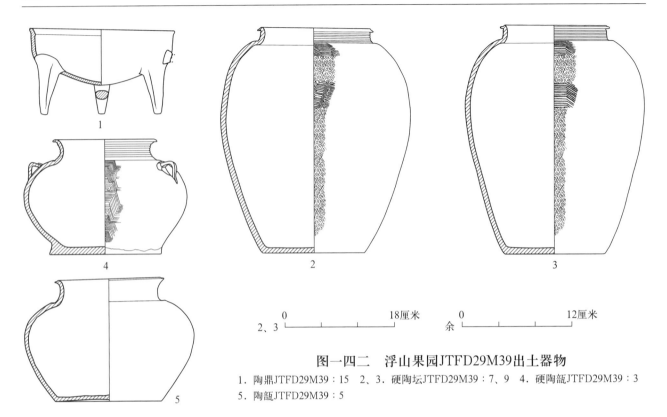

图一四二　浮山果园JTFD29M39出土器物

1. 陶鼎JTFD29M39：15　2、3. 硬陶坛JTFD29M39：7、9　4. 硬陶瓿JTFD29M39：3
5. 陶瓿JTFD29M39：5

腹部饰折线纹与回纹的组合纹饰。

JTFD29M39：7，口径19.0、底径16.8、高35.8厘米（图一四二，2；彩版一二〇，4）。

JTFD29M39：9，口径17.8、底径16.0、高36.4厘米（图一四二，3；彩版一二〇，5）。

罐　4件。

JTFD29M39：10，泥质黑皮陶，红褐色胎。侈口，口沿残，弧肩残，弧腹残，平底。颈部饰弦纹，肩、腹部饰席纹。残破严重，无法复原。

JTFD29M39：11，泥质黑皮陶，红褐色胎。侈口，口沿残，弧肩残，弧腹残，底残。颈部饰弦纹，肩、腹部饰席纹。残破严重，无法复原。

JTFD29M39：12，泥质黑皮陶，红褐色胎。仅存破碎肩、腹片。破碎严重。

JTFD29M39：14，泥质黑皮陶，红褐色胎。有一对桥形耳。破碎严重。

瓿　2件。

侈口，卷沿，束颈，弧肩，扁鼓腹，平底。

JTFD29M39：3，灰褐色硬陶。圆唇，颈部饰弦纹，肩、腹部饰折线纹。口径11.4、底径12.2、高12.2厘米（图一四二，4；彩版一二〇，2）。

JTFD29M39：5，泥质黑皮陶，灰褐色胎。沿面微凹，尖唇，底略凹。肩部有一对残耳痕迹。口径11.8、底径11.5、高13.1厘米（图一四二，5；彩版一二〇，3）。

豆　4件。

原始瓷，灰色胎。敞口，圆唇，折腹，圈足。内壁折腹处饰弦纹。施青绿色釉，大部分已脱落。

JTFD29M39：1，外壁有刮削痕，内底有指窝痕。口径19.0、底径7.0、高9.6厘米（图一四三，1；彩版一二一，1）。

JTFD29M39：16，口径 13.2、底径 5.1、高 5.6 厘米（图一四三，2；彩版一二一，2）。

JTFD29M39：17，器表有轮制留下的浅细旋痕，器形不规整。口径 13.3、底径 6.2、高 6.2 厘米（图一四三，3；彩版一二一，3）。

JTFD29M39：18，器形不规整。口径 13.1、底径 5.7、高 6.1 厘米（图一四三，4；彩版一二一，4）。

盆　1 件。

JTFD29M39：2，泥质黑皮陶，灰色胎。口沿残缺，折腹，平底内凹。上腹部饰弦纹。底径 7.6、残高 4.9 厘米（图一四三，5；彩版一二一，5）。

器盖　2 件。

泥质黑皮陶。整体呈覆豆形，喇叭形捉手，弧顶，壁内弧，顶、壁间折，敞口，圆唇，卷沿。

JTFD29M39：8，灰色胎。沿面有一道凹槽。捉手径 8.1、口径 17.6、高 7.6 厘米（图一四三，6；彩版一二二，1）。

JTFD29M39：13，红褐色胎。捉手径 10.0、口径 17.4、高 7.9 厘米（图一四三，7）。

纺轮　1 件。

JTFD29M39：6，泥质黑皮陶，红褐色胎。算珠状，中有圆形穿孔。器表有若干道弦纹。腹径 3.6、高 2.5 厘米（图一四三，8；彩版一二一，6）。

石镞　1 件。

JTFD29M39：19，灰黑色石质，磨制。扁平，尖部圆钝，截面菱形，铤部残。长 5.15、宽 2.45、

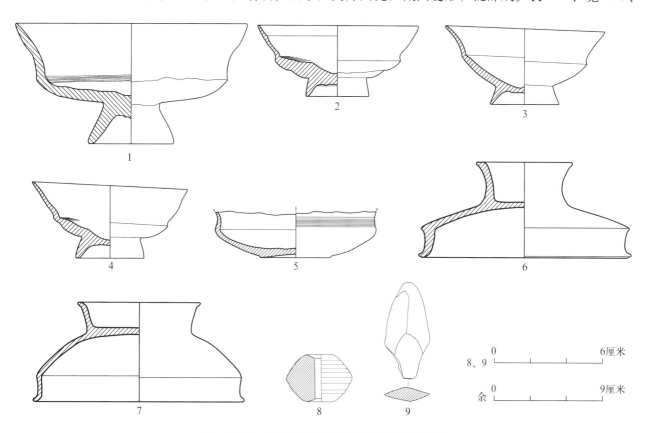

图一四三　浮山果园JTFD29M39出土器物

1～4. 原始瓷豆 JTFD29M39：1、16～18　5. 陶盆 JTFD29M39：2　6、7. 陶器盖 JTFD29M39：8、13　8. 陶纺轮 JTFD29M39：6　9. 石镞 JTFD29M39：19

厚 0.75 厘米（图一四三，9；彩版一二二，2）。

蚌壳　1件。

JTFD29M39：4，破碎严重，白色。

40．JTFD29M40

JTFD29M40 位于土墩西部，中心坐标 −4.25×1.25−1.60 米。开口于第④a层下，打破第⑤层，上部被 JTFD29M26 打破，北部被 JTFD29M37 打破，另西北角还被蚁窝局部扰乱（图一四四；彩版一二二，3）。为竖穴土坑墓，残存部分平面近长方形，方向约 275°。长约 2.10、残宽 0.50 米，直壁，底斜，西高东低，残深 0.22 ～ 0.30 米。填土为灰土，夹有黄土、黑土块等，土质略硬。在墓葬东端发现有人下颌牙齿数枚，保存情况一般。随葬器物置于墓葬南部，靠南壁，泥质陶器盖扣于硬陶瓿口部。器物破碎严重。

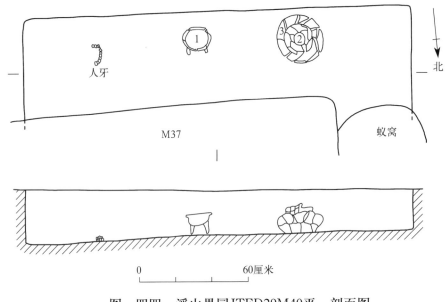

图一四四　浮山果园JTFD29M40平、剖面图
1．陶鼎　2．陶器盖　3．硬陶瓿

出土夹砂陶鼎、泥质陶器盖、硬陶瓿各 1 件。

鼎　1件。

JTFD29M40：1，夹砂红陶。侈口，圆唇，卷沿，腹、底残，无法复原，锥形足。口径 16.2 厘米（图一四五，1）。

瓿　1件。

JTFD29M40：3，红褐色硬陶。侈口，圆唇，卷沿，沿面微凹，溜肩，扁鼓腹，平底。上腹设一对竖耳。颈部饰凹弦纹，肩、腹部饰回纹。口径 14.0、底径 12.5、高 15.2 厘米（图一四五，2；彩版一二二，4）。

器盖　1件。

JTFD29M40：2，泥质黑皮陶，红褐色胎。整体呈覆豆形，喇叭形捉手，弧顶略残，壁内弧，顶、壁间折，敞口，圆唇，卷沿。捉手径 8.0、口径 18.8 厘米（图一四五，3）。

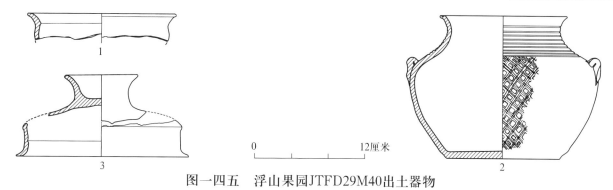

图一四五　浮山果园JTFD29M40出土器物

1. 陶鼎JTFD29M40：1　2. 硬陶瓿JTFD29M40：3　3. 陶器盖JTFD29M40：2

41．JTFD29M41

JTFD29M41位于土墩北部偏东，中心坐标3.30×4.10－1.80米。为平地起封的墓葬，随葬器物置于第⑥a层层面上，其上有单独封土，封土被第⑤层叠压（图一四六；彩版一二三、一二四）。封土平面呈梯形，方向21°。顶部较平，横截面呈梯形，纵截面两端弧圆，长3.30、宽1.45、高0.73米。封土为灰褐色花土，夹灰黄土和灰土块及褐斑，土质略硬。墓南西部有人牙数枚，保存情况较差。

随葬器物略呈"L"形集中摆放于墓葬东侧及北侧，泥质陶器盖和盆扣于坛、罐、瓿和鼎等器物口部，

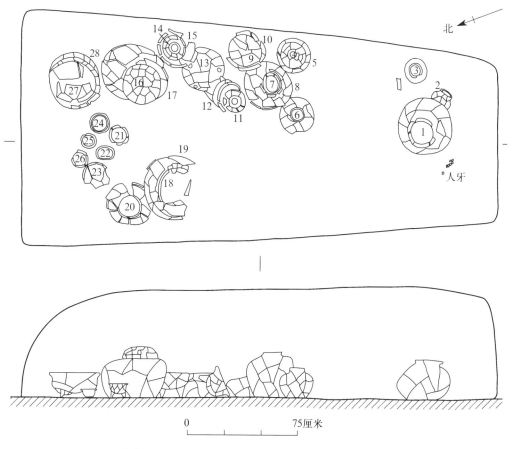

图一四六　浮山果园JTFD29M41平、剖面图

1、2、6、8、20、28. 陶罐　3. 硬陶盉　4、7、11、14、16、26. 陶器盖　5. 硬陶瓿　9、10、18、23、24. 陶盆　12、13、15、21、
27. 陶鼎　17、19. 硬陶坛　22. 原始瓷豆　25. 原始瓷盉

盆应作器盖之用。器形较大器物破碎严重，泥质陶器和夹砂陶器破碎尤甚。

出土器物 28 件。包括夹砂陶器 6 件，泥质陶器 16 件，硬陶器 4 件，原始瓷器 2 件；器形有鼎、坛、罐、瓿、豆、盆、碗、盂和器盖。

鼎　5 件。

JTFD29M41：12，夹砂红陶。侈口，圆唇，折沿，束颈，折腹，圜底，扁锥形足。器形不甚规整，器表有烟熏痕。口径 20.7、高 16.4 厘米（图一四七，1；彩版一二五，1）。

JTFD29M41：13，夹砂红陶。敛口，圆唇，弧腹，圜底，锥形足。器表有烟熏痕。口径 22.6、高 21.0 厘米（图一四七，2；彩版一二五，2）。

JTFD29M41：15，夹砂红陶。侈口，圆唇，卷沿，束颈，弧腹，圜底，扁锥形足。一足根部及其对称位置设一对角状耳。器形不甚规整。口径 23.0、高 23.2 厘米（图一四七，3；彩版一二五，3）。

JTFD29M41：21，夹砂红陶。侈口，圆唇，折沿，束颈，折腹，锥形足，尖部残。口径 12.0 厘米（图一四七，4；彩版一二五，4）。

JTFD29M41：27，夹砂陶，红褐色胎。残碎严重，无法复原。

坛　2 件。

红褐色硬陶。侈口，尖圆唇，卷沿，束颈，弧肩，深弧腹，平底。颈部饰弦纹，肩、腹部饰折线纹与回纹的组合纹饰。

JTFD29M41：17，沿面微凹，斜方唇。口径 21.0、底径 20.2、高 44.2 厘米（图一四八，1；彩版一二六，1）。

JTFD29M41：19，方圆唇。口径 23.2、底径 21.6、高 47.2 厘米（图一四八，2；彩版一二六，2）。

罐　6 件。

JTFD29M41：1，泥质陶，黄褐色胎。侈口，尖唇，卷沿，沿面内凹，束颈，弧肩，鼓腹，平底微凹。

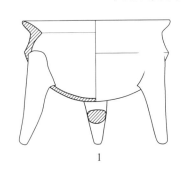

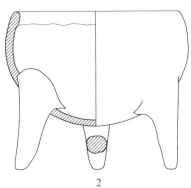

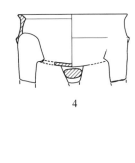

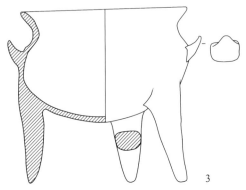

图一四七　浮山果园 JTFD29M41 出土器物

1～4. 陶鼎 JTFD29M41：12、13、15、21

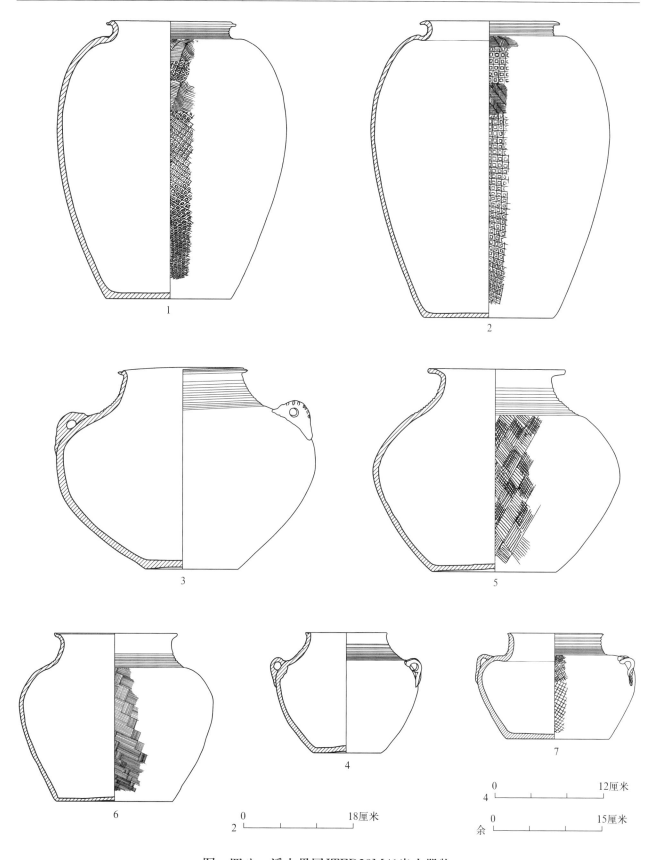

图一四八　浮山果园JTFD29M41出土器物

1、2. 硬陶坛JTFD29M41：17、19　3～6. 陶罐JTFD29M41：1、2、8、20　7. 硬陶瓿JTFD29M41：5

肩部设一对竖耳，耳上有指甲按痕。颈部饰弦纹。口径 17.7、底径 12.7、高 26.7 厘米（图一四八，3；彩版一二五，5）。

JTFD29M41：2，泥质黑皮陶。直口，方圆唇，唇面内凹，弧肩，鼓腹，平底微凹。肩部设一对竖耳。颈部饰弦纹。口径 8.8、底径 7.4、高 12.8 厘米（图一四八，4；彩版一二五，6）。

JTFD29M41：6，泥质黑皮陶，黄褐色胎。破碎严重，无法复原。

JTFD29M41：8，泥质红褐色胎。侈口，圆唇，卷沿，束颈，弧肩，鼓腹，平底微凹。颈部饰弦纹，腹部饰席纹，拍印多有交错。口径 19.0、底径 17.0、高 26.8 厘米（图一四八，5；彩版一二六，3）。

JTFD29M41：20，泥质陶，黄褐色胎。侈口，圆唇，卷沿，沿面微凹，弧肩，鼓腹，平底微凹。颈部饰弦纹，腹部饰席纹。口径 16.8、底径 15.8、高 22.3 厘米（图一四八，6；彩版一二六，4）。

JTFD29M41：28，泥质红褐色胎。破碎严重，无法复原。侈口，方圆唇，卷沿。颈部饰弦纹，腹部饰席纹。

瓿　1 件。

JTFD29M41：5，褐色硬陶。侈口，斜方唇，束颈，平弧肩，扁鼓腹，平底。肩部设一对竖耳。颈部饰弦纹，肩及上腹部饰席纹，下腹部饰方格纹。口径 13.4、底径 14.2、高 14.1 厘米（图一四八，7；彩版一二六，5）。

豆　1 件。

JTFD29M41：22，原始瓷，灰褐色胎。敞口，尖唇，折沿，沿面有三道浅凹槽，折腹，圈足。上腹内壁折腹处饰弦纹，器身严重扭曲变形。施黄绿色釉，脱落殆尽。口径 9.8～13.1、足径 4.6～5.2、高 5.6～7.2 厘米（图一四九，1；彩版一二七，1）。

盆　5 件。

泥质黑皮陶。圆唇，卷沿，沿面有一道凹槽，束颈，折腹，平底。上腹部饰弦纹。

JTFD29M41：9，灰色胎。敞口，卷沿。口径 23.6、底径 10.0、高 6.1 厘米（图一四九，2；彩版一二七，2）。

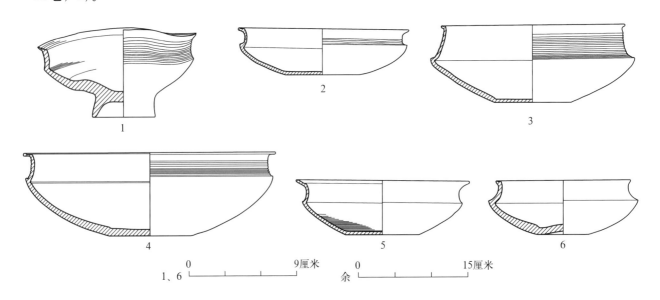

图一四九　浮山果园 JTFD29M41 出土器物
1. 原始瓷豆 JTFD29M41：22　2～6. 陶盆 JTFD29M41：9、10、18、23、24

JTFD29M41：10，灰色胎。敛口，窄卷沿。口径25.0、底径10.5、高10.2厘米（图一四九，3；彩版一二七，3）。

JTFD29M41：18，红褐色胎，中间呈灰黑色。口近直，卷沿。口径35.0、底径11.4、高11.9厘米（图一四九，4；彩版一二七，4）。

JTFD29M41：23，黄褐色胎，黑皮大部分脱落。侈口，折沿。内壁及底有密集的螺旋凹槽。口径14.0、底径6.0、高4.3厘米（图一四九，5）。

JTFD29M41：24，灰色胎，黑皮部分脱落。侈口，窄卷沿，底内凹。口径11.0、底径4.0、高4.3厘米（图一四九，6；彩版一二七，5）。

盂　2件。

JTFD29M41：3，紫红色硬陶，器表酱色陶衣。侈口，圆唇，卷沿，沿面微凹，束颈，弧肩，鼓腹，假圈足，平底。腹部贴附一对羊角形堆饰。颈部饰弦纹，腹部饰两组水波纹。外底有平行的切割痕。口径10.3、底径6.4、高8.2厘米（图一五〇，1；彩版一二八，1）。

JTFD29M41：25，原始瓷，灰白色胎。侈口，圆唇，卷沿，鼓腹，平底内凹，内底中心突起。内壁有螺旋形凹槽。施青釉，厚薄不均，凹槽有积釉现象。口径10.2、底径7.1、高4.6厘米（图一五〇，2；彩版一二八，2）。

器盖　6件。

JTFD29M41：4，泥质黑皮陶，黄褐色胎。整体呈覆豆形，喇叭形捉手，弧顶近平，直壁，顶、壁间折，敞口，圆唇，卷沿，沿面有一道凹槽。捉手径9.2、口径18.4、高8.2厘米（图一五〇，3；彩版一二八，3）。

JTFD29M41：7，泥质黑皮陶，黄褐色胎。整体呈覆豆形，喇叭形捉手，弧顶，壁内弧，顶、壁间折，敞口，圆唇，卷沿，沿面有一道凹槽。捉手径7.1、口径15.1、高6.8厘米（图一五〇，4；彩

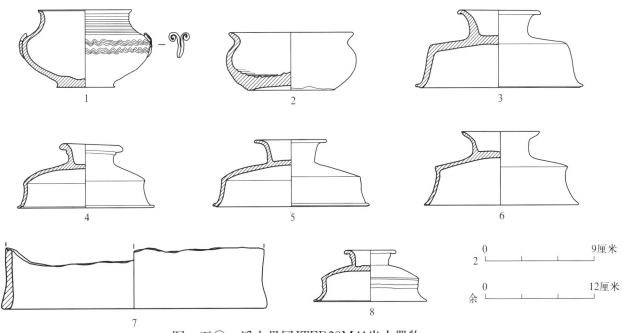

图一五〇　浮山果园JTFD29M41出土器物

1. 硬陶盂JTFD29M41：3　2. 原始瓷盂JTFD29M41：25　3～8. 陶器盖JTFD29M41：4、7、11、14、16、26

版一二八，4）。

JTFD29M41：11，泥质黑皮陶，灰色胎。整体呈覆豆形，喇叭形捉手，弧顶，直壁略内弧，顶、壁间折，敞口，圆唇，卷沿，沿面有一道凹槽。捉手径7.8、口径17.2、高7.0厘米（图一五〇，5；彩版一二八，5）。

JTFD29M41：14，泥质黑皮陶，黄褐色胎。整体呈覆豆形，喇叭形捉手，弧顶，壁内弧，顶、壁间折，敞口，圆唇，卷沿，沿面有一道凹槽。捉手径8.6、口径17.0、高7.8厘米（图一五〇，6）。

JTFD29M41：16，夹砂红陶。顶、壁残，仅存口沿部分，敞口，圆唇。口径29.0厘米（图一五〇，7）。

JTFD29M41：26，泥质黑皮陶，黄褐色胎。整体呈覆豆形，喇叭形捉手，弧顶，壁内弧，顶、壁间折，侈口，圆唇，卷沿，沿面有一道凹槽。捉手径5.75、口径12.1、高5.4厘米（图一五〇，8；彩版一二八，6）。

42．JTFD29M42

JTFD29M42位于土墩中部略偏东，中心坐标3.50×1.60—1.50米。墓坑开口于第④b层下，打破第⑤层，东半部被JTFD29M23打破（图一五一；彩版一二九，1、2）。为竖穴土坑墓，墓坑残存部分平面呈长方形，方向110°。残长1.20、宽0.90米，直壁，平底，深0.35米。坑内填灰褐色花土，夹灰黄土、褐土和灰土粒，土质略松。墓上有独立封土，叠压于墓坑及第⑤层层面上，被第④b层叠压；封土平面呈长方形，顶面弧形，残长1.25、宽0.98、高约0.4米；封土特征与墓坑内填土一致。随葬器物置于墓坑底面的两侧，器盖扣于硬陶罐、瓿口部，器物破碎严重（彩版一三〇，1）。

出土器物5件。包括夹砂陶器2件，泥质陶器1件，硬陶器2件；器形有鼎、罐、瓿和器盖。

鼎　1件。

JTFD29M42：5，夹砂红陶。侈口，圆唇，折沿，弧腹，圜底近平，扁锥形足。器表有烟熏痕迹。口径22.0、高17.2厘米（图一五二，1；彩版一三〇，2）。

罐　1件。

JTFD29M42：4，灰褐色硬陶。敛口，斜方唇，唇面内凹，折肩，弧腹，上腹较直，平底。腹部

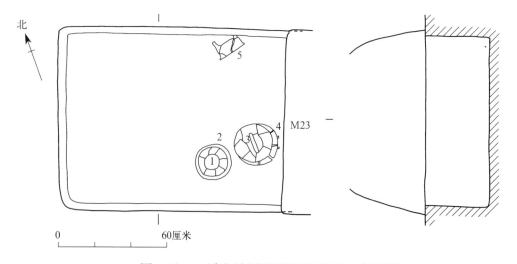

图一五一　浮山果园JTFD29M42平、剖面图
1、3．陶器盖　2．陶瓿　4．陶罐　5．陶鼎

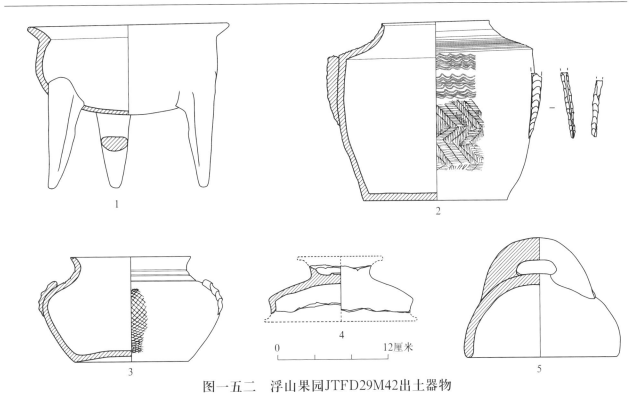

图一五二 浮山果园JTFD29M42出土器物

1. 陶鼎JTFD29M42：5 2. 硬陶罐JTFD29M42：4 3. 硬陶瓿JTFD29M42：2 4、5. 陶器盖JTFD29M42：1、3

贴附一对倒"U"形泥条堆饰，肩部饰弦纹，上腹部饰水波纹，下腹部饰叶脉纹。口径11.8、底径16.0、高19.1厘米（图一五二，2；彩版一三〇，3）。

瓿 1件。

JTFD29M42：2，红褐色硬陶。侈口，方唇，唇面内凹，尖唇，束颈，弧肩，扁鼓腹，平底内凹。肩部贴附一对瓣形堆饰。颈部饰弦纹，肩、腹部饰方格纹。口径13.0、底径12.4、高11.1厘米（图一五二，3；彩版一三〇，4）。

器盖 2件。

JTFD29M42：1，泥质黑皮陶，红褐色胎。整体呈覆豆形，喇叭形捉手残，弧顶，壁内弧，顶、壁间折，口沿残。残高5.0厘米（图一五二，4）。

JTFD29M42：3，夹砂红陶。整体呈半球形，环形提手，敞口，圆唇。口径16.6～17.6、高12.7厘米（图一五二，5；彩版一三〇，5）。

43．JTFD29M43

JTFD29M43位于土墩中部略偏西，中心坐标 −4.30×0−1.75米。开口于第④d层下，打破第⑤层，北侧被JTFD29M26打破，东侧被JTFD29M44打破（图一五三；彩版一三一，1～3）。为竖穴土坑墓，墓坑开口面倾斜，东高西低，平面近梯形，方向270°。东端窄，西端宽，长3.00、宽0.80～1.00米，直壁，平底，深0.45～0.70米。填土为黄土，夹红褐土，土质略硬。在墓葬东端发现有残存的头骨、牙齿及一段上肢骨，保存情况较差。随葬器物靠南、北壁成排摆放于墓葬西部，器形较大者靠西端，泥质陶器盖扣于夹砂陶鼎和泥质陶罐等器物口部。器形较大的器物破碎严重，泥质陶器和夹砂陶器破碎尤甚。

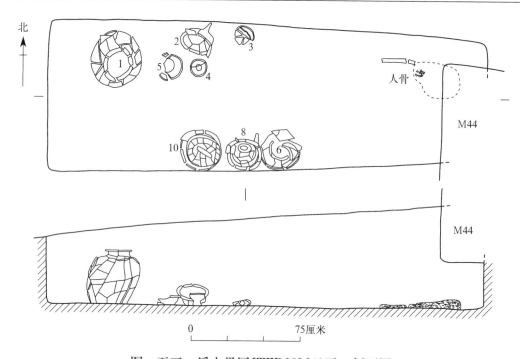

图一五三　浮山果园JTFD29M43平、剖面图
1. 陶坛　2、8. 陶鼎　3、6、10. 陶罐　4. 陶豆　5. 硬陶碗　7、9. 陶器盖

出土器物 10 件。包括夹砂陶器 3 件，泥质陶器 4 件，硬陶器 3 件；器形有鼎、坛、罐、钵、豆、碗和器盖。

鼎　2 件。

夹砂红陶。侈口，圆唇，折沿，弧腹，圜底近平，扁锥形足。

JTFD29M43：2，口径 17、高 11.8 厘米（图一五四，1；彩版一三二，1）。

JTFD29M43：8，器表有烟熏痕迹。口径 20.8、高 14.4 厘米（图一五四，2；彩版一三二，2）。

坛　1 件。

JTFD29M43：1，红褐色硬陶。侈口，尖唇，卷沿，束颈，弧肩，深弧腹，平底微凹。颈部饰弦纹，肩及上腹部饰席纹，下腹部饰方格纹。器表多气泡。口径 20.4、底径 20.3、高 44.1 厘米（图一五四，3；彩版一三二，3）。

罐　3 件。

JTFD29M43：3，泥质黑皮陶，灰色胎。直口微敛，方圆唇，唇面内凹，折肩，弧腹，平底。口径 11.6、底径 8.6、高 8.0 厘米（图一五四，4；彩版一三二，4）。

JTFD29M43：6，泥质黑皮陶，灰色胎。侈口，圆唇，卷沿，沿面内凹，束颈，弧肩，鼓腹，平底。颈部饰弦纹。口径 16.8、底径 15.2、高 18.0 厘米（图一五四，5；彩版一三二，5）。

JTFD29M43：10，红褐色硬陶。侈口，圆唇，卷沿，沿面内凹，束颈，弧肩，鼓腹，平底内凹。颈部饰弦纹，肩部贴附一对辫形堆饰。肩及上腹部饰叶脉纹，下腹部饰方格纹。口径 15.0、底径 16.8、高 21.7 厘米（图一五四，6；彩版一三三，1）。

豆　1 件。

JTFD29M43：4，泥质黑皮陶，灰褐色胎，黑皮脱落严重。侈口，圆唇，卷沿，束颈，折腹，喇叭形圈足。口径 11.4、底径 6.6、高 6.0 厘米（图一五五，1；彩版一三三，2）。

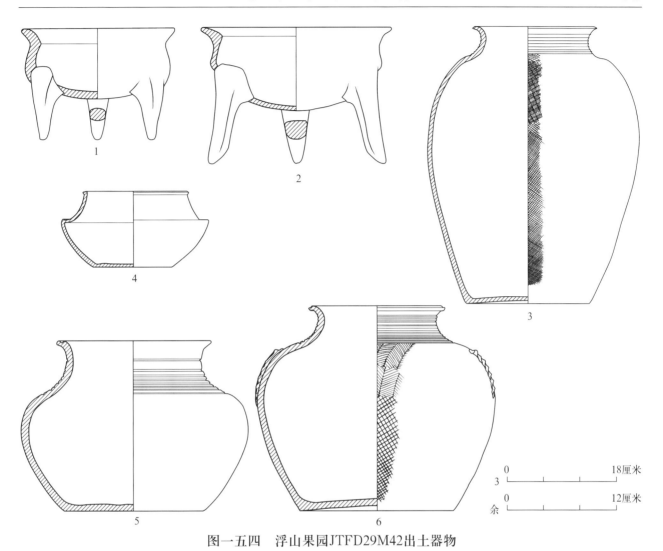

图一五四　浮山果园JTFD29M42出土器物

1、2. 陶鼎JTFD29M43：2、8　3. 硬陶坛JTFD29M43：1　4～6. 陶罐JTFD29M43：3、6、10

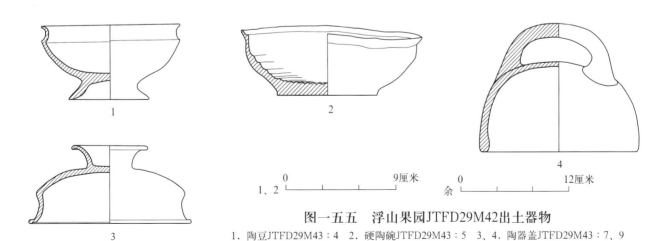

图一五五　浮山果园JTFD29M42出土器物

1. 陶豆JTFD29M43：4　2. 硬陶碗JTFD29M43：5　3、4. 陶器盖JTFD29M43：7、9

碗　1件。

JTFD29M43：5，灰褐色硬陶。侈口，折沿，沿面下凹，弧腹，平底。内壁有螺旋凹槽，器身略有变形。口径14.8、底径8.2、高4.9厘米（图一五五，2；彩版一三三，3）。

器盖　2件。

JTFD29M43：7，泥质黑皮陶，灰色胎。整体呈覆豆形，喇叭形捉手，弧顶，壁内弧，顶、壁间折，敞口，圆唇，卷沿，沿面微凹。捉手径8.4、口径17.6、高8.2厘米（图一五五，3；彩版一三三，4）。

JTFD29M43：9，夹砂红陶。整体呈半球形，环形提手，敞口，圆唇。口径17.6、高13.6厘米（图一五五，4；彩版一三三，5）。

44．JTFD29M44

JTFD29M44位于土墩中部略偏西，中心坐标 −1.50×−0.25−0.80米。开口于第④a层下，打破第⑤层（图一五六；彩版一三四，1、2）。为竖穴土坑墓，墓坑开口面倾斜，东高西低，平面呈梯形，方向274°。东端窄、西端宽，长3.20、宽0.70～1.40米，直壁，平底，深0.50～1.25米。填土为黄灰土，局部有黄褐土，土质较疏松。随葬器物呈"L"形排列于墓坑南侧和西侧，摆放整齐、密集，多有叠置，器形较大器物靠西端。泥质陶器盖和盆扣于鼎、坛、罐、瓿等器物口部，盆做器盖用。器形较大的器物破碎严重，夹砂陶器和泥质陶器破碎尤甚。

出土器物38件。包括夹砂陶器7件，泥质陶器13件，硬陶器9件，原始瓷器8件，石器1件；器形有鼎、坛、罐、瓿、盆、盘、碗、器盖、纺轮和玉玦。

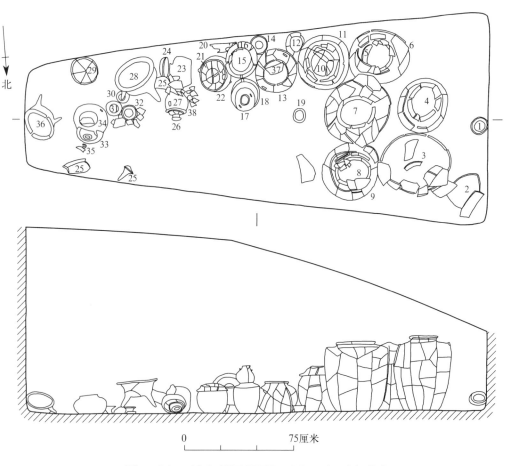

图一五六　浮山果园JTFD29M44平、剖面图

1、19、30～32．原始瓷碗　2、5、8、12、15、20、26、33、37．陶器盖　3、4、6、7、9．硬陶坛　10、21、24．陶盆　11、18．硬陶罐　13、17、22、27．陶罐　14．陶碗　16、25、28、36．陶鼎　20．陶豆　23、34．陶瓿　24．陶盆　35．玉玦　38．陶纺轮

鼎　4件。

JTFD29M44：16，夹砂红陶。侈口，圆唇，折沿，弧腹略直，圜底近平，腹、底间折，扁锥形足。器表有烟熏痕迹。口径22.4、高19.7厘米（图一五七，1；彩版一三五，1）。

JTFD29M44：25，夹砂红陶。侈口，圆唇，折沿，弧腹，底、足残。器表有烟炱痕。口径28.4厘米（图一五七，2）。

JTFD29M44：28，夹砂红陶。侈口，圆唇，折沿，弧腹略直，圜底，凿形足，足尖略外撇。口径24.0、高17.0厘米（图一五七，3；彩版一三五，2）。

JTFD29M44：36，侈口，圆唇，折沿，直腹，圜底，腹、底间折，凿形足。口径18.0、高14.8厘米（图一五七，4；彩版一三五，3）。

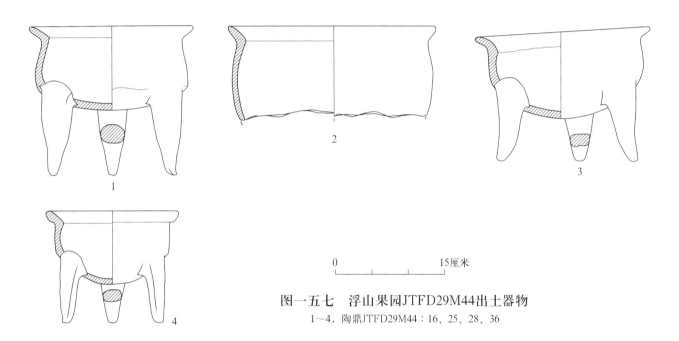

图一五七　浮山果园JTFD29M44出土器物
1～4. 陶鼎JTFD29M44：16、25、28、36

坛　5件。

硬陶。侈口，圆唇，卷沿，沿面微凹，束颈，深弧腹，平底微凹。颈部饰弦纹，肩及上腹部饰席纹，下腹部饰菱形填线纹。内壁可见盘筑及指窝痕。

JTFD29M44：3，红褐色胎。弧折肩。器形不甚规整。口径24.8、底径26.0、高50.0厘米（图一五八，1；彩版一三五，4）。

JTFD29M44：4，红褐色胎。弧折肩。口径22.4、底径24.0、高50.4厘米（图一五八，2；彩版一三五，5）。

JTFD29M44：6，灰褐色胎。弧肩。口径19.1、底径23.2、高40.2厘米（图一五八，3；彩版一三六，1）。

JTFD29M44：7，红褐色胎。弧折肩。口径26.8、底径23.4、高50.5厘米（图一五八，4；彩版一三六，2）。

JTFD29M44：9，红褐色胎。弧折肩。口径24.0、底径25.0、高49.0厘米（图一五八，5；彩版一三六，3）。

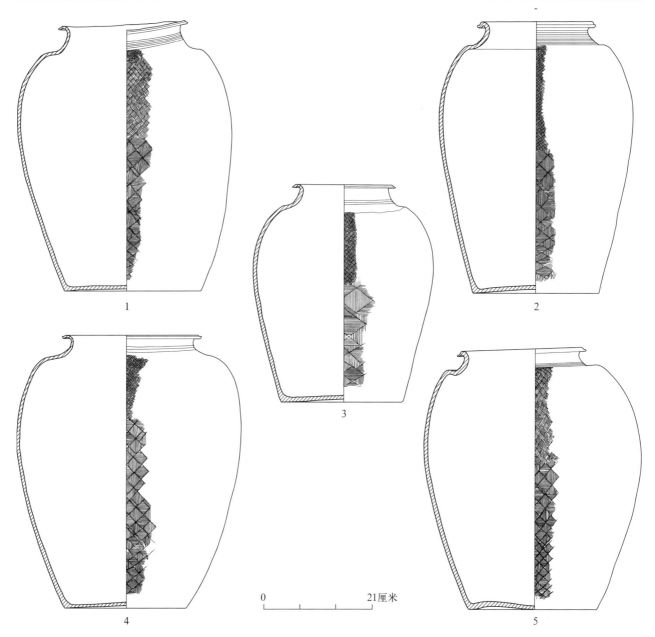

图一五八 浮山果园JTFD29M44出土器物
1~5. 硬陶坛JTFD29M44：3、4、6、7、9

罐 6件。

JTFD29M44：11，红褐色硬陶。侈口，圆唇，折沿，沿面有一道凹槽，束颈，溜肩，鼓腹，平底微凹。颈部设一对泥条形横耳。肩部有一道凸棱，其上饰水波纹，其下饰折线纹，下腹部饰方格纹，纹饰深而规整。口径25.7、底径20.0、高28.6厘米（图一五九，1；彩版一三六，4）。

JTFD29M44：13，原始瓷，灰色胎。侈口，卷沿，沿面有一道凹槽，圆唇，束颈，溜肩，鼓腹，平底内凹。肩部设一对泥条形横耳。颈部饰水波纹，肩、腹部饰对称弧线纹。内壁可见盘筑及指窝痕。施青绿色釉。口径17.6、底径18.4、高21.8厘米（图一五九，2；彩版一三七，1）。

JTFD29M44：17，原始瓷，灰白色胎。敛口，窄折沿，沿面内凹，圆唇，溜肩，垂腹，平底内凹。肩部设一对绞索状横耳。内壁有螺旋凹槽。施青绿色釉，凹槽有积釉现象。口径9.0、底径11.0、高

10.2厘米（图一五九，3；彩版一三七，2）。

　　JTFD29M44∶18，褐色硬陶。侈口，卷沿，沿面微凹，尖圆唇，折肩，深弧腹，平底微凹。上腹部设一对倒"U"形耳，耳上部残。肩部饰弦纹，上腹部饰6组水波纹，下腹部饰叶脉纹。口径13.8、底径13.4、高23.8厘米（图一五九，4；彩版一三七，3）。

　　JTFD29M44∶22，原始瓷，灰黄色胎。盘口，尖唇，溜肩，鼓腹，平底。肩部设一对横耳，耳宽扁，各以3股泥条捏制而成。颈部饰水波纹，肩腹部饰对称弧线纹，内壁可见盘筑及指窝痕。施黄绿色釉。口径16.4、底径16.8、高19.1厘米（图一五九，5；彩版一三七，4）。

　　JTFD29M44∶27，泥质黑皮陶，红褐色胎。直口，圆唇，窄卷沿，沿面微凹，束颈，折肩，鼓腹，平底内凹。上腹设一对竖耳。颈部饰弦纹。口径10.4、底径8.2、高14.9厘米（图一五九，6；彩版一三七，5）。

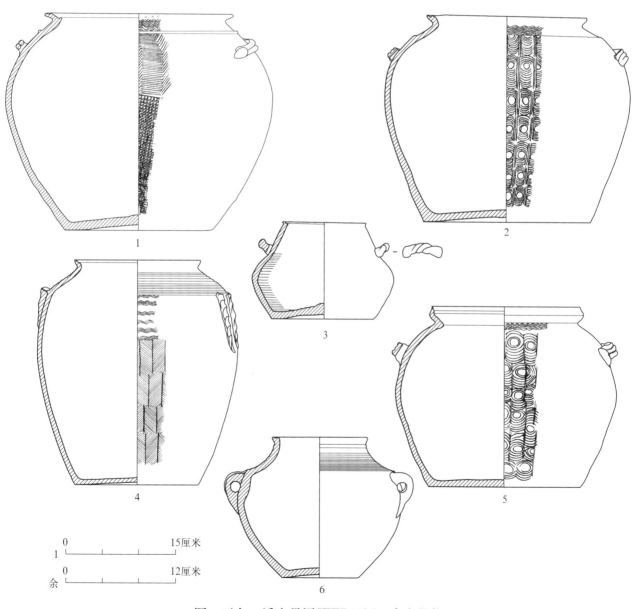

图一五九　浮山果园JTFD29M44出土器物

1、4．硬陶罐JTFD29M44∶11、18　2、3、5．原始瓷罐JTFD29M44∶13、17、22　6．陶罐JTFD29M44∶27

瓿　2件。

JTFD29M44：23，红褐色硬陶。侈口，圆唇，卷沿，沿面微凹，弧肩，扁鼓腹，平底微凹。内壁可见盘筑及指窝痕。肩部饰斜向叶脉纹，上腹部饰横向叶脉纹，下腹部饰方格填线纹。口径13.8、底径13.9、高13.8厘米（图一六○，1；彩版一三七，6）。

JTFD29M44：34，红褐色硬陶。敛口，斜方唇，唇面微凹，弧肩，扁鼓腹，平底。内壁可见盘筑及指窝痕。腹部设一对竖耳，耳残，其上有横"S"形泥条堆饰。肩部饰弦纹，腹部饰小席纹。口径11.4、底径16.8、高14.4厘米（图一六○，2；彩版一三八，1）。

盆　3件。

泥质黑皮陶。敞口，圆唇，卷沿，沿面有一道凹槽，束颈，折腹，平底。

JTFD29M44：10，灰褐色胎，黑皮大部分已脱落。上腹饰弦纹。口径28.6、底径16.6、高7.6厘米（图一六○，3；彩版一三八，2）。

JTFD29M44：21，灰色胎。平底微凹。口径21.0、底径10.2、高6.5厘米（图一六○，4；彩版一三八，3）。

JTFD29M44：24，灰黑色胎。口径14.6、底径6.6、高5.0厘米（图一六○，5;彩版一三八，4）。

盘　1件。

JTFD29M44：29，泥质黑皮陶，灰褐色胎。敞口，圆唇，卷沿，沿面有一道凹槽，束颈，折腹，平底。底微凹。口径19.4、底径10.0、高3.0厘米（图一六○，6；彩版一三八，5）。

碗　6件。

JTFD29M44：1，原始瓷，灰色胎。敞口，折沿，沿面有两道凹槽，尖唇，弧腹，平底。内壁有螺旋纹。施青绿色釉，凹槽有积釉现象。口径11.6、底径6.4、高3.6厘米（图一六一，1；彩版一三九，1）。

JTFD29M44：14，泥质黑皮陶，红褐色胎，黑皮大部分已脱落。直口微敛，方唇，唇面有一道凹槽，

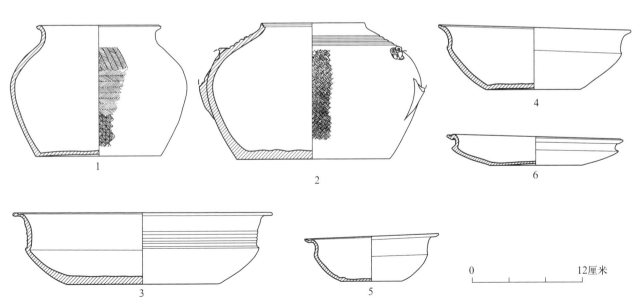

图一六○　浮山果园JTFD29M44出土器物

1、2．硬陶瓿JTFD29M44：23、34　3~5．陶盆JTFD29M44：10、21、24　6．陶盘JTFD29M44：29

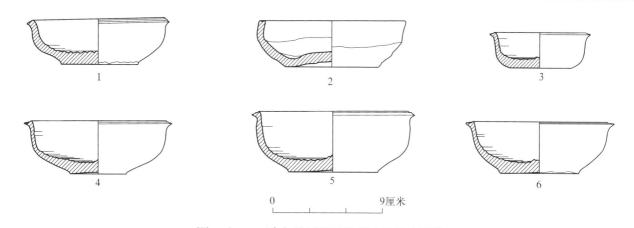

图一六一　浮山果园JTFD29M44出土器物

1、3~6. 原始瓷碗JTFD29M44：1、19、30~32　2. 陶碗JTFD29M44：14

弧腹，腹壁不甚规整，底内凹。口径12、底径7.6、高3.7厘米（图一六一，2；彩版一三九，2）。

JTFD29M44：19，原始瓷，灰褐色胎。敞口，折沿，沿面微凹，上腹较直，下腹弧收，平底。内壁有螺旋纹，外底有线割痕。施黄绿色釉，凹槽有积釉现象。口径8.3、底径5.0、高2.8厘米（图一六一，3；彩版一三九，3）。

JTFD29M44：30，原始瓷，灰色胎。敞口，尖唇，折沿，沿面有两道凹槽，弧腹，平底微凹。内壁有螺旋纹，外底有线割痕。施黄绿色釉，凹槽有积釉现象。口径12.2、底径4.6、高4.2厘米（图一六一，4；彩版一三九，4）。

JTFD29M44：31，原始瓷，灰色胎。敞口，尖唇，折沿，沿面有两道凹槽，弧腹，平底微凹。内壁有螺旋纹。施黄绿色釉，凹槽有积釉现象。口径13.6、底径7.4、高4.8厘米（图一六一，5；彩版一三九，5）。

JTFD29M44：32，原始瓷，灰色胎。敞口，折沿，沿面有两道凹槽，尖唇，弧腹，平底微凹。内壁有螺旋纹。施黄绿色釉，凹槽有积釉现象。口径12.5、底径6.5、高4.1厘米（图一六一，6；彩版一三九，6）。

器盖　9件。

弧顶，弧壁，圆唇。

JTFD29M44：2，夹砂红陶。整体呈半球形，环形提手，敞口，圆唇。口径30.0、高22.0厘米（图一六二，1；彩版一四〇，1）。

JTFD29M44：5，夹砂红陶。整体呈半球形，环形提手，敞口，圆唇。口径25.4、高25.6厘米（图一六二，2；彩版一四〇，2）。

JTFD29M44：8，夹砂红陶。整体呈半球形，环形提手，顶残，敛口，圆唇。口径29.2厘米（图一六二，3）。

JTFD29M44：12，泥质黑皮陶，灰黑色胎，黑皮部分脱落。整体呈覆豆形，喇叭形捉手，壁内弧，顶、壁间折，敞口，圆唇，卷沿，沿面有一道凹槽。捉手径9.3、口径19.0、高7.4厘米（图一六二，4；彩版一四〇，3）。

JTFD29M44：15，泥质黑皮陶，红褐色胎，黑皮部分脱落。整体呈覆豆形，喇叭形捉手，捉手残，弧顶，壁内弧，顶、壁间折，敞口，圆唇，卷沿，沿面有一道凹槽。口径19.2、残高7.9厘米（图

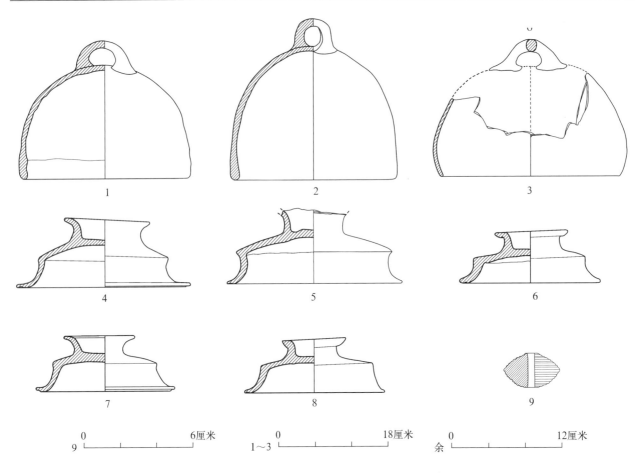

图一六二　浮山果园JTFD29M44出土器物

1～8.陶器盖JTFD29M44:2、5、8、12、15、20、26、33　9.陶纺轮JTFD29M44:38

一六二，5；彩版一四〇，4）。

　　JTFD29M44:20，泥质黑皮陶，黄褐色胎，黑皮大部分脱落。整体呈覆豆形，喇叭形捉手，弧顶近平，壁内弧，顶、壁间折，敞口，圆唇，卷沿，沿面有一道凹槽。捉手径7.8、口径15.6、高5.5厘米（图一六二，6；彩版一四〇，5）。

　　JTFD29M44:26，泥质黑皮陶，黄褐色胎。整体呈覆豆形，喇叭形捉手，壁内弧，顶、壁间折，敞口，卷沿，沿面有一道凹槽，圆唇。捉手径7.8、口径15.2、高6.0厘米（图一六二，7；彩版一四〇，6）。

　　JTFD29M44:33，泥质黑皮陶，黄褐色胎，黑皮大部分脱落。整体呈覆豆形，喇叭形捉手，弧顶近平，壁内弧，顶、壁间折，敞口，圆唇，卷沿，沿面有一道凹槽。捉手径7.0、口径15.4、高6.0厘米（图一六二，8；彩版一三八，6）。

　　JTFD29M44:37，泥质黑皮陶，灰色胎。残破严重，无法复原。

　　纺轮　1件。

　　JTFD29M44:38，残。泥质黑皮陶，灰色胎。算珠状，中有圆形穿孔。器身饰弦纹。直径3.0、孔径0.4、高1.8厘米（图一六二，9）。

　　玦　1件。

　　JTFD29M44:35，翠绿色，残损严重。

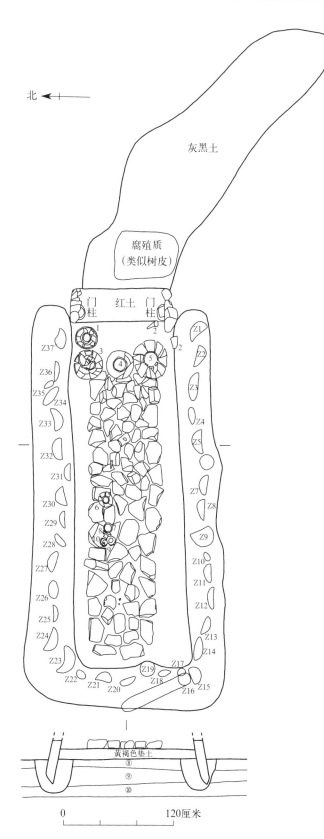

北 ←

灰黑土

腐殖质
（类似树皮）

门柱　　红土　　门柱

黄褐色垫土
⑧
⑨
⑩

0　　　　　　　120厘米

图一六三　浮山果园JTFD29M45平、剖面图

1. F1陶器盖　2、10. 陶鼎　3、6. 陶罐　4、5. 陶坛　7～9. 陶豆

45．JTFD29M45

JTFD29M45位于土墩中部，中心坐标 −0.50×−0.70–2.20 米。葬于第⑧层层面上，被第⑥b层叠压，西南角被 JTFD29M44 打破（图一六三；彩版一四〇～一四八）。

墓葬平面整体呈刀形，由墓道、墓门和墓室构成。

墓道位于墓室东部，平面略成长条形，西北—东南向，长约3.60、宽约1.10米，直壁，底斜坡状，至墓口最深，深0～0.20米。填土为灰黑土，土质略硬。紧挨墓门处有一块平面略成长方形的腐殖质，类似树皮状，长0.70、宽0.50米。

墓门处有门槽，呈长方形，长约1.15、宽约0.40、深0.25米，填土为红土，土质略硬。门槽南北两端有两排石头堆砌而起的立石，宽约0.40、高约0.90米。墓门宽约0.80米，两侧紧挨立石内侧处各有一柱洞，应为门柱柱洞。

墓室内铺有单层石床，石床平面略成长方形，方向约87°。长约3.10、宽约0.75米。石床共由82块石块铺成，石块大小规格不一，厚约0.10米，未经打磨，外围石块略大，围成一个框，内侧用小石块填满。围绕石床有一"U"形基槽，宽0.40～0.50米，基槽内有密集的柱洞，共37个，大多平面成半月形，间距约为0.06米，解剖显示柱洞打破第⑧～⑩层，向内侧倾斜，应为一"人"字形木构建筑，木构建筑内长约3.75、宽约1.40米。木构建筑内石床下有厚约0.10米的垫土，垫土为黄褐色花土，土质略松。在墓葬的西部石床石块间隙内发现有散落的人牙数枚（彩版一四九，1），保存情况较差。随葬器物分别摆放于墓葬东端紧挨石床处和石床中部北侧，大件器物置于东端，泥质黑皮陶器盖JTFD29M45F：1出土于封土中。器形较大的器物破碎严重，泥质陶器和夹砂陶器破碎尤甚。

　　出土器物 11 件。包括夹砂陶器 2 件，泥质陶器 4 件，硬陶器 2 件，原始瓷器 3 件；器形有鼎、坛、罐、豆和器盖。

　　鼎　2 件。

　　夹砂红陶。侈口，圆唇，卷沿，弧腹，圜底近平，扁锥形足。

　　JTFD29M45：2，足根部各角状耳。器表有烟熏痕迹。口径 20.0、高 12.6 厘米（图一六四，1；彩版一四九，2）。

　　JTFD29M45：10，底及足尖部残。口径 11.0 厘米（图一六四，2）。

　　坛　2 件。

　　JTFD29M45：4，红褐色硬陶。侈口，尖唇，卷沿，直颈，弧折肩，深弧腹，平底微凹。颈部饰弦纹，肩、腹部饰折线纹与回纹组合纹饰。口径 16.4、底径 17.2、高 38.1 厘米（图一六四，3；彩版一五〇，1）。

　　JTFD29M45：5，红褐色硬陶。侈口，尖唇，卷沿，直颈，弧折肩，深弧腹，平底微凹。颈部饰弦纹，

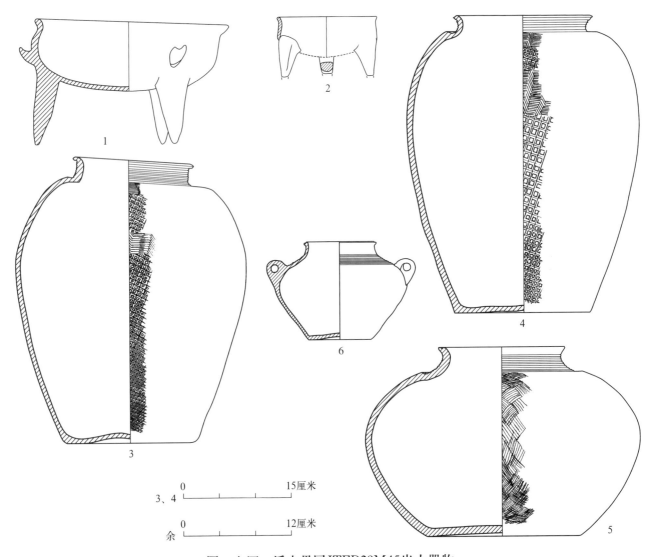

　　　　　　　　　　3、4 ⊢0―――――――15厘米⊣

　　　　　　　　　　余 ⊢0―――――――12厘米⊣

图一六四　浮山果园 JTFD29M45 出土器物

1、2. 陶鼎 JTFD29M45：2、10　3、4. 硬陶坛 JTFD29M45：4、5　5、6. 陶罐 JTFD29M45：3、6

肩、腹部饰折线纹与回纹组合纹饰。上腹及口外壁有爆浆釉。口径19.3、底径18.6、高39.3厘米（图一六四，4；彩版一五〇，2）。

罐　2件。

JTFD29M45：3，泥质陶，红褐色胎。侈口，方圆唇，窄卷沿，沿面内凹，束颈，弧肩，扁鼓腹，平底略凹。颈部饰弦纹，肩及腹部饰大席纹。口径13.8、底径16.6、高20.1厘米（图一六四，5；彩版一四九，3）。

JTFD29M45：6，泥质黑皮陶，红褐色胎。直口，圆唇，窄折沿，沿面微凹，束颈，弧肩，鼓腹，平底内凹。上腹部设一对竖耳，颈部饰弦纹。口径8.0、底径6.8、高10.4厘米（图一六四，6；彩版一四九，4）。

豆　3件。

原始瓷，灰色胎。敞口，圆唇，折沿，沿面内凹，折腹，圈足。上腹及内壁近折腹处饰弦纹。施青绿色釉。

JTFD29M45：7，器身略有变形。圈足无釉。口径10.1、足径5.2、高5.8厘米（图一六五，1；彩版一五〇，3）。

JTFD29M45：8，器身扭曲变形。圈足内壁无釉。口径10.4、足径5.6、高5.6厘米（图一六五，2；彩版一五〇，4）。

JTFD29M45：9，折腹处胎釉两处开裂，器身略有变形。口径10.0、足径5.8、高6.0厘米（图一六五，3；彩版一五〇，5）。

器盖　2件。

JTFD29M45：1，泥质黑皮陶，红褐色胎。整体呈覆豆形，喇叭形捉手，弧顶，壁内弧，顶、壁间折，敞口，圆唇，卷沿，沿面有一道凹槽。捉手径10.2、口径19.2、高8.4厘米（图一六五，4；彩版一四九，5）。

JTFD29M45：F1，泥质黑皮陶，黄褐色胎。整体呈覆豆形，喇叭形捉手，弧顶，壁内弧，顶、壁间折，敞口，圆唇，卷沿，沿面有一道凹槽。捉手径9.2、口径18.4、高8.0厘米（图一六五，5）。

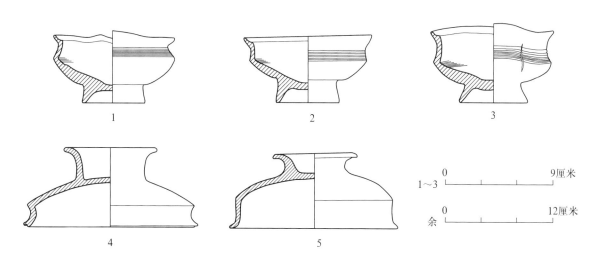

图一六五　浮山果园JTFD29M45出土器物

1～3. 原始瓷豆JTFD29M45：7～9　4、5. 陶器盖JTFD29M45：1、F1

（二）器物群

只有 1 处。

JTFD29Q1

JTFD29Q1 位于土墩西部,中心坐标 −3.50× −0.80−1.95 米（图一六六）。器物置于第⑥b 层层面上,被第⑤层叠压。

出土 1 件泥质黑皮陶罐,正置,破碎严重。

罐　1 件。

JTFD29Q1：1,泥质黑皮陶,红褐色胎。侈口,圆唇,卷沿,沿面微凹,束颈,弧肩,鼓腹,平底微凹。上腹对称贴附一对耳,残。颈部饰弦纹。口径 10.8、底径 12.2、高 14.6 厘米（图一六六,1）。

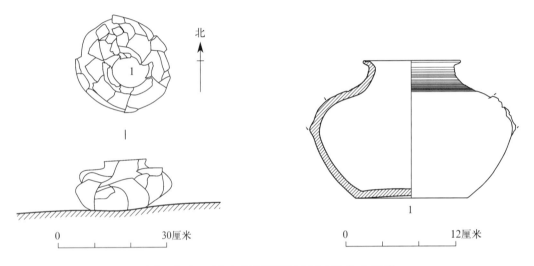

北

0　　　　　　　　30厘米

0　　　　　　　　12厘米

图一六六　浮山果园JTFD29Q1及出土器物
1. 陶罐JTFD29Q1：1

（三）灰坑

JTFD29 共发现灰坑 3 座,位置接近土墩边缘部位。开口于第①层下,打破第②层。填土为红褐土,土质较硬,土质纯净,无包含物。

1. JTFD29H1

JTFD29H1 位于土墩西北部,中心坐标 −6.00×5.00−1.30 米（图一六七）。坑口面东南高西北低,平面近曲尺形,方向约 300°。长 2.80、宽 0.55～1.00 米,直壁,底部分成二级台阶,东高西低,阶高差 0.33、深 0.09～0.68 米。

2. JTFD29H2

JTFD29H2 位于土墩西北部,西南距 H1 约 1.5 米,中心坐标 −3.90×7.30−1.40 米（图一六八）。坑口面东南高西北低,平面近长方形,方向约 345°。南端略窄,长 2.60、宽 1.13～1.35 米,直壁,平底,深 0.20～0.78 米。

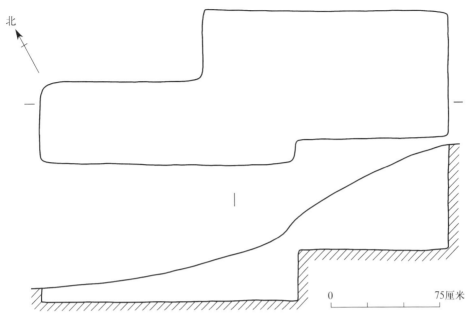

图一六七　浮山果园JTFD29H1平、剖面图

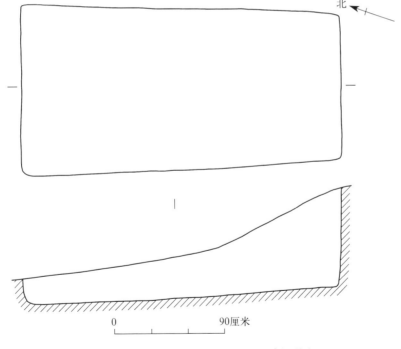

图一六八　浮山果园JTFD29H2平、剖面图

3．JTFD29H3

JTFD29H3位于墩体平面西部，中心坐标 −5.50×−0.20−0.75 米（图一六九）。开口于第①层下，打破第②层，坑口面东高西低，平面近长方形，方向约272°。东端略窄，长2.80、宽1.10～1.18米，直壁，平底，深0.68～1.45米。

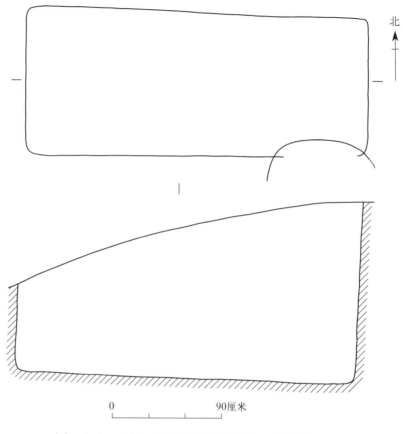

北

0　　　　　　　　90厘米

图一六九　浮山果园JTFD29H3平、剖面图

四　小结

　　浮山果园第②～⑩层均为人工堆筑而成。第⑧～⑩层为墩子的基础部分，平面大致呈圆形，范围均在第②层底线以内，第⑧、⑨层的范围要小于第⑩层。基础做好后，在墩子的中心挖基槽，建"人"字形建筑，埋下 JTFD29M45 后（或同时）在墩子北侧垫了一层黄褐土，即第⑦层。在 JTFD29M45 上封土，形成最初的土墩，即⑥ b 层。并在其北侧覆了一块灰褐土，即⑥ a 层，在北侧形成了一小块高地。在墩子南侧和北侧各葬下 JTFD29M41、M39，放置器物群 JTFD29Q1，然后封第⑤层土使土墩增大。稍后在土墩东侧和西侧挖坑葬下 JTFD29M42、M43。

　　在墩子的东侧开始垫土，一层厚点的灰土，夹一层薄薄的红褐土，如此反复堆成厚约 1 米的平台，形成了④ b 层，而墩子西侧亦如反复形成了平台，即④ d 层，在第④ b、④ d 层之间用灰黄土（白山土）略斜向堆成了④ c 层，此三层的叠压关系不明确，似为三个并列的地层，而第④ c 层似为 b、d 两层的分层。b、d 二层向北均渐薄消失。在此三层面先后上下葬了 18 座墓葬，在某一时间里其上覆盖了第④ a 层。此组墓葬主要位于土墩南半部堆筑第④ b～④ d 层的部位，土墩东南、南、西南部位的墓葬葬入较早，而西侧未堆筑④ d 层的一组葬入略晚。

　　在第④层层面葬下 JTFD29M8、M16、M27、M28、M29、M32 后，又在墩子上覆盖了 3 层，并在某一时期又在墩子上覆盖 2 层红褐土，使土墩继续增大。在其面上又葬下了 15 座墓，并挖出了

JTFD29H1、H2、H3 三座长方形坑和曲尺形坑。

第②层仅见于墩脚，应该是后来人们生产活动、平整土地破坏所致。由此可推测墩子的厚高度应明显高于现存高度。第②层上的第①层为现代耕作层，是当地居民在土墩上种庄稼、种果树、窖藏山芋生产活动。

JTFD29 共发现墓葬 45 座，是迄今为止发现墓葬最多的土墩墓。土墩中心 M45 是最早的遗迹单元，是在建墩之时在堆筑的基础平台上兴建的，此墓封土后即形成最初的土墩。晚期墓葬呈向心式分布，全部葬在早期土墩的坡面上，并不断封土使土墩增大。

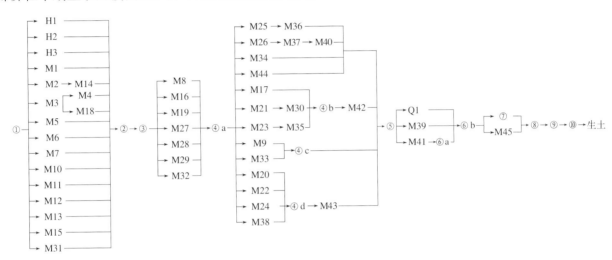

JTFD29 内墓葬较多，年代跨度较大。其中最早的遗迹单元是第⑥ b 层下的 JTFD29M45，出土的夹砂陶鼎是很窄的卷沿，器形不甚规整；硬陶坛是较短的直颈，纹饰是折线与回纹的组合纹饰；原始瓷豆圈足略高，盘壁稍曲，釉附着较好；以上都是典型的西周晚期器物特征，因此 JTFD29 年代上限是西周晚期。

JTFD29 内第①层下晚期墓葬较多，出土夹砂陶鼎直腹居多，沿宽折近平，但未出现浅盆形腹、平折沿鼎；硬陶坛、罐、瓿肩部略折，底稍宽，纹饰多为很细密的席纹、方格纹；原始碗沿面很窄，腹多弧鼓，未出现直腹碗、盅；以上是典型的春秋中期偏晚阶段器物特征，因此推测 JTFD29 年代下限应为春秋中期。

第五节　浮山果园土墩墓D33

一　概况

浮山果园土墩墓 D33 位于句容市天王镇农林大队潘家边村北侧的浮山果园内，位于一条岗地之上，西临潘家边通往甸岗的乡村公路，南面为 JTFD19，处在宁常高速公路主线上。其上原密种果树，考古队进驻时已除掉。

JTFD33 外观呈馒头形，顶部由于多年种植果树略平。底部直径约 21 米，高出周围地表近 1 米。因农民种树和挖山芋窖，墩体扰乱较为严重（图一七〇；彩版一五一，1、2）。

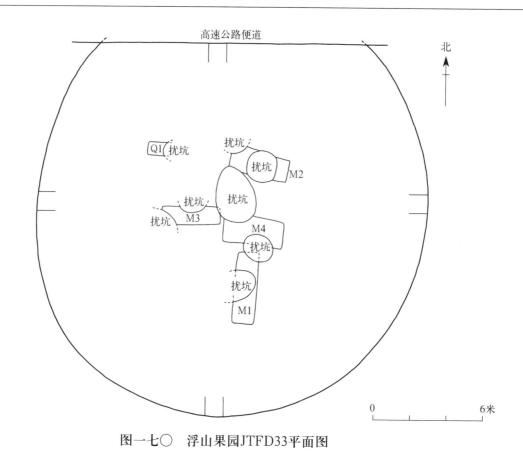

图一七〇　浮山果园JTFD33平面图

二　地层堆积

根据土质、土色和包含物的不同，D33 封土堆积可分为依次叠压的 4 层介绍（图一七一）。

第①层：暗褐色土，厚 0.15～0.25 米。耕土层，土质疏松，均匀遍布墩体，墩内所有遗迹皆开口于此层下，包括 Q1 和 M1～M4。

第②层：红褐色土，深 0.10～0.55、厚 0～0.40 米。土质疏松，平面呈环状分布于土墩的外围，斜向堆积。

第③层：青灰色土，深 0.10～1.15、厚 0～0.90 米。土质略硬，分布于土墩中部，底面稍平，顶部从中心向外围渐低。

第④层：浅红色土，深 0.20～1.25、厚 0～0.15 米。土质略硬，均匀分布于生土面上。

第④层下为红褐色生土，土质坚硬。

三　遗迹遗物

JTFD33 出土器物群 1 处、墓葬 4 座。墓葬集中分布于土墩的中心附近，均发现于第①层下，由于土墩堆积破坏较为严重，原层位关系不详。墓葬方向不一，浅坑，口较规则，近长方形，直壁，平底，出土器物器形多样，未见人骨及葬具。均遭现代山芋窖破坏。

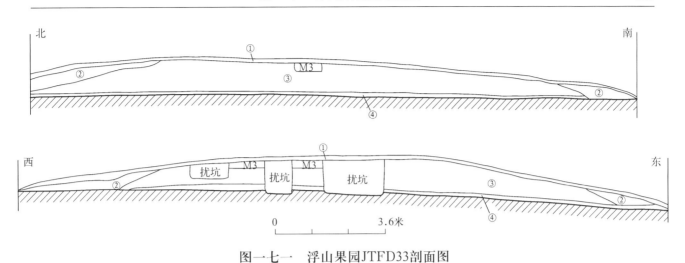

图一七一　浮山果园JTFD33剖面图

（一）墓葬

墓葬有4座。

1. JTFD33M1

JTFD33M1 位于土墩南部略偏东，中心坐标 1.75×−4.50−0.40 米。开口于第①层下，打破第③层，中部被开口于表土层下的山芋窖打破（图一七二；彩版一五二，1、2）。为竖穴土坑墓，墓口平面近长方形，方向193°。长约3.75、宽约1.20米，墓坑深0.22～0.52米。坑内填土灰褐色，土质坚硬。

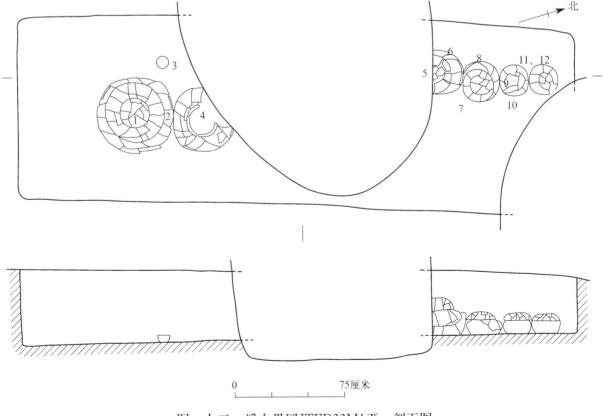

图一七二　浮山果园JTFD33M1平、剖面图

1、5、7、9、11. 陶盆　2、4. 硬陶坛　3. 原始瓷碗　6. 硬陶罐　8、10、12. 硬陶瓿

随葬器物略成一线排列摆放，置于墓坑中部偏西侧，盆多扣于容器上作器盖用。除一件原始瓷碗较为完整外，其余器物破碎较甚。

出土器物12件。包括泥质陶器5件，硬陶器6件，原始瓷1件；器形有坛、罐、瓿、碗、钵等。

坛　2件。

JTFD33M1：2，硬陶，器表红褐色。侈口，尖圆唇，卷沿，沿面有一道凹槽，束颈，深弧腹，平底。

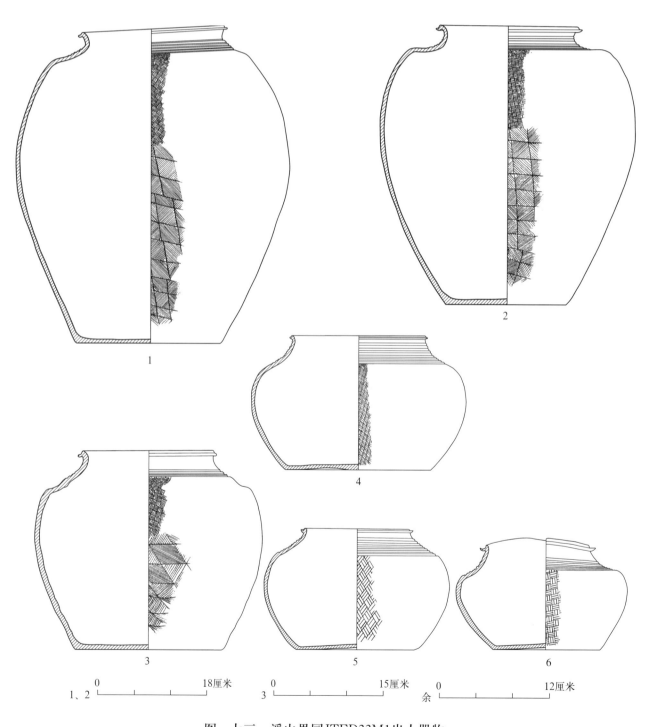

图一七三　浮山果园JTFD33M1出土器物

1、2. 硬陶坛JTFD33M1：2、4　3. 硬陶罐JTFD33M1：6　4~6. 硬陶瓿JTFD33M1：8、10、12

颈部饰浅细弦纹，肩及上腹部饰席纹，下腹部饰菱形填线纹。内部有指划痕和指窝纹。口径25.0、底径23.6、高50.2厘米（图一七三，1；彩版一五三，1）。

JTFD33M1：4，硬陶，器表灰褐色。侈口，尖圆唇，卷沿，沿面有一道凹槽，束颈，深弧腹，平底。颈部饰浅细弦纹，肩及上腹部饰席纹，下腹部饰菱形填线纹。内部有指划痕和指窝纹。口径23.6、底径19.6、高44.0厘米（图一七三，2；彩版一五三，2）。

罐　1件。

JTFD33M1：6，灰褐色硬陶。侈口，卷沿，沿面下凹，尖唇，束颈，弧折肩，鼓腹，平底。颈部饰弦纹，肩及上腹部饰席纹，下腹部饰菱形填线纹。口径19.0、底径20.0、高26.4厘米（图一七三，3；彩版一五四，5）。

瓿　3件。

JTFD33M1：8，硬陶，灰色胎。侈口，尖唇，卷沿，沿面下凹，束颈，弧肩，扁鼓腹，平底略有凹凸。颈部饰弦纹，肩、腹部饰席纹。口径15.0、底径15.8、高14.2厘米（图一七三，4；彩版一五三，3）。

JTFD33M1：10，硬陶，灰褐色胎。侈口，尖唇，卷沿，沿面下凹，束颈，弧肩，扁鼓腹，平底内凹。颈部饰弦纹，肩、腹部饰席纹。口径12.2、底径12.8、高12.8厘米（图一七三，5；彩版一五三，4）。

JTFD33M1：12，硬陶，红褐色胎。侈口，尖唇，卷沿，沿面下凹，束颈，弧肩，扁鼓腹，平底内凹。颈部饰弦纹，肩、腹部饰席纹。口径11.4、底径11.6、高11.0厘米（图一七三，6；彩版一五三，5）。

碗　1件。

JTFD33M1：3，原始瓷，灰黄色胎。直口，方唇，唇面内凹，外唇缘外突，弧腹近直，近底部急收，平底内凹。器内有螺旋纹，外底部较粗糙。施黄绿色釉。口径9.3、底径5.0、高3.7厘米（图一七四，1；彩版一五四，1）。

钵　5件。

泥质陶。敛口，方唇，弧腹。

JTFD33M1：1，残破严重，无法复原。

JTFD33M1：5，灰陶。弧肩，平底。口径24.4、底径16.0、高9.1厘米（图一七四，2；彩版一五四，2）。

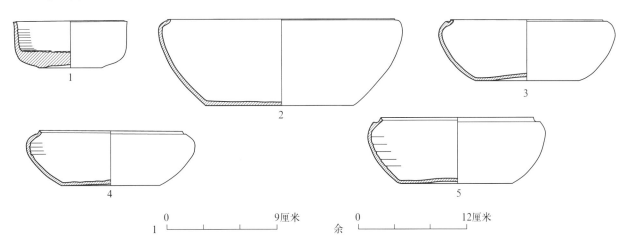

图一七四　浮山果园JTFD33M1出土器物

1. 原始瓷碗JTFD33M1：3　2～5. 陶钵JTFD33M1：5、7、9、11

JTFD33M1：7，黑皮陶，红褐色胎。唇面略有下凹，折肩，平底内凹。口径16.8、底径11.4、高6.4厘米（图一七四，3；彩版一五四，3）。

JTFD33M1：9，黑皮陶，红褐色胎。唇面内凹，弧肩，平底内凹，器壁内有螺旋凹槽。口径15.6、底径10.8、高5.8厘米（图一七四，4；彩版一五四，4）。

JTFD33M1：11，黑皮陶，红褐色胎。唇面内凹，弧肩，平底内凹。器壁内有螺旋凹槽。口径16.8、底径12.4、高7.0厘米（图一七四，5；彩版一五四，6）。

2．JTFD33M2

JTFD33M2位于土墩北部略偏东，中心坐标2.25×2.00-0.20米。开口于第①层下，打破第③层，中部和西端两角被山芋窖破坏（图一七五；彩版一五五，1、2）。为竖穴土坑墓，墓坑开口面略倾斜，西高东低，平面呈梯形，方向约103°。长约3.00、残宽1.15～1.45米，直壁，底部略倾斜，西高东低，深0.22～0.52米。墓坑填土呈灰褐色，夹褐斑，土质略硬。随葬器物出土于墓葬西部，个体较大的器物和夹砂陶器破碎较甚。

出土器物8件。其中夹砂陶器2件，硬陶器4件，原始瓷器2件；器形有鼎、坛、瓿、豆。

鼎　2件。

JTFD33M2：5，夹砂红陶。侈口，圆唇，折沿，弧腹，扁锥足，足根部各有一角状耳，圜底。口径13.2、高10.3厘米（图一七六，1；彩版一五六，1）。

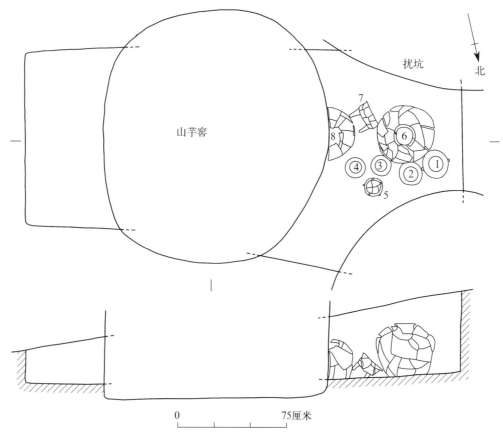

0　　　　　　　75厘米

图一七五　浮山果园JTFD33M2平、剖面图
1、2.硬陶瓿　3、4.原始瓷豆　5、7.陶鼎　6、8.硬陶坛

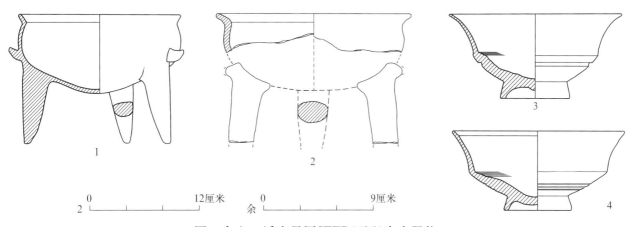

0 　　　　　12厘米　　　0 　　　　　9厘米
2 ⊢———————⊣　余 ⊢———————⊣

图一七六　浮山果园JTFD33M2出土器物

1、2. 陶鼎JTFD33M2：5、7　3、4. 原始瓷豆JTFD33M2：3、4

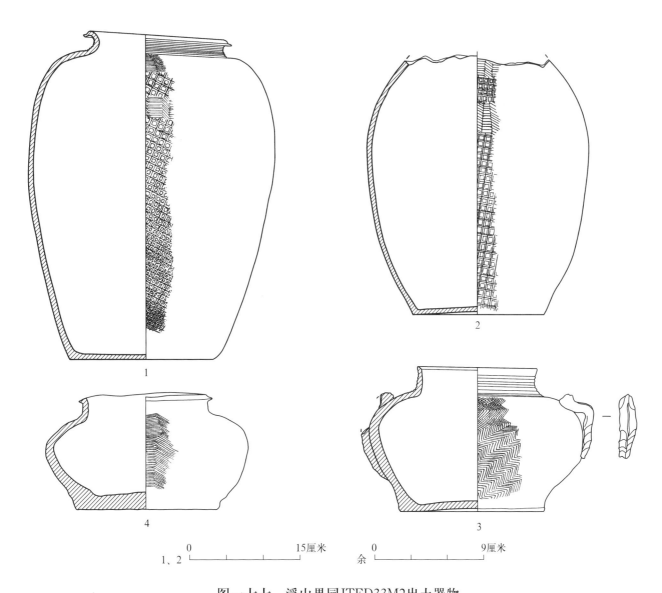

0 　　　　　15厘米　　　0 　　　　　9厘米
1、2 ⊢———————⊣　余 ⊢———————⊣

图一七七　浮山果园JTFD33M2出土器物

1、2. 硬陶坛JTFD33M2：6、8　3、4. 硬陶瓿JTFD33M2：1、2

JTFD33M2：7，夹砂红陶。底部残失。侈口，圆唇，折沿，弧腹，扁锥足，足根部各有一角状耳。口径21.0厘米（图一七六，2）。

坛　2件。

灰褐色硬陶。弧肩，深弧腹。肩、腹部饰折线纹与回纹的组合纹饰。

JTFD33M2：6，侈口，尖唇，卷沿，沿面下垂略内凹，束颈，平底。颈部饰弦纹。口径20.4、底径19.6、高43.4厘米（图一七七，1；彩版一五六，2）。

JTFD33M2：8，口、颈残。平底内凹。底径18.0、残高34.0厘米（图一七七，2）。

瓿　2件。

硬陶。尖唇，弧肩，扁鼓腹。颈部饰弦纹，自肩至下腹饰折线纹。

JTFD33M2：1，红褐色胎。直口，平底微凹，肩部对称贴附两泥条耳，耳上有捺窝。口径9.9、底径11.8、高11.5厘米（图一七七，3；彩版一五六，3）。

JTFD33M2：2，灰褐色胎。直口微侈，折沿，沿面下垂略内凹，直颈，平底。口径10.95、底径11.5、高9.3厘米（图一七七，4；彩版一五六，4；彩版一五六，4）。

豆　2件。

原始瓷，灰黄色胎。敞口，圆唇，折腹，上腹内弧，圈足。器内壁有多道螺旋纹。

JTFD33M2：3，下腹有一道凹槽。施黄色釉。口径14.2、高6.7、底径5.6厘米（图一七六，3；彩版一五六，5）。

JTFD33M2：4，施灰绿色釉。口径14.0、底径5.6、高6.3厘米（图一七六，4）。

3．JTFD33M3

JTFD33M3位于土墩中部偏西，中心坐标 −1.25× −0.75−0.10米。开口于第①层下，打破第③层，墓坑北侧中部和东南部被山芋窖破坏（图一七八；彩版一五七，1）。为竖穴土坑墓，墓坑平面呈梯形，方向约265°。坑口长约3.40、宽1.00～1.15米，直壁，平底深0.25米。墓坑填土呈灰褐色，夹有黄土块，土质略软，颗粒较大。大部分随葬器物沿南侧墓壁成排摆放，5件原始瓷器置于墓葬西北角，放置整齐。器形较大的器物破碎严重，泥质陶器和夹砂陶器破碎尤甚。

出土器物21件。其中夹砂陶器3件，泥质陶器8件，硬陶器4件，原始瓷器6件；器形有鼎、釜、坛、罐、瓿、盆、碗、盂和器盖等。

鼎　2件。

JTFD33M3：11，夹砂红陶。残破严重，无法复原。

JTFD33M3：12，夹砂红陶。侈口，尖圆唇，折沿，直腹略弧，圜底，凿形足。器身略有变形，口径17.6、高12.8厘米（图一七九，1；彩版一五八，1）。

釜　1件。

JTFD33M3：6，夹砂红陶。侈口，折沿，腹、底残。口径32.7、残高6.0厘米（图一七九，2）。

坛　3件。

JTFD33M3：17，灰褐色硬陶。侈口，卷沿，沿面有一道凹槽，尖唇，束颈，弧肩，深弧腹，平底微凹。颈部饰弦纹，上腹部饰方格纹，下腹部菱形填线纹不及底。口径15.6、底径14.4、高29.2

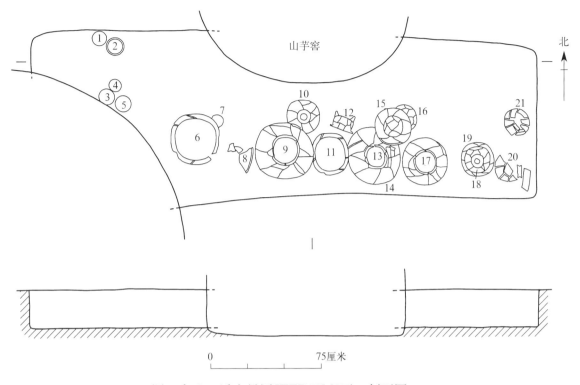

图一七八　浮山果园JTFD33M3平、剖面图

1～3、5. 原始瓷碗　4、7. 原始瓷盂　6. 陶釜　8、15. 陶钵　9. 陶坛　11、12. 陶鼎　13、16、18. 陶盆　14、17. 硬陶坛　19、20. 硬陶瓿　21. 陶罐

厘米（图一七九，3；彩版一五七，2）。

JTFD33M3：9，泥质红陶。圆唇，弧肩，平底。颈部饰浅弦纹，肩及上腹部饰方格纹，下腹部饰菱形填线纹。口径20.8、底径20.8、高35.3厘米（图一七九，4；彩版一五八，2）。

JTFD33M3：14，灰褐色硬陶。尖唇，弧肩近平，平底。颈部饰弦纹，上腹部饰席纹，下腹部饰菱形填线纹。口径19.4、底径15.2、高31.9厘米（图一七九，5；彩版一五七，3）。

罐　1件。

JTFD33M3：21，泥质黑皮陶。侈口，圆唇，卷沿，沿面略内凹，束颈，溜肩，鼓腹，平底内凹。上腹设一对竖耳。口径10.4、底径11.2、高15.8厘米（图一八〇，1；彩版一五八，3）。

瓿　2件。

硬陶。侈口，尖唇，卷沿，沿面内凹，束颈，弧肩，扁鼓腹，平底略内凹。颈部饰浅弦纹，肩、腹部饰席纹。

JTFD33M3：19，红褐色胎。口径15.6、底径16.4、高12.8厘米（图一八〇，2;彩版一五八，4）。

JTFD33M3：20，灰褐色胎。腹中部席纹被抹光，腹内壁可见泥条盘筑痕，指窝及刮抹痕。口径14.0、底径14.2、高13.2厘米（图一八〇，3；彩版一五九，1）。

盆　3件。

JTFD33M3：13，泥质黑皮陶，红褐色胎。残破严重。

JTFD33M3：16，泥质黑皮陶，红褐色胎。敞口，尖唇，折沿，沿面微凹，折腹，平底，内壁下部有螺旋形纹。口径16.0、底径9.2、高3.6厘米（图一八〇，4；彩版一五九，2）。

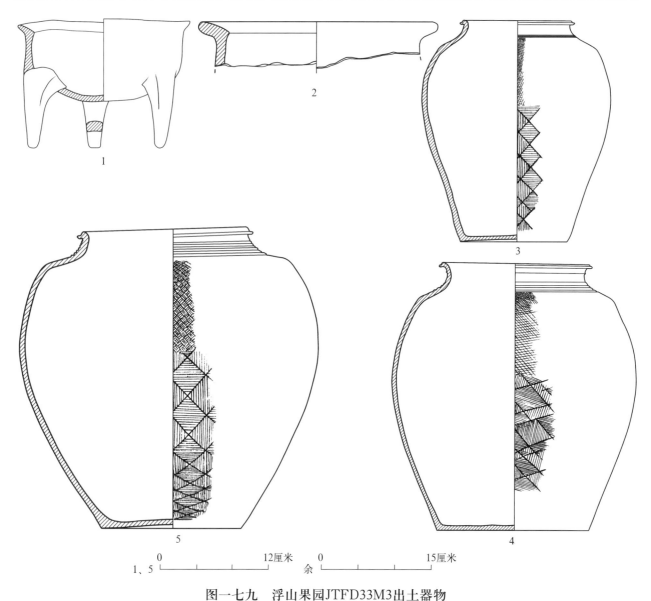

图一七九　浮山果园JTFD33M3出土器物

1. 陶鼎JTFD33M3：12　2. 陶釜JTFD33M3：6　3~5. 硬陶坛JTFD33M3：17、9、14

　　JTFD33M3：18，泥质黑皮陶，红褐色胎。直口，方唇，唇面有一道凹槽，弧腹，平底内凹。内壁下腹有螺旋形纹。口径18.8、底径9.0、高5.9厘米（图一八〇，5；彩版一五九，3）。

　　碗　4件。

　　原始瓷。弧腹微鼓，上腹近直，近底部弧收，平底内凹。内壁有螺旋纹，外底有线切割痕。

　　JTFD33M3：1，灰色胎。直口微侈，尖唇，折沿，沿面有两道浅凹槽，内底中心突起。施青绿色釉，釉面剥落殆尽。口径13.0、底径6.9、高5.1厘米（图一八一，1；彩版一六〇，1）。

　　JTFD33M3：2，灰色胎。直口，斜方唇，唇面略内凹。施黄绿色釉，釉面剥落殆尽。口径12.8、底径5.5、高4.3厘米（图一八一，2；彩版一六〇，2）。

　　JTFD33M3：3，灰色胎。直口，方唇，唇面内凹。施黄绿色釉，釉面剥落严重。口径12.9、底径6.0、高4.1厘米（图一八一，3；彩版一六〇，3）。

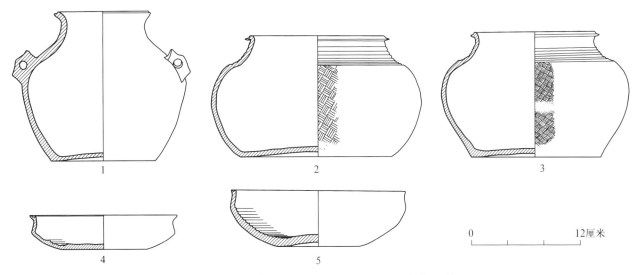

图一八〇　浮山果园JTFD33M3出土器物

1. 陶罐JTFD33M3∶21　2、3. 硬陶瓿JTFD33M3∶19、20　4、5. 陶盆JTFD33M3∶16、18

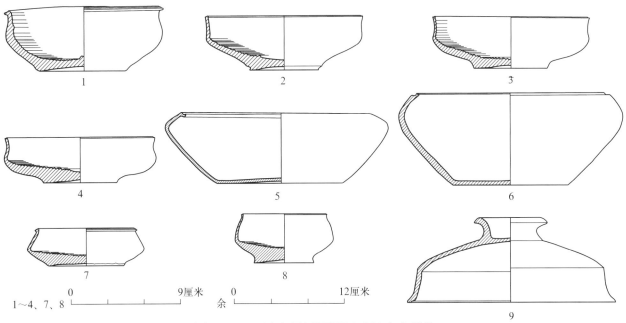

图一八一　浮山果园JTFD33M3出土器物

1~4. 原始瓷碗JTFD33M3∶1~3、5　5、6. 陶钵JTFD33M3∶8、15　7、8. 原始瓷盅JTFD33M3∶4、7　9. 陶器盖JTFD33M3∶10

JTFD33M3∶5，灰黄色胎。直口略侈，方唇，唇面内凹。施黄绿色釉，釉面剥落严重。口径12.2、高3.6、底径6.0厘米（图一八一，4；彩版一六〇，4）。

钵　2件。

JTFD33M3∶8，泥质黑皮陶，红褐色胎。敛口，方唇，沿内折，沿面内凹，弧腹，平底内凹。口径20.5、底径13.6、高7.4厘米（图一八一，5；彩版一五九，5）。

JTFD33M3∶15，泥质黑皮陶，红褐色胎。敛口，沿内凹，方圆唇，唇面内凹，弧腹，平底。口径20.7、底径12.8、高9.8厘米（图一八一，6；彩版一五九，4）。

盂　2件。

原始瓷。口微敛，弧腹略鼓，平底。内壁有螺旋纹。

JTFD33M3：4，灰白色胎。尖唇，折沿，沿面有两道凹槽，平底内凹。施黄色釉，釉面剥落殆尽。口径8.3、底径6.2、高3.0厘米（图一八一，7；彩版一六〇，5）。

JTFD33M3：7，灰黄色胎。方唇。施灰绿色釉。口径7.0、底径4.8、高3.9厘米（图一八一，8；彩版一六〇，6）。

器盖　1件。

JTFD33M3：10，泥质黑皮陶，红褐色胎。整体呈覆豆形，喇叭状捉手，弧顶，直壁，顶、壁间折，敞口，圆唇，卷沿，沿面有一道凹槽。捉手径8.0、口径23.0、高9.0厘米（图一八一，9）。

4．JTFD33M4

JTFD33M4位于土墩中部略偏东南，中心坐标2.00×-1.50-0.10米。开口于第①层下，打破第③层，西南部和南部被山芋窖破坏（图一八二；彩版一六一，1）。为竖穴土坑墓，墓坑平面近长方形，方向93°。坑口长3.30、宽约1.50、墓深0.20米。墓坑填土黄褐色，土质较硬，颗粒较大。墓坑底部铺有石床，石床用扁平石块铺成，石块形状不规则，未经打磨，石块主要分布在墓坑的北侧和东侧边缘。器物主要位于坑底的东西两侧，有的放置于石块之上，器物口部略高出坑口，器形较大的器物破碎严重。

出土器物6件。其中夹砂陶器1件，泥质陶器1件，硬陶器1件，原始瓷器3件；器形有鼎、坛、

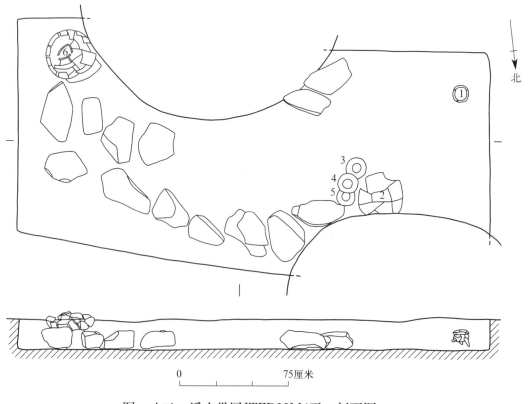

图一八二　浮山果园JTFD33M4平、剖面图

1．陶鼎　2．硬陶坛　3～5．原始瓷豆　6．陶罐

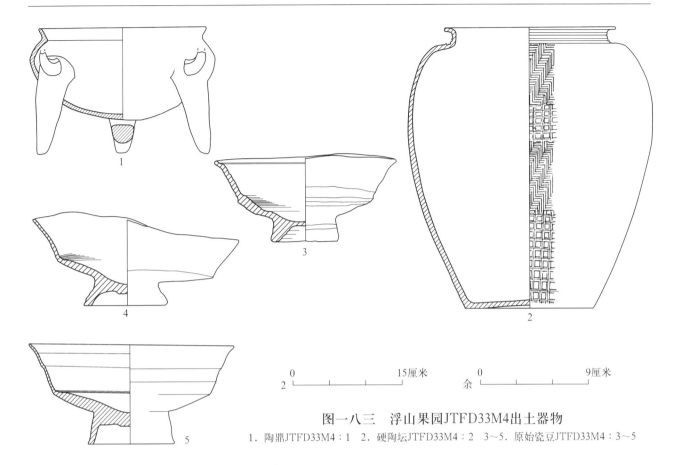

图一八三　浮山果园JTFD33M4出土器物
1. 陶鼎JTFD33M4：1　2. 硬陶坛JTFD33M4：2　3～5. 原始瓷豆JTFD33M4：3～5

罐、豆。

鼎　1件。

JTFD33M4：1，夹砂红陶。侈口，圆唇，折沿，束颈，鼓腹，圜底，扁锥形足。足根部各设一个角状耳。口径13.7、高9.9厘米（图一八三，1；彩版一六一，2）。

坛　1件。

JTFD33M4：2，灰褐色硬陶。侈口，圆唇，卷沿，直颈，弧肩微耸，深弧腹，平底内凹。颈部饰弦纹，肩、腹部饰折线纹与回纹的组合纹饰。口径24.0、底径18.0、高37.4厘米（图一八三，2）。

罐　1件。

JTFD33M4：6，泥质红陶，残破严重，无法复原。

豆　3件。

原始瓷，灰色胎。敞口，圆唇，沿面有一道凹槽，折腹，上腹内弧，下腹斜收至底，圈足。豆盘内壁有多道弦纹，器形不规整。施黄绿色釉，釉脱落殆尽。

JTFD33M4：3，口径14.8、底径5.4、高7.0厘米（图一八三，3；彩版一六一，3）。

JTFD33M4：4，口径16.8、底径7.0、高7.5厘米（图一八三，4；彩版一六一，4）。

JTFD33M4：5，口径17.0、底径7.2、高7.9厘米（图一八三，5；彩版一六一，5）。

（二）器物群

器物群只有1处。

JTFD33Q1

JTFD33Q1 位于土墩西北部，中心坐标为 −3.25×2.75−0.15 米。器物置于一个长方形浅坑内，坑开口于第①层下，打破第③层，东部被开口于表土层下的山芋窖打破（图一八四；彩版一六二，1）。坑口平面近长方形，方向约270°。残长约 1.00、宽约 0.75 米，直壁，平底，深约 0.20 米。坑内填土呈灰褐色，土质稍软。

出土夹砂陶鼎 1 件，泥质陶钵、罐各 1 件。鼎、罐正置，钵置于鼎内。器物皆破碎严重。

鼎　1 件。

JTFD33Q1：3，夹砂红陶。侈口，内折沿，扁锥状足。残破严重，无法复原。

罐　1 件。

JTFD33Q1：1，泥质红陶。侈口，圆唇，卷沿，束颈，溜肩，鼓腹，平底略凹。肩及上腹部饰席纹，下腹部饰菱形填线纹。器形不甚规整。口径 19.0、底径 22.6、高 28.6 厘米（图一八五，1；彩版一六二，2）。

钵　1 件。

图一八四　浮山果园JTFD33Q1平、剖面图
1. 陶罐　2. 陶钵　3. 陶鼎

JTFD33Q1：2，泥质黑皮陶，黑皮剥落严重。敛口，内折沿，沿面有一道凹槽，弧腹，平底。口径 18.1、底径 11.2、高 6.8 厘米（图一八五，2；彩版一六二，3）。

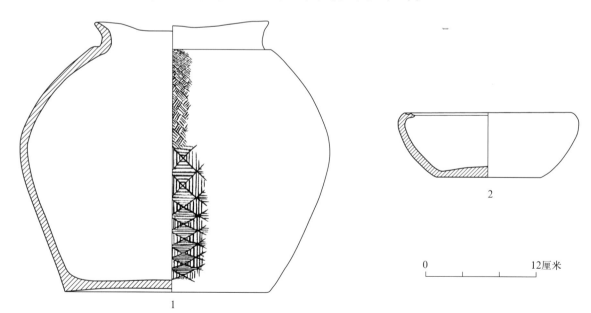

图一八五　浮山果园JTFD33Q1出土器物
1. 陶罐JTFD33Q1：1　2. 陶钵JTFD33Q1：2

四　小结

JTFD33 顶部较平缓，堆积最厚处仅 1.25 米，分为 4 层，其中第③层是最初建墩时的堆土，外侧封土仅有第②层，此层呈环状分布于土墩外围，其顶部可能被晚期破坏。

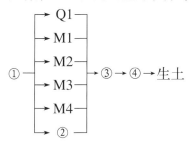

JTFD33 的遗迹大多于土墩中部，共有墓葬 4 座、器物群 1 处，由于上部的封土被坏，最初的开口层位不详，相互关系也无法确定。根据墓葬及器物群出土器物分析，这 5 个遗迹分属早晚两期；JTFD33M2、M4 属早期，位于土墩的中心位置，出土的鼎沿窄而稍卷，腹鼓，足根部有角状耳，器形不规整；硬陶坛肩稍耸，纹饰为折线纹与回纹组合；原始瓷器仅有折腹、圈足较矮的豆；符合西周晚期器物特征。

JTFD33Q1、M1、M3 属晚期，位于土墩的西侧和南侧，出土的夹砂陶鼎折沿较宽，腹直，器形规整；硬陶器肩弧折，底较宽，纹饰是细密的席纹或方格纹与菱形填线纹组合；原始瓷仅见碗，弧腹略鼓，沿很窄；符合春秋中期器物的特征。

因此 JTFD33 的年代上限是西周晚期，下限是春秋中期。早、晚期的年代跨度很大，中间有明显的缺环，是此墩的特点还是属于中期的墓葬被破坏有待探讨。

第三章　东边山土墩墓群

第一节　概述

　　东边山位于句容浮山果园的东南部、天王镇农林村潘家边自然村东侧，为一海拔约 40 米的岗地，当地俗称东边山，东距句容天王镇约 6 千米，西距溧水县城约 30 千米。这一带属茅山西侧低山丘陵地貌，大、小浮山横贯南侧，在这一带的低山岗地上常分布有数量众多的土墩墓群。

　　东边山土墩墓群中心地理坐标为东经 119° 09.794′，北纬 31° 42.984′。墓群位于此次发掘的浮山果园土墩墓群东侧，处在两条相邻南北走向岗地上，相距约 250 米。东边山周围共分布有大小土墩 10 余座，本次发掘了受高速公路工程影响的 5 座土墩墓（编号 JTDD1～D5，简称 D1～D5），均位于岗地顶部（图一八六；彩版一六三），其中 D3、D5 破坏严重，未发现遗迹、遗物，以下不作介绍。

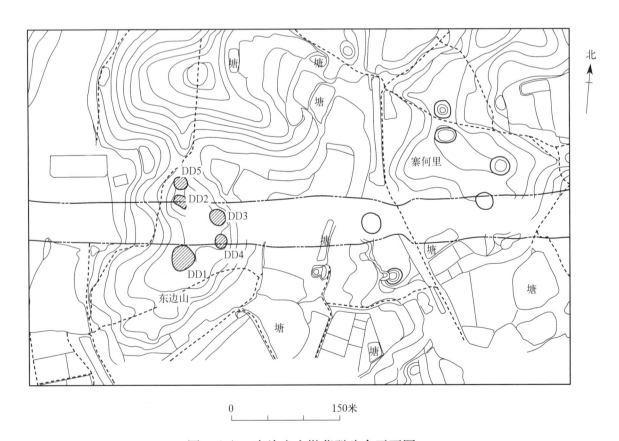

图一八六　东边山土墩墓群分布平面图

第二节　东边山土墩墓D1

一　概况

东边山土墩墓 JTDD1 位于土墩墓群南端，处于东边山中部最高处，东北距 JTDD4 约 35 米。JTDD1 现存形状为平面近圆形的土丘，边缘不太明显，底径约 22 米，高出周围地表约 3 米，据了解土墩原墩较高，在长期耕作中墩顶的土被不断地向四周摊平。墩表现种植庄稼和杂树，南半部还有 10 多个深 1 米多的近现代山芋窖穴。

2004 年高速公路调查时发现该墩，2005 年 4 月 20 日开始发掘，6 月 20 日发掘结束（图一八七；彩版一六四、一六五）。共发现墓葬 15 座以及墓地界墙、护坡等遗迹（彩版一六六），出土随葬器物 278 件。

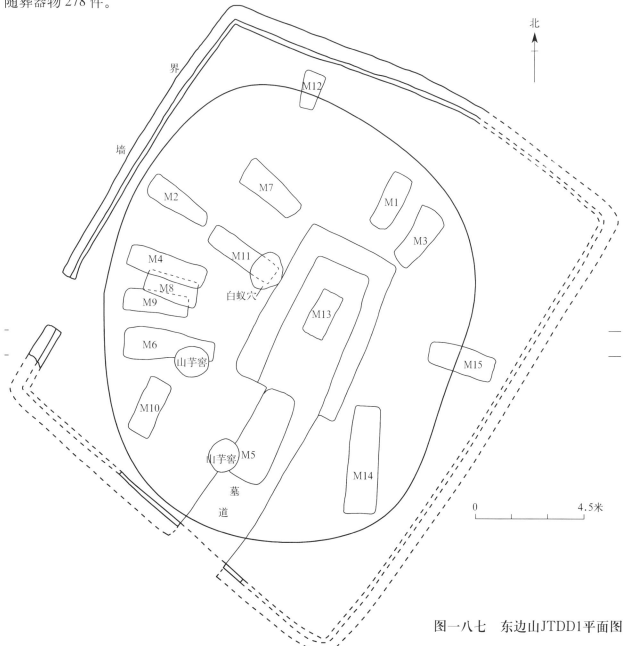

图一八七　东边山JTDD1平面图

二　地层堆积

土墩现存堆积最厚约 2.7 米，根据土质、土色不同可分为 6 层（图一八八；彩版一六七）。

第①层：耕土层，厚 0.10～0.25 米。覆盖于全墩表面，本层下有墓葬 JTDD1M1、M3、M4、M6、M11、M15。

第②层：红褐色土，深 0.10～1.00、厚 0～0.90 米。土质黏而硬，夹大量褐色颗粒，纯净，斜向堆积，不见于墩子顶部，呈环形分布于土墩周边。本层下有墓葬 JTDD1M2、M5、M7～M10、M12～M14。

第③层：暗褐色土，深 0.15～1.05、厚 0～0.60 米。土质黏而硬，夹大量灰黄土，纯净，斜向堆积，分布于墩子的西侧偏底部，东南部不见。

第④层：灰黄色土，深 0.10～2.30、厚 0～2.20 米。土质纯而细腻，分布于土墩中部，呈馒头状，四周薄，中部厚，中间空出近长方形的墓坑及墓道。该层实际是堆筑中心墓葬 JTDD1M13 墓坑及墓道的堆积。

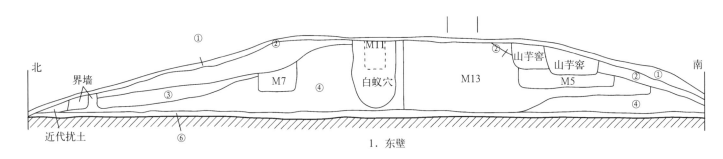

1. 东壁

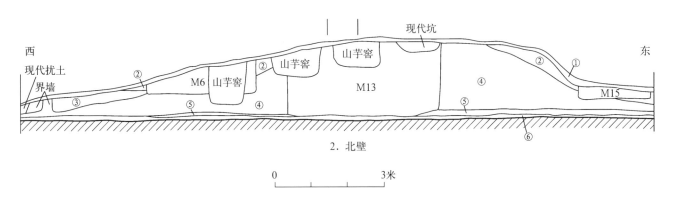

2. 北壁

0　　　　　3米

图一八八　东边山 JTDD1 剖面图

第⑤层：青灰色土，距顶部深 2.25～2.50、厚约 0.25 米。土质纯净、细腻，呈水平分布于墩子的底部东西两侧，中部南北向宽约 2.00 米未见分布。JTDD1M13、界墙和护坡即建于该层面上。

第⑥层：浅红色土，距顶部深 2.50～2.70、厚 0.05～0.20 米。土质纯净而细腻，夹少量褐斑，呈水平分布于墩子底部。

第⑥层下为红褐色生土。

三　遗迹遗物

（一）墓葬

该墩共清理墓葬 15 座，均有墓坑，JTDD1M13 位于土墩中心，其他墓葬围绕 JTDD1M13 的周围，从有人骨腐痕和牙齿推测墓葬主人均头朝向中心的 JTDD1M13。

1．JTDD1M1

JTDD1M1 位于土墩的东北侧。开口于第①层下，打破第②层（图一八九；彩版一六八，1、2）。为竖穴土坑墓，墓坑开口面略倾斜，南高北低，平面近长方形，方向约 30°。长约 2.40、宽 0.91～0.98 米，直壁，局部因斜向堆积的挤压略有变形，深 0.45～0.65 米。墓坑内填红褐色土，质略硬，夹大量褐色颗粒。墓坑南侧发现一组人牙齿（彩版一六八，3）。随葬器物集中放置于墓葬北侧，泥质陶盆扣于夹砂陶鼎及硬陶坛之上作器盖用。

出土器物 10 件。包括夹砂陶器 1 件、泥质陶器 6 件、硬陶器 3 件；器形有鼎、坛、罐、瓿、盆、器盖。

鼎　1 件。

JTDD1M1：4，夹砂红陶。侈口，圆唇，折沿，直腹，圜底，腹、底间折，扁锥形足。一足根及其对称的位置各设一个角状耳。口径 13.0、高 9.0 厘米（图一九〇，1；彩版一六九，1）。

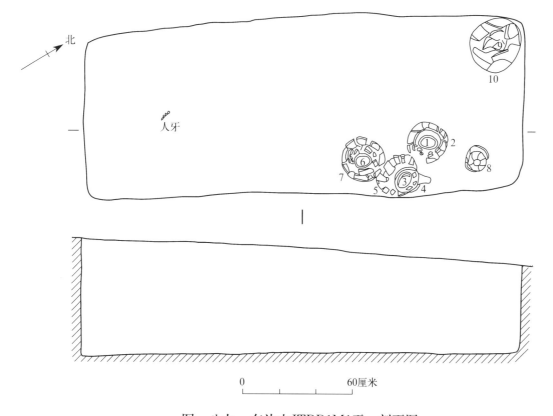

图一八九　东边山JTDD1M1平、剖面图

1、6、8. 陶器盖　2、7. 硬陶瓿　3、9. 陶盆　4. 陶鼎　5. 陶罐　10. 硬陶坛

坛　1件。

JTDD1M1：10，灰色硬陶。侈口，窄卷沿，沿面内凹，折肩，深弧腹，底微凹。上腹部设一对耳，耳以单股泥条制成绞索状。肩部饰弦纹，上腹部饰席纹，下腹部饰菱形填线纹。口径21.4、底径19.2、高44.0厘米（图一九〇，2；彩版一六九，2）。

罐　1件。

JTDD1M1：5，泥质黑皮陶。直口微侈，斜方唇，沿面内凹，溜肩，中部有一道折棱，鼓腹，平底。肩部设一对竖耳。颈部饰弦纹。口径10.2、底径8.5、高14.6厘米（图一九〇，3；彩版一六九，3）。

瓿　2件。

JTDD1M1：2，硬陶，侈口，尖唇，窄卷沿，沿面内凹，溜肩，扁鼓腹，底微凹。肩部设一对泥

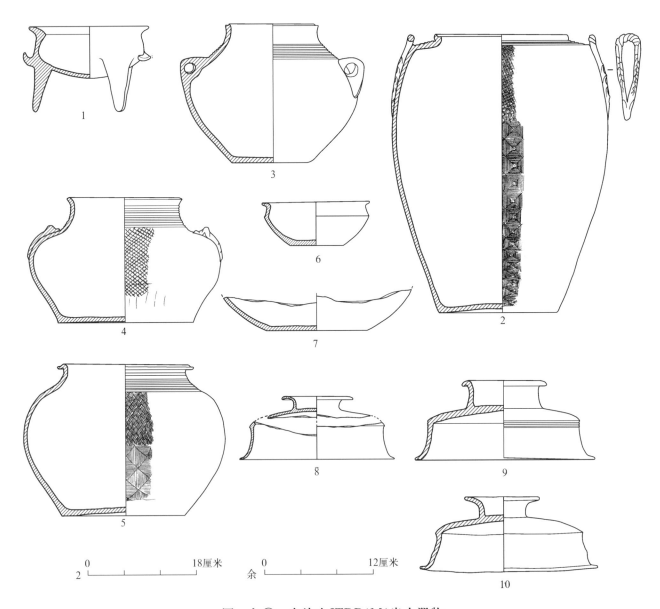

图一九〇　东边山JTDD1M1出土器物

1. 陶鼎JTDD1M1：4　2. 硬陶坛JTDD1M1：10　3. 陶罐JTDD1M1：5　4、5. 硬陶瓿JTDD1M1：2、7　6、7. 陶盆JTDD1M1：3、9　8~10. 陶器盖JTDD1M1：1、6、8

条形堆饰。颈部饰弦纹，肩、腹部饰方格纹。口径 12.6、底径 14.8、高 13.2 厘米（图一九〇，4；彩版一六九，4）。

JTDD1M1：7，硬陶，侈口，圆唇，卷沿外翻，沿面下凹，溜肩，扁鼓腹，底略凹。颈部饰弦纹，肩及上腹部饰席纹，下腹部饰菱形填线纹。口径 15.0、底径 13.4、高 16.0 厘米（图一九〇，5；彩版一七〇，1）。

盆 2 件。

JTDD1M1：3，泥质黑皮陶。侈口，圆唇，卷沿，沿面有一道凹槽，折腹，平底。口径 11.8、底径 5.8、高 4.6 厘米（图一九〇，6；彩版一七〇，2）。

JTDD1M1：9，泥质黑皮陶。口及上腹残，下腹弧收，平底。底径 11.0、残高 4.0 厘米（图一九〇，7）。

器盖 3 件。

泥质黑皮陶。整体呈覆豆形，喇叭状捉手，弧顶，壁内凹，顶、壁间折，敞口，卷沿。

JTDD1M1：1，弧顶残，尖圆唇。沿面饰一道凹槽。捉手径 7.8、口径 17.0 厘米（图一九〇，8）。

JTDD1M1：6，圆唇，沿面有一道凹槽。器表可见有轮修旋纹。捉手径 9.2、口径 19.8、高 8.4 厘米（图一九〇，9；彩版一七〇，3）。

JTDD1M1：8，器形不甚规则。捉手径 8.2、口径 19.2、高 8.0 厘米（图一九〇，10；彩版一七〇，4）。

2．JTDD1M2

JTDD1M2 位于土墩的西北侧。开口于第②层下，打破第③层（图一九一；彩版一七一，1）。为竖穴土坑墓，墓坑开口面略倾斜，西南高东北低，平面近梯形，方向约 304°。长约 2.75、宽 0.65～0.95 米，壁近直，底略向外侧倾斜，深 0.52～0.72 米。填土暗褐色土，质略硬，夹灰黄土和褐色颗粒。墓东南端见人头骨、牙，中部见一段下肢骨腐痕。

出土器物 5 件。包括硬陶坛、硬陶瓿、夹砂陶鼎各 1 件，泥质陶器盖 2 件。均放置于墓坑西北端。

鼎 1 件。

JTDD1M2：5，夹砂红陶。侈口，圆唇，卷沿，束颈，折腹，圜底，扁锥形足。一足跟部设角状耳，器表有烟炱。口径 23.4、高 18.0 厘米（图一九二，1；彩版一七一，2）。

坛 1 件。

JTDD1M2：1，硬陶，侈口，尖唇，卷沿，沿面内凹，弧折肩，鼓腹，平底微凹。颈部饰弦纹，肩部饰席纹，腹部饰方格纹。口径 20.0、底径 19.4、高 43.2 厘米（图一九二，2；彩版一七一，3）。

瓿 1 件。

JTDD1M2：3，灰褐硬陶。侈口，尖唇，卷沿，束颈，溜肩，扁鼓腹，底略内凹。肩部设一对竖耳。颈部饰弦纹，肩、腹饰方格纹。器内可见泥条接缝，指按痕。口径 12.2、底径 13.2、高 13.4 厘米（图一九二，3；彩版一七一，4）。

盆 1 件。

JTDD1M2：4，泥质黑皮陶。侈口，圆唇，卷沿，沿面有一道凹槽，束颈，折腹，下腹斜收，小平底。口径 21.6、底径 8.2、高 6.0 厘米（图一九二，4）。

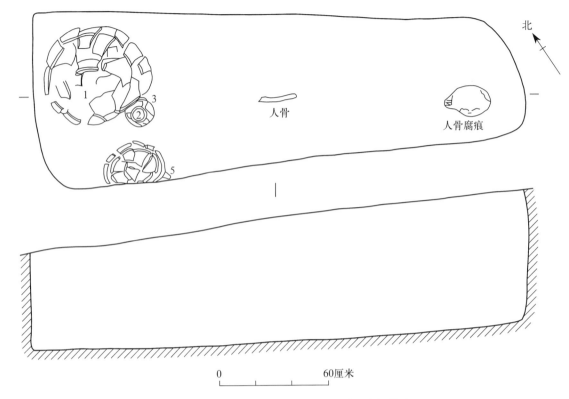

0　　　　　　　　60厘米

图一九一　东边山JTDD1M2平、剖面图

1. 硬陶坛　2. 陶器盖　3. 硬陶瓿　4. 陶盆　5. 陶鼎

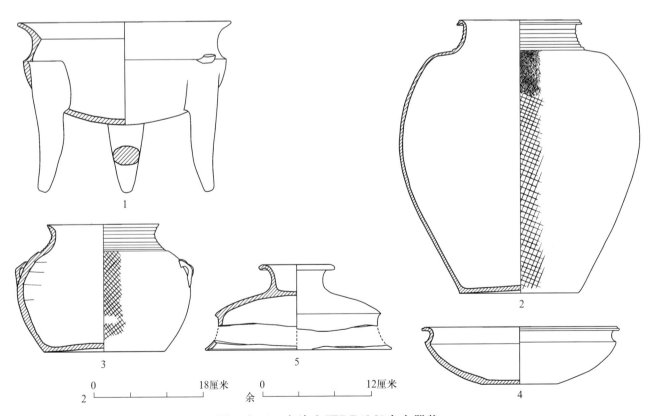

0　　　　　18厘米　　0　　　　　12厘米

图一九二　东边山JTDD1M2出土器物

1. 陶鼎JTDD1M2：5　2. 硬陶坛JTDD1M2：1　3. 硬陶瓿JTDD1M2：3　4. 陶盆JTDD1M2：4　5. 陶器盖JTDD1M2：2

器盖　1件。

JTDD1M2：2，泥质黑皮陶。整体呈覆豆形，喇叭状捉手，弧顶，壁内弧，顶、壁间折，敞口，尖唇，卷沿外翻。捉手径8.3、口径20.5、高9.0厘米（图一九二，5）。

3. JTDD1M3

JTDD1M3位于土墩的东北侧，JTDD1M1的东南侧。开口于第①层下，打破第②层面（图一九三；彩版一七二，1）。为竖穴土坑墓，墓坑开口面略倾斜，西南高东北低，平面呈梯形，方向约42°。长约2.65、宽0.73～1.26米，直壁，底稍平，深0.39～0.57米。墓坑内填红褐土，质略硬，夹大量褐色颗粒。墓底西南侧发现有部分牙齿。

出土器物共10件。包括硬陶坛、硬陶瓿、泥质陶罐、夹砂陶鼎、原始瓷碗和泥质陶器盖等，主要放置于东侧，大致排列成一条直线。

鼎　2件。夹砂红陶。侈口，圆唇，扁锥形足。

JTDD1M3：7，折沿，沿尖卷曲，直颈，弧腹，圜底。口径17.0、高13.6厘米（图一九四，1；彩版一七二，2）。

JTDD1M3：10，折沿，弧腹残缺。口径20.0厘米（图一九四，2）。

坛　1件。

JTDD1M3：1，灰色硬陶。侈口，方唇，卷沿外翻，束颈，弧折肩，深弧腹，底略内凹。颈部饰弦纹，肩、腹部饰席纹和方格纹的组合纹饰。口径16.8、底径21.6、高47.4厘米（图一九四，3；彩

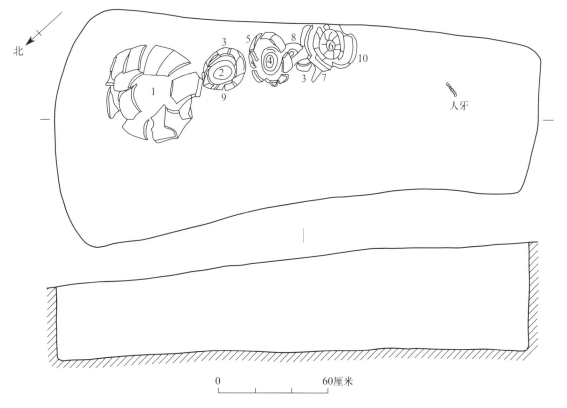

图一九三　东边山JTDD1M3平、剖面图

1. 硬陶坛　2、9. 原始瓷碗　3. 硬陶瓿　4、6、8. 陶器盖　5. 陶罐　7、10. 陶鼎

版一七二，3)。

　　罐　1件。

　　JTDD1M3∶5，泥质黑皮陶。直口，尖唇，卷沿，沿面内凹，束颈，弧肩，鼓腹，底略凹。肩部设一对贯耳。口径12.4、底径11.2、高23.8厘米（图一九四，4；彩版一七二，4)。

0　　　　　18厘米
3

0　　　　　9厘米
6～10

0　　　　　12厘米
余

图一九四　东边山JTDD1M3出土器物

1、2. 陶鼎JTDD1M3∶7、10　3. 硬陶坛JTDD1M3∶1　4. 陶罐JTDD1M3∶5　5. 硬陶瓿JTDD1M3∶3　6、7. 原始瓷碗
JTDD1M3∶2、9　8～10. 陶器盖JTDD1M3∶4、6、8

瓿　1件。

JTDD1M3：3，灰色硬陶。敛口，折沿，唇面有一道凹槽，尖圆唇，折肩起棱，扁鼓腹，平底微凹。上腹堆贴一对耳状饰，用双股泥条捏制成绞索状。上腹部水波纹，下腹部饰回纹与平行线纹的组合纹。口径12.6、底径16.8、高13.2厘米（图一九四，5；彩版一七三，1）。

碗　2件。

原始瓷。敞口，圆唇，折沿，沿面内凹，弧腹，平底略凹。器内见有螺旋纹。

JTDD1M3：2，灰黄色胎。沿面有一道凹槽。施黄色釉，脱落殆尽。口径14.3、底径6.0、高5.2厘米（图一九四，6；彩版一七三，2）。

JTDD1M3：9，灰色胎。沿面有两道凹槽。施青黄色釉，脱落殆尽。口径14.5～15.4、底径8.0、高3.7厘米（图一九四，7；彩版一七三，3）。

器盖　3件。

泥质黑皮陶。整体呈覆豆形，喇叭形捉手，弧顶，壁内弧，顶、壁间折，敞口，圆唇，卷沿，沿面有一凹槽。

JTDD1M3：4，捉手径7.8、口径17.2、高6.0厘米（图一九四，8；彩版一七三，4）。

JTDD1M3：6，捉手径8.0、口径18.4、高7.4厘米（图一九四，9；彩版一七三，5）。

JTDD1M3：8，残碎严重，无法复原（图一九四，10）。

4．JTDD1M4

JTDD1M4位于土墩的西侧。开口于第①层下，打破第②层（图一九五；彩版一七四，1）。为竖穴土坑墓，墓坑平面近长方形，方向约289°。长约3.30、宽0.80～0.95米，直壁，底略向西斜，深0.39～0.51米。墓坑内填红褐色土，质略硬，夹大量褐色颗粒。墓底东侧发现少量人牙齿。随葬的3件原始瓷器放置于墓中部，呈品字形分布，其余器物大致呈一条直线放置于墓北侧。

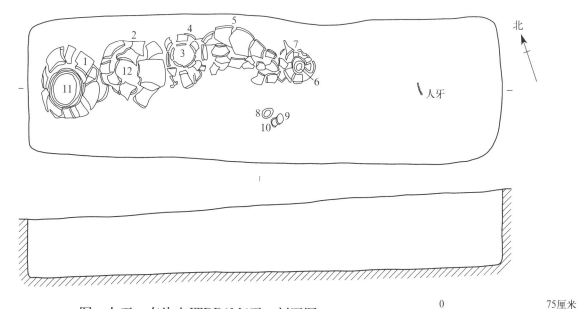

图一九五　东边山JTDD1M4平、剖面图

1、2．硬陶坛　3、6、11、12．陶器盖　4．硬陶罐　5．陶罐　7．陶鼎　8、10．陶碗　9．陶钵

出土器物 12 件。包括夹砂陶器 1 件，泥质陶器 5 件，硬陶器 3 件，原始瓷 3 件；器形有鼎、坛、罐、碗和器盖。

鼎　1 件。

JTDD1M4：7，夹砂红褐陶。侈口，圆唇，卷沿，束颈，弧腹，圜底，扁锥形足。口径 18.6、高 13.8 厘米（图一九六，1；彩版一七四，2）。

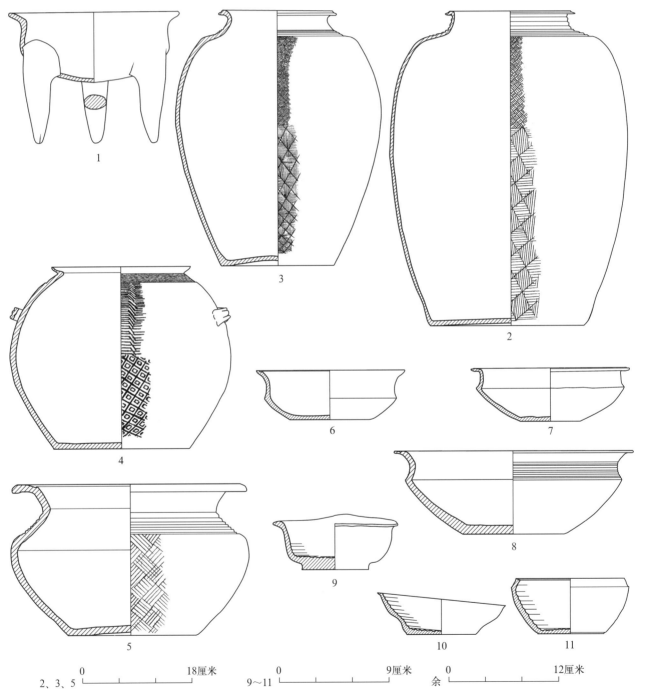

图一九六　东边山 JTDD1M4 出土器物

1. 陶鼎 JTDD1M4：7　2、3. 硬陶坛 JTDD1M4：1、2　4. 硬陶罐 JTDD1M4：4　5. 陶罐 JTDD1M4：5　6～8. 陶盆 JTDD1M4：3、6、12　9、10. 原始瓷碗 JTDD1M4：8、10　11. 原始瓷钵 JTDD1M4：9

坛　2 件。

JTDD1M4：1，灰色硬陶。侈口，尖唇，卷沿，沿面外侧下凹，束颈，弧肩，深弧腹，底微凹。颈饰弦纹，肩及上腹部饰席纹，下腹部饰菱形填线纹。口径 21.3、底径 25.0、高 49.8 厘米（图一九六，2；彩版一七四，3）。

JTDD1M4：2，褐色硬陶。侈口，尖唇，卷沿，沿面外侧下凹，束颈，弧肩，深弧腹，底微凹。颈饰弦纹，肩及上腹部饰席纹，下腹部饰菱形填线纹。器体上半部有青绿色爆浆釉。口径 19.2、底径 18.4、高 40.4 厘米（图一九六，3；彩版一七四，4）。

罐　2 件。

JTDD1M4：4，灰色硬陶。侈口，尖唇，卷沿，沿面微凹，溜肩，鼓腹，底微凹。上腹设一对横耳，耳捏制成 3 股泥条状。颈部饰水波纹，肩及上腹部饰折线纹，下腹部饰回纹。口径 15.2、底径 14.8、高 19.2 厘米（图一九六，4；彩版一七五，1）。

JTDD1M4：5，泥质红陶。敞口，卷沿，沿面有一道凹槽，高束颈，鼓腹，平底。颈部饰弦纹，腹部饰席纹。口径 36.6、底径 21.0、高 24.0 厘米（图一九六，5；彩版一七五，2）。

盆　4 件。

泥质黑皮陶，均作器盖用。敞口，圆唇，卷沿，沿面微凹，束颈，折腹，平底。

JTDD1M4：3，口径 16.3、底径 8.6、高 5.2 厘米（图一九六，6）。

JTDD1M4：6，口径 17.2、底径 6.4、高 5.6 厘米（图一九六，7）。

JTDD1M4：12，上腹部饰弦纹。口径 26.0、底径 11.0、高 8.8 厘米（图一九六，8；彩版一七五，3）。

JTDD1M4：11，口径 22.0、底径 10.4、高 5.0 厘米。

碗　2 件。

JTDD1M4：8，原始瓷，灰黄色胎。敞口，圆唇，折沿，弧腹，平底。器内壁有螺旋纹。施青绿色釉。口径 10.2、底径 5.4、高 4.4 厘米（图一九六，9；彩版一七五，4）。

JTDD1M4：10，原始瓷，灰色胎。敞口，尖唇，折沿，弧腹，平底。器内壁有螺旋纹。器形不规则。施灰绿色釉，脱落殆尽。口径 10.5、底径 5.6、高 3.0 厘米（图一九六，10；彩版一七五，6）。

钵　1 件。

JTDD1M4：9，原始瓷，灰色胎。敛口，方唇，唇面内凹，折肩，弧腹，平底。器内有轮制时留下的旋痕。施青绿色釉，釉层稀薄。口径 8.8、底径 5.2、高 4.4 厘米（图一九六，11；彩版一七五，5）。

5. JTDD1M5

JTDD1M5 位于土墩南部。开口于第②层下，打破 JTDD1M13 墓道，墓坑西壁与墓道近乎重合，西南被山芋窖打破（图一九七；彩版一七六，1）。为竖穴土坑墓，墓坑口、底略倾斜，北高南低，平面近长方形，方向约 208°。长约 4.1、宽 1.20～1.60 米，直壁，深约 0.46 米。墓坑内填暗灰色土，质略松，夹少量黄土块和褐土粒。墓底北侧发现有人牙 1 颗，从人牙位置可见墓主人头北、脚南。随葬器物主要放置于墓坑南端，北端放置一个四耳罐，人牙位置有一对玦。

出土器物 38 件。包括夹砂陶器 4 件、泥质陶器 19 件、硬陶器 9 件，原始瓷器 4 件，石器 2 件；器形有鼎、坛、罐、瓿、豆、盆、盘、盂、器盖、纺轮、玦等。

鼎　3 件。

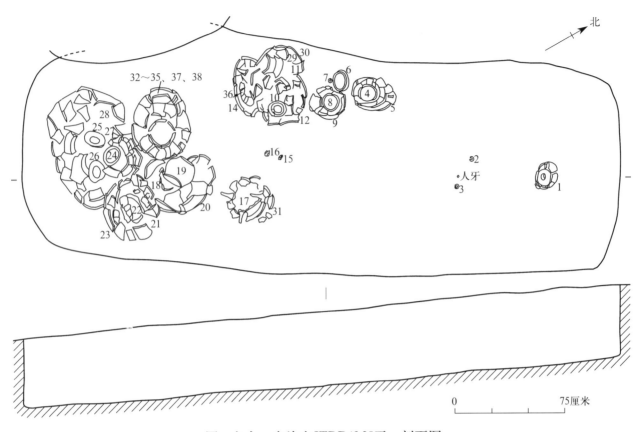

图一九七　东边山JTDD1M5平、剖面图

1、6、21、35、38.陶罐　2、3.玉玦　4、8、10、18、22、29、32、33、37.陶器盖　5、9、30.硬陶瓿　7、15、16.陶纺轮　11、19.硬陶罐　12、14、17.陶鼎　13.陶盘　20、23、28.硬陶坛　24～26、31.原始瓷豆　27、36.陶盆　34.硬陶盉

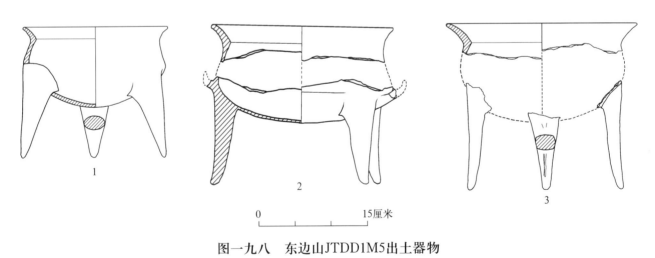

图一九八　东边山JTDD1M5出土器物

1～3.陶鼎JTDD1M5：12、14、17

　　JTDD1M5：12，夹砂红陶。侈口，圆唇，折沿，弧腹，扁锥形足。口径19.0、高16.4厘米（图一九八，1）。

　　JTDD1M5：14，夹砂红陶。侈口，圆唇，折沿，弧腹，残，圜底，锥形足，一足根部及其对称位置各置一角状耳。口径24.0、足高13.8厘米（图一九八，2）。

　　JTDD1M5：17，夹砂红陶。侈口，圆唇，折沿，腹、底残破严重，无法修复。扁锥形足，细长，足尖略外撇。口径 25.0 厘米（图一九八，3）。

坛　3 件。

侈口，卷沿，沿面下凹，束颈，弧肩，深弧腹。颈部饰弦纹。

JTDD1M5：20，褐色硬陶。圆唇，平底。肩及上腹部饰席纹，下腹部饰方格纹。口径 18.2、底径 18.0、高 40.8 厘米（图一九九，1；彩版一七七，1）。

JTDD1M5：23，灰色硬陶。方圆唇，平底。肩及上腹部饰席纹，下腹部饰方格纹。内壁可见泥条及刮抹痕迹。口径 19.6、底径 18.3、高 43.8 厘米（图一九九，2；彩版一七七，2）。

JTDD1M5：28，褐色硬陶。方圆唇，底内凹。肩部饰菱形填线纹，腹部饰方格纹。口径 24.0、底径 22.4、高 63.6 厘米（图一九九，3；彩版一七六，3；彩版一七七，3）。

罐　7 件。

JTDD1M5：11，灰色硬陶。侈口，圆唇，卷沿，沿面有一道凹槽，束颈，弧肩，鼓腹，平底。上腹对称置 3 个辫形堆纹，上端有穿孔。肩部饰菱形填线纹。口径 15.3、底径 18.4、高 26.0 厘米（图

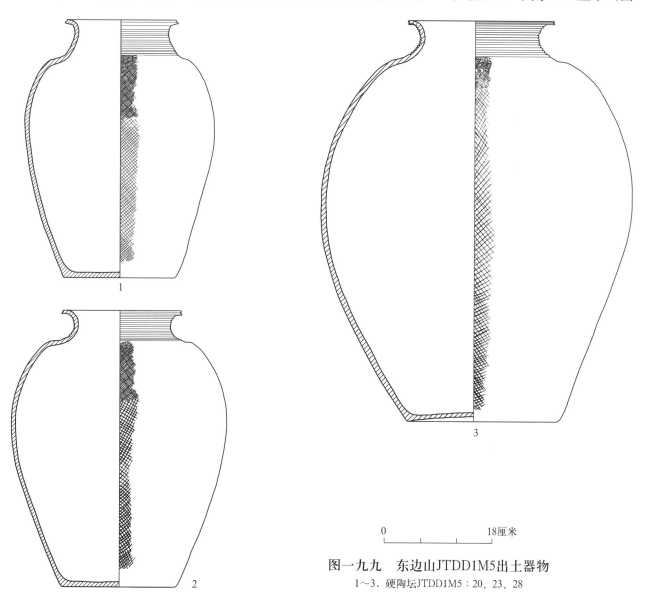

0　　　　　　　　18厘米

图一九九　东边山JTDD1M5出土器物

1～3. 硬陶坛JTDD1M5：20、23、28

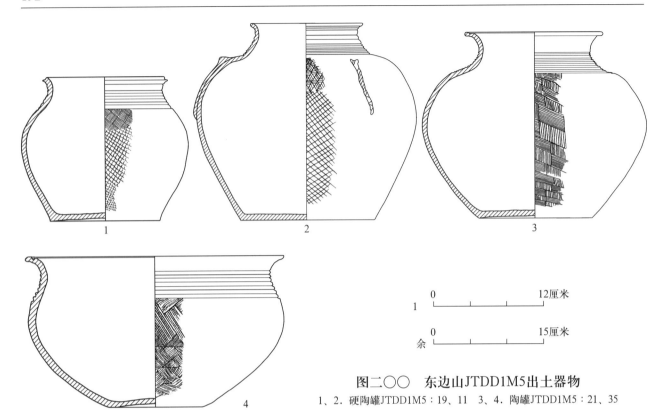

图二〇〇　东边山JTDD1M5出土器物
1、2. 硬陶罐JTDD1M5：19、11　3、4. 陶罐JTDD1M5：21、35

二〇〇，2；彩版一七六，2）。

JTDD1M5：19，灰色硬陶。侈口，斜方唇，唇面有一道凹槽，卷沿，束颈，溜肩，鼓腹，底略凹。颈部饰弦纹，肩部饰席纹，腹部饰方格纹。口径13.6、底径12.0、高15.2厘米（图二〇〇，1；彩版一七六，3）。

JTDD1M5：21，泥质红陶。侈口，圆唇，卷沿，沿面有一道凹槽，束颈，鼓腹，底略凹。颈部饰弦纹，肩、腹部饰菱形填线纹。口径18.8、底径15.2、高24.6厘米（图二〇〇，3；彩版一七六，5）。

JTDD1M5：35，泥质桔黄陶。敞口，圆唇，卷沿，沿面有一道凹槽，束颈，弧腹，底略凹。腹部饰几何形填线纹。口径35.8、底径12.8、高20.2厘米（图二〇〇，4；彩版一七六，4）。

JTDD1M5：1，泥质黑皮陶。口、颈残，扁鼓腹，上腹对称设置4个竖耳，底微凹。最大腹径15.0、底径6.6、残高7.2厘米（图二〇二，2）。

JTDD1M5：6，泥质灰陶。口微敛，斜方唇，唇面有一道槽，卷沿，束颈，折腹，平底。口径9.0、底径5.0、高5.5厘米（图二〇二，3；彩版一七九，2）。

JTDD1M5：38，泥质黑皮陶。口微敛，斜方唇，唇面有一道槽，卷沿，折腹，平底。口径8.0、底径5.0、高4.0厘米（图二〇二，4）。

瓿　3件。

灰胎硬陶。侈口，卷沿，束颈，扁鼓腹。颈部饰弦纹。

JTDD1M5：5，灰褐色硬陶，器形较扁。尖唇，折肩，底稍凹。肩部对称设置4只竖耳。肩及上腹部饰席纹，下腹部饰方格纹。口径12.0、底径13.6、高15.0厘米（图二〇一，1；彩版一七七，4）。

JTDD1M5：9，沿面有一道凹槽，尖唇，溜肩，底近平。肩部贴附一对泥条堆饰。颈部饰弦纹，

豆　4件。

原始瓷。敞口，尖圆唇，折腹，喇叭形矮圈足。器内折腹部可见有弦纹数周。器形不甚规整。

JTDD1M5：24，灰黄色胎。施黄色釉，剥落殆尽。口径19.2、底径7.4、高7.3厘米（图二〇一，4；彩版一七八，3）。

JTDD1M5：25，灰色胎。施青黄色釉，釉层较薄，多剥落。口径13.0～15.6、底径6.1、高6.7厘米（图二〇一，5；彩版一七八，4）。

JTDD1M5：26，灰色胎。施青黄色釉，剥落殆尽。凹面沿。口径14.8、底径5.8、高6.8厘米（图二〇一，6；彩版一七八，5）。

JTDD1M5：31，灰黄色胎。圈足略变形。施黄色釉，剥落殆尽。口径12.5、底径5.8、高5.4厘米（图二〇一，7；彩版一七八，6）。

盆　2件。

JTDD1M5：27，泥质黑皮陶，黑皮多剥落。烧成火候低，无法复原。侈口，圆唇，折沿，沿面有一道凹槽，折腹，平底。上腹部饰弦纹，下腹部饰席纹。作器盖用。

JTDD1M5：36，泥质红陶。敞口，卷沿，折腹。破碎严重，无法复原。作器盖用。

盘　1件。

JTDD1M5：13，泥质黑皮陶。敞口，尖圆唇，卷沿，沿面有一道凹槽，束颈，折腹，平底。口径26.0、底径10.0、高5.2厘米（图二〇二，1；彩版一七九，1）。

盂　1件。

JTDD1M5：34，灰褐色硬陶。口微敛，圆唇，折腹，饼形足，平底。上腹及器内底有细密的轮制旋纹，外底有线切割痕。口径8.0、底径5.2、高4.5厘米（图二〇二，5；彩版一七九，3）。

器盖　9件。

1件为夹砂红陶。其余8件为泥质黑皮陶。整体呈覆豆形，喇叭状捉手，弧顶，壁内弧，顶、壁间折，敞口，圆唇，卷沿，沿面有一道凹槽。

JTDD1M5：22，夹砂红陶。整体呈半球形，环形纽，顶部稍残缺，口微敛。口径26.0厘米（图二〇三，1）。

JTDD1M5：4，泥质黑皮陶。顶多残缺。捉手径8.4、口径20.0厘米（图二〇三，2）。

JTDD1M5：8，泥质黑皮陶。捉手径8.2、口径18.4、高7.0厘米（图二〇三，3；彩版一七九，4）。

JTDD1M5：10，泥质黑皮陶。捉手径8.8、口径18.0、高7.4厘米（图二〇三，4）。

JTDD1M5：18，泥质黑皮陶。捉手径8.4、口径17.6、高7.4厘米（图二〇三，5；彩版一七九，5）。

JTDD1M5：29，泥质黑皮陶。破碎严重，无法复原。

JTDD1M5：32，泥质黑皮陶。捉手径5.6、口径11.4、高4.8厘米（图二〇三，6；彩版一七九，6）。

JTDD1M5：33，泥质黑皮陶。捉手径5.7、口径10.9、高5.0厘米（图二〇三，7）。

JTDD1M5：37，泥质黑皮陶。捉手径6.4、口径11.6、高5.2厘米（图二〇三，8）。

纺轮　3件。

泥质黑皮陶。算珠形，中部有一穿孔。器表饰弦纹。

JTDD1M5：7，腹径4.2、孔径0.6、高2.8厘米（图二〇二，6）。

JTDD1M5：15，腹径3.6、孔径0.5～0.8、高2.6厘米（图二〇二，7）。

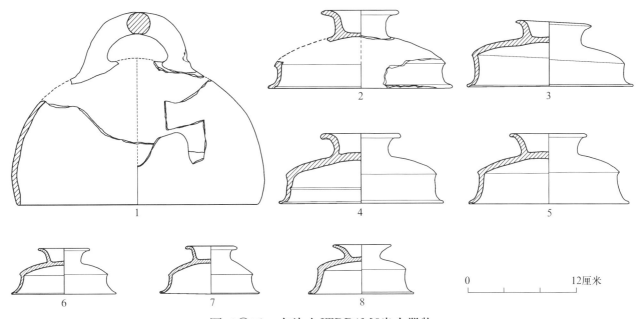

图二○三　东边山JTDD1M5出土器物

1~8. 陶器盖JTDD1M5：22、4、8、10、18、32、33、37

JTDD1M5：16，腹径3.9、孔径0.3～0.7、高2.5厘米（图二○二，8）。

玉玦　2件。

JTDD1M5：2，近圆环形，有一小缺口。直径3.3、厚1.1厘米（图二○二，9）。

JTDD1M5：3，近圆环形，有一小缺口。直径3.4、厚1.1厘米（图二○二，10）。

6. JTDD1M6

JTDD1M6位于土墩的西侧，JTDD1M9南部。开口于第①层下，打破第②层，东南角被现代山芋窖打破（图二○四；彩版一八○，1、2）。为竖穴土坑墓，墓坑开口面略倾斜，东高西低，平面呈梯形，方向约274°。长约3.60、宽0.75～1.20米，直壁，底略向东侧倾斜，深0.42～1.05米。墓坑内填暗褐色土，质略硬，夹黄土块。除原始瓷碗放置于墓中部外，其余器物放置于墓坑西端和墓坑的北侧。

出土器物40件。包括夹砂陶器4件、泥质陶器13件、硬陶器10件、原始瓷器13件；器形有鼎、坛、罐、瓿、钵、碗、器盖、纺轮。

鼎　3件。

夹砂红陶。侈口，圆唇，折沿，弧腹，圜底。

JTDD1M6：9，扁锥形足。一足跟及其对称位置各设一角状耳。口径26.6、高21.4厘米（图二○五，1；彩版一八一，1）。

JTDD1M6：13，腹、底间折，扁锥形足，尖部略外撇。口径14.9、高10.2厘米（图二○五，2；彩版一八一，2）。

JTDD1M6：15，破碎严重，无法复原。

坛　5件。

侈口，卷沿，沿面内凹，束颈，弧肩略折，深弧腹，底微内凹。

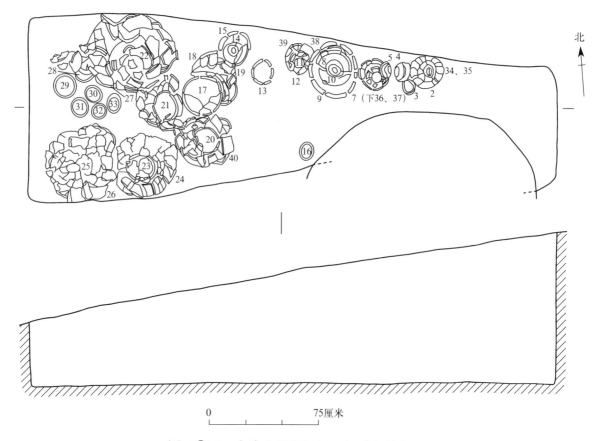

图二〇四　东边山JTDD1M6平、剖面图

1、8、14、25、40. 陶器盖　2、12、37、39. 硬陶瓿　3～5、11、16、17、27～33. 原始瓷碗　6、18. 陶钵　7、35. 陶罐　9、13、15. 陶鼎　10. 陶纺轮　19. 硬陶罐　20、23、24、26. 硬陶坛　21. 陶坛　22、34、36、38. 陶盆

JTDD1M6：20，灰色硬陶。尖圆唇。颈部饰弦纹，肩及上腹部饰席纹，下腹部饰菱形填线纹。口径 17.3、底径 19.5、高 35.4 厘米（图二〇六，1；彩版一八一，3）。

JTDD1M6：21，泥质红陶。圆唇，肩及上腹部饰细小方格纹，下腹部饰菱形填线纹。口径 18.0、底径 19.0、高 38.4 厘米（图二〇六，2；彩版一八二，1）。

JTDD1M6：24，灰色硬陶。圆唇。颈部饰弦纹，肩及上腹部饰席纹，下腹部饰菱形填线纹。口径 18.0、底径 20.0、高 37.8 厘米（图二〇六，3；彩版一八二，2）。

JTDD1M6：26，灰色硬陶。圆唇。颈部饰弦纹，肩及上腹部饰席纹，下腹部饰菱形填线纹。口径 21.4、底径 22.0、高 44.4 厘米（图二〇六，4；彩版一八二，3）。

JTDD1M6：23，灰色硬陶。圆唇。颈部饰弦纹，肩及上腹部饰席纹，下腹部饰菱形填线纹。口径 23.6、底径 23.6、高 52.4 厘米（图二〇六，5；彩版一八二，4）。

罐　2件。

JTDD1M6：7，泥质黑皮陶。敛口，斜方唇，唇面有一道凹槽，斜颈，弧肩，鼓腹，平底。上腹设置一对竖耳颈部饰数道弦纹。口径 9.6、底径 10.0、高 13.4 厘米（图二〇五，3；彩版一八一，4）。

JTDD1M6：19，褐色硬陶。侈口，圆唇，卷沿，沿面内凹，弧肩，鼓腹，平底。颈部饰浅细弦纹，肩及上腹部饰席纹，下腹部饰菱形填线纹。口径 19.6、底径 20.5、高 25.4 厘米（图二〇五，4；彩版一八一，5）。

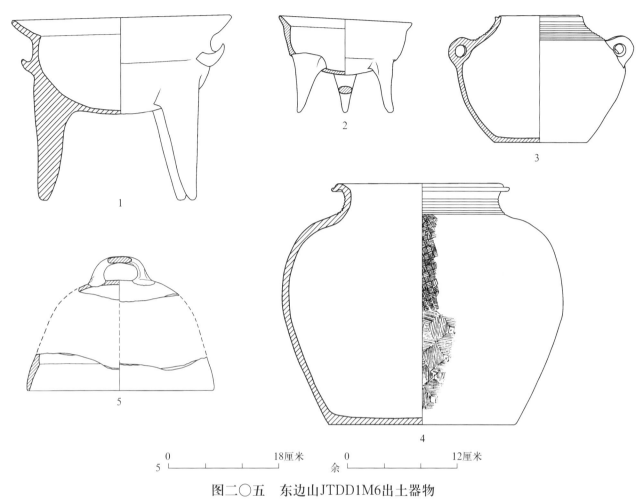

图二〇五　东边山JTDD1M6出土器物

1、2. 陶鼎JTDD1M6：9、13　3. 陶罐JTDD1M6：7　4. 硬陶罐JTDD1M6：19　5. 陶器盖JTDD1M6：25

瓿　5件。

硬陶。侈口，卷沿，沿面内凹，束颈，扁鼓腹。肩、腹部饰席纹。

JTDD1M6：2，灰色胎。尖圆唇，弧肩略折，平底。颈部饰弦纹。口径12.8、底径16.0、高12.2厘米（图二〇七，1；彩版一八三，1）。

JTDD1M6：12，褐色胎。尖唇，斜折肩，凹底。口径12.6、底径14.9、高11.3厘米（图二〇七，2；彩版一八三，2）。

JTDD1M6：35，灰色胎。圆唇，弧肩，平底。肩及上腹部饰席纹，下腹部饰菱形填线纹。口径15.0、底径18.4、高19.2厘米（图二〇七，3）。

JTDD1M6：37，灰色胎。尖唇，弧肩略折，底近平。颈部饰弦纹。器身略歪。口径14.2、底径15.2、高13.6厘米（图二〇七，4；彩版一八三，3）。

JTDD1M6：39，灰色胎。斜方唇，弧肩略折，底不平，四周稍内凹。肩上部饰弦纹，并有一刻划符号。口径11.5、底径14.6、高12.8厘米（图二〇七，5；彩版一八三，4）。

盆　4件。

泥质黑皮陶。敞口，沿面有一道凹槽，卷沿，折腹。

JTDD1M6：22，圆唇，颈微束。上腹部饰弦纹。口径31.4、底径14.0、高11.0厘米（图二〇八，

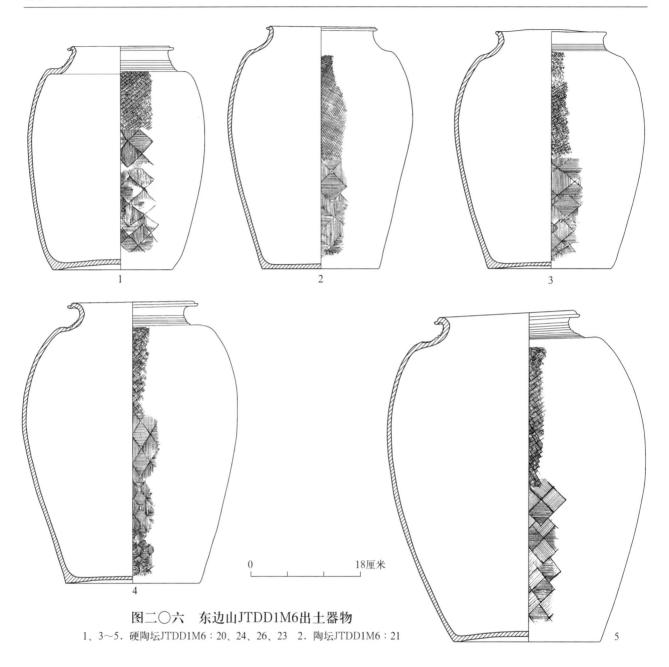

0　　　　　　　　　18厘米

图二〇六　东边山JTDD1M6出土器物

1、3～5. 硬陶坛JTDD1M6：20、24、26、23　2. 陶坛JTDD1M6：21

1；彩版一八三，5）。

　　JTDD1M6：36，圆唇，平底略凹。口径20.3、底径10.5、高5.6厘米（图二〇八，2；彩版一八三，6）。

　　JTDD1M6：38，圆唇，束颈，平底。器形不甚规则。口径16.4、底径6.4、高6.3厘米（图二〇八，3）。

　　JTDD1M6：34，破碎严重，无法复原。底径13.2、残高5.6厘米。

　　碗　13件。

　　原始瓷，灰白色胎。敞口，平底略内凹。器内有螺旋纹。

　　JTDD1M6：3，尖唇，窄折沿，沿面有一道凹槽，弧腹。施青绿色釉不及外底，釉大部脱落。口径10.6、底径5.0、高3.2厘米（图二〇九，1；彩版一八四，1）。

　　JTDD1M6：4，圆唇，平折沿，沿面有两道凹槽，弧腹，上腹较直，近底部急收。内底有气泡，

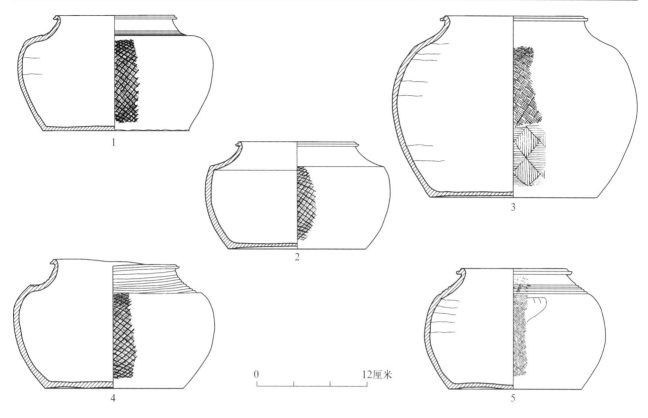

图二〇七　东边山JTDD1M6出土器物

1～5. 硬陶瓿JTDD1M6：2、12、35、37、39

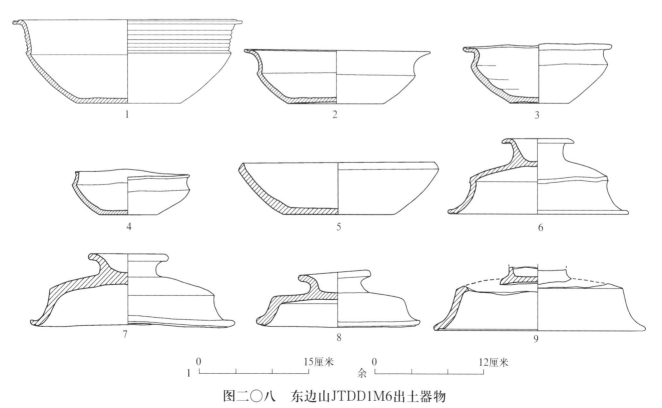

图二〇八　东边山JTDD1M6出土器物

1～3. 陶盆JTDD1M6：22、36、38　4、5. 陶钵JTDD1M6：6、18　6～9. 陶器盖JTDD1M6：1、8、14、40

外底有切割痕。施灰绿色釉，釉厚薄不匀，有细小裂纹。口径12.5、底径7.1、高4.3厘米（图二〇九，2；彩版一八四，2）。

JTDD1M6：5，尖唇，平折沿，沿面有两道凹槽，弧腹，上腹较直，近底部急收。施青绿色釉。口径12.2、底径7.6、高3.6厘米（图二〇九，3；彩版一八四，3）。

JTDD1M6：11，尖圆唇，平折沿，沿面有一道凹槽，弧腹，上腹较直，近底部急收。施黄色釉，剥落殆尽。口径15.5、底径6.9、高5.9厘米（图二〇九，4；彩版一八四，4）。

JTDD1M6：16，尖唇，平折沿，沿面下凹，弧腹。施黄绿色釉不及外底，釉层薄，部分剥落。口径10.8、底径5.4、高3.2厘米（图二〇九，5；彩版一八四，5）。

JTDD1M6：17，尖圆唇，折沿，沿面有两道凹槽，弧腹略折。外底有平行线切割纹。施青黄色釉，釉层稀薄，脱落殆尽。口径24.0、底径12.0、高7.8厘米（图二〇九，6；彩版一八四，6）。

JTDD1M6：27，尖唇，折沿下垂，沿面有两道凹槽，弧腹，上腹近直，近底部急收。底部有一气泡，导致底部不平。施绿色釉。口径14.6、底径6.9、高3.9厘米（图二〇九，7；彩版一八五，1）。

JTDD1M6：28，尖圆唇，折沿，沿面有两道凹槽，弧腹略折。施青黄色釉，釉层薄，多剥落。口径13.0、底径5.6、高3.8厘米（图二〇九，8；彩版一八五，2）。

JTDD1M6：29，尖圆唇，折沿，沿面有两道凹槽，弧腹。外底有线切痕。施青黄色釉，釉层薄，

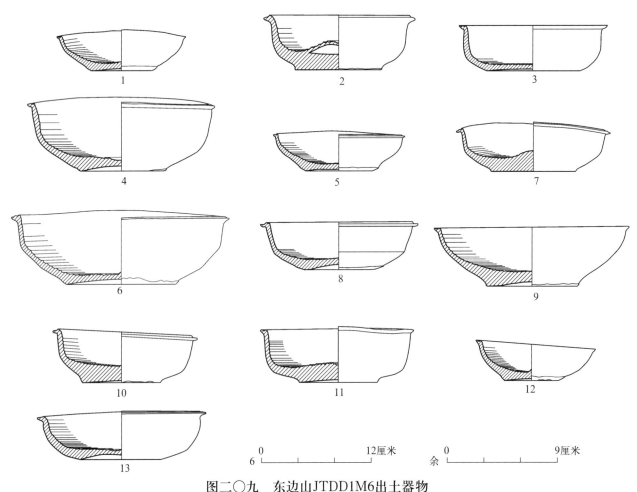

图二〇九　东边山JTDD1M6出土器物

1～13. 原始瓷碗JTDD1M6：3～5、11、16、17、27～33

多剥落。口径16.0、底径7.4、高4.7厘米（图二〇九，9；彩版一八五，3）。

JTDD1M6：30，尖圆唇，卷沿，沿面有一道凹槽，弧腹，上腹近直，近底部急收。外底有平行切割痕。施青绿色釉，剥落严重。口径12.0、底径6.5、高4.3厘米（图二〇九，10；彩版一八五，4）。

JTDD1M6：31，口近直，尖唇，平折沿，沿面有一道凹槽，上腹近直，近底部急收。沿面蚀一道凹弦纹，底有平行切割纹。施黄绿色釉。口径12.8、底径6.4、高4.4厘米（图二〇九，11；彩版一八五，5）。

JTDD1M6：32，圆唇，折沿，沿面有一道凹槽，弧腹。施黄色釉，剥落殆尽。口径9.8、底径4.4、高3.2厘米（图二〇九，12；彩版一八五，6）。

JTDD1M6：33，圆唇，折沿，沿面有两道凹槽，弧腹。器形不规整。施黄色釉。口径14.0、底径6.7、高3.9厘米（图二〇九，13）。

钵　2件。

JTDD1M6：6，泥质红陶。口微敛，圆唇，唇面略内凹，平折沿，折腹，上腹内束，下腹弧收，平底。器形不规整，作器盖用。口径12.4、底径6.4、高4.8厘米（图二〇八，4）。

JTDD1M6：18，泥质黑皮陶。口微敛，尖唇，沿内卷，沿面有一道凹槽，弧腹，平底。口径20.8、底径12.0、高5.5厘米（图二〇八，5）。

器盖　5件。

1件夹砂红陶，其余4件为泥质陶。整体呈覆豆形，喇叭状捉手，敞口，壁内弧，顶、壁间折，圆唇，卷沿，沿面有一道凹槽。

JTDD1M6：25，夹砂红陶。敞口，弧壁残，弧顶，顶置一宽扁的环形纽。口径32.0厘米（图二〇五，5）。

JTDD1M6：1，泥质黑皮陶。弧顶残。捉手径8.0、口径20.0、高约8.0厘米（图二〇八，6）。

JTDD1M6：8，泥质灰陶。弧顶。捉手径8.8、口径23.0、高7.8厘米（图二〇八，7）。

JTDD1M6：14，泥质灰陶。顶略平，器形不甚规整。捉手径8.0、口径17.8、高6.0厘米（图二〇八，8）。

JTDD1M6：40，泥质黑皮陶。捉手、顶残。口径23.4厘米（图二〇八，9）。

纺轮　1件。

JTDD1M6：10，算珠状，中部有一个圆形穿孔。腹径3.8、孔径约0.6、高2.7厘米。

7．JTDD1M7

JTDD1M7位于土墩的北侧。开口于第②层下，打破第③层（图二一〇；彩版一八六，1、2）。为竖穴土坑墓，墓坑开口面略倾斜，东南高西北低，平面近梯形，方向约312°。长约2.80、宽0.85～1.18米，直壁，底近平，深0.42～0.63米。墓坑内填红褐色土，质略硬，夹大量褐色颗粒。墓东南部出土部分人牙齿(彩版一八六,3)。随葬品除1件瓷碗置于墓中部外，其余器物呈一线放置于墓坑东北侧。

出土器物13件。包括夹砂陶器2件、泥质陶器4件、硬陶器3件、原始瓷4件；器形有鼎、坛、罐、盆、碗、器盖。

鼎　2件。

JTDD1M7：10，夹砂红陶。折腹及圜底仅剩残片，锥形足，尖部外撇。口径20.0、足高11.0厘米（图

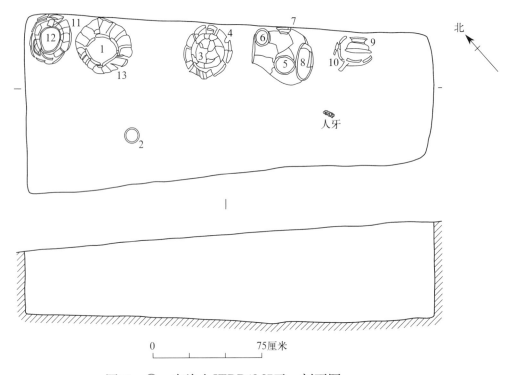

图二一〇　东边山JTDD1M7平、剖面图

1、12. 硬陶坛　2、5～7. 原始瓷碗　3、11. 陶盆　4. 硬陶罐　8. 陶罐　9. 陶器盖　10、13. 陶鼎

二一一，1）。

JTDD1M7：13，夹砂红陶。侈口，圆唇，折沿，束颈。弧腹，圜底，锥形足，尖部残。器外有烟炱痕。口径12.1、残高8.4厘米（图二一一，2；彩版一八七，1）。

坛　2件。

JTDD1M7：1，硬陶，灰色胎。侈口，圆唇，卷沿，沿面外侧有一道凹槽，束颈，弧肩，深弧腹，底微凹。颈部饰弦纹，肩及上腹部饰席纹，下腹部饰菱形填线纹。口径21.2、底径19.6、高39.2厘米（图二一二，1；彩版一八七，4）。

JTDD1M7：12，硬陶，灰褐色胎。侈口，圆唇，卷沿，沿面外侧有一道凹槽，束颈，弧肩，深弧腹，底微凹。颈部饰弦纹，肩及上腹部饰席纹与横向叶脉纹的组合纹饰，下腹部饰重线回纹与三角填线纹。口径21.6、底径19.6、高46.9厘米（图二一二，2；彩版一八七，5）。

罐　2件。

JTDD1M7：4，灰色硬陶。侈口，尖唇，卷沿，沿面有一道凹槽，束颈，溜肩，弧腹，底略内凹。颈部饰弦纹，口沿至上腹部饰席纹，颈部抹而未平，下腹部饰菱形填线纹。制作不甚规整。口径16.6、底径16.0、高24.0厘米（图二一二，3；彩版一八七，2）。

JTDD1M7：8，泥质黑皮陶。直口，尖圆唇，卷沿，沿面内凹，束颈，折肩，鼓腹，底略凹。上腹近肩部设一对贯耳，耳面刻划斜线。颈部饰弦纹。器形不规整。口径18.0、底径13.8、高25.0厘米（图二一二，4；彩版一八七，3）。

盆　2件。

泥质黑皮陶。敞口，圆唇，卷沿，沿面有一道凹槽，折腹。

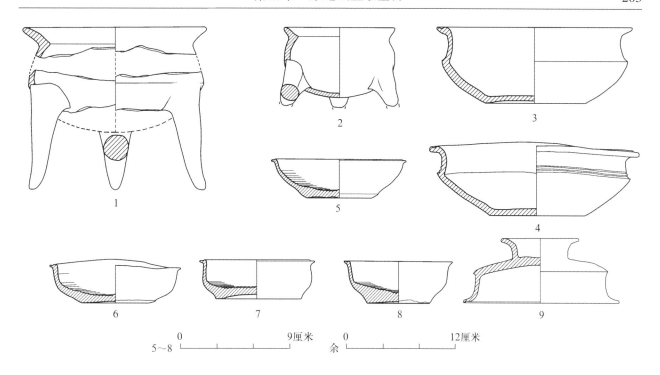

图二一一　东边山JTDD1M7出土器物

1、2. 陶鼎JTDD1M7：10、13　3、4. 陶盆JTDD1M7：3、11　5～8. 原始瓷碗JTDD1M7：2、5～7　9. 陶器盖JTDD1M7：9

JTDD1M7：3，底略内凹。口径21.4、底径10.8、高8.0厘米（图二一一，3；彩版一八八，1）。

JTDD1M7：11，平底。上腹近折处饰弦纹。口径23.0、底径10.4、高7.8厘米（图二一一，4）。

碗　4件。

原始瓷，灰色胎。敞口，平折沿。内壁有螺旋纹。施黄绿色釉，剥落殆尽。

JTDD1M7：2，圆唇，弧腹，底面不平。口径11.1、底径5.3、高3.1厘米（图二一一，5；彩版一八八，2）。

JTDD1M7：5，圆唇，弧腹，近底部急收，平底微凹。口径10.5、底径5.4、高3.5厘米（图二一一，6；彩版一八八，3）。

JTDD1M7：6，尖圆唇，弧腹略鼓，平底内凹。口径9.5、底径7.0、高3.1厘米（图二一一，7；彩版一八八，4）。

JTDD1M7：7，尖唇，弧腹，平底微凹。外底有平行切割痕。口径9.0、底径5.2、高3.4厘米（图二一一，8；彩版一八八，5）。

器盖　1件。

JTDD1M7：9，泥质黑皮陶。整体呈覆豆形，喇叭状捉手，弧顶，壁内弧，顶、壁间折，敞口，卷沿外翻，沿面有一道凹槽。捉手径8.5、口径17.2、高6.8厘米（图二一一，9；彩版一八八，6）。

8．JTDD1M8

JTDD1M8位于土墩的西侧，JTDD1M4的南部。开口于第②层下，打破第③层，被JTDD1M4打破，打破JTDD1M9（图二一三；彩版一八九，1、2）。为竖穴土坑墓，墓坑平面近长方形，方向约288°。长2.30、宽0.86～1.05米，直壁，平底，深0.47～0.58米。墓坑内填暗褐色土，质略硬，

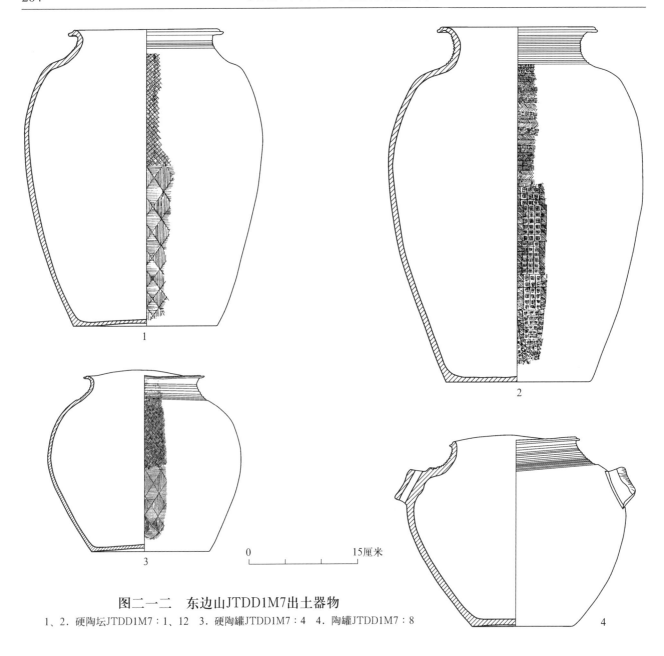

图二一二　东边山JTDD1M7出土器物

1、2. 硬陶坛JTDD1M7∶1、12　3. 硬陶罐JTDD1M7∶4　4. 陶罐JTDD1M7∶8

夹黄土块。随葬器物集中堆叠放置于墓西、北侧，放置十分紧密。

出土器物32件。包括夹砂陶器3件，泥质陶器25件，硬陶器2件，原始瓷器2件；器形有鼎、坛、罐、瓿、盆、碗、器盖。

鼎　2件。

夹砂红陶，腹部略残。侈口，圆唇，折沿，弧腹，圜底近平，腹、底间折，扁锥形足。

JTDD1M8∶1，尖部略外撇。口径22.5、足高10.8厘米（图二一四，1）。

JTDD1M8∶25，尖部均残。口径23.0厘米（图二一四，2）。

坛　2件。

侈口，卷沿，沿面内凹，圆唇，束颈，弧肩，深弧腹，底内凹。

JTDD1M8∶8，灰色硬陶。肩部贴附3个泥钉。颈部饰弦纹，上腹部饰叶脉纹，肩部和下腹部饰

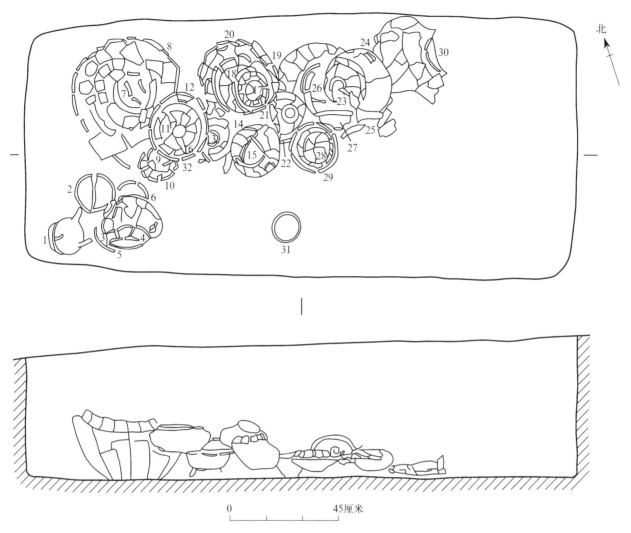

图二一三　东边山JTDD1M8平、剖面图

1、25. 陶鼎　2、3. 原始瓷碗　4、7、9、11、13、14、17、21、23、26~28. 陶器盖　5、10、12、15、18、22、29、30. 陶罐　6、16、19、31、32. 陶盆　8. 硬陶坛　20. 陶坛　24. 硬陶瓿

复线回纹。口径22.0、底径23.6、高39.0厘米（图二一四，3；彩版一九○，1）。

　　JTDD1M8：20，泥质桔黄陶。肩及上腹部饰方格纹，下腹部饰席纹。口径20.8、底径17.0、高41.6厘米（图二一四，4；彩版一九○，2）。

　　罐　8件。

　　JTDD1M8：5，泥质黑皮陶。敛口，圆唇，窄折沿，沿面有一道凹槽，斜颈，弧肩略平，鼓腹，平底略凹。上腹部设一对竖耳。颈部饰弦纹。口径10.2、底径10.2、高14.6厘米（图二一五，1；彩版一九○，3）。

　　JTDD1M8：10，泥质黑皮陶。口微敛，圆唇，窄折沿，沿面有一道凹槽，斜颈，弧肩略平，鼓腹，平底略凹。上腹部堆贴一对羊角状堆饰。颈部饰弦纹。口径10.6、底径11.0、高11.9厘米（图二一五，2；彩版一九○，4）。

　　JTDD1M8：12，泥质黑皮陶。敞口，圆唇，卷沿，沿面有一道凹槽，束颈，弧肩略平，鼓腹。颈部饰弦纹，肩、腹部刻划水波纹。口径13.8、底径11.8、高18.3厘米（图二一五，3）。

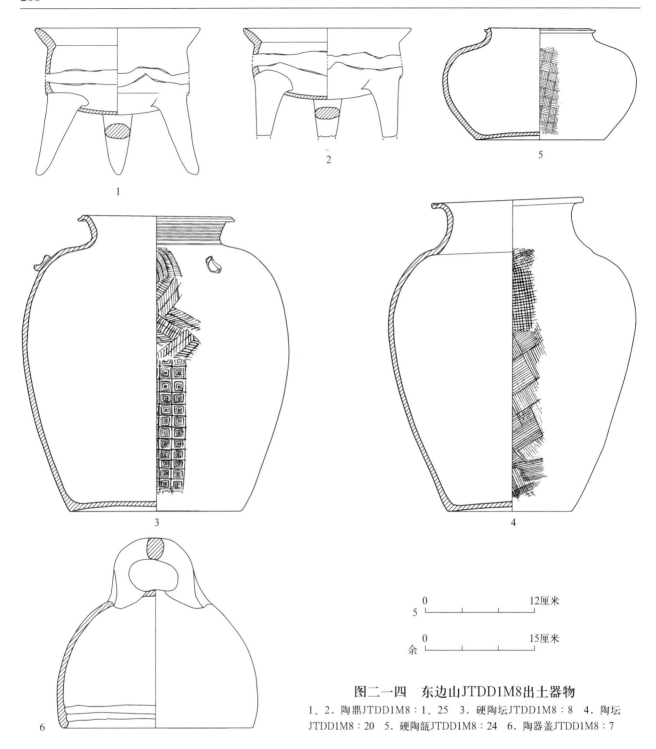

图二一四　东边山JTDD1M8出土器物

1、2. 陶鼎JTDD1M8：1、25　3. 硬陶坛JTDD1M8：8　4. 陶坛
JTDD1M8：20　5. 硬陶瓿JTDD1M8：24　6. 陶器盖JTDD1M8：7

　　JTDD1M8：15，泥质红陶。侈口，尖圆唇，卷沿，沿面有一道凹槽，束颈，溜肩，鼓腹，平底略凹。腹部饰浅席纹。口径10.4、底径11.8、高14.4厘米（图二一五，4；彩版一九〇，5）。

　　JTDD1M8：18、22，泥质黑皮陶。破碎严重，无法复原。

　　JTDD1M8：29，泥质黑皮陶。敛口，圆唇，窄折沿，沿面有一道凹槽，折肩，弧腹，平底略凹。肩部饰弦纹。口径13.2、底径11.2、高11.0厘米（图二一五，5）。

　　JTDD1M8：30，泥质黑皮陶。侈口，圆唇，卷沿，沿面有一道凹槽，束颈，折肩，鼓腹，腹中部多残，

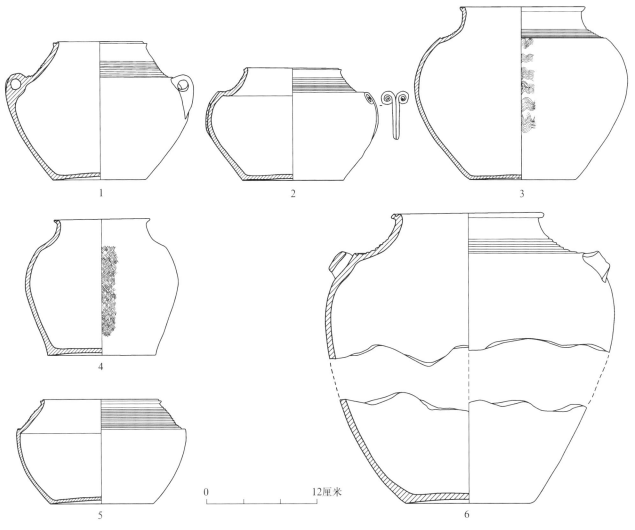

图二一五　东边山JTDD1M8出土器物

1~6.陶罐JTDD1M8：5、10、12、15、29、30

平底略凹。近肩部设一对贯耳。颈、肩部饰弦纹。口径16.8、底径14.0、高约30.8厘米（图二一五,6）。

瓿　1件。

JTDD1M8：24，红色硬陶。侈口，尖唇，折沿，沿面有一道凹槽，短束颈，弧肩，扁鼓腹，底内凹。腹饰席纹。口径12.2、底径14.0、高11.8厘米（图二一四，5；彩版一九一，1）。

盆　5件。

泥质黑皮陶，侈口，卷沿，折腹，下腹斜收，平底。

JTDD1M8：6，圆唇，沿面有一道凹槽，束颈。口径13.8、底径6.8、高3.8厘米（图二一六，1；彩版一九一，2）。

JTDD1M8：16，尖唇。口径8.0、底径4.4、高3.2厘米（图二一六，2）。

JTDD1M8：19，圆唇，沿面有一道凹槽，束颈。上腹部饰弦纹，整体器形不甚规整。口径26.0、底径11.4、高12.2厘米（图二一六，3；彩版一九一，3）。

JTDD1M8：31，圆唇，束颈。口径12.1、底径6.0、高3.6厘米（图二一六，4）。

JTDD1M8：32，圆唇，沿面有一道凹槽，束颈。口径12.4、底径4.6、高4.0厘米（图二一六，5；彩版一九一，4）。

碗　2件。

原始瓷，灰黄色胎。敞口，圆唇，折沿，沿面内凹面，弧腹，平底。器内有螺旋纹。器形不甚规整，腹中部饰凹弦纹一周。

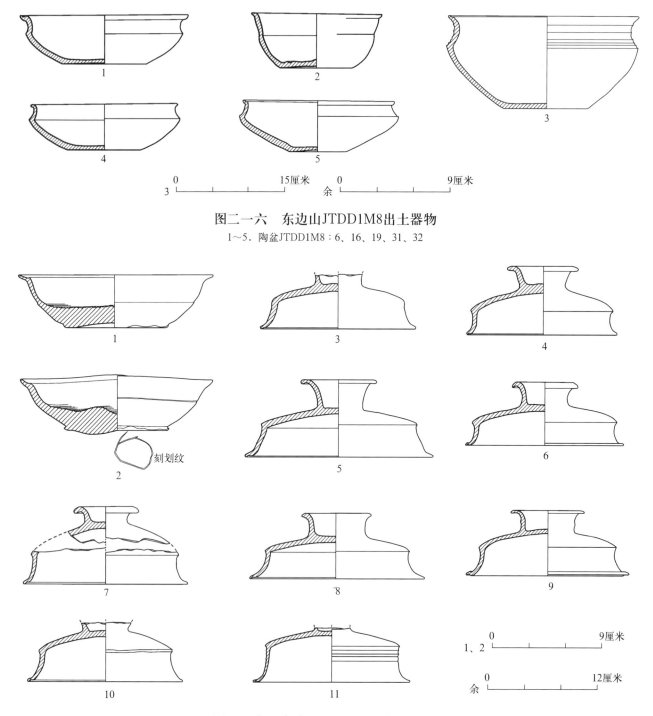

图二一六　东边山JTDD1M8出土器物

1～5. 陶盆JTDD1M8：6、16、19、31、32

图二一七　东边山JTDD1M8出土器物

1、2. 原始瓷碗JTDD1M8：2、3　3～11. 陶器盖JTDD1M8：4、9、11、13、14、21、23、27、28

JTDD1M8：2，外底有平行线痕。施青黄色釉。口径 16.0、底径 8.1、高 4.2 厘米（图二一七，1；彩版一九一，5）。

JTDD1M8：3，底部有一气泡，外底有不规则圆形刻划纹。施黄绿色釉，釉层不匀。口径 15.5、底径 8.4、高 4.5 厘米（图二一七，2；彩版一九一，6）。

器盖　12 件。

JTDD1M8：7，夹砂红陶。整体呈半球形，环形纽，直口，圆唇。口径 26.2 厘米（图二一四，6；彩版一九二，1）。

其余 11 件均为泥质黑皮陶，整体呈覆豆形，喇叭状捉手，弧顶，壁内弧，顶、壁间折，敞口，卷沿，沿面有一道凹槽。

JTDD1M8：4，捉手仅余下部，圆唇。口径 17.0、残高 5.8 厘米（图二一七，3）。

JTDD1M8：9，圆唇。捉手径 7.8、口径 16.4、高 7.2 厘米（图二一七，4；彩版一九二，2）。

JTDD1M8：11，圆唇。捉手径 8.4、口径 20.6、高 8.2 厘米（图二一七，5；彩版一九二，3）。

JTDD1M8：13，尖唇。捉手径 7.2、口径 17.2、高 6.6 厘米（图二一七，6；彩版一九二，4）。

JTDD1M8：14，折腹残，圆唇。捉手径 7.2、口径 18.0 厘米（图二一七，7）。

JTDD1M8：21，尖圆唇。捉手径 7.7、口径 19.2、高 6.9 厘米（图二一七，8；彩版一九二，5）。

JTDD1M8：23，尖圆唇。捉手径 8.0、口径 18.0、高 6.9 厘米（图二一七，9；彩版一九二，6）。

JTDD1M8：27，捉手残，圆唇。口径 17.0、残高 6.2 厘米（图二一七，10）。

JTDD1M8：28，捉手残，圆唇。壁饰弦纹。口径 17.2、残高 5.7 厘米（图二一七，11）。

JTDD1M8：17、26，残碎严重，无法复原。

9. JTDD1M9

JTDD1M9 位于土墩的西侧，JTDD1M8 南侧。开口于第②层下，打破第③层，被 JTDD1M8 打破（图二一八；彩版一九三，1）。为竖穴土坑墓，墓坑开口面略倾斜，东高西低，平面近长方形，方向约 278°。长约 2.80、宽 0.90～1.25 米，直壁，平底，深 0.48～0.61 米。墓坑内填暗褐土，夹灰黄土块，质略硬。

出土器物 16 件。包括夹砂陶器 2 件，泥质陶器 6 件，硬陶器 6 件，原始瓷器 2 件。器形有鼎、坛、罐、瓿、盆、碗、器盖。主要放置墓坑中部。

鼎　1 件。

JTDD1M9：11，夹砂红陶。侈口，圆唇，折沿，束颈，折腹，圜底，扁锥形足。口径 15.4、高 12.4 厘米（图二一九，1；彩版一九三，2）。

坛　3 件。

硬陶。侈口，尖唇，卷沿，沿面下凹，束颈，弧肩，深弧腹，平底略凹。颈部饰弦纹，腹部饰方格纹。

JTDD1M9：1，灰色胎。肩部饰席纹。口径 27.8、底径 24.0、高 60.5 厘米（图二一九，2；彩版一九三，3）。

JTDD1M9：3，褐色胎。肩部饰叶脉纹。口径 18.6、底径 17.8、高 43.6 厘米（图二一九，3；彩版一九三，4）。

JTDD1M9：5，灰褐色胎。肩部饰菱形填线纹。口径 18.1、底径 18.2、高 42.3 厘米（图二一九，4；

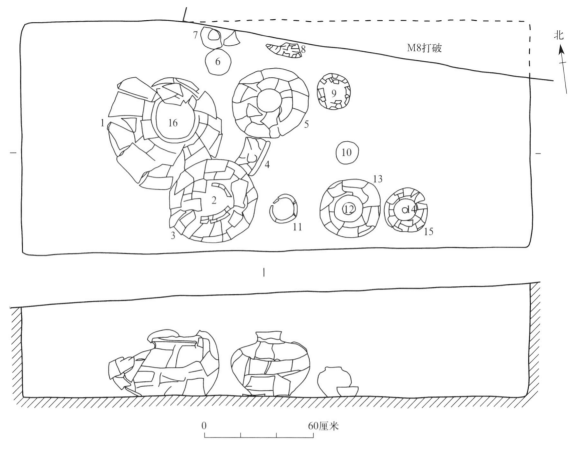

图二一八　东边山JTDD1M9平、剖面图

1、3、5. 硬陶坛　2、12、14. 陶器盖　4、8、16. 陶盆　6. 硬陶碗　7、10. 原始瓷碗　9. 陶罐　13. 硬陶罐　11. 陶鼎　15. 硬陶瓿

彩版一九四，1）。

罐　2件。

JTDD1M9：9，泥质黑皮陶。侈口，尖圆唇，卷沿，沿面有一道凹槽，束颈，腹、底残。口径10.0厘米（图二一九，5）。

JTDD1M9：13，褐色硬陶。侈口，尖圆唇，卷沿，长束颈，弧肩，弧腹，平底微凹。肩部设一对瓣形堆饰。颈部饰弦纹，肩及上腹部饰菱形填线纹，下腹部饰方格纹。口径14.2、底径16.5、高24.1厘米（图二一九，6；彩版一九四，2）。

瓿　1件。

JTDD1M9：15，灰色硬陶。侈口，尖圆唇，窄卷沿，束颈，弧肩，扁鼓腹，平底微凹。肩部设一对泥条形竖耳。颈部饰弦纹，肩及上腹部饰席纹，下腹饰方格纹。口径11.1、底径12.2、高14.8厘米（图二一九，7；彩版一九四，3）。

盆　3件。

泥质黑皮陶。敞口，圆唇，卷沿，沿面有一道凹槽，束颈，折腹。

JTDD1M9：4，器形不规整。底略凹。上腹饰数道弦纹。口径34.3、底径15.0、高11.4厘米（图二二〇，1）。

JTDD1M9：8，烧成火候低，口底均残，仅存部分腹片。上腹饰弦纹。

JTDD1M9：16，下腹及底残。口径29.0厘米（图二二〇，2）。

碗　3件。

敞口，折沿，沿面内凹，平底内凹。器内壁有螺旋纹。

JTDD1M9：6，灰色硬陶。敞口，圆唇，折腹。折腹处有一周凹弦纹。口径14.8、底径8.2、高5.1

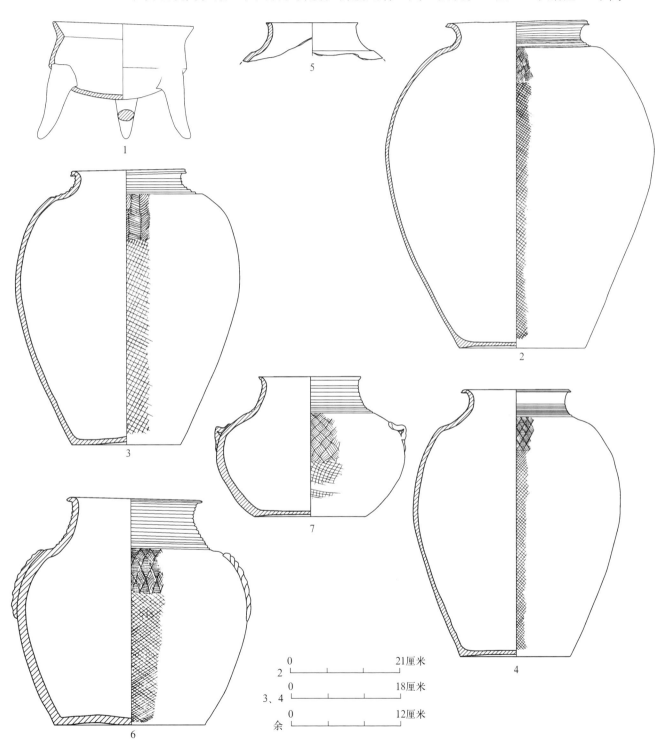

图二一九　东边山JTDD1M9出土器物

1. 陶鼎JTDD1M9：11　2～4. 硬陶坛JTDD1M9：1、3、5　5. 陶罐JTDD1M9：9　6. 硬陶罐JTDD1M9：13　7. 硬陶瓿JTDD1M9：15

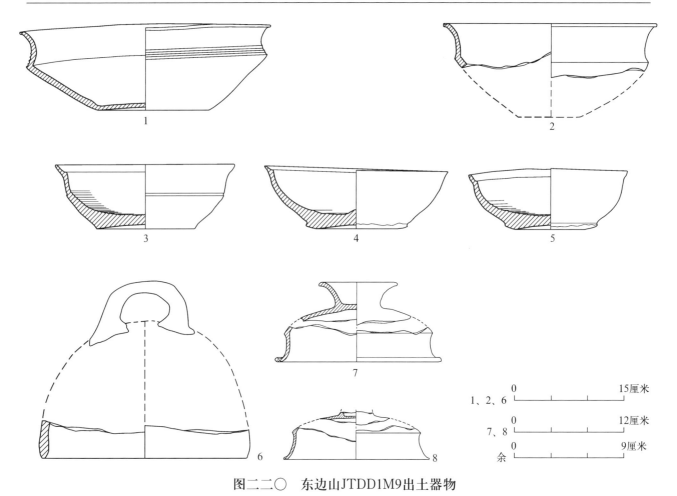

图二二〇　东边山JTDD1M9出土器物

1、2.陶盆JTDD1M9：4、16　3.硬陶碗JTDD1M9：6　4、5.原始瓷碗JTDD1M9：7、10　6~8.陶器盖JTDD1M9：2、12、14

厘米（图二二〇，3；彩版一九四，4）。

JTDD1M9：7，原始瓷，灰色胎。尖圆唇，弧腹。施黄绿色釉。口径15.0、底径8.4、高4.9厘米（图二二〇，4）。

JTDD1M9：10，原始瓷，灰白色胎。圆唇，弧腹。施青绿色釉。口径13.0、底径7.6、高4.8厘米（图二二〇，5；彩版一九四，5）。

器盖　3件。

JTDD1M9：2，夹砂红陶。整体呈半球形，环形纽，顶部残，敛口，圆唇。口径28.0厘米（图二二〇，6）。

JTDD1M9：12，泥质黑皮陶。弧顶残。整体呈覆豆形，喇叭形捉手，弧顶，壁内弧，顶、壁间折，敞口，圆唇，卷沿，沿面有一道凹槽。捉手径8.6、口径18.2、残高4.0厘米（图二二〇，7）。

JTDD1M9：14，泥质黑皮陶。捉手及弧顶残。整体呈覆豆形，喇叭形捉手，弧顶，壁内弧，顶、壁间折，敞口，圆唇，卷沿，沿面有一道凹槽。口径16.0、残高3.6厘米（图二二〇，8）。

10．JTDD1M10

JTDD1M10位于土墩西南侧。开口于第②层下，打破第③层（图二二一；彩版一九五，1）。为

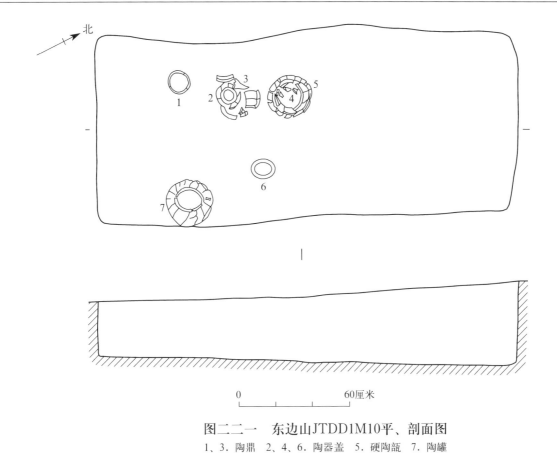

图二二一 东边山JTDD1M10平、剖面图
1、3.陶鼎 2、4、6.陶器盖 5.硬陶瓿 7.陶罐

竖穴土坑墓,墓坑开口面略倾斜,东北高西南低,平面近长方形,方向约206°。长约2.30、宽0.93~1.00米,直壁,底近平,深0.29~0.45米。墓坑内填由黄土、灰土和褐土相杂的花土,质略松。鼎、罐、瓿正置于墓南部两侧,器盖JTDD1M10:2、4扣于鼎、瓿上,另1件器盖JTDD1M10:6口向上置于墓中部,应作为盛器使用。

出土器物7件。其中夹砂陶鼎2件,泥质陶罐1件,泥质陶器盖3件,硬陶瓿1件。

鼎 2件。

JTDD1M10:3,夹砂红陶。侈口,圆唇,卷沿,束颈,折腹,圜底,扁锥形足。口径17.8、高13.2厘米(图二二二,1;彩版一九五,2)。

JTDD1M10:1,夹砂红陶。口腹残,仅存三个较小的锥形鼎足。足残高4.0厘米(图二二二,2)。

罐 1件。

JTDD1M10:7,泥质桔黄陶。侈口,尖圆唇,卷沿,沿面有一道凹槽,束颈,弧肩,鼓腹残,平底。上腹设一对竖耳。颈部饰弦纹,肩、腹部饰席纹。口径12.0、底径13.0厘米(图二二二,3)。

瓿 1件。

JTDD1M10:5,灰色硬陶。侈口,圆唇,窄卷沿,沿面有一道凹槽,束颈,弧肩,扁鼓腹,平底微凹。肩部堆贴一对泥条形堆饰。颈部饰弦纹,肩部饰叶脉纹,腹部饰方格纹。口径13.6、底径14.4、高12.6厘米(图二二二,4;彩版一九五,3)。

器盖 3件。

泥质黑皮陶。整体呈覆豆形,喇叭状捉手,弧顶,直壁,顶、壁间弧。

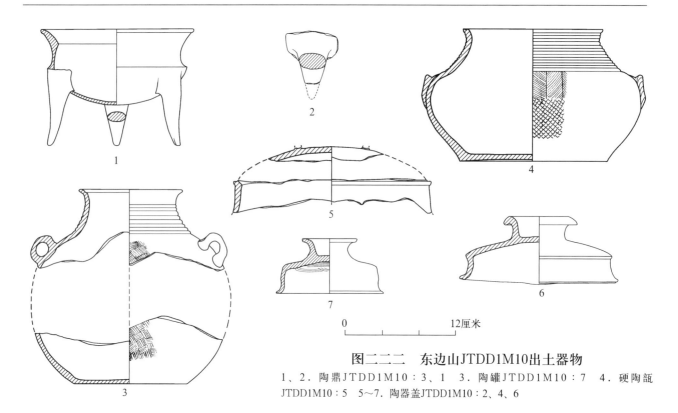

图二二二　东边山JTDD1M10出土器物
1、2.陶鼎JTDD1M10：3、1　3.陶罐JTDD1M10：7　4.硬陶瓿
JTDD1M10：5　5～7.陶器盖JTDD1M10：2、4、6

JTDD1M10：2，捉手及口沿残（图二二二，5）。

JTDD1M10：4，敞口，卷沿，沿面有凹槽一周，圆唇。捉手径8.0、口径17、高7.2厘米（图二二二，6；彩版一九五，4）。

JTDD1M10：6，敞口，尖圆唇，卷沿，沿面有凹槽一周。内底有不规则划纹。捉手径6.0、高5.8、口径11.8厘米（图二二二，7；彩版一九五，5）。

11．JTDD1M11

JTDD1M11位于土墩西北近墩顶部。开口于第①层下，打破第②层面（图二二三；彩版一九六，1）。为竖穴土坑墓，墓坑开口面略倾斜，东高西低，平面近长方形，方向约305°。其东半部被白蚁穴破坏，残长3.00、宽1.00～1.10米，直壁，平底，深0.38～0.70米。墓坑内填红褐色土，质略硬，夹大量褐色颗粒。随葬品主要放置于墓坑东部，一些器物落入了东侧蚁穴中。

出土器物23件。包括夹砂陶器3件，泥质陶器4件，硬陶器8件，原始瓷器8件；器形有鼎、坛、罐、瓿、盆、钵、豆、碗、器盖。

鼎　2件。

JTDD1M11：11，夹砂红褐陶。侈口，尖圆唇，折沿，弧腹近直，腹、底间折，圜底，扁锥形足。口径28.0、高24.8厘米（图二二四，1；彩版一九六，2）。

JTDD1M11：22，夹砂红褐陶。侈口，圆唇，卷沿，束颈，折腹，圜底，锥形足。口径15.0、高11.8厘米（图二二四，2；彩版一九六，3）。

坛　3件。

灰色硬陶。侈口，卷沿，沿面外侧内凹，束颈，弧肩略折，深弧腹，平底内凹。肩及上腹部饰席纹。

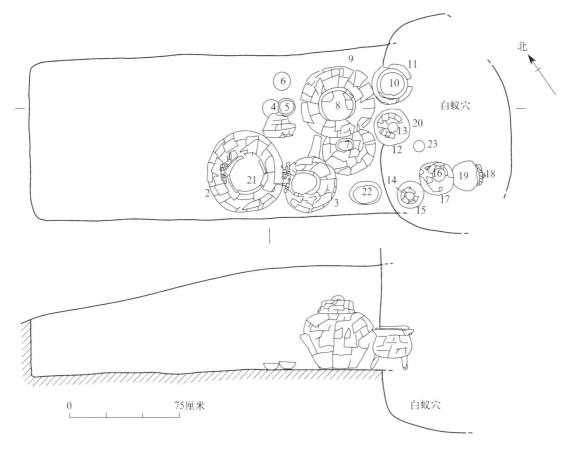

图二二三　东边山JTDD1M11平、剖面图

1、12. 陶盆　2、3、9. 硬陶坛　4～6、14、20、21. 原始瓷碗　7、13. 硬陶罐　8、18. 陶器盖　10. 陶钵　11、22. 陶鼎　15、17、19. 硬陶瓿　23. 原始瓷豆

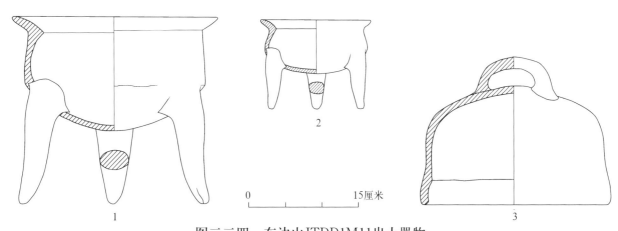

图二二四　东边山JTDD1M11出土器物

1、2. 陶鼎JTDD1M11：11、22　3. 陶器盖JTDD1M11：8

　　JTDD1M11：2，圆唇。颈部饰弦纹，下腹部饰菱形填线纹。口径28.4、底径25.4、高54.5厘米（图二二五，1；彩版一九六，4）。

　　JTDD1M11：3，尖圆唇。下腹饰2组复线三角纹组成的菱形纹。口径22.2、底径19.6、高43.8厘米（图二二五，2；彩版一九七，1）。

　　JTDD1M11：9，尖唇。下腹部饰菱形填线纹。口径20.6、底径18.8、高46.3厘米（图二二五，3；

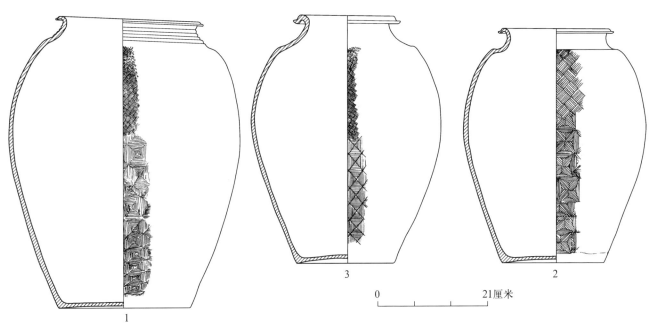

0 ————————— 21厘米

图二二五　东边山JTDD1M11出土器物
1～3. 硬陶坛JTDD1M11：2、3、9

彩版一九七，2)。

罐　2件。

褐色硬陶。侈口，卷沿，沿面下凹，束颈，鼓腹，平底略凹。

JTDD1M11：7，尖圆唇，弧肩。颈部饰弦纹，肩及上腹部饰小席纹，下腹部饰大席纹。口径16.8、底径16.0、高27.2厘米（图二二六，1；彩版一九七，3)。

JTDD1M11：13，弧折肩。肩及上腹部饰席纹，下腹部饰菱形填线纹。口径16.8、底径17.0、高19.9厘米（图二二六，2；彩版一九七，4)。

瓿　3件。

硬陶。侈口，卷沿，沿面有一道凹槽，束颈，弧肩，扁鼓腹，底微凹。颈部饰弦纹。

JTDD1M11：15，褐色胎。圆唇。肩部饰弦纹，腹部饰席纹。口径11.8、底径12.4、高13.2厘米（图二二六，3)。

JTDD1M11：17，灰色胎。尖唇。肩、腹部饰席纹。口径14.0、底径14.6、高14.8厘米（图二二六，4；彩版一九八，1)。

JTDD1M11：19，褐色胎。尖圆唇。肩及上腹部饰席纹，下腹部饰菱形填线纹。口径12.6、底径13.6、高13.8厘米（图二二六，5；彩版一九八，2)。

豆　1件。

JTDD1M11：23，原始瓷，灰白色胎。敞口，尖圆唇，折腹，喇叭状圈足。内壁折腹处饰弦纹。施青绿色釉。口10.2、高4.2、圈足径4.5厘米（图二二七，1；彩版一九八，3)。

盆　2件。

泥质黑皮陶。侈口，圆唇，卷沿，沿面有一道凹槽，束颈，折腹。

JTDD1M11：1，下腹残，平底。颈部饰弦纹。口径36.0、底径19.0厘米（图二二七，2)。

JTDD1M11：12，凹圜底。口径22.6、底径11.8、高7.7厘米（图二二七，3；彩版一九八，4)。

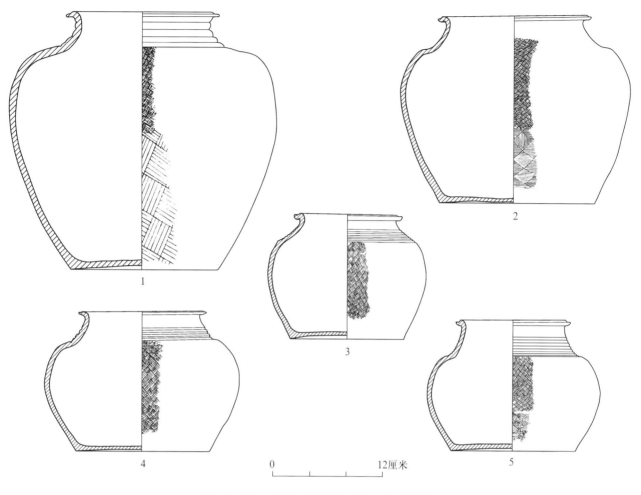

图二二六　东边山JTDD1M11出土器物

1、2. 硬陶罐JTDD1M11：7、13　3～5. 硬陶瓿JTDD1M11：15、17、19

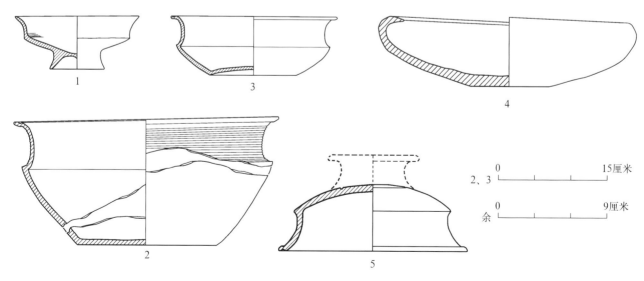

图二二七　东边山JTDD1M11出土器物

1. 原始瓷豆JTDD1M11：23　2、3. 陶盆JTDD1M11：1、12　4. 陶钵JTDD1M11：10　5. 陶器盖JTDD1M11：18

碗　7件。

原始瓷。敞口，底略凹。内有螺旋纹。

JTDD1M11：4，灰白色胎。尖唇，折沿，沿面有两道凹槽，弧腹。施黄色釉，釉剥落殆尽。口径12.8、底径6.7、高3.1厘米（图二二八，1；彩版一九八，5）。

JTDD1M11：5，灰色胎。圆唇，折沿，沿面有两道凹槽，弧腹，上腹较直，近底部急收。外底有平行的切割痕。施青黄色釉。口径12.8、底径7.4、高4.6厘米（图二二八，2；彩版一九八，6）。

JTDD1M11：6，灰白色胎。尖圆唇，折沿，沿面有两道凹槽，弧腹，上腹较直，近底部急收。施黄绿色釉。口径13.6、底径7.8、高4.2厘米（图二二八，3；彩版一九九，1）。

JTDD1M11：14，出土时作器盖用。灰白色胎。尖唇，折沿，沿面有两道凹槽，弧腹，上腹较直，近底部急收。施青绿色釉。口径14.0、底径7.6、高5.2厘米（图二二八，4；彩版一九九，2）。

JTDD1M11：16，出土时作器盖用。灰黄色胎。圆唇，沿面有一道凹槽，弧腹。沿面堆贴一对横"S"形泥条饰，腹中部饰一道凹弦纹，外底有平行切割痕。施青绿色釉。口径17.0、底径8.0、高5.8厘米（图二二八，5）。

JTDD1M11：20，尖圆唇，折沿下垂，沿面有两道凹槽，弧腹，上腹较直，近底部急收。外底有平行切割痕。口径13.3、底径7.6、高4.2厘米（图二二八，6；彩版一九九，3）。

JTDD1M11：21，尖圆唇，折沿，沿面有一道凹槽，近直，弧腹略直。口径11.4、底径5.6、高4.4厘米（图二二八，7；彩版一九九，4）。

钵　1件。

JTDD1M11：10，泥质灰陶。尖圆唇，敛口，沿内卷，扁弧腹，小平底。口径17.4、底径6.4、高5.5厘米（图二二七，4；彩版一九九，5）。

器盖　2件。

JTDD1M11：8，夹砂红陶。环形纽，弧顶，弧壁，直口微侈，圆唇。口径25.0、通高19.6厘米（图二二四，3；彩版一九九，6）。

JTDD1M11：18，泥质黑皮陶。整体呈覆豆形，捉手残，弧顶，壁内弧，顶、壁间折，敞口，圆唇，卷沿，沿面有一道凹槽。口径15.6、残高5.3厘米（图二二七，5）。

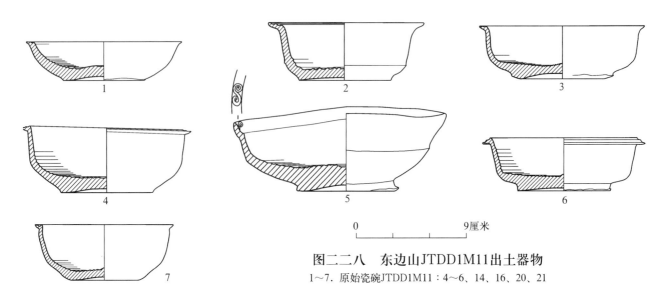

0 ——————— 9厘米

图二二八　东边山JTDD1M11出土器物
1～7. 原始瓷碗JTDD1M11：4～6、14、16、20、21

12．JTDD1M12

JTDD1M12 位于土墩东北侧近底部，开口于第②层下，打破第③层（图二二九；彩版二〇〇，1）。墓坑平面近梯形，方向约23°。长约1.60、宽0.60～0.93米，直壁，底近平，深0.21～0.31米。墓坑内填暗褐色土，质略硬，夹黄土块。随葬器物放置于墓坑两侧，鼎、罐正置，盆、器盖各于其上，器物破碎十分严重。

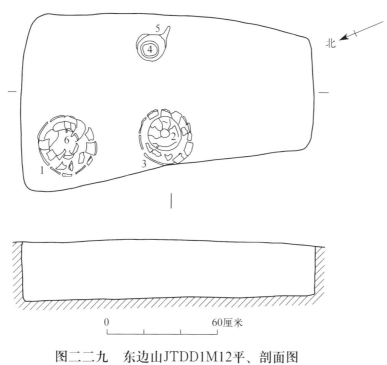

图二二九　东边山JTDD1M12平、剖面图

1、3. 陶罐　2、6. 陶器盖　4. 陶盆　5. 陶鼎

出土器物6件。包括夹砂陶鼎1件，泥质陶罐2件，泥质陶盆1件，泥质陶器盖2件。

鼎　1件。

JTDD1M12：5，夹砂红陶。鼎身残，锥形足。足根设一角状耳。足高7.6厘米（图二三〇，1）。

罐　2件。

泥质陶。弧肩，平底。颈部饰弦纹。

JTDD1M12：1，砖红色胎。侈口，圆方唇，卷沿，束颈，鼓腹。肩、腹部饰席纹。口径17.8、底径15.4、高20.2厘米（图二三〇，2）。

JTDD1M12：3，黑皮陶。敛口，圆唇，窄折沿，沿面有一道凹槽，斜颈，扁鼓腹，颈、腹多残。口径15.0、底径14.2厘米（图二三〇，3）。

盆　1件。

JTDD1M12：4，泥质黑皮陶。口腹残，底略凹（图二三〇，4）。

器盖　2件。

泥质黑皮陶。整体呈覆豆形，喇叭形捉手，弧顶，壁内弧，顶、壁间折，敞口，圆唇，卷沿，沿面有一道凹槽。

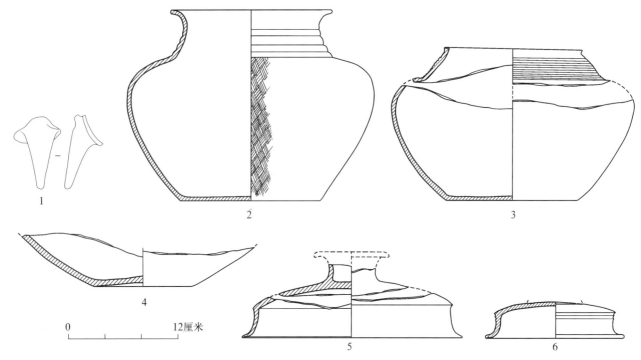

图二三〇　东边山JTDD1M12出土器物
1. 陶鼎JTDD1M12：5　2、3. 陶罐JTDD1M12：1、3　4. 陶盆JTDD1M12：4　5、6. 陶器盖JTDD1M12：2、6

JTDD1M12：2，残碎严重。口径24.0厘米（图二三〇，5）。

JTDD1M12：6，捉手残缺。壁饰数道弦纹。口径15.0、高3.8厘米（图二三〇，6）。

13. JTDD1M13

JTDD1M13位于土墩中部，属于JTDD1的中心墓葬。墓坑开口于第②层下，打破第④层，建造于第⑤层面上（图二三一；彩版二〇〇，2）。由墓坑、墓道两部分组成，平面呈凸字形，敞口朝南略偏西，方向约209°。方向与土墩西侧发现的界墙大致平行，与南、北侧界墙大致垂直。

墓坑开口面较平，平面近长方形，长约7.00、宽3.60～4.20、深约1.75米。坑内先垫一层青灰土，然后在坑西、北、东三侧用暗褐色土堆筑二层台，形成长4.25米、宽2.20～3.30米的椁室，二层台宽0.64～1.06、高约1.20米；椁室大致中心位置发现1具棺痕，棺底面弧圆，应为半个圆木挖成，平面呈长方形，长2.12、宽0.80米，棺痕高0.12～0.15米。棺内有1具人骨，头朝北向，仰身，直肢，双手置于腹部（彩版二〇一～二〇四）。

墓道位于墓坑南侧，方向与墓坑一致，正对南侧界墙缺口。墓坑开口面倾斜，北高南低，长6.00、宽2.15～2.35米，底近平，高0.20～1.25米。

墓坑及墓道内填暗褐土，夹大量灰黄土块。

出土随葬器物41件。包括夹砂陶器12件，泥质陶器8件，硬陶器14件，原始瓷器5件，石器2件。器形有鼎、坛、罐、瓿、壶、盆、钵、豆、碗、盂、器盖等。硬陶壶JTDD1M13：26、硬陶盂JTDD1M13：41置于棺内南侧两角，其余器物全部置于棺外墓坑内，围绕着棺排列。

鼎　5件。

JTDD1M13：9，夹砂红陶。侈口，圆唇，卷沿，束颈，折腹，圜底，锥形足。一足根部及其对

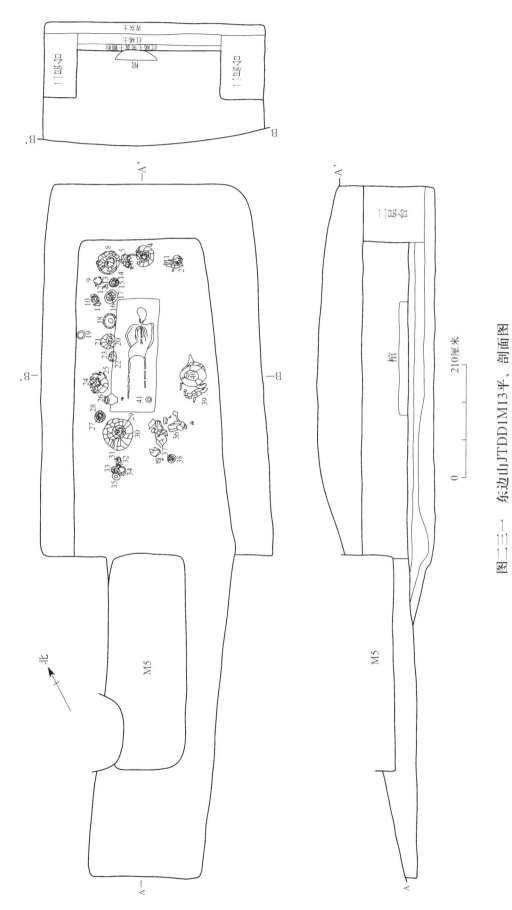

图二三一　东边山JTDD1M13平、剖面图

1、3、5、7、14、16、20、22、27、29、37.陶器盖　2、4、6、8、25、30.硬陶坛　9、11、31、39、40.陶鼎　10、24.陶盆　12.石斧　13.石锛　15、23、38.硬陶瓿　17、28.
36.陶罐　18.陶钵　19、33.原始瓷碗　26.陶盂　32、41.陶壶　34.陶盖　35.原始瓷豆称位置各设一角状耳。口径 15.2、高 11.4 厘米（图二三二，1）。

　　JTDD1M13：11，夹砂红陶。器形略斜。侈口，圆唇，卷沿，束颈，折腹，圜底，扁锥形足，尖部略撇。一足根部及其对称位置各设一角状耳，略残。口径 22.5、高 17.2～18.4 厘米（图二三二，2；彩版二〇五，1）。

　　JTDD1M13：31，夹砂红陶。侈口，圆唇，折沿，束颈，折腹，圜底，扁锥形足。口径 12.8、高 10.4 厘米（图二三二，3；彩版二〇五，2）。

　　JTDD1M13：39，夹砂红陶。敛口，圆唇，弧腹残，锥形足。口径 21.0、足高 11.6 厘米（图二三二，4）。

　　JTDD1M13：40，夹砂红陶。侈口，圆唇，折沿，弧腹略直，圜底，腹、底间折，扁三角形足。口径 32.2、高 30.8 厘米（图二三二，5；彩版二〇五，3）。

　　坛　6 件。

　　硬陶。侈口，卷沿，束颈，深弧腹，平底内凹。颈部饰弦纹。

　　JTDD1M13：2，褐色胎。尖唇，沿面外侧内凹，弧肩。肩、腹部堆贴一对泥条堆饰，环首，长辫形尾。肩及上腹饰水波纹，下腹部饰菱形填线纹。上部有青绿色爆浆釉。口径 18.0、底径 17.6、高 46.4 厘米（图二三三，1；彩版二〇五，4）。

　　JTDD1M13：4，灰褐色胎。尖唇，溜肩。肩部饰菱形填线纹，腹部饰方格纹。口径 19.2、底径 19.0、高 41.0 厘米（图二三三，2；彩版二〇五，5）。

　　JTDD1M13：6，灰褐色胎。尖唇，沿面外侧内凹，弧肩略折。肩部堆贴一对泥条堆饰，环首，辫形尾。

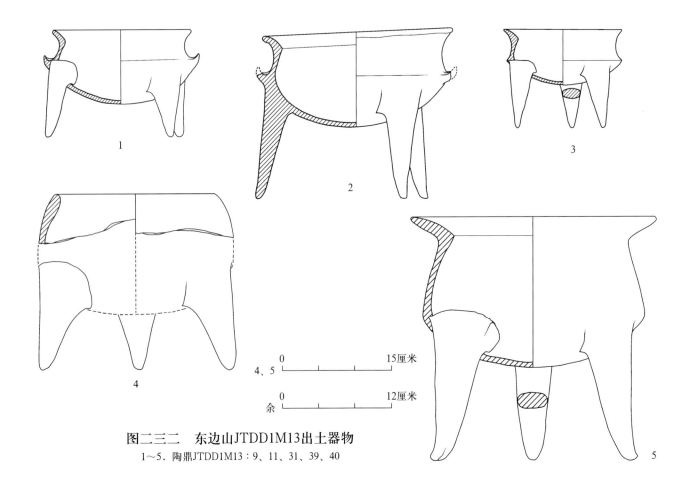

0 _____ 15厘米
4、5

0 _____ 12厘米
余

图二三二　东边山 JTDD1M13 出土器物

1～5．陶鼎 JTDD1M13：9、11、31、39、40

肩部饰水波纹，腹部饰菱形填线纹。口径 19.8、底径 17.4、高 37.2 厘米（图二三三，3；彩版二〇六，1）。

JTDD1M13：8，灰黑色胎。方唇，唇面下凹，弧折肩。肩、腹部饰席纹和方格纹组合纹饰。口径 21.6、底径 18.8、高 46.2 厘米（图二三三，4；彩版二〇六，2）。

JTDD1M13：25，褐色胎。方唇，弧肩。肩、腹部饰席纹和方格纹组合纹饰。器形不正。口径 21.6、底径 22.0、高 45.5 厘米（图二三三，5；彩版二〇六，3）。

JTDD1M13：30，灰褐色胎。尖唇，弧肩。肩部饰菱形填线纹，腹部饰方格纹。口径 24.4、底径 24.4、高 56.8 厘米（图二三四，1；彩版二〇六，4）。

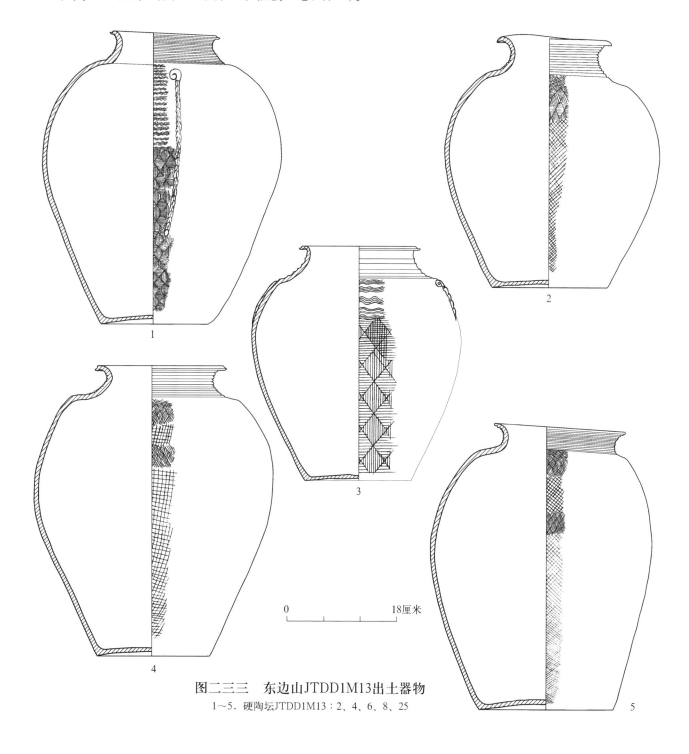

0 _____ 18厘米

图二三三　东边山 JTDD1M13 出土器物

1～5. 硬陶坛 JTDD1M13：2、4、6、8、25

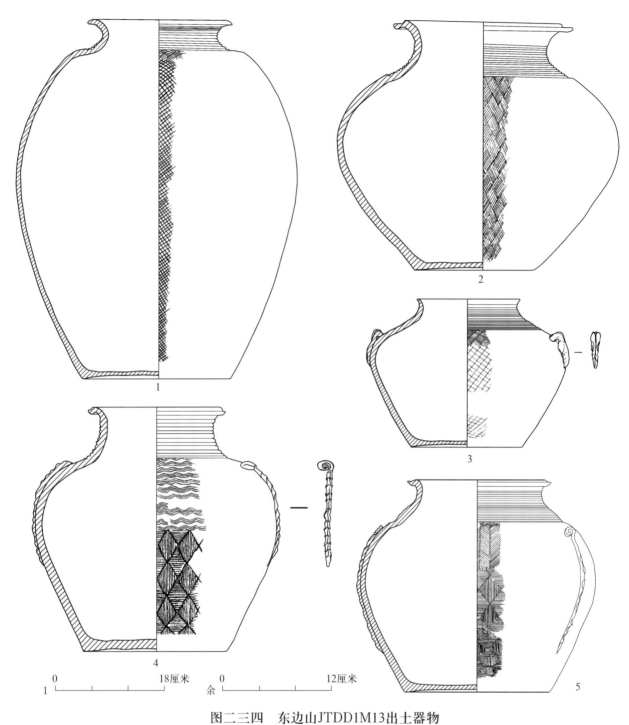

图二三四　东边山JTDD1M13出土器物

1. 硬陶坛JTDD1M13：30　2. 陶罐JTDD1M13：36　3～5. 硬陶罐JTDD1M13：17、21、28

罐　4件。

JTDD1M13：36，泥质红陶。侈口，圆唇，卷沿，沿面有一道凹槽，束颈，溜肩，鼓腹，平底微凹。颈部饰弦纹，肩、腹部饰席纹。口径19.6、底径12.8、高26.4厘米（图二三四，2；彩版二〇七，1）。

JTDD1M13：17，灰褐色胎硬陶。侈口，尖圆唇，卷沿，束颈，斜弧肩，鼓腹，平底略凹。颈部饰弦纹，肩部堆贴一对竖耳，各以两股小泥条捏制而成。肩部饰菱形填线纹，腹部饰方格纹。口径11.2、底径12.0、高15.7厘米（图二三四，3；彩版二〇七，2）。

JTDD1M13：21，褐色胎硬陶。侈口，尖圆唇，卷沿，束颈，弧肩，鼓腹，平底略凹。沿面有一道凹槽，颈部饰弦纹。肩、腹部堆贴一对泥条堆饰，环首，长辫形尾。肩及上腹饰数组水波纹，下腹部饰菱形填线纹。上部有青绿色爆浆釉。口径15.2、底径16.0、高25.8厘米（图二三四，4；彩版二○七，3）。

JTDD1M13：28，灰褐色胎硬陶。侈口，尖唇，卷沿，束颈，弧折肩，鼓腹，平底略凹。器表灰色。颈部饰弦纹，肩、腹部堆贴一对泥条堆饰，环首，长辫形尾。上腹部饰叶脉纹，下腹部饰菱形填线纹。口径15.6、底径15.6、高22.5厘米（图二三四，5；彩版二○七，4）。

瓿　3件。

硬陶。侈口，卷沿，沿面有一道凹槽，束颈，扁鼓腹，平底内凹。颈部饰弦纹，下腹饰方格纹。

JTDD1M13：15，灰褐色胎。尖圆唇，平弧肩。肩部设一对竖耳，各以双股泥条捏制而成。肩部饰菱形填线纹。口径13.6、底径10.0、高15.2厘米（图二三五，1；彩版二○七，5）。

JTDD1M13：23，灰色胎。尖唇，弧肩。肩部设一对竖盲耳，各以双股泥条捏制而成。肩部饰菱形填线纹。口径12.9、底径12.1、高14.7厘米（图二三五，2；彩版二○七，6）。

JTDD1M13：38，褐色硬陶。圆唇，溜肩。肩部设一对竖盲耳，各以双股泥条捏制而成。上腹部饰席纹。口径11.8、底径11.4、高10.6厘米（图二三五，3；彩版二○八，1）。

豆　2件。

原始瓷。折腹，凹圜底。

JTDD1M13：34，灰白色胎。直口，尖圆唇。上腹近直，下腹斜收，喇叭形圈足。上腹外壁饰弦纹，底部有一道划纹。施灰绿色釉，釉层较薄，多剥落。口径17.6、足径9.0、高7.0厘米（图二三六，1；彩版二○八，2）。

JTDD1M13：35，灰白色胎。敞口，圆唇，圈足略外撇。器内外有轮制旋纹，底部有泥条支钉痕。器形不规整。施酱黄釉不及外底，釉层较薄。口径14.2、足径5.2、高6.2厘米（图二三六，2；彩版二○八，3）。

盆　2件。

泥质黑皮陶。侈口，圆唇，卷沿沿面有一道凹槽，束颈，折腹，下腹斜收。

JTDD1M13：10，平底。口径18.4、底径7.2、高4.2厘米（图二三六，3；彩版二○八，4）。

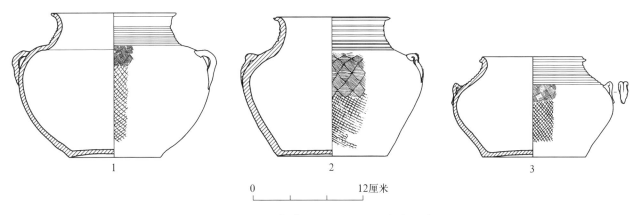

图二三五　东边山JTDD1M13出土器物
1～3. 硬陶瓿JTDD1M13：15、23、38

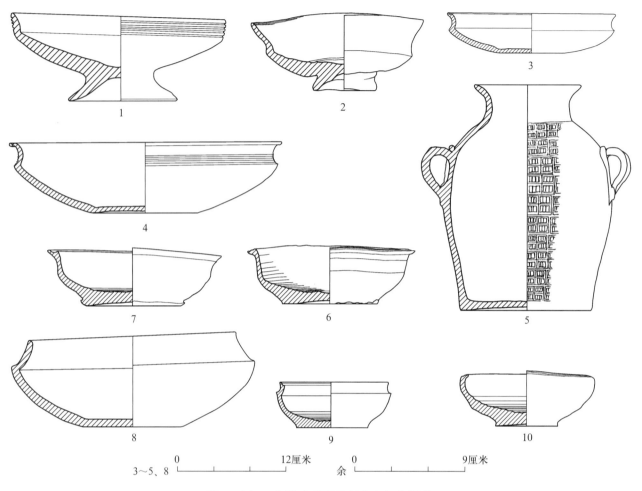

图二三六　东边山JTDD1M13出土器物

1、2. 原始瓷豆JTDD1M13：34、35　3、4. 陶盆JTDD1M13：10、24　5. 陶壶JTDD1M13：26　6、7. 原始瓷碗JTDD1M13：19、33　8. 陶钵JTDD1M13：18　9、10. 陶盂JTDD1M13：32、41

　　JTDD1M13：24，平底略凹。上腹饰数道凹弦纹。口径30.1、底径11.6、高7.5厘米（图二三六，4；彩版二〇八，5）。

　　壶　1件。

　　JTDD1M13：26，灰色硬陶。侈口，圆唇，卷沿，束颈，溜肩，筒形腹，平底微凹。上腹部设一对竖耳，各以双股泥条捏制而成，边缘用单股泥条堆贴一周。肩及腹部饰窗格纹。口径11.6、底径14.4、高23.8厘米（图二三六，5；彩版二〇八，6）。

　　碗　2件。

　　JTDD1M13：19，原始瓷，灰白色胎。敞口，尖圆唇，折沿，沿面有两道凹槽，弧腹略折，平底内凹。内壁有螺旋纹。施黄色釉，釉层剥落严重。口径13.9、底径7.9、高4.6厘米（图二三六，6；彩版二〇九，1）。

　　JTDD1M13：33，原始瓷，灰白色胎。敞口，圆唇，折沿，沿面有一道凹槽，弧腹略折，平底内凹。内壁有螺旋纹。施黄色釉，釉层剥落严重。口径14.4、底径7.8、高4.6厘米（图二三六，7；彩版二〇九，2）。

　　钵　1件。

JTDD1M13：18，泥质黑皮陶。敛口，圆唇，折腹，平底。口径22.6、底径10.8、高10.0厘米（图二三六，8；彩版二〇九，3）。

盂　2件。

JTDD1M13：32，原始瓷，灰色胎。子口，斜方唇，唇面内凹，折肩，弧腹，平底。器内有螺旋纹，外底有线切割痕。施青绿色釉不及外底。口径8.4、底径5.8、高3.6厘米（图二三六，9）。

JTDD1M13：41，褐色硬陶。敛口，尖圆唇，内折沿，弧腹，假圈足，平底。器内有螺旋纹，肩部有凹弦纹二周，底有平行切割痕。口径9.8、底径5.2、高4.4厘米（图二三六，10；彩版二〇九，4）。

器盖　11件。

4件为泥质黑皮陶。整体呈覆豆形，喇叭形捉手，弧顶，壁内弧，顶、壁间折，敞口，卷沿，沿面有一道凹槽。

JTDD1M13：14，圆唇。捉手径8.8、口径19.6、高7.8厘米（图二三七，1；彩版二〇九，5）。

JTDD1M13：22，尖圆唇。捉手径8.7、口径18.0、高7.0厘米（图二三七，3；彩版二〇九，6）。

JTDD1M13：16，圆唇。捉手径8.0、口径17.8、高8.0厘米（图二三七，2；彩版二一〇，1）。

JTDD1M13：37，尖圆唇。捉手径7.8、口径16.8、高7.4厘米（图二三七，4；彩版二一〇，2）。

7件为夹砂红陶。整体大致呈半球形，圆唇。

JTDD1M13：1，钩形纽，侈口，顶残。口径24.0、残高8.3厘米（图二三八，1）。

JTDD1M13：3，钩形纽，直口微侈，顶残。口径20.0厘米（图二三八，2）。

JTDD1M13：5，环形纽，敛口。口径24.8、通高19.2厘米（图二三八，3；彩版二一〇，3）。

JTDD1M13：7，环形纽，敞口，顶残。口径26.0、残高11.6厘米（图二三八，4）。

JTDD1M13：20，环形纽，侈口。口径21.2、通高18.0厘米（图二三八，5；彩版二一〇，4）。

JTDD1M13：27，环形纽，敞口。口径23.0厘米（图二三八，6）。

JTDD1M13：29，环形纽，敞口。口径29.0、通高20.8厘米（图二三八，7；彩版二一〇，5）。

石器　2件。

JTDD1M13：12，残石斧。仅存刃部一角，半月形。素面。残长3.5、厚0.4、残宽1.2厘米（图二三七，5）。

JTDD1M13：13，残石锛。风化严重。

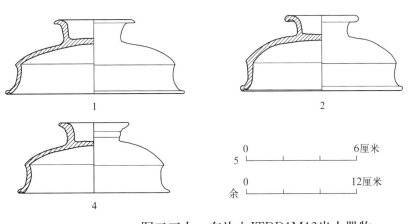
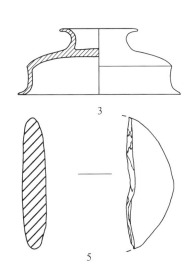

图二三七　东边山JTDD1M13出土器物

1～4. 陶器盖JTDD1M13：14、16、22、37　5. 石斧JTDD1M13：12

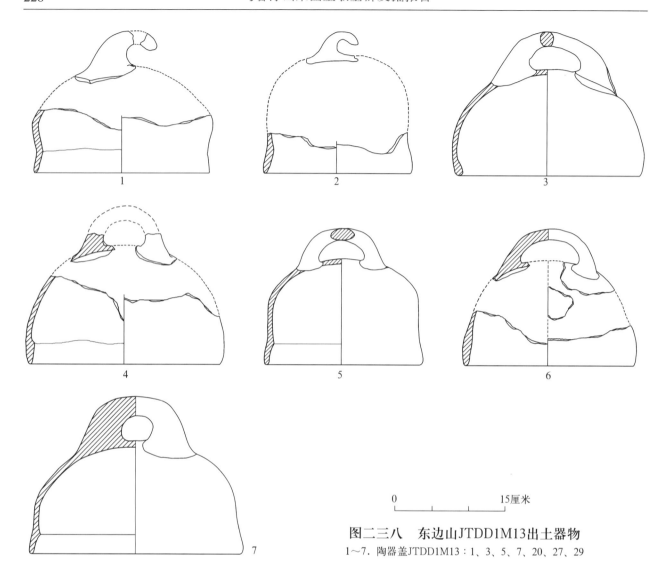

0   15厘米

图二三八　东边山JTDD1M13出土器物
1～7. 陶器盖JTDD1M13：1、3、5、7、20、27、29

14．JTDD1M14

JTDD1M14 位于土墩的东南侧。开口于第②层下，打破第③层（图二三九；彩版二一一，1）。为竖穴土坑墓，墓坑平面近长方形，方向约185°。长约4.45、宽1.13～1.33米，直壁，平底，深0.50～0.65米。墓坑内填红褐土，质略硬，夹大量褐色颗粒。除原始瓷碗 JTDD1M14：1 置于墓北侧中部外，其余随葬器物呈"L"形排列于墓南侧和西侧。

出土器物22件。包括夹砂陶器4件，泥质陶器12件，硬陶器4件，原始瓷器2件；器形有鼎、坛、罐、瓿、盆、豆、碗、器盖。

鼎　3件。

JTDD1M14：5，夹砂红陶。侈口，圆唇，卷沿，折腹，圜底。上腹多残，扁锥形足。口径14.2、足高8.0厘米（图二四〇，1）。

JTDD1M14：11，夹砂红陶。侈口，圆唇，折沿，折腹，上腹残，圜底。扁锥形足。口径21.6、足高12.0厘米（图二四〇，2）。

JTDD1M14：12，夹砂红陶。侈口，圆唇，卷沿，鼓腹，圜底，扁锥形足。一足根部及其对称位

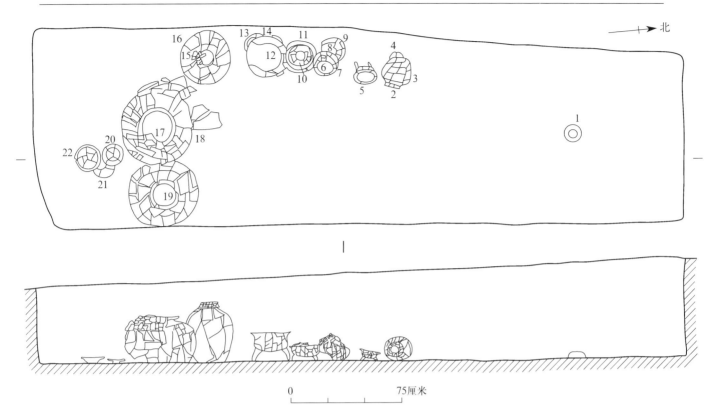

图二三九　东边山JTDD1M14平、剖面图

1. 原始瓷碗　2、4、6、8、10、13、15、22. 陶器盖　3、14. 硬陶罐　5、11、12. 陶鼎　7、9. 硬陶瓿　16、18、19. 硬陶坛　17、21. 陶盆　20. 原始瓷豆

置设一对角状耳。口径26.6、高22.0厘米（图二四〇，3；彩版二一一，2）。

坛　3件。

侈口，卷沿，深弧腹，平底内凹。颈部饰弦纹。

JTDD1M14：16，灰褐硬陶。尖唇，沿面外侧下凹，直颈，溜肩。肩、腹部饰折线纹和回纹的组合纹饰。口径15.2、底径19.0、高39.2厘米（图二四〇，4；彩版二一一，3）。

JTDD1M14：18，褐色硬陶。尖唇，沿面外侧下凹，束颈，弧肩。肩部饰菱形填线纹，腹部饰方格纹。口径25.6、底径25.8、高61.0厘米（图二四〇，5；彩版二一一，4）。

JTDD1M14：19，泥质桔红陶。圆唇，沿面有一道凹槽，束颈，弧肩，上腹略鼓。肩、腹部饰方格纹。口径20.8、底径18.8、高40.4厘米（图二四〇，6）。

罐　2件。

JTDD1M14：3，泥质黑皮陶。侈口，圆唇，卷沿，沿面有一道凹槽，束颈，弧肩，鼓腹残，平底。肩部设一对竖耳，残。颈部饰弦纹。口径11.0、底径9.6厘米（图二四一，1）。

JTDD1M14：14，泥质黑皮陶。敛口，圆唇，窄卷沿，沿面有一道凹槽，斜颈，折肩，扁弧腹，平底略凹。口径13.2、底径7.8、高9.3厘米（图二四一，2；彩版二一二，1）。

瓿　2件。

灰色硬陶。尖唇，卷沿，平弧肩，扁鼓腹，平底略凹。下腹饰方格纹。

JTDD1M14：7，灰色硬陶。口近直，尖唇，卷沿，矮颈，平弧肩，扁鼓腹，平底略凹。上腹部

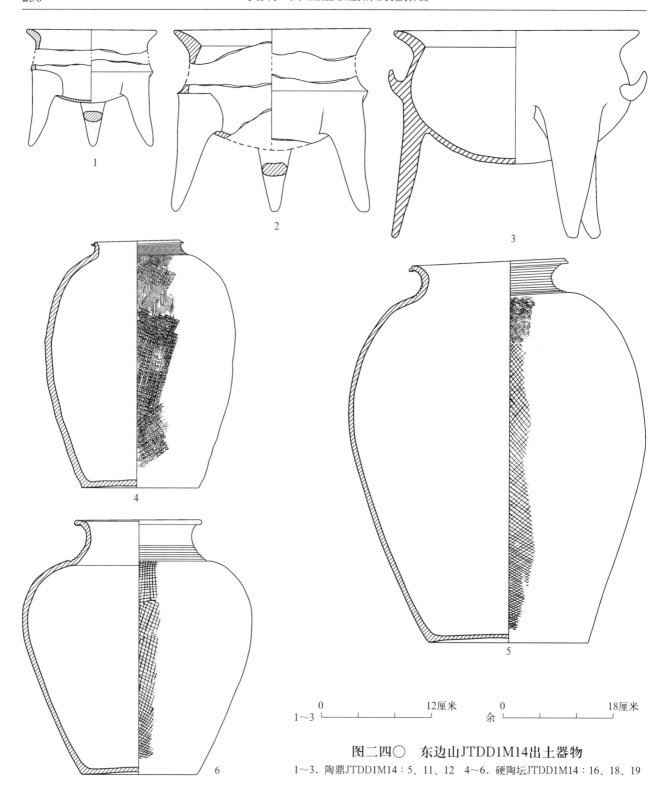

0　　　　　　　　12厘米　　　　0　　　　　　　　18厘米
1~3　├──┼──┼──┤　　　余　├──┼──┼──┤

图二四〇　东边山JTDD1M14出土器物

1~3. 陶鼎JTDD1M14：5、11、12　　4~6. 硬陶坛JTDD1M14：16、18、19

设一对竖耳，已残。颈部饰弦纹，肩及上腹部饰菱形填线纹，下腹饰方格纹。口径 13.6、底径 11.2、高 13.4 厘米（图二四一，3；彩版二一二，2）。

　　JTDD1M14：9，灰色硬陶。侈口，尖唇，卷沿，束颈，平弧肩，扁鼓腹，平底略凹。上腹部堆贴一对盲耳。肩及上腹部饰席纹，下腹饰方格纹。口径 11.0、底径 12.2、高 13.6 厘米（图二四一，4）。

豆　1件。

JTDD1M14：20，原始瓷，灰色胎。敞口，圆唇，折腹，喇叭形圈足。器形不甚规整，内壁折腹处饰弦纹。施黄色釉，釉剥落殆尽。口径13.2、底径5.4、高5.0厘米（图二四二，1；彩版二一二，3）。

盆　2件。

JTDD1M14：17，泥质红陶。敞口，圆唇，卷沿，弧折腹，平底。腹部饰叶脉纹。破碎严重，无法复原。

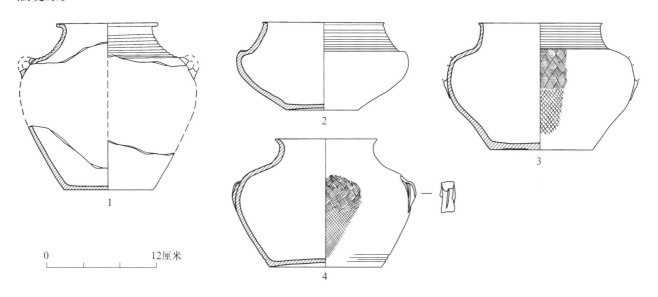

0　　　　　　　　　12厘米

图二四一　东边山JTDD1M14出土器物

1、2. 陶罐JTDD1M14：3、14　3、4. 硬陶瓿JTDD1M14：7、9

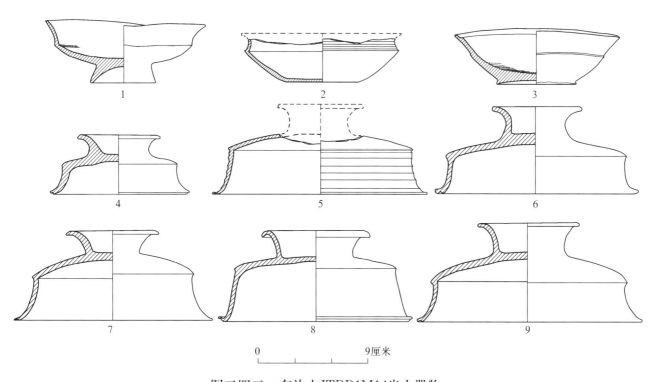

0　　　　　　　　　9厘米

图二四二　东边山JTDD1M14出土器物

1. 原始瓷豆JTDD1M14：20　2. 陶盆JTDD1M14：21　3. 原始瓷碗JTDD1M14：1　4～9. 陶器盖JTDD1M14：4、6、8、10、13、22

JTDD1M14：21，泥质黑皮陶。口沿残，折腹，下腹弧收成平底。上腹部饰弦纹。底径6.0、残高3.4厘米（图二四二，2）。

碗　1件。

JTDD1M14：1，原始瓷，灰黄色胎。敞口，圆唇，沿面内凹，弧腹，平底内凹。腹中部饰一道凹槽。器身略有变形。施青绿色釉。口径13.7、底径7.2、高4.4厘米（图二四二，3；彩版二一二，4）。

器盖　8件。

其中1件为夹砂红陶。JTDD1M14：15，破碎严重，无法复原。

其余7件为泥质黑皮陶。整体呈覆豆形，喇叭形捉手，弧顶，壁稍内曲，顶、壁间折，敞口，卷沿，沿面有一道凹槽，圆唇。

JTDD1M14：2，破碎严重，无法复原。

JTDD1M14：4，捉手径6.8、口径11.4、高4.7厘米（图二四二，4；彩版二一二，5）。

JTDD1M14：6，捉手残，盖壁饰弦纹。口径17.6、残高4.8厘米（图二四二，5）。

JTDD1M14：8，捉手径7.8、口径16.8、高6.9厘米（图二四二，6）。

JTDD1M14：10，捉手径7.6、口径16.2、高7.0厘米（图二四二，7）。

JTDD1M14：13，捉手径8.9、口径15.0、高7.3厘米（图二四二，8）。

JTDD1M14：22，捉手径8.5、口径18.6、高7.8厘米（图二四二，9；彩版二一二，6）。

15. JTDD1M15

JTDD1M15位于土墩东侧，JTDD1M14的北部。开口于第①层下，打破第②层（图二四三；彩版二一三，1）。为竖穴土坑墓，墓坑开口面略倾斜，西高东低，平面近长方形，方向约107°。长约2.85、宽约1.10米，直壁，平底，深0.20～0.40米。墓坑内填红褐土，质硬，夹大量褐色颗粒。

JTDD1M15距地表甚浅，遭破坏严重，仅有6件（JTDD1M15：1～6）体形较小的器物仍置于墓底，

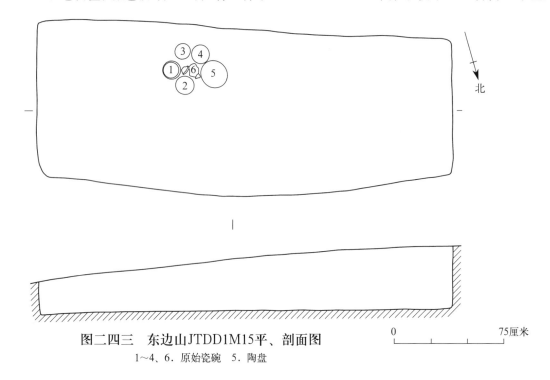

图二四三　东边山JTDD1M15平、剖面图

1～4、6. 原始瓷碗　5. 陶盘

0　　　　　　　　　75厘米

排列成梅花状。另有9件器物出土墓坑上方的第①层内，可能与M15有关，一并进行介绍。

鼎　1件。

JTDD1M15：14，夹砂红陶。侈口，圆唇，折沿，腹、底残，锥形足。口径23.2、足残高11.0厘米（图二四四，1）。

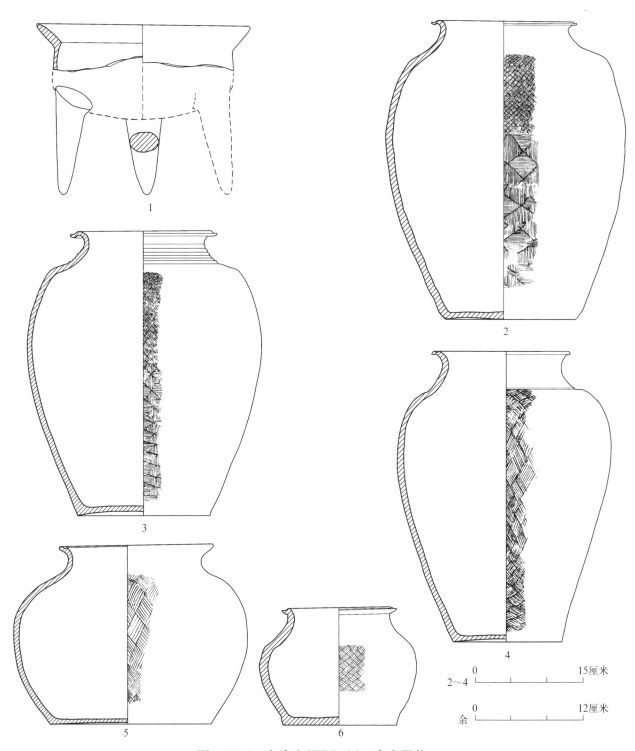

图二四四　东边山JTDD1M15出土器物

1. 陶鼎JTDD1M15：14　2、3. 硬陶坛JTDD1M15：8、15　4. 陶坛JTDD1M15：9　5. 陶瓿JTDD1M15：11　6. 硬陶瓿JTDD1M15：7

坛　3件。

侈口，卷沿，尖圆唇，沿面外侧下凹，束颈，弧折肩，深弧腹，平底略凹。

JTDD1M15：8，灰色硬陶。肩及上腹部饰席纹，下腹部饰菱形填线纹。口径19.9、底径18.4、高39.4厘米（图二四四，2）。

JTDD115：15，灰色硬陶。尖唇。颈饰数道弦纹，肩及上腹饰席纹，下腹饰菱形填线纹。口径20.0、底径18.0、高约37.6厘米（图二四四，3）。

JTDD1M15：9，泥质红陶。颈、肩交接处饰两道凹弦纹，肩腹部饰席纹。口径19.0、底径15.4、高38.5厘米（图二四四，4；彩版二一四，1）。

瓿　2件。

JTDD1M15：11，泥质红陶。侈口，圆唇，卷沿，沿面有一道凹槽，束颈，溜肩，扁鼓腹，平底微凹。肩、腹部饰席纹。口径16.8、底径17.6、高19.0厘米（图二四四，5；彩版二一三，2）。

JTDD1M15：7，褐色硬陶。侈口，尖唇，卷沿，沿面外侧下凹，束颈，溜肩，扁鼓腹，平底。肩、腹部饰席纹。口径12.6、底径12.5、高12.5厘米（图二四四，6；彩版二一三，3）。

盘　1件。

JTDD1M15：5，泥质黑皮陶。侈口，圆唇，卷沿，沿面有一道凹槽，束颈，折腹，小平底。轮制。口径20.2、底径7.4、高4.8厘米（图二四五，1；彩版二一三，4）。

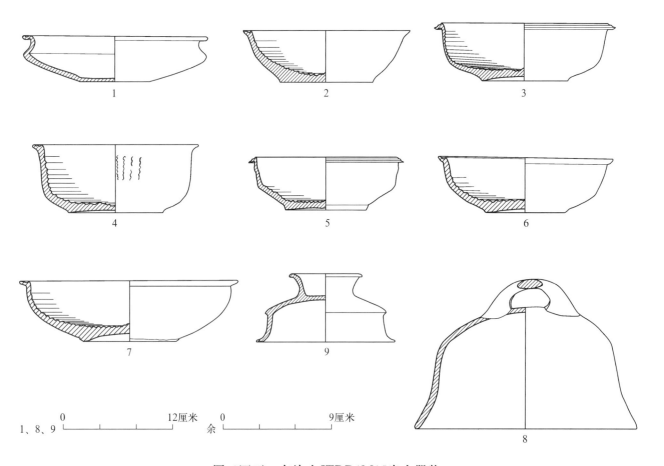

图二四五　东边山JTDD1M15出土器物

1. 陶盘JTDD1M15：5　2～7. 原始瓷碗JTDD1M15：1～4、6、13　8、9. 陶器盖JTDD1M15：10、12

碗　6件。

原始瓷。敞口，折沿，沿面有凹槽，弧腹。器内壁有螺旋纹。

JTDD1M15：1，灰黄色胎。尖圆唇，平底。外底有线割弧线纹。施黄色釉，剥落殆尽。口径13.8、底径7.6、高4.1厘米（图二四五，2；彩版二一三，5）。

JTDD1M15：2，灰白色胎。尖唇，沿下垂，上腹较直，近底部急收，平底内凹。施黄绿色釉。口径14.8、底径7.0、高4.6厘米（图二四五，3；彩版二一四，3）。

JTDD1M15：3，灰黄色胎。圆唇，上腹较直，近底部急收，饼形足，底微凹。上腹部刻画纵向水波纹，外底有弧形划纹。施黄色釉。口径13.6、底径7.8、高5.4厘米（图二四五，4；彩版二一四，4）。

JTDD1M15：4，灰黄色胎。沿下垂，尖唇，腹略折，下腹弧收，底略凹。外底留有平行的切割痕。施黄绿色釉，剥落殆尽。口径12.7、底径6.6、高4.2厘米（图二四五，5；彩版二一四，5）。

JTDD1M15：6，灰褐色胎。圆唇，平底略内凹。施黄色釉。口径14.3、底径6.6、高4.3厘米（图二四五，6；彩版二一四，2）。

JTDD1M15：13，圆唇，平底内凹。口径18.0、底径7.6、高4.8厘米（图二四五，7）。

器盖　2件。

JTDD1M15：10，夹砂红陶。环形纽，弧顶，弧壁，侈口，圆唇。口径24.2、高15.8厘米（图二四五，8）。

JTDD1M15：12，泥质黑皮陶。整体呈覆豆形，喇叭形捉手，弧顶，壁内弧，敞口，圆唇，卷沿，沿面有一道凹槽。捉手径8.0、口径15.2、高7.2厘米（图二四五，9）。

（二）界墙

界墙位于土墩的四周，距地表仅0.10～0.15米，破坏较为严重，残存南、西、北侧3段，方向分别约181°、212°、293°。平面整体大致呈方形，南北长35.00～41.00、东西残长9.20～11.20米，西段界墙方向与中心墓JTDD1M13平行。西段界墙体南部及南段墙体中部各有一个出口，南出口与中心墓葬JTDD1M13的墓道重合。

界墙分为内墙和外墙；内墙建于土墩基础第⑤层上，截面为长方形，用灰黄土堆成，未见夯砸，与第④层灰黄土堆积连为一体，应与第④层堆积一体堆筑。墙体宽约0.20、残高0.10～0.50米。

外墙紧贴内墙，是在内墙外侧的加筑部分，西、北侧分布范围与内墙一致，南侧未见，用灰褐土堆积而成，断面近直角梯形，底宽约0.70米、顶宽约0.50、现存高0.15～0.50米。

界墙的范围较土墩的基础第⑥层范围略小，土墩现存的第②～⑤层堆积在界墙的范围内，仅局部有溢出现象。

四　小结

JTDD1堆积最厚处约2.7米，共分为6个层次，第⑤、⑥层是建墩前平整地面的垫土层，较为平整，亦起到定界作用。第④层是为葬墓而堆筑的馒头状堆土，第②、③层则是晚期在原土墩外侧加筑的封土，两层仅在土墩边坡上发现，顶部不存，可能是后期破坏所致。

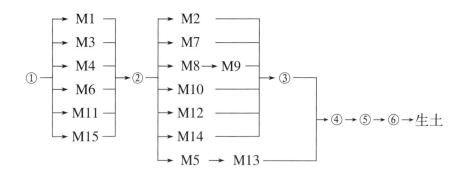

JTDD1 内发现墓葬 15 座，其中 JTDD1M13 位于墩中心位置，是土墩内最早的墓葬；其余墓葬均挖建在土墩边坡或底部，呈向心式分布；第②层下墓葬分布于土墩南、西、北侧，第①层下墓葬主要分布于土墩北侧。墩内发现的方形界墙将土墩包入其中，是土墩墓发掘中初次发现。

JTDD1 内最早的墓葬是 JTDD1M13，出土的器物具有两周之交时期的器物特征。夹砂陶鼎卷沿、折腹，其中两件腹部有一对角状耳；硬陶坛束颈较长且内束，弧肩，瓿既有弧肩，也有溜肩，底较窄，硬陶器上部饰水波纹或稍大的菱形填线纹、席纹，不见早期的折线纹与回纹，亦与晚期细密的方格纹或席纹有明显区别；出土的原始瓷器既有豆，也有碗，其中的 1 件原始瓷豆 JTDD1M13：34 直口、喇叭形圈足造型是西周中期的风格，可能为早期的孑遗。

墩内第①层下共发现墓葬 6 座，原开口层位不详。从器物特征分析 JTDD1M6 稍晚，其余墓葬较为接近。JTDD1M6 出土折沿很宽的夹砂陶鼎，出土的硬陶器颈下部呈斜坡状、肩部弧折、底较宽，大多饰细密的席纹、方格纹与菱形填线纹的组合纹；出土的原始瓷碗弧腹、折沿较窄，是春秋中期的风格。

因此 JTDD1 的年代上限为西周晚期，下限是春秋中期。

第三节　东边山土墩墓D2

一　概况

东边山土墩墓 D2（编号 JTDD2）位于天王镇农林大队潘家边村东面的东边山上，西距潘家边村约 150 米。北距东边山 JTDD5 约 6 米，南距东边山 JTDD1 约 48 米。

JTDD2 外观呈馒头形，顶部较平，封土与 JTDD5 几乎连为一体，土墩北部被破坏。土墩底部直径约 19、高出周围地表约 2 米（图二四六；彩版二一五，1）。

二　地层堆积

根据土质土色的不同，JTDD2 封土堆积可分为 8 层（见图二四六；彩版二一五，2）。

第①层：表土层，黄褐色土，厚 0.10～0.35 米。土质疏松，分布于土墩表面。

第②层：红褐色土，深 0.10～0.60、厚 0～0.40 米。土质疏松，斜向堆积，呈环状分布于土墩外围四周。

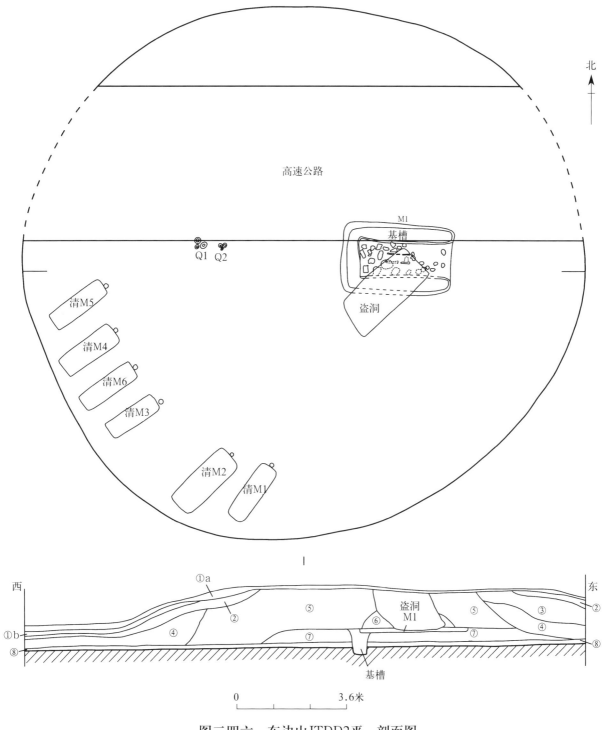

图二四六　东边山JTDD2平、剖面图

第③层：暗褐色土，深 0.15～1.00、厚 0～0.60 米。土质略硬，斜向堆积，主要分布于土墩东侧偏底部。

第④层：灰色土，深 0.40～1.55、厚 0～1.00 米。土质疏松，斜向堆积，呈环状分布于土墩外围偏底部。

第⑤层：黄灰色土，深 0.10～1.80、厚 0～1.80 米。土质略硬，馒头状堆积，顶面稍平，边缘斜坡状，分布于土墩中心位置。本层下有器物群 JTDD2Q1、Q2。

　　第⑥层:红色土,深 0.50～1.30、厚 0～0.60 米。土质疏松,分布于土墩中心 JTDD2M1 的石床之上,形状为隆起的土堆,叠压于 JTDD2M1 上,范围大致与之相近。

　　第⑦层:青灰色土,深 1.25～1.60、厚约 0.40 米。土质略硬,位于土墩中部,水平分布于石床之下。

　　第⑧层:浅红色土,距墩顶深 1.85～2.05、厚 0.15～0.20 米。土质略硬,水平分布于整个土墩底部。

　　第⑧层下为红褐色生土,生土面较平整。

三　遗迹遗物

　　JTDD2 边缘发现清代墓葬 6 座,呈扇形分布于土墩西南部。墩内发现器物群 2 处,墓葬 1 座,盗洞 1 个。

(一)墓葬
墓葬 1 座。

JTDD2M1
　　JTDD2M1 位于土墩中部,筑于第⑦层层面上,位于第⑦层的近中心位置,被第⑥层叠压(图二四七;彩版二一六~二一八)。墓葬南半部被盗洞破坏,盗洞直至石床。

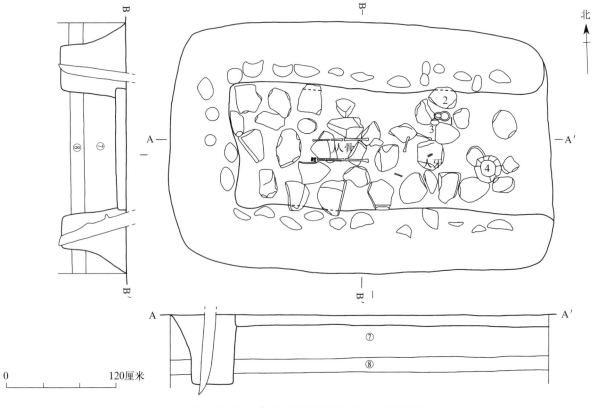

图二四七　东边山JTDD2M1平、剖面图

1～3. 原始瓷豆　4. 陶罐

JTDD2M1 边缘开挖基槽，基槽平面呈"U"形，东侧敞开，方向约87°。平面不甚规整，东西长约4.15、南北宽2.40～2.74米。基槽截面呈倒梯形，口宽底窄，宽窄深浅均不一致，壁面亦不规整，口宽0.58～0.80、底宽0.50～0.58、深0.70～0.78米。基槽内填土呈灰黄色，基槽内埋有柱子，发现柱洞28个，分布于JTDD2M1南、西、北侧，分布较为均匀，围成长方形的空间。柱洞平面形状不规则，多作月牙形、扁椭圆形等，圆形较为罕见，直径0.12～0.22米。柱洞内填红褐色土。从柱洞解剖情况看，柱子在基槽内深0.70～0.80米，底部多呈尖锐的匕首状，柱子上多带枝杈，推测柱子应该是将圆木劈开，且未经修整。柱子均向内倾斜，这样构成了一座"人"字形窝棚式建筑。

建筑内挖一浅坑，长3.56、宽1.28、深0.12米。浅坑内垫以3～5厘米厚的五花土，然后在其上以石块铺设形成石床，长约3.00、宽约1.30米。石块共计34块，大小、形状各异，均未经过加工，分布没有规律。

墓主人置于石床之上，仅见部分牙齿和肢骨，腐朽严重，仰身直肢，头朝东向，性别和年龄已无法鉴定。

随葬器物置于石床之上，共4件，其中3件原始瓷豆呈"品"字形置于墓主人头部北侧，另有1件泥质陶罐置于墓主人东侧。

罐　1件。

JTDD2M1：4，泥质黑皮陶，灰褐色胎。侈口，卷沿，沿面有两道凹槽，圆唇，束颈，弧肩，扁鼓腹，平底。颈部饰弦纹，肩、腹部饰菱形纹。口径13.6、底径19.0、高25.8厘米（图二四八，4；彩版二一九，1）。

豆　3件。

原始瓷，灰色胎。侈口，折沿，折腹，圈足外撇。沿面及内外折腹处饰浅细弦纹。施青绿色釉。

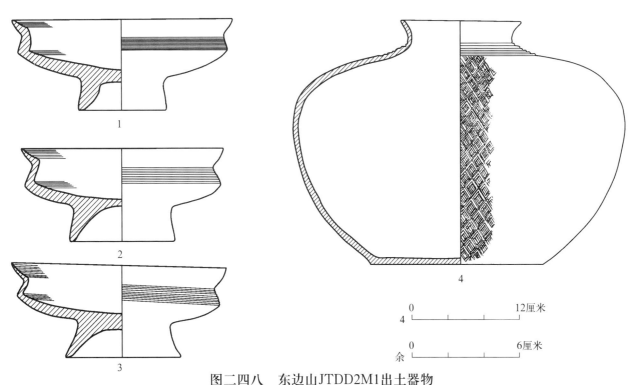

图二四八　东边山JTDD2M1出土器物

1～3. 原始瓷豆JTDD2M1：1～3　4. 陶罐JTDD2M1：4

JTDD2M1：1，口沿有 1 个缺口，圆唇。釉稀薄。口径 12.0、圈足径 4.7、高 4.8 厘米（图二四八，1；彩版二一九，2）。

JTDD2M1：2，口沿有 4 个缺口，尖唇。口径 11.0、底径 5.7、高 4.9 厘米（图二四八，2；彩版二一九，3）。

JTDD2M1：3，口沿缺损严重，尖圆唇。口径 11.6、底径 6.3、高 5.0 厘米（图二四八，3；彩版二一九，4）。

（二）器物群

器物群有 2 处。

1．JTDD2Q1

JTDD2Q1 位于土墩中部偏西，置于第⑧层层面上，被第⑤层叠压（图二四九；彩版二二〇，1）。

出土硬陶瓿 1 件、原始瓷豆 2 件，呈"品"字形摆放；其中 1 件豆倒扣于地面，瓿口沿残破。

瓿　1 件。

JTDD2Q1：3，褐色硬陶。侈口，尖圆唇，卷沿，束颈，弧肩，扁鼓腹，平底。颈部饰弦纹，肩、腹部饰弦纹夹套菱形纹。口径 11.6、底径 11.8、高 9.8 厘米（图二五〇，1；彩版二二〇，2）。

豆　2 件。

原始瓷。敞口，尖圆唇，折腹，圈足外撇。

JTDD2Q1：1，灰黄色胎。器内折腹处饰弦纹。施黄色釉，釉剥落殆尽。口径 12.4、底径 5.7、高 5.1 厘米（图二五〇，2；彩版二二〇，3）。

JTDD2Q1：2，灰色胎。折沿，沿面略内凹。器内折腹处饰弦纹。施青黄色釉，釉剥落严重。口径 12.7、足径 5.8、高 6.0 厘米（图二五〇，3；彩版二二〇，4）。

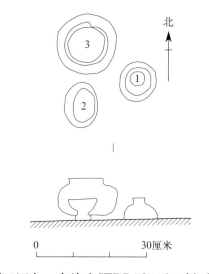

图二四九　东边山JTDD2Q1平、剖面图
1、2. 原始瓷豆　3. 硬陶瓿

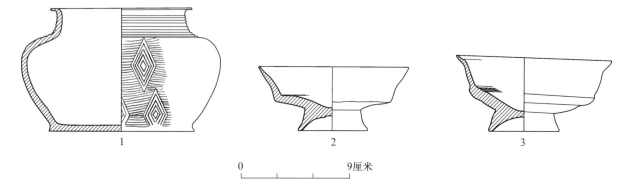

图二五〇　东边山JTDD2Q1出土器物
1. 硬陶瓿JTDD2Q1：3　2、3. 原始瓷豆JTDD2Q1：1、2

2. JTDD2Q2

JTDD2Q2 位于 JTDD2 中部偏西,西距 JTDD2Q1 约 0.40 米，放置于第⑧层层面上，被第⑤层叠压（图二五一）。

出土夹砂陶鼎 2 件、原始瓷豆 2 件。豆及鼎 JTDD2Q2：2 正置，鼎 JTDD2Q2：3 破碎，置于豆 JTDD2Q2：4 内。

鼎　2 件。

JTDD2Q2：2，夹砂红陶。侈口，圆唇，折沿，弧腹，圜底近平，锥形足。一足根部及其对称位置设一对角状耳，器表有烟炱。口径 13.5、高 8.4 厘米（图二五二，1）。

JTDD2Q2：3，夹砂红陶。残破严重，无法复原。

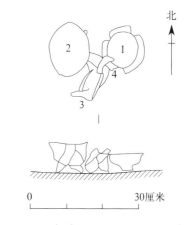

图二五一　东边山JTDD2Q2平、剖面图
1、4. 原始瓷豆　2、3. 陶鼎

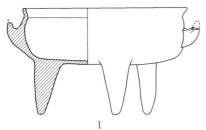 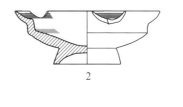 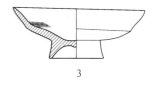

图二五二　东边山JTDD2Q2出土器物
1. 陶鼎JTDD2Q2：2　2、3. 原始瓷豆JTDD2Q2：1、4

豆　2 件。

原始瓷。敞口，折腹，矮圈足略外撇。

JTDD2Q2：1，灰白色胎。口沿打出 3 个均匀分布的缺口，圆唇，折沿，沿面略内凹。沿面及器内折腹处饰弦纹。施灰绿色釉。口径 11.8、底径 5.5、高 4.2 厘米（图二五二，2）。

JTDD2Q2：4，灰黄色胎。尖圆唇。器内折腹处饰弦纹。施黄色釉。口径 10.9、底径 4.5、高 4.0 厘米（图二五二，3）。

（三）盗洞

盗洞位于土墩中心位置，开口于第①层下，打破第⑤、⑥层至 M1。盗洞平面近长方形，长约 3.00、宽 1.50 米，斜壁，平底，深 1.30 米。盗洞内填土呈浅黄色，疏松。

盗洞填土内出土鼎、罐等 5 件器物，可能与 JTDD2M1 有关。

鼎　2 件。

JTDD2 盗：5，夹砂红陶。敛口，圆唇，弧腹，圜底，圆锥形足。一侧足根处有一角状耳。口径 9.4、高 8.8 厘米（图二五三，1；彩版二二一，1）。

JTDD2 盗：4，夹砂红陶。侈口，圆唇，卷沿，束颈，弧腹，圜底，扁锥形足。口径 25.6、高 20.8 厘米（图二五三，2；彩版二二一，2）。

坛　1 件。

JTDD2 盗：1，褐色硬陶。侈口，方唇，唇面有一道凹槽，卷沿，短束颈，圆肩，深弧腹，底略凹。

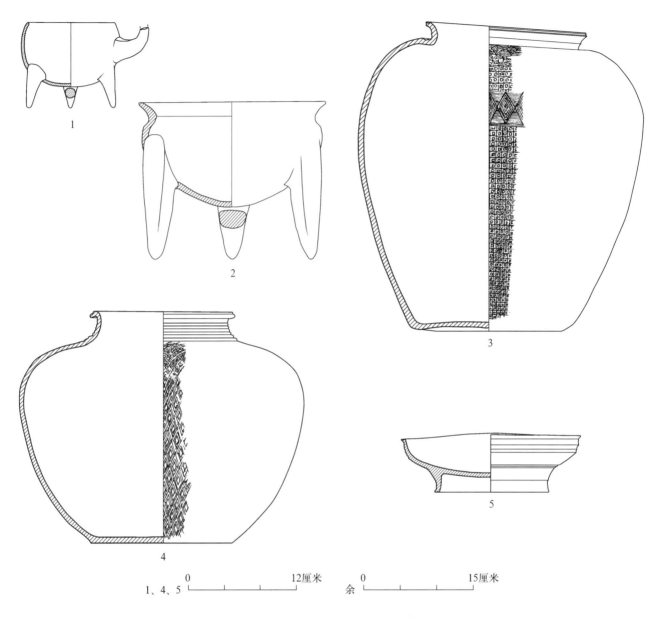

图二五三　东边山JTDD2盗洞采集器物

1、2.陶鼎JTDD2盗：5、4　3.硬陶坛JTDD2盗：1　4.陶罐JTDD2盗：3　5.陶盘JTDD2盗：2

颈部饰弦纹，肩、腹部饰回纹与套菱形纹的组合纹饰。口径22.0、底径20.4、高40.0厘米（图二五三，3；彩版二二一，3）。

罐　1件。

JTDD2盗：3，泥质黑皮陶，灰褐色胎。侈口，圆唇，卷沿，沿面有一道凹槽，束颈，弧肩，鼓腹，平底。颈部饰弦纹，肩、腹部饰套菱形纹。口径15.0、底径15.4、高24.6厘米（图二五三，4；彩版二二一，4）。

盘　1件。

JTDD2盗：2，泥质黑皮陶。敞口，圆唇，窄卷沿，沿面有一道凹槽，弧腹，圜底，矮圈足略外撇，圈足宽大。腹部饰凹弦纹。口径19.4、底径12.4、高6.2厘米（图二五三，5；彩版二二一，5）。

四　小结

JTDD2 顶部较平，上部的堆积已破坏。现存堆积分为 8 层，其中第⑧层是建墩前平整地面后堆积的垫土；第⑦层是为筑 JTDD2M1 而堆筑的土台堆积，第⑤、⑥层则是 JTDD2M1 上的封土；第②~④层是中心土墩外侧加筑的斜向封土。

JTDD2 属一墩一墓类型，墩内仅发现墓葬 1 座、器物 2 处，均位于中心土墩内，放置的时间应相近。JTDD2M1 有石床，上有"人"字形建筑，与浮山果园 D29M45 相似。

土墩内各遗迹单元（含盗洞）出土器物特征相近。出土的夹砂陶鼎卷或为较窄的折沿，器形不规整；硬陶坛颈短直、圆耸肩，硬陶器纹饰是折线纹与回纹组合或套菱形纹；出土原始瓷豆圈足、盘较浅，未见碗；以上器物以及扁鼓腹的泥质陶罐、圈足很宽的泥质陶盘均是西周中晚期墓葬中的常见器物。

因此推测 JTDD2 筑于西周中晚期。

第四节　东边山土墩墓D4

一　概况

东边山土墩墓 D4（编号 JTDD4）位于天王镇农林行政村潘家边村东面的东边山东面坡地上，北距 D3 约 10、西距 D1 约 28 米。

JTDD4 北半部遭到高速公路施工的破坏，现存外观呈馒头状。土墩底部直径东西约 20.00、南北约 10.50 米，中心最高处高出周围地表约 1.50 米（图二五四；彩版二二二，1、2）。

二　地层堆积

根据土质土色的不同，JTDD4 地层堆积可分为 6 层（见图二五四），介绍：

第①层：耕土层，黄褐色土，厚 0.20~0.25 米。满分布，本层下有清代墓葬 8 座、窑址 2 座。

第②层：红褐色土，深 0.25~0.75、厚 0~0.60 米。土质略硬，斜向堆积，呈环形分布于土墩子外围，顶部不见。本层下有灰坑 JTDD4H1。

第③层：青灰色土，深 0.20~0.70、厚 0~0.50 米。土质疏松，分布于土墩的中心位置，底部较平整，顶部呈缓坡状。本层下有墓葬 JTDD4M1。

第④层：红褐色土，深 0.70~0.90、厚约 0.20 米。夹灰黄土，质略硬，呈水平状分布于土墩中部。本层下有 JTDD4M2。

第⑤层：青灰色土，深 0.90~1.25、厚 0.25~0.30 米。土质疏松，呈水平状分布于墩子底部。

第⑥层：浅红色土夹青灰色土，深 1.25~1.50、厚 0.15~0.25 米。呈水平状分布于墩子底部，属于土墩的基础，

第⑥层下为红褐色生土。

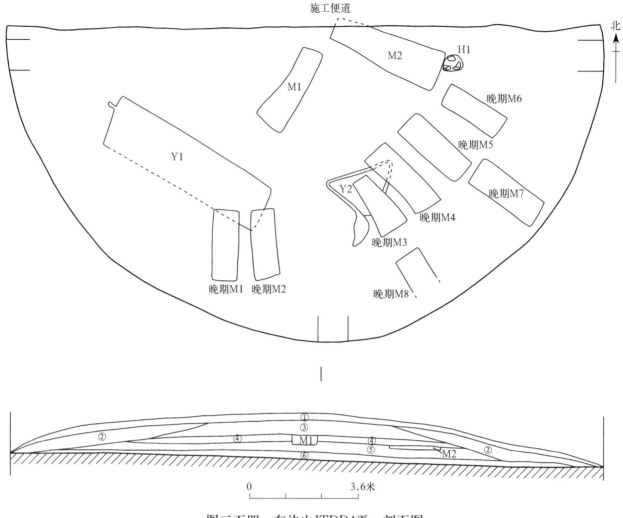

图二五四　东边山JTDD4平、剖面图

三　遗迹遗物

JTDD4 第①层下发现晚期墓葬 8 座、窑址 2 座，分布土墩东南及南部近边缘位置。墩内发现周代墓葬 2 座，灰坑 1 座，下文逐一介绍。

（一）墓葬

1. JTDD4M1

JTDD4M1 位于土墩中部略偏南。开口于第③层下，打破第④层（图二五五；彩版二二三，1）。为竖穴土坑墓，墓坑平面近梯形，方向约 212°。坑口长约 2.90、宽 0.77～1.09 米，直壁，平底，深约 0.34 米。墓坑填土呈灰褐色，夹黑土和褐斑，土质略疏松。随葬器物置于墓坑南端，鼎、盘、瓿三件器物叠置，瓿正置，盘倒扣于瓿口，鼎再倒扣于盘上。器物破碎严重。

出土夹砂陶器鼎、泥质陶罐、泥质陶盘、硬陶瓿各 1 件。

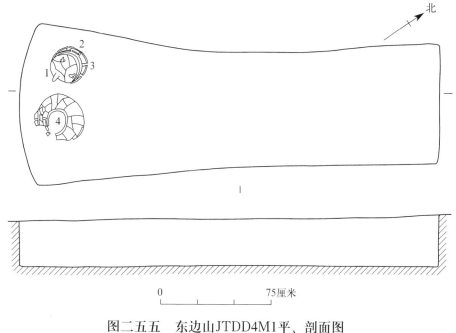

图二五五　东边山JTDD4M1平、剖面图

1. 陶鼎　2. 陶盘　3. 硬陶瓿　4. 陶罐

鼎　1件。

JTDD4M1：1，夹砂红陶。侈口，圆唇，折沿，弧腹，圜底近平，锥形足。足根部各设角状耳。口径16.4、高13.4厘米（图二五六，1；彩版二二三，2）。

罐　1件。

JTDD4M1：4，泥质黑皮陶。残破严重，无法复原。

瓿　1件。

JTDD4M1：3，硬陶，灰褐色胎，器表灰黑色。侈口，方唇，唇面有两道凹槽，束颈，平弧肩，扁鼓腹，平底。肩部有一对竖耳残痕。颈部饰弦纹，肩部饰席纹，腹部饰方格纹。内壁有刮抹痕迹。口径13.8、底径15.4、高13.0厘米（图二五六，2；彩版二二三，3）。

盘　1件。

JTDD4M1：2，泥质黑皮陶。敞口，斜方唇，弧腹，圜底，矮圈足。口径19.2、足径8.2、高6.3厘米（图二五六，3；彩版二二三，4）。

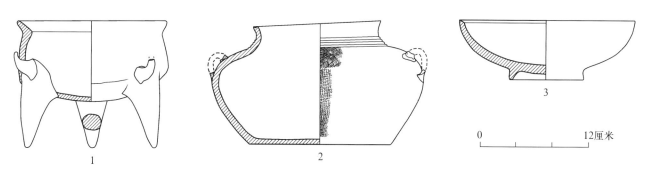

图二五六　东边山JTDD4M1出土器物

1. 陶鼎JTDD4M1：1　2. 硬陶瓿JTDD4M1：3　3. 陶盘JTDD4M1：2

2．JTDD4M2

JTDD4M2 位于土墩中部略偏东。开口于第④层下，打破第⑤层（图二五七；彩版二二四，1、2）。为竖穴浅土坑墓，墓坑平面近梯形，西北角遭施工破坏，方向约110°。坑口长约4.20、宽1.04～1.50米，直壁，底略呈西高东低的缓坡势，深约0.10米。坑内稀疏铺垫25块石块，形成石床，石块未经加工，分布无规律。坑内填灰土夹红褐土，质略硬。

随葬器物共6件，置于石床两侧，其中夹砂陶器2件，泥质陶器2件，硬陶器2件；器形有鼎、坛、罐、器盖、纺轮等。

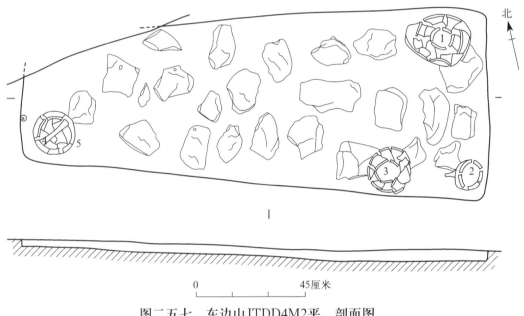

图二五七　东边山JTDD4M2平、剖面图

1、5．硬陶坛　2．陶鼎　3．陶罐　4．陶器盖　6．陶纺轮

鼎　1件。

JTDD4M2：2，夹砂红陶。侈口，圆唇，卷沿，束颈，弧腹近直，圜底，锥形足。口径22.0、高19.2厘米（图二五八，1；彩版二二五，1）。

坛　2件。

灰褐色硬陶。侈口，卷沿，束颈，沿面外侧下凹，深弧腹，底微凹。颈部饰弦纹，肩、腹部饰折线纹与回纹的组合纹饰。

JTDD4M2：1，方唇，肩微耸。口径19.0、底径22.4、高41.9厘米（图二五八，2；彩版二二五，3）。

JTDD4M2：5，尖唇，溜肩。器身变形。口径16.2、底径17.4、高38.8厘米（图二五八，3；彩版二二五，4）。

罐　1件。

JTDD4M2：3，泥质黑皮陶。直口，方唇，束颈，弧肩，扁鼓腹，平底内凹。肩及上腹部饰弦纹和水波纹，下腹部饰席纹。口径16.6、底径20.0、高19.2厘米（图二五八，4；彩版二二五，2）。

器盖　1件。

JTDD4M2：4，夹砂红陶。半球形，环形纽。残破严重，无法复原。

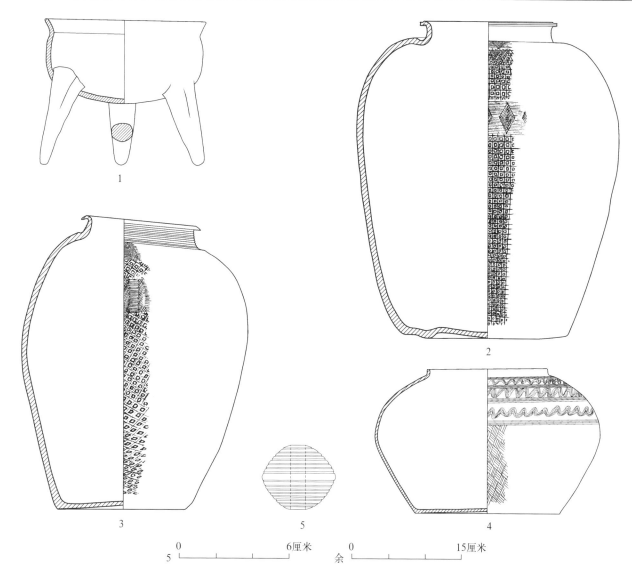

图二五八　东边山JTDD4M2出土器物

1. 陶鼎JTDD4M2：2　2、3. 硬陶坛JTDD4M2：1、5　4. 陶罐JTDD4M2：3　5. 陶纺轮JTDD4M2：6

纺轮　1件。

JTDD4M2：6，泥质黑皮陶。略残，算珠形，中间有穿孔。器表饰弦纹。直径4.0、高3.4厘米（图二五八，5）。

（二）灰坑

JTDD4内发现灰坑1座。

JTDD4H1

JTDD4H1位于土墩东部，西与JTDD4M2紧邻。开口于第②层下，打破第③层（图二五九）。坑口平面呈不规则圆形，直壁，平底。坑口最大径0.68、坑深0.13米。坑内填土呈红褐色，土质略硬。坑内置石头3块，平面呈"品"字形分布，石块竖立，石块为天然形成，未经人工修理。

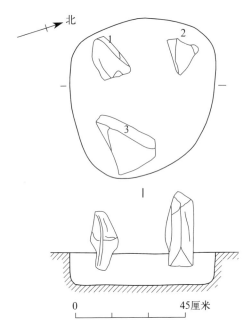

图二五九　东边山JTDD4H1平、剖面图
1～3. 石块

四　小结

　　JTDD4 堆积分 6 层，其中④～⑥层均为水平状堆积，第③层顶部不存，应为馒头状封土，第②层是加筑在土墩外侧的晚期封土，由于顶部破坏，呈环状分布。

　　①→②→H1→③→M1→④→M2→⑤→⑥→生土

　　北半部被施工破坏，残存的南半部发现两座墓葬处于不同的层位下，均位于土墩大致中部，方向朝向墩中心，土坑都很浅，一座有石床。

　　墩内最早的遗迹是 JTDD4M2，出土的卷沿夹砂陶鼎、扁鼓腹的泥质陶罐及短直颈、耸肩硬陶坛都具有西周晚期器物特征。而较晚的 JTDD4M1 出土瓿束颈、平弧肩，饰席纹与方格纹，造型及纹饰是春秋早期特征。

　　因此 JTDD4 的年代上限是西周晚期，下限是春秋早期。

第四章　谷城土墩墓D1

一　概况

谷城土墩墓D1（编号JTGD1）位于天王镇谷城村南约300米处，处于宁常高速的施工范围之内，已修好的施工便道从JTGD1的南面通过。

由于高速公路施工破坏，JTGD1已所剩无几。现外观为一方形台地，顶部平整为田地，高出周围地表约2米，南北长约22、东西宽约21米（图二六〇；彩版二二六，1）。

二　地层堆积

JTGD1遭破坏较为严重，发掘采用二分法布探方发掘，即在土墩偏东部留出一条宽约0.50米的南北向隔梁。按照土质、土色的不同，可分为6层（见图二六〇；彩版二二六，2）。

第①层：耕土层，灰黄色土，厚0.20～0.30米。土质疏松，水平均匀分布。

第②层：黄褐色土，深0.20～1.95、厚0～1.70米。夹杂大量颗粒较大的褐斑，分布于土墩的外围四周，底部呈斜坡状。本层下有器物群JTGD1Q2、Q4。

第③层：可分为两小层：

第③a层：灰白色土，深0.20～1.95、厚0～0.50米。土质较硬，分布于土墩的东南一角，倾斜堆积。本层下有墓葬JTGD1M5、M6。

第③b层：黄棕色土，深0.25～1.95、厚0.50～0.70米。土质略硬，分布于土墩的东北部，倾斜堆积。本层下有器物群JTGD1Q3、Q6及墓葬JTGD1M4。

第④层：灰色花土，深0.20～1.95、厚1.20～1.70米。土质略硬，分布于土墩的中间位置，堆积较厚，顶部、底部近平，边缘呈斜坡状。本层下有器物群JTGD1Q1、Q5及墓葬JTGD1M1～M3。

第⑤层：灰色土，深1.50～2.00、厚0～0.05米。土质细腻，略疏松，分布于土墩的中心，顶部缓坡状，底部平整。

第⑥层：浅红色土，深2.00～2.20、厚约0.20米。土质细腻，纯净，呈水平状分布于整个土墩底部，属于土墩的垫土。

第⑥层下为红褐色生土。

三　遗迹遗物

由于土墩顶部被削而边缘填土，JTGD1的墩形已不明显，但揭去第②层后即呈现出明显的馒头

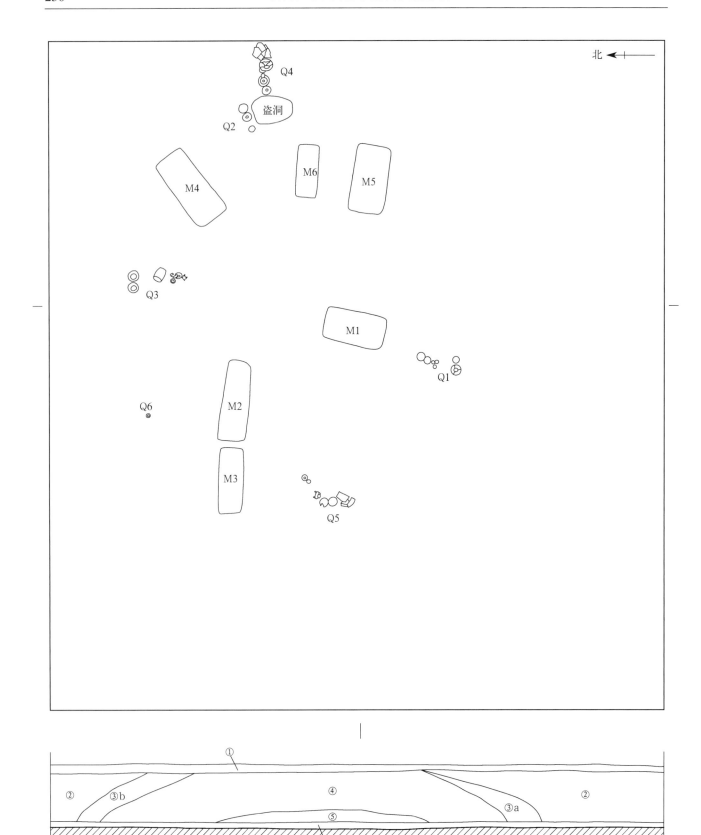

图二六〇　谷城JTGD1平、剖面图

状土墩。JTGD1 内发现器物群6处、墓葬6座，围绕中心呈向心式分布。

（一）墓葬
墓葬6座。

1. JTGD1M1

JTGD1M1 位于土墩中心的中部略偏南。开口于第④层下，打破第⑤层(图二六一;彩版二二七,1)。为竖穴土坑墓，墓坑平面呈长方形，方向195°。坑口长约2.10、宽约1.13米，直壁，平底，深0.35米。坑内填土为青灰色花土，夹褐斑，墓内中部偏北发现较为整齐的人的下齿。随葬器物大多呈一线摆放于墓坑东侧，另有3件豆置于墓坑西侧靠近南端，其中2件倒扣于墓底，另一件侧放于其上。硬陶坛 JTGD1M1:4残碎，部分碎片位于墓中部，夹砂陶器及泥质陶器破碎严重。

出土器物14件。包括夹砂陶器4件，泥质陶器6件，硬陶器2件，原始瓷器2件;器形有鼎、鬲、坛、罐、瓿、盆、豆等。

鼎 3件。

JTGD1M1:5，夹砂红陶。残破严重，形制不明。

JTGD1M1:6，夹砂红陶。侈口，圆唇，折沿，弧腹，圜底，扁锥形足。口径20.4、高17.2厘米(图二六二，1;彩版二二七，2)。

JTGD1M1:8，夹砂红陶。侈口，圆唇，卷沿，弧腹，圜底，扁锥形足。器表有烟炱痕。口径17.4、高13.0厘米(图二六二，2;彩版二二七，3)。

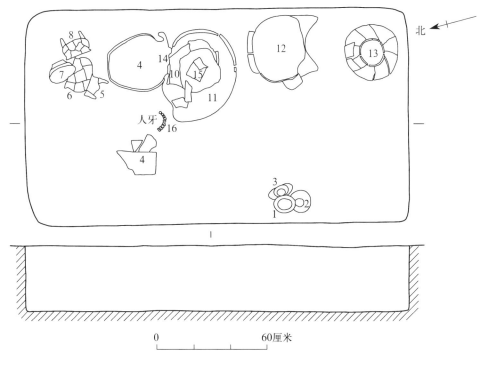

图二六一 谷城JTGD1M1平、剖面图
1~3.原始瓷豆 4.硬陶坛 5、6、8.陶鼎 7、11、14.陶豆 9.陶罐 10.陶盆 12.陶鬲 13.陶瓿

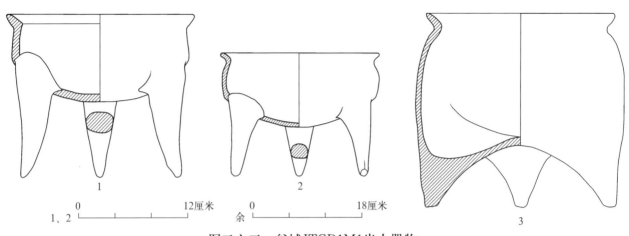

图二六二　谷城JTGD1M1出土器物

1、2. 陶鼎JTGD1M1：6、8　3. 陶鬲JTGD1M1：12

鬲　1件。

JTGD1M1：12，夹砂红褐陶。侈口，圆唇，折沿，束颈，腹微鼓，大袋足，弧裆。口径30.5、高30.8厘米（图二六二，3；彩版二二七，4）。

坛　1件。

JTGD1M1：4，褐色硬陶。侈口，尖唇，卷沿，短束颈，弧肩微耸，深弧腹，平底。颈部饰弦纹，肩、腹饰折线纹与回纹组合纹饰。口径14.6、底径17.0、高35.0厘米（图二六三，1；彩版二二八，1）。

罐　1件。

JTGD1M1：9，泥质黑皮陶，仅剩部分下腹及器底。下腹弧收，平底微凹。底径13.0、残高8.0厘米（图二六三，2）。

瓿　1件。

JTGD1M1：13，泥质灰陶。侈口，圆唇，短束颈，弧肩，扁鼓腹，平底。肩腹部饰席纹，器表磨蚀较甚。口径15.6、底径17.0、高17.6厘米（图二六三，3；彩版二二七，5）。

盆　1件。

JTGD1M1：10，泥质黑皮陶。侈口，卷沿，沿面有一道凹槽，束颈，折腹，平底微凹。上腹部饰弦纹。口径24.0、高10.2、底径12.8厘米（图二六三，4）。

豆　6件。

JTGD1M1：1，原始瓷，灰色胎。撇口，尖圆唇，折腹，圈足略外撇。器身略有变形，内底饰细弦纹，留有两条支丁痕迹。施黄绿色釉，剥落严重。口径12.7、底径5.1、高4.9厘米（图二六四，1；彩版二二八，2）。

JTGD1M1：2，褐色硬陶。敞口，圆唇，折腹，圈足略外撇。口径11.2、足径5.3、高4.6厘米（图二六四，2；彩版二二八，3）。

JTGD1M1：3，原始瓷，灰色胎。敞口，尖圆唇，折腹，圈足外撇。内底饰细弦纹。器身变形严重。施褐色釉，剥落严重。口径13.8、底径5.8、高6.4厘米（图二六四，3；彩版二二八，4）。

JTGD1M1：7，泥质黑皮陶。敞口，圆唇，弧折腹，矮圈足。口径17.2、足径7.0、高8.5厘米（图二六四，4；彩版二二八，5）。

JTGD1M1：11，泥质黑皮陶。敞口，方唇，唇面内凹，弧折腹，矮圈足外撇。口径17.2、足径9.4、

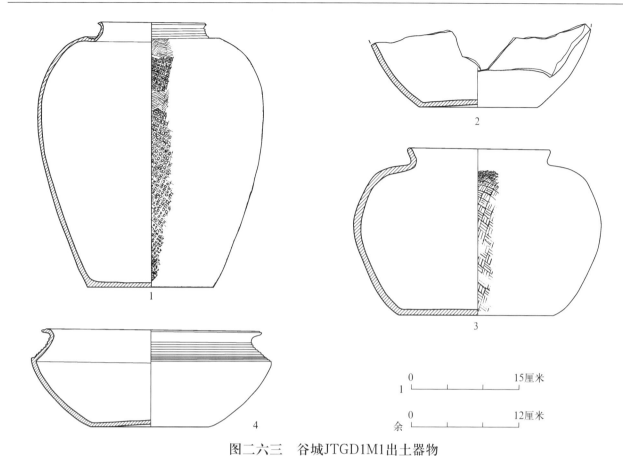

图二六三　谷城JTGD1M1出土器物

1. 硬陶坛JTGD1M1∶4　2. 陶罐JTGD1M1∶9　3. 陶瓿JTGD1M1∶13　4. 陶盆JTGD1M1∶10

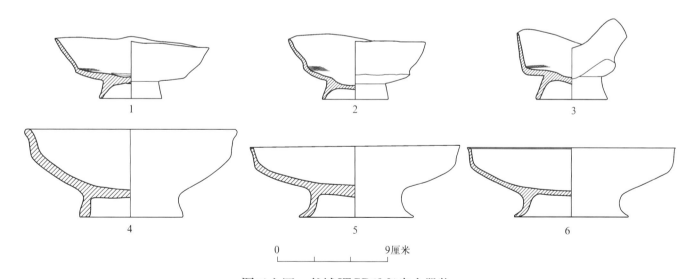

图二六四　谷城JTGD1M1出土器物

1、3. 原始瓷豆JTGD1M1∶1、3　2. 4～6. 陶豆JTGD1M1∶2、7、11、14

高5.6厘米（图二六四，5）。

　　JTGD1M1∶14，泥质黑皮陶。敞口，方唇，唇面内凹，唇缘外突，唇面有一周凹槽，弧折腹，矮圈足外撇。口径17.2、足径9.4、高5.5厘米（图二六四，6）。

2. JTGD1M2

JTGD1M2 位于土墩中心偏西部。开口于第④层下，打破第⑤层（图二六五；彩版二二九，1、2）。为竖穴土坑墓，墓坑平面呈长方形，方向278°。长2.85、宽约1.00米，直壁、平底，深约0.50米。墓坑内填青灰土，较疏松。墓内南侧发现有腐烂严重的人牙和部分肢骨，头朝东向。随葬器物呈一线摆放于墓坑北侧，夹砂陶器和泥质陶器破碎严重。

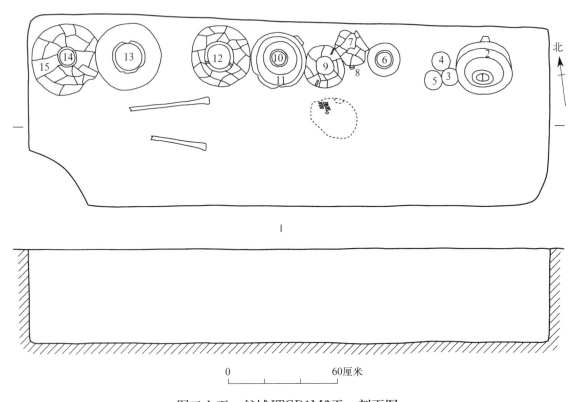

图二六五　谷城JTGD1M2平、剖面图
1. 陶豆　2、11. 陶鼎　3~5. 原始瓷豆　7、9、10、12、14. 陶罐　8. 陶纺轮　13. 硬陶坛　15. 陶盆

出土器物15件。包括夹砂陶器3件，泥质陶器7件，硬陶器2件，原始瓷器3件；器形有鼎、坛、罐、瓿、豆、盆、器盖、纺轮。

鼎　2件。

夹砂红陶。弧腹，圜底，锥形足。

JTGD1M2：2，口沿残，器表有烟炱痕。残高20.0厘米（图二六六，1；彩版二三〇，1）。

JTGD1M2：11，侈口，卷沿，圆唇。口径27.4、高24.7厘米（图二六六，2；彩版二三〇，2）。

坛　1件。

JTGD1M2：13，硬陶，口沿略残。侈口，圆唇，窄卷沿近平，短束颈，弧肩，深弧腹，平底微凹。肩、腹部饰折线纹与回纹的组合纹饰。口径20.6、底径19.6、高45.8厘米（图二六七，1；彩版二三〇，3）。

罐　5件。

JTGD1M2：10，夹砂红陶。侈口，圆唇，沿稍卷，溜肩，鼓腹，平底。口径11.2、底径10.2、高13.3厘米（图二六七，2；彩版二三〇，4）。

JTGD1M2：7，泥质黑皮陶。侈口，尖唇，卷沿，沿面有一道凹槽，束颈，平弧肩，鼓腹，平底。

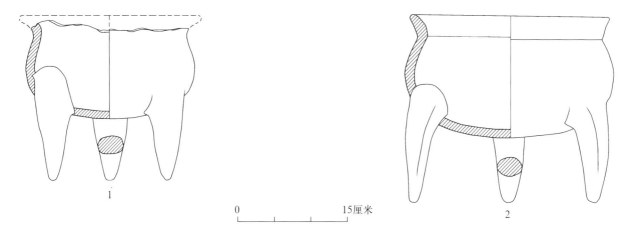

图二六六　谷城JTGD1M2出土器物

1、2. 陶鼎JTGD1M2：2、11

肩部设一对竖耳。颈部饰弦纹。口径 10.0、底径 12.2、高 14.8 厘米（图二六七，3；彩版二三〇，5）。

JTGD1M2：9，泥质黑皮陶。口部残，束颈，平弧肩，鼓腹，平底。肩部设一对竖耳。颈部饰弦纹。底径 11.6、残高 19.5 厘米（图二六七，4；彩版二三一，1）。

JTGD1M2：12、14，泥质黑皮陶。残破严重，无法复原。

瓿　1件。

JTGD1M2：6，灰褐色硬陶。直口微侈，尖唇，折沿，束颈，弧肩，扁鼓腹，平底。肩、腹部饰折线纹。口径 11.4、底径 13.6、高 9.8 厘米（图二六七，5；彩版二三一，2）。

豆　4件。

JTGD1M2：3，原始瓷，灰黄色胎。敞口，尖圆唇，折腹，上腹斜直，下腹折收近平，圈足外撇。器身均有变形，豆盘内壁近底部饰弦纹。施黄绿色釉，剥落殆尽。口径 11.3、底径 5.2、高 5.5 厘米（图二六八，1；彩版二三一，3）。

JTGD1M2：4，原始瓷，灰黄色胎。敞口，尖圆唇，折腹，上腹斜直，下腹折收近平，圈足外撇。器身均有变形，豆盘内壁近底部饰弦纹。施黄绿色釉，剥落殆尽。口径 11.6、底径 5.0、高 5.1 厘米（图二六八，2；彩版二三一，4）。

JTGD1M2：5，原始瓷，灰黄色胎。敞口，尖圆唇，折腹，上腹斜直，下腹折收近平，圈足外撇。器身均有变形，豆盘内壁近底部饰弦纹。施黄绿色釉，剥落殆尽。口径 11.2、底径 5.0、高 4.6 厘米（图二六八，3；彩版二三一，5）。

JTGD1M2：1，泥质黑皮陶。敞口，方唇，唇面有一道凹槽，弧折腹，圈足外撇。口径 17.6、底径 9.3、高 7.2 厘米（图二六八，5）。

盆　1件。

JTGD1M2：15，泥质黑皮陶。侈口，尖圆唇，卷沿，束颈，折肩，弧腹，底残缺。口径 20.0、残高 7.0 厘米（图二六八，4）。

纺轮　1件。

JTGD1M2：8，泥质黑皮陶。算珠形，面饰弦纹。直径 3.8、孔径 0.4、高 2.5 厘米（图二六八，6；彩版二三一，6）。

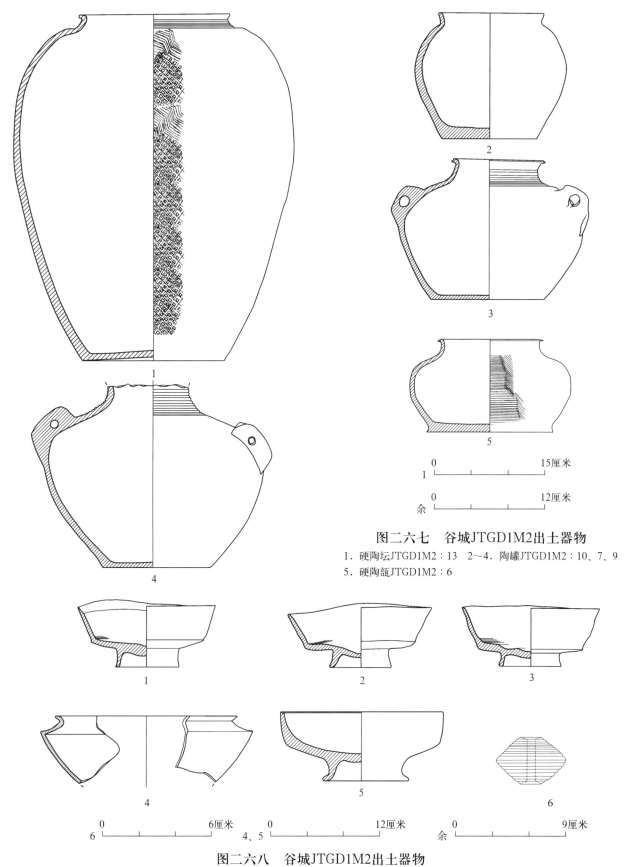

图二六七　谷城JTGD1M2出土器物

1. 硬陶坛JTGD1M2：13　2～4. 陶罐JTGD1M2：10、7、9
5. 硬陶瓿JTGD1M2：6

图二六八　谷城JTGD1M2出土器物

1～3. 原始瓷豆JTGD1M2：3～5　4. 陶盆JTGD1M2：15　5. 陶豆JTGD1M2：1　6. 陶纺轮JTGD1M2：8

3．JTGD1M3

JTGD1M3位于土墩中心偏西侧。开口于第④层下，打破第⑤层（图二六九；彩版二三二，1）。为竖穴土坑墓，墓坑平面呈长方形，方向约272°。坑口长2.30、宽约0.90米，直壁，底近平，墓深0.40米。墓坑内填青灰土，土质细腻，较疏松。墓坑底南侧发现有保存较差的人头骨和牙齿及两截上肢骨，头朝西向。随葬器物成一线摆放于墓坑内北侧，夹砂陶器和泥质陶器破碎严重。

出土器物10件。包括夹砂陶器1件，泥质陶器4件，硬陶器2件，原始瓷器3件；器形有鼎、坛、罐、豆、纺轮等。

鼎 1件。

JTGD1M3：5，夹砂红陶。侈口，圆唇，折沿近平，弧腹，圜底，扁锥形足。器下部有烟炱痕。口径23.0、高15.4厘米（图二七〇，1；彩版二三三，1）。

坛 1件。

JTGD1M3：1，褐色硬陶。侈口，方唇，卷沿，短束颈，弧肩稍耸，深弧腹，平底微凹。颈部饰弦纹，肩、腹部饰弦纹夹套菱形纹与回纹的组合纹饰。器表有烧制时形成的气泡。口径18.4、底径22.0、高41.4厘米（图二七〇，2）。

罐 2件。

JTGD1M3：2，泥质黑皮陶。残破严重，无法复原。

JTGD1M3：3，灰色硬陶。侈口，尖唇，卷沿，束颈，溜肩，鼓腹，平底微凹。肩部设一对竖耳。颈部饰弦纹，肩及上腹部饰折线纹，下腹部饰回纹。口径14.6、底径16.0、高23.1厘米（图二七〇，3；彩版二三三，2）。

豆 4件。

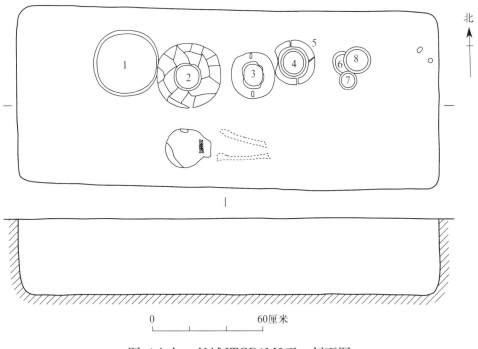

图二六九 谷城JTGD1M3平、剖面图
1. 硬陶坛 2、3. 硬陶罐 4. 陶豆 5. 陶鼎 6～8. 原始瓷豆 9、10. 陶纺轮

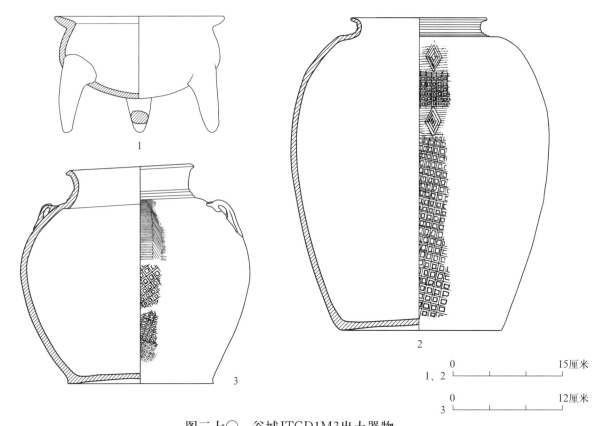

图二七○　谷城JTGD1M3出土器物

1. 陶鼎JTGD1M3：5　2. 硬陶坛JTGD1M3：1　3. 硬陶罐JTGD1M3：3

　　JTGD1M3：4，泥质黑皮陶，黄褐色胎。敛口，方唇，弧腹，喇叭状圈足。口径15.8、底径8.7、高6.6厘米（图二七一，1；彩版二三三，3）。

　　JTGD1M3：6，原始瓷，灰色胎。口沿有缺口。敞口，圆唇，折腹，上腹斜直，下腹折收近平，圈足外撇。器身变形严重，器表有旋痕，施绿色釉，剥落殆尽。口径13.2、底径5.4、高6.2厘米（图二七一，2；彩版二三三，4）。

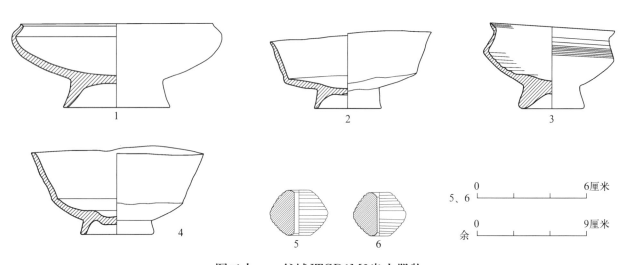

图二七一　谷城JTGD1M3出土器物

1. 陶豆JTGD1M3：4　2～4. 原始瓷豆JTGD1M3：6～8　5、6. 陶纺轮JTGD1M3：9、10

JTGD1M3∶7，原始瓷，灰色胎。口沿有缺口。侈口，尖唇，折沿，束颈，弧折腹，圈足外撇。器壁有旋痕。器身变形严重。施绿色釉，剥落殆尽。口径10.2、底径4.8、高6.8厘米（图二七一，3）。

JTGD1M3∶8，原始瓷，灰色胎。敞口，尖圆唇，折腹，圈足外撇。器身变形严重，器壁有旋痕。施绿色釉，剥落殆尽。口径14.2、底径6.2、高6.4厘米（图二七一，4；彩版二三三，5）。

纺轮　2件。

泥质黑皮陶。算珠形，器表施弦纹。

JTGD1M3∶9，直径3.2、孔径0.5、高2.4厘米（图二七一，5）。

JTGD1M3∶10，直径2.9、孔径0.3、高2.3厘米（图二七一，6；彩版二三三，6）。

4. JTGD1M4

JTGD1M4位于土墩中心东北侧。开口于第③b层下，打破第④层（图二七二；彩版二三二，2）。为竖穴土坑墓，墓坑平面呈长方形，方向约52°。坑口长约2.80、宽约1.40米，直壁，平底，深约0.40米。坑内填青灰色花土，土质略硬。随葬的2件原始瓷豆置于墓底西南端，另有4件器形较小的器物置于墓西北侧，其余器物置于墓东北端。夹砂陶器及泥质陶器破碎严重。

出土器物11件。包括夹砂陶器2件，泥质陶器6件，硬陶器1件，原始瓷2件；器形有鼎、鬲、坛、罐、盆、豆、器盖等。

鼎　1件。

JTGD1M4∶8，夹砂红陶。侈口，圆唇，卷沿，弧腹，圜底近平，扁锥形足。口径20.2、高11.2

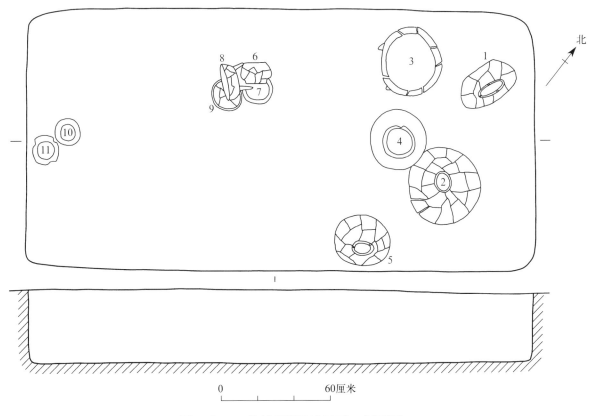

图二七二　谷城JTGD1M4平、剖面图

1、2、5、6. 陶罐　3. 陶鬲　4. 硬陶坛　7. 陶盆　8. 陶鼎　9. 陶器盖　10、11. 原始瓷豆

厘米（图二七三，1；彩版二三四，1）。

鬲　1件。

JTGD1M4：3，夹砂红陶。侈口，圆唇，卷沿，束颈，弧腹，弧裆，袋足，实足尖。口径31.2、高34.6厘米（图二七三，2；彩版二三四，2）。

坛　1件。

JTGD1M4：4，灰色硬陶。侈口，尖唇，窄折沿，短束颈，弧肩，深弧腹，平底微凹。颈部饰弦纹，肩、腹部饰折线纹与回纹的组合纹饰。口径18.0、底径19.6、高39.0厘米（图二七三，3）。

罐　4件。

JTGD1M4：1，泥质黑皮陶。残破严重，无法复原。

JTGD1M4：2，泥质黑皮陶。残破严重，无法复原。

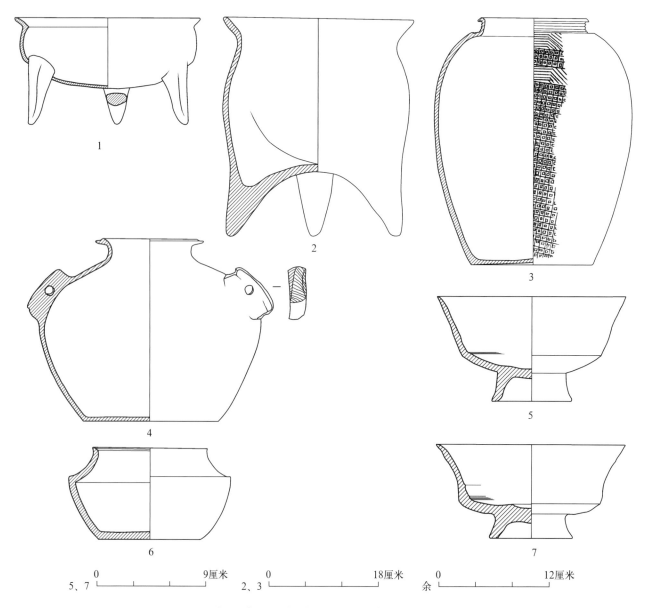

图二七三　谷城JTGD1M4出土器物

1. 陶鼎JTGD1M4：8　2. 陶鬲JTGD1M4：3　3. 硬陶坛JTGD1M4：4　4、6. 陶罐JTGD1M4：5、6　5、7. 原始瓷豆JTGD1M4：10、11

JTGD1M4：5，泥质黑皮陶。侈口，卷沿，沿面有一道凹槽，束颈，溜肩，鼓腹，平底。肩部有一对竖耳，耳面划短线。口径11.8、底径14.8、高19.2厘米（图二七三，4；彩版二三四，3）。

JTGD1M4：6，泥质黑皮陶。敛口，圆唇，卷沿，沿面有两道凹槽，折肩，弧腹，平底。内壁有刮削痕。口径11.2、底径12.6、高9.6厘米（图二七三，6；彩版二三四，6）。

豆　2件。

原始瓷。敞口，尖圆唇，折腹，上腹斜直，下腹折收近平，圈足略外撇。内壁折腹处有数周弦纹。

JTGD1M4：10，灰黄色胎。口沿有1处缺口。施青绿色釉。口径15.4、底径6.4、高8.3厘米（图二七三，5；彩版二三四，4）。

JTGD1M4：11，灰褐色胎。口沿处有3处缺口。施黄色釉，大部脱落。口径15.4、底径6.8、高7.4厘米（图二七三，7；彩版二三四，5）。

盆　1件。

JTGD1M4：7，泥质黑皮陶。残破严重，无法复原。

器盖　1件。

JTGD1M4：9，泥质黑皮陶。残破严重，无法复原。

5．JTGD1M5

JTGD1M5位于土墩中心东南侧。开口于第③a层下，打破第④层（图二七四；彩版二三五，1）。

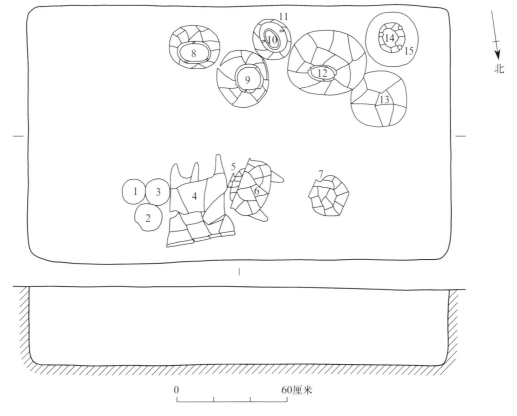

0　　　　　　　　　60厘米

图二七四　谷城JTGD1M5平、剖面图

1. 硬陶碗　2、3. 原始瓷豆　4. 陶瓿　5. 陶器盖　6、14. 陶鼎　7、8. 陶罐　9、11. 硬陶罐　10. 硬陶瓿　12、15. 硬陶坛　13. 陶盆

为竖穴土坑墓，墓坑平面近长方形，方向99°。坑口长2.30、宽1.35米，直壁，平底，深0.45米。墓坑内填青灰土，较疏松。随葬器物分两组，分别放置于南、北两侧。夹砂陶器、泥质陶器及个体较大的硬陶坛等器物破碎严重。

出土器物15件。包括夹砂陶器3件，泥质陶器4件，硬陶器8件；器形有鼎、鬲、坛、罐、瓿、盆、豆、碗、器盖等。

鼎　2件。

夹砂红陶。侈口，圆唇，折沿，弧腹，圜底近平，扁锥形足。

JTGD1M5：6，腹部残缺。沿面微鼓。口径24.0厘米（图二七五，1）。

JTGD1M5：14，沿面微凹，足尖残。器表有烟炱痕。口径22.4、残高12.0厘米（图二七五，2；彩版二三五，2）。

鬲　1件。

JTGD1M5：4，夹砂红陶。侈口，圆唇，折沿，弧腹微鼓，束腰，弧裆，袋足。口径31.8、高

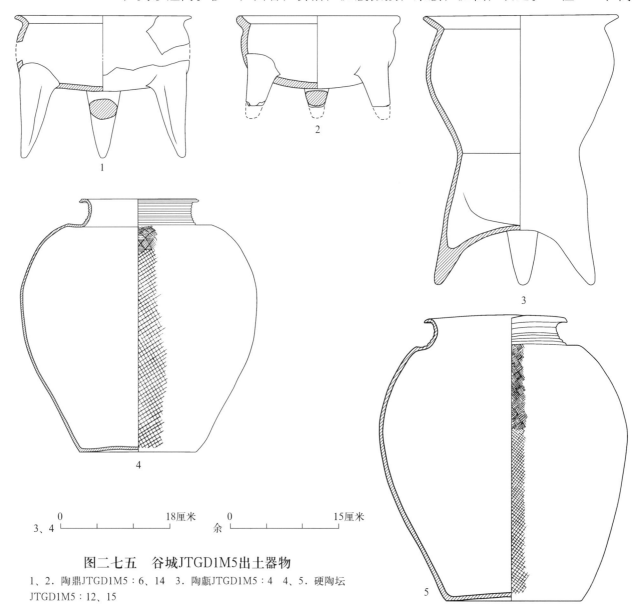

图二七五　谷城JTGD1M5出土器物

1、2. 陶鼎JTGD1M5：6、14　3. 陶鬲JTGD1M5：4　4、5. 硬陶坛
JTGD1M5：12、15

43.0 厘米（图二七五，3；彩版二三五，3）。

坛　2件。

灰褐色硬陶。侈口，尖唇，卷沿，沿面有一道凹槽，束颈，弧折肩，鼓腹，平底微凹。颈部饰弦纹。

JTGD1M5：12，肩部饰菱形填线纹，腹部饰方格纹。口径 19.0、底径 19.0、高 40.0 厘米（图二七五，4）。

JTGD1M5：15，肩及上腹部饰席纹，下腹部饰方格纹。口径 19.2、底径 18.2、高 37.4 厘米（图二七五，5；彩版二三六，1）。

罐　4件。

JTGD1M5：7、8，泥质黑皮陶。残破严重，无法复原。

JTGD1M5：9，灰褐色硬陶。侈口，尖圆唇，卷沿，束颈，弧折肩，鼓腹，平底微凹。颈部饰弦纹，肩、腹部饰方格纹。口径 16.2、底径 16.2、高 29.2 厘米（图二七六，1）。

JTGD1M5：11，灰褐色硬陶。侈口，圆唇，卷沿，束颈，弧肩，鼓腹，平底微凹。颈部饰弦纹，肩、腹部饰折线纹与回纹的组合纹饰。口径 14.4、底径 18.0、高 22.6 厘米（图二七六，2；彩版二三五，4）。

瓿　1件。

JTGD1M5：10，灰色硬陶。侈口，尖唇，卷沿，沿面有一道凹槽，束颈，平弧肩，扁鼓腹，平底微凹。

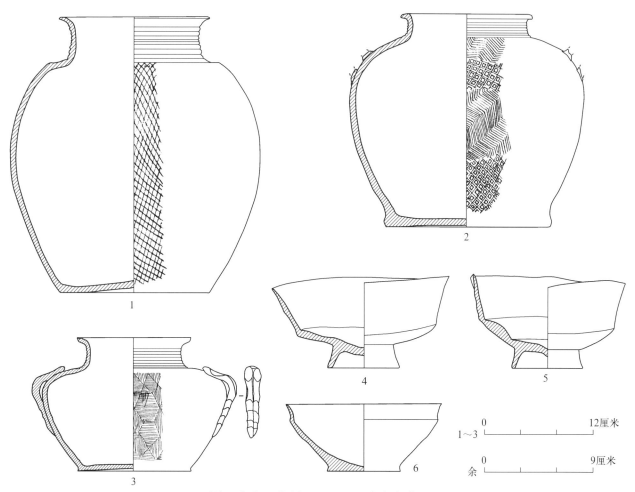

图二七六　谷城JTGD1M5出土器物

1、2. 硬陶罐JTGD1M5：9、11　3. 硬陶瓿JTGD1M5：10　4、5. 硬陶豆JTGD1M5：2、3　6. 硬陶碗JTGD1M5：1

肩部设一对竖耳，各以单股泥条捏制而成。颈部饰弦纹，肩、腹部饰菱形填线纹。口径 12.4、底径 12.3、高 14.1 厘米（图二七六，3；彩版二三六，2）。

豆　2 件。

灰色硬陶。敞口，折腹，上腹斜直，下腹急收，圈足外撇。器身变形严重。

JTGD1M5：2，尖圆唇。口径 14.4、底径 5.8、高 7.4 厘米（图二七六，4；彩版二三六，3）。

JTGD1M5：3，尖唇。口径 14.5、底径 5.8、高 7.2 厘米（图二七六，5；彩版二三六，4）。

盆　1 件。

JTGD1M5：13，泥质黑皮陶。残破严重，无法复原。

碗　1 件。

JTGD1M5：1，灰色硬陶。侈口，尖唇，折腹，平底。器表有旋痕，底部有平行切割痕。口径 12.8、底径 5.9、高 5.3 厘米（图二七六，6；彩版二三六，5）。

器盖　1 件。

JTGD1M5：5，泥质黑皮陶，残破严重，无法复原。

6．JTGD1M6

JTGD1M6 位于土墩中心偏东侧。开口于第③a 层下，打破第④层（图二七七）。为竖穴土坑墓，墓坑平面近长方形，方向约 95°。坑口长约 1.80、宽约 0.80 米，直壁，平底，深约 0.32 米。墓坑内填青灰色花土，夹褐斑。墓底西端有人牙痕迹。

出土硬陶瓿 2 件，位于墓坑西部。

瓿　2 件。

灰色硬陶。侈口，尖唇，弧肩，扁鼓腹。

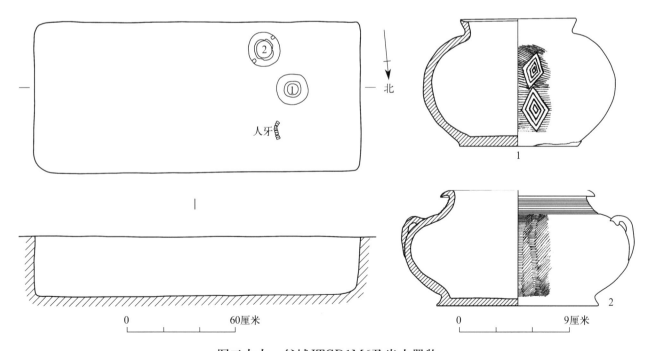

图二七七　谷城 JTGD1M6 及出土器物

1、2. 硬陶瓿 JTGD1M6：1、2

JTGD1M6：1，折沿，沿面内凹，平底。肩、腹部饰弦线夹套菱形纹。口径9.4、底径9.6、高10.0厘米（图二七七，1）。

JTGD1M6：2，卷沿略外翻。上腹部设一对竖耳，各以两股泥条捏制而成。肩、腹部饰折线纹。口径10.8、底径13.2、高9.2厘米（图二七七，2）。

（二）器物群

器物群6处。

1．JTGD1Q1

JTGD1Q1位于土墩中部偏南，置于第⑤层层面上，被第④层叠压（图二七八；彩版二三七，1）。随葬器物呈"L"形排列，其长边朝向墩中心。泥质陶豆扣于夹砂陶鬲内，其余器物均正置，3件原始瓷豆呈品字形分布，器形较大者破碎严重。

出土器物8件。其中夹砂陶器1件，泥质陶器2件，硬陶器2件，原始瓷器3件；器形有鬲、坛、罐、豆等。

鬲　1件。

JTGD1Q1：1，夹砂红陶。侈口，圆唇，折沿稍卷，束颈，弧腹，高弧裆，袋足，实足尖较高。器身略有变形。口径19.0、高18.2厘米（图二七九，1；彩版二三七，2）。

坛　2件。

JTGD1Q1：7，灰褐色硬陶。侈口，尖圆唇，卷沿，长束颈，弧肩，深弧腹，平底。颈部饰弦纹，肩、腹部饰折线纹与回纹的组合纹饰。上部有灰绿色爆浆釉。口径13.0、底径13.6、高38.0厘米（图二七九，2）。

JTGD1Q1：8，灰褐色硬陶。肩部以上残缺，平底微凹。肩、腹部饰折线纹与回纹的组合纹饰。

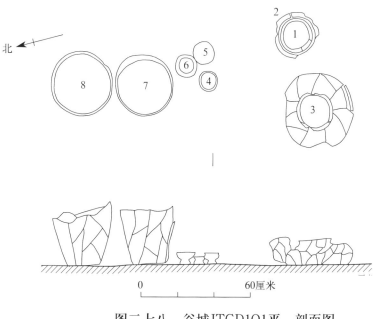

图二七八　谷城JTGD1Q1平、剖面图

1. 陶鬲　2、4～6. 原始瓷豆　3. 陶罐　7、8. 硬陶坛

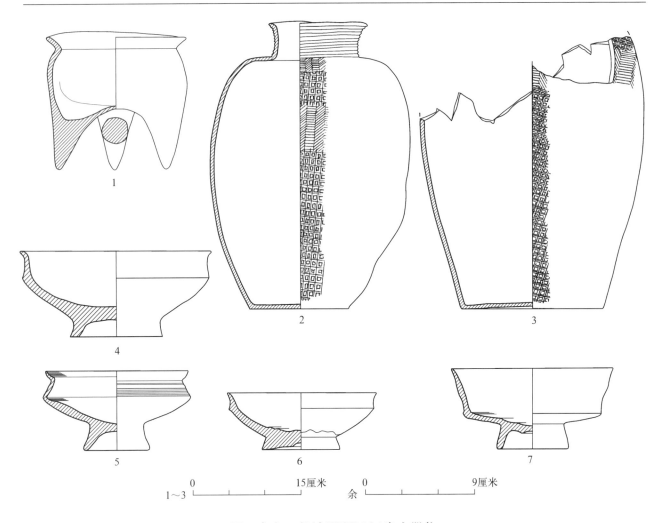

图二七九　谷城JTGD1Q1出土器物
1. 陶鬲JTGD1Q1：1　2、3. 硬陶坛JTGD1Q1：7、8　4. 陶豆JTGD1Q1：2　5～7. 原始瓷豆JTGD1Q1：4～6

上部有灰绿色爆浆釉。残高36.0、底径19.2厘米（图二七九，3）。

　　罐　1件。

　　JTGD1Q1：3，泥质灰陶，残破严重，无法复原。

　　豆　4件。

　　JTGD1Q1：2，泥质黑皮陶豆。侈口，圆唇，卷沿，折腹，圈足。口径15.6、底径7.6、高6.8厘米（图二七九，4；彩版二三七，3）。

　　JTGD1Q1：4，原始瓷，灰色胎。口沿略残。侈口，尖圆唇，折沿，沿面内凹，束颈，折腹，圈足。内外壁折腹处、口沿饰弦纹。施黄绿色釉，釉剥落较甚。口径11.7、底径5.2、高6.3厘米（图二七九，5）。

　　JTGD1Q1：5，原始瓷，灰白色胎。敞口，圆唇，颈微束，折腹，饼形足略外撇，底内凹。施青绿色釉，有流釉、积釉现象。口径12.2、足径6.4、高4.5厘米（图二七九，6；彩版二三七，4）。

　　JTGD1Q1：6，原始瓷，灰色胎。敞口，尖唇，折腹，上腹斜直，近底部折收近平，圈足略外撇。器内底边缘饰弦纹。施黄色釉，剥落殆尽。口径13.2、足径5.6、高6.4厘米（图二七九，7；彩版二三七，5）。

2. JTGD1Q2

JTGD1Q2 位于土墩东侧，置于第③a层边缘层面上，被第②层叠压（图二八〇）。随葬器物大致呈一线摆放，南部遭盗洞破坏。

出土器物5件。包括泥质陶罐2件，夹砂陶鼎、泥质陶盘、泥质陶纺轮各1件。

鼎　1件。

JTGD1Q2：3，夹砂红陶。侈口，方圆唇，折沿，沿面略凹，浅弧腹，圜底，锥形足。口径17.2、高12.7厘米（图二八一，1）。

罐　2件。

侈口，卷沿，沿面有一道凹槽，束颈，弧肩，鼓腹，平底。

JTGD1Q2：2，泥质黑皮陶。方圆唇。颈、肩部饰弦纹。口径12.1、底径9.3、高14.6厘米（图

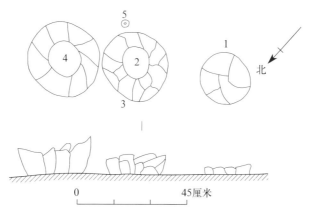

图二八〇　谷城JTGD1Q2平、剖面图

1. 陶盘　2、4. 陶罐　3. 陶鼎　5. 陶纺轮

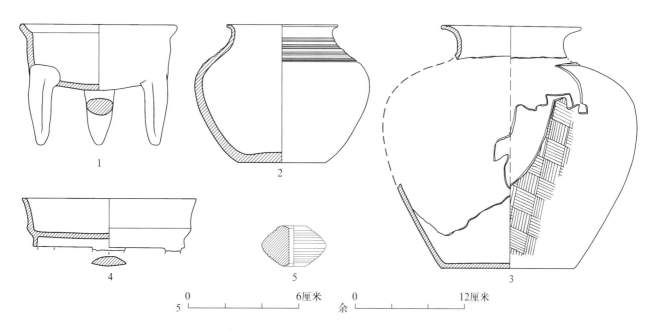

图二八一　谷城JTGD1Q2出土器物

1. 陶鼎JTGD1Q2：3　2、3. 陶罐JTGD1Q2：2、4　4. 陶盘JTGD1Q2：1　5. 陶纺轮JTGD1Q2：5

二八一，2）。

JTGD1Q2：4，泥质红陶，残破。尖圆唇。腹部饰席纹。口径15.6、底径14.4厘米（图二八一，3）。

盘　1件。

JTGD1Q2：1，泥质黑皮陶。敞口，方唇，直腹稍内弧，平底，下承三扁足残缺。口径19.0、底径16.6、残高5.5厘米（图二八一，4）。

纺轮　1件。

JTGD1Q2：5，泥质黑皮陶。算珠形。器身饰数周弦纹。直径3.5、孔径0.5、高2.1厘米（图二八一，5）。

3．JTGD1Q3

JTGD1Q3位于土墩北部，置于第④层层面上，被第③b层叠压（图二八二；彩版二三八，1）。随葬器物整体排列大致呈"L"形，长边朝向墩中心。

出土器物9件。其中夹砂陶器1件，泥质陶器2件，硬陶器3件，原始瓷器3件；器形有鼎、坛、瓿、豆等。

鼎　1件。

JTGD1Q3：9，夹砂红陶。侈口，圆唇，折沿，直腹微弧，圜底近平，扁锥形足。口径17.2、高15.6厘米（图二八三，1；彩版二三八，2）。

坛　2件。

JTGD1Q3：2，灰褐色硬陶。侈口，方唇，卷沿，短束颈，弧肩，深弧腹，平底微凹。颈部饰弦纹，肩腹部饰折线纹与回纹的组合纹饰。口径20.4、底径23.2、高44.0厘米（图二八三，2；彩版二三九，3）。

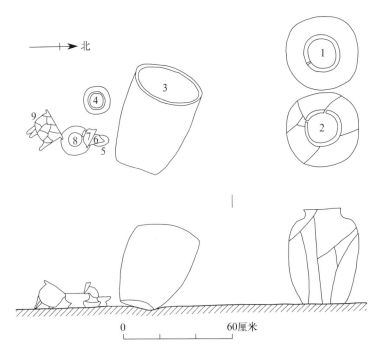

图二八二　谷城JTGD1Q3平、剖面图

1．陶瓿　2、3．硬陶坛　4．硬陶瓿　5～7．原始瓷豆　8．陶豆　9．陶鼎

JTGD1Q3：3，灰褐色硬陶。侈口，尖唇，卷沿，短束颈，弧肩略耸，深弧腹，平底微凹。颈部饰弦纹，肩腹部饰折线纹与回纹的组合纹饰。口径18.6、底径19.4、高49.0厘米（图二八三，3；彩版二三九，4）。

瓿　2件。

JTGD1Q3：1，泥质灰陶。侈口，方唇，束颈，圆肩，扁鼓腹，平底内凹。肩部饰"∽"形纹间以弦纹，腹部饰席纹。口径19.0、底径23.2、高22.2厘米（图二八三，4）。

JTGD1Q3：4，紫褐色硬陶。口沿缺。侈口，束颈，弧肩，扁鼓腹，平底微凹。颈部饰弦纹，肩、腹部饰折线纹。口径残长9.6、底径12.3、残高7.9厘米（图二八三，5；彩版二三八，3）。

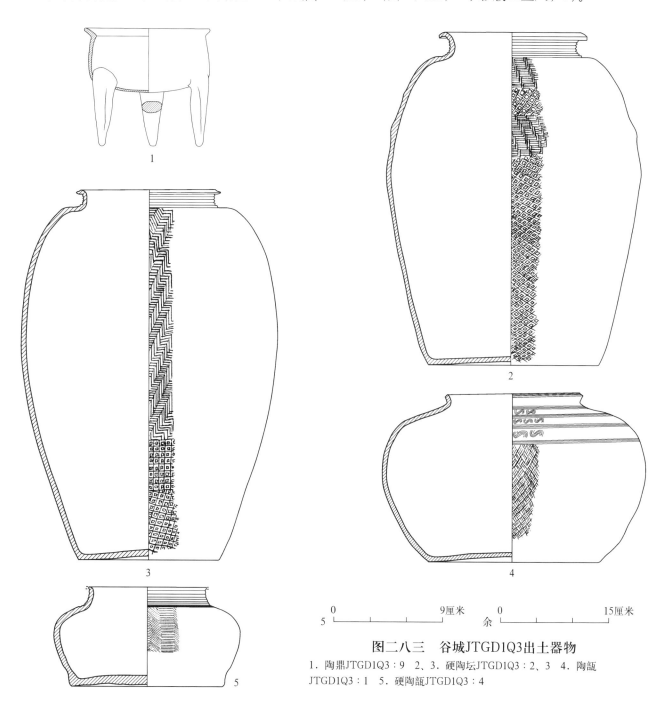

图二八三　谷城JTGD1Q3出土器物

1. 陶鼎JTGD1Q3：9　2、3. 硬陶坛JTGD1Q3：2、3　4. 陶瓿
JTGD1Q3：1　5. 硬陶瓿JTGD1Q3：4

豆　4件。

JTGD1Q3∶8，泥质黑皮陶。敞口，圆唇，沿微卷，沿面有一道凹槽，折腹，喇叭形圈足。口径18.6、底径10.5、高7.6厘米（图二八四，1；彩版二三八，4）。

JTGD1Q3∶5，原始瓷，灰黄色胎。敞口，圆唇，折腹，圈足外撇。器内近底部有弦纹数周，盘底有两条形支钉痕。口部有故意打出的3个小缺口。器身变形严重。施灰黄色釉。口径13.9、底径6.0、高6.6厘米（图二八四，2；彩版二三八，5）。

JTGD1Q3∶6，原始瓷，灰褐色胎。敞口，尖唇，折沿，折腹，圈足外撇。器内近底部有弦纹数周。器身变形严重。施黄色釉，釉剥落殆尽。口径15.0、底径4.8、高8.4厘米（图二八四，3；彩版二三九，1）。

JTGD1Q3∶7，原始瓷，灰色胎。敞口，尖唇，折腹，圈足外撇。器内近底部有弦纹数周，上腹略向内弧。器身变形严重。施青绿色釉，口沿有几处残缺。口径13.6、底径5.6、高6.6厘米（图二八四，4；彩版二三九，2）。

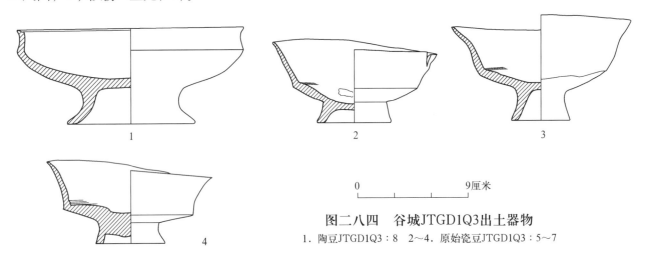

图二八四　谷城JTGD1Q3出土器物
1. 陶豆JTGD1Q3∶8　2～4. 原始瓷豆JTGD1Q3∶5～7

4. JTGD1Q4

JTGD1Q4位于土墩东部，置于第③a层边缘层面上，被第②层叠压（图二八五）。随葬器物大致呈一线摆放，方向朝向墩中心，西端遭盗洞破坏，出土时器物破碎严重。

出土器物8件。包括夹砂陶器2件，泥质陶器3件，硬陶器3件；器形有鼎、坛、罐、瓿、器盖、盂等。

鼎　2件。

JTGD1Q4∶5，夹砂陶，红褐色胎。侈口，圆唇，折沿，弧腹，圜底，锥形足。口径13.1、高11.2厘米（图二八六，1；彩版二四○，1）。

JTGD1Q4∶8，夹砂陶。残破严重，无法复原。

坛　1件。

JTGD1Q4∶7，褐色硬陶。侈口，尖唇，卷沿，沿面外侧有一道凹槽，束颈，折肩，深弧腹，平底微凹。颈部饰弦纹，肩部饰菱形填线纹，腹部饰方格纹。口径19.6、底径17.4、高45.2厘米（图二八六，2）。

罐　2件。

JTGD1Q4∶3，泥质黑皮陶。侈口，圆唇，卷沿，束颈，弧肩，鼓腹。肩部设一对竖耳，略残。

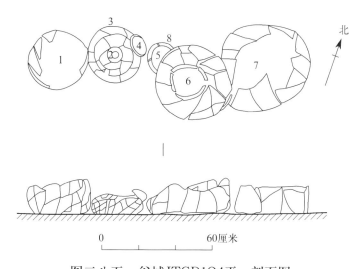

图二八五　谷城JTGD1Q4平、剖面图
1. 硬陶瓿　2. 陶器盖　3、6. 陶罐　4. 硬陶盂　5、8. 陶鼎　7. 硬陶坛

口径14.0、底径12.0、高18.0厘米（图二八六，3）。

JTGD1Q4：6，泥质红陶。侈口，圆唇，卷沿，束颈，弧肩，鼓腹，凹圆底。外壁饰绳纹，肩部有两周绳纹被抹。口径17.6、底径11.0、高27.0厘米（图二八六，4；彩版二四〇，2）。

瓿　1件。

JTGD1Q4：1，灰褐色硬陶。侈口，斜方唇，卷沿，束颈，弧肩，扁鼓腹，平底微凹。肩部设一对竖耳，各以两股泥条捏制而成。颈部饰弦纹，肩、腹部饰菱形填线纹。口径14.0、底径14.8、高14.8厘米（图二八六，5；彩版二四〇，3）。

盂　1件。

JTGD1Q4：4，灰褐色硬陶，口部略有残缺。敛口，尖唇，折肩，弧腹，平底微凹。外底有切割留下的平行线纹。口径7.6、底径4.1、高3.4厘米（图二八六，6）。

器盖　1件。

JTGD1Q4：2，泥质黑皮陶。整体呈覆豆形，捉手残，弧顶，壁内弧，侈口，方圆唇，卷沿，沿面有一道凹槽。口径18.6、残高8.0厘米（图二八六，7）。

5．JTGD1Q5

JTGD1Q5位于土墩中部偏西，置于第⑤层层面上，被第④层叠压（图二八七）。随葬器物大致呈"L"形排列，长边朝向墩中心，器物破碎严重，上半部遭到严重破坏，在罐JTGD1Q5：5内出土一截兽骨。

出土器物7件。包括夹砂陶器2件，泥质陶器3件，硬陶器2件；器形有鼎、坛、罐、碗等。

鼎　2件。

JTGD1Q5：2，夹砂红褐陶。侈口，圆唇，窄折沿，弧腹，圆底近平，锥形足。口径12.8、高7.4厘米（图二八八，1；彩版二四〇，4）。

JTGD1Q5：3，夹砂红褐陶。侈口，圆唇，窄折沿，直腹，圆底，腹、底间折，锥形足。其中一足根部及对称位置设一对角状耳。口径17.6、高11.2厘米（图二八八，2；彩版二四〇，5）。

坛　1件。

　　JTGD1Q5：7，灰褐色硬陶。口、颈残缺，弧腹，平底微凹。腹部饰回纹。底径 25.0、残高 40.0
厘米（图二八八，3）。

　　罐　3 件。

　　JTGD1Q5：1，泥质黑皮陶。侈口，圆唇，卷沿，颈微束，扁鼓腹，平底。口径 9.2、底径 12.8、

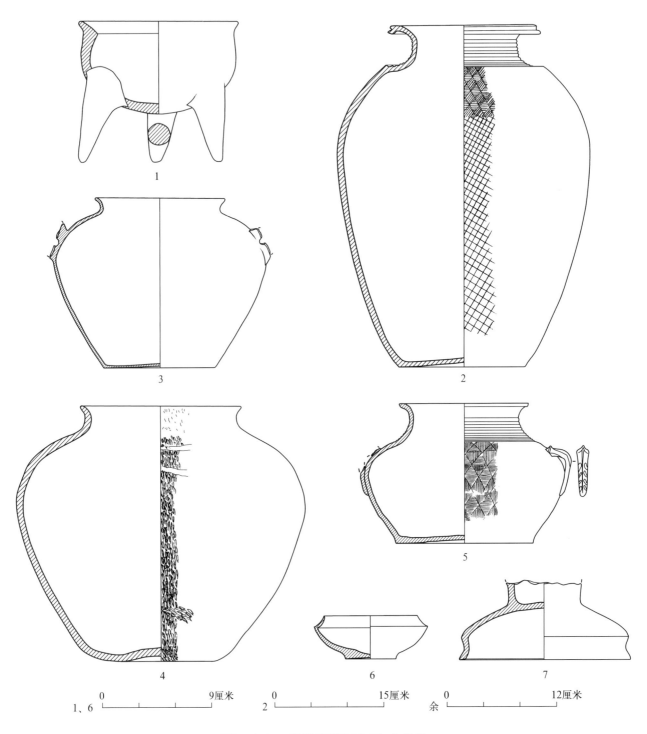

图二八六　谷城JTGD1Q4出土器物

1. 陶鼎JTGD1Q4：5　2. 硬陶坛JTGD1Q4：7　3、4. 陶罐JTGD1Q4：3、6　5. 硬陶瓿JTGD1Q4：1　6. 硬陶盂JTGD1Q4：4　7. 陶
器盖JTGD1Q4：2

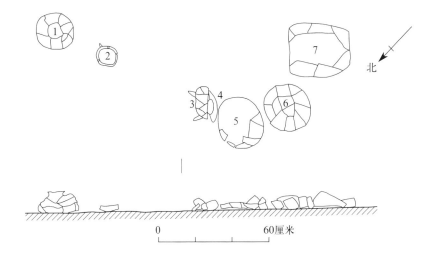

图二八七　谷城JTGD1Q5平、剖面图

1、5、6. 陶罐　2、3. 陶鼎　4. 陶碗　7. 硬陶坛

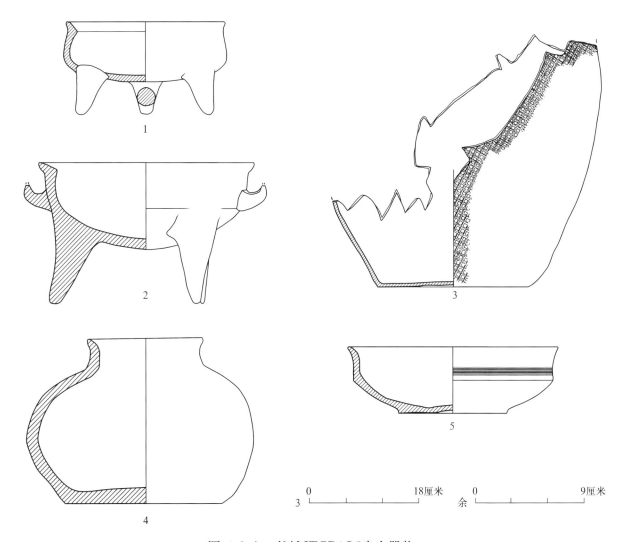

图二八八　谷城JTGD1Q5出土器物

1、2. 陶鼎JTGD1Q5：2、3　3. 硬陶坛JTGD1Q5：7　4. 陶罐JTGD1Q5：1　5. 陶碗JTGD1Q5：4

高 13.1 厘米（图二八八，4；彩版二四〇，6）。

JTGD1Q5：5，硬陶。残破严重，形制不明。

JTGD1Q5：6，泥质灰陶。残破严重，形制不明。

碗　1件。

JTGD1Q5：4，泥质黑皮陶。敞口，圆唇，卷沿，折腹，平底微凹。上腹部饰弦纹。口径 17.4、底径 9.0、高 5.3 厘米（图二八八，5）。

6．JTGD1Q6

JTGD1Q6 位于土墩西北部，置于第④层层面上，被第③b 层叠压（图二八九）。

出土原始瓷豆 1 件，正置。

豆　1件。

JTGD1Q6：1，原始瓷，灰白色胎。敞口，圆唇，折腹，上腹略直，下腹弧收，矮圈足。腹中部饰一周凹弦纹。口部有一处故意打出的缺口。施青黄色釉。口径 11.0、底径 5.4、高 4.4 厘米（图二八九，1）。

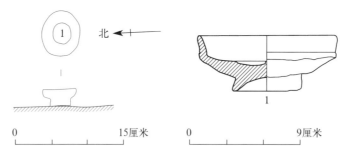

图二八九　谷城JTGD1Q6及出土器物

1. 原始瓷豆JTGD1Q6：1

四　小结

JTGD1 顶部及边缘破坏严重，墩形变化较大，但第②层揭去后仍可显示出馒头状的土墩。堆积共分为 6 层，其中第⑥层是平整地面后的垫土，第④、⑤层是最初的馒头状堆土，第③层是在早期土墩外侧叠加的斜向封土。

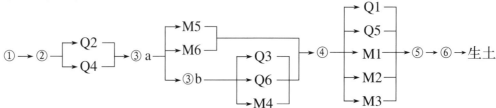

JTGD1 内发现器物群 6 处、墓葬 6 座，墓葬呈向心式分布，器物群 JTGD1Q1、Q3、Q4、Q5 器物排列成"L"形或直线，亦呈向心式分布，这些器物群的器物组合和器物放置方式都与墓葬十分相似，亦有可能是墓葬。

　　JTGD1 第④层下的 JTGD1Q1、Q5、M1、M2、M3 从器物特征分析发现，处于最中心的 M1、M2 略早于 Q1、Q5、M3，而这三个遗迹与第③ b 层下遗迹的器物相近，明显早于第②层及第③ a 层下的 JTGD1Q2、Q4、M5、M6。由此可见 JTGD1 内遗迹是越向外越晚。

　　JTGD1M1、M2 出土夹砂陶鼎沿窄卷，器形不甚规整；硬陶坛颈短直，肩略耸，饰折线纹与回纹；原始瓷豆圈足、折腹，未见碗；均属西周晚期典型器物。

　　JTGD1Q2、Q4 出土的硬陶坛、罐是较长的内束颈，弧肩，肩部饰菱形填线纹，开始出现器形较小的碗、盂类硬陶器，是春秋早期的器物组合类型。

　　因此 JTGD1 的年代上限是西周晚期，下限是春秋早期。

第五章 结语

第一节 出土器物型式分析

句容浮山果园片区土墩墓发掘出土器物1176件，有夹砂陶、泥质陶、硬陶、原始瓷、石器、蚌壳。主要出土于器物群、墓葬中，少量为地层中出土或扰土中采集（表二、三）。

出土器物基本涵盖了本区域土墩墓内陶瓷器物的所有种类，由于这些器物有明确的组合和叠压关系，对于研究这一时期器物的组合规律和器物型式演变规律有重要意义，因此下面对本片区及金坛薛埠片区出土的一些主要类型器物作简要的型式分析。

表二 浮山果园土墩墓群遗迹登记表

土墩编号	底径（米）	高（米）	器物群	墓葬	房址	界墙
浮山D19	20×15	0.6	3	1		
浮山D27	20×20	1.5	10	6		
浮山D29	26×25	2.8	1	45	1	
浮山D33	21×21	1	1	4		
东边山D1	22×22	3		15		1
东边山D2	19×19	2	2	1	1	
东边山D4	20×10.5	1.5		2		
谷城D1	22×21	2	6	6		
合计			23	80	2	1

表三 浮山果园土墩墓群出土陶器统计表

土墩编号	夹砂陶器	泥质陶器	硬陶器	原始瓷器	其他	合计
浮山D19	1	1	6	3	0	11
浮山D27	14	20	19	14	0	67
浮山D29	106	278	147	76	6	613
浮山D33	7	16	15	12		50
东边山D1	44	121	70	51	4	290
东边山D2	4	3	2	7		16
东边山D4	3	4	3	0	0	10
谷城D1	20	41	41	17	0	119
合计	199	484	303	180	10	1176

1．夹砂陶器

199 件。红褐色胎，烧结程度较差，较为破碎，相当一部分器物无法复原。器形主要有鬲、甗、鼎、釜、罐、器盖，其中鼎占绝大多数，其余各类仅在少数墓葬或器物群出土。均为素面。

鬲 3 件。

均出土于谷城 D1。

标本谷 JTGD1M1：12，夹砂红褐陶。侈口，圆唇，折沿，束颈，腹微鼓，弧裆，大袋足，实足尖。口径 30.5、高 30.8 厘米。

标本谷 JTGD1M4：3，夹砂红陶。侈口，圆唇，卷沿，束颈，弧腹，弧裆，袋足，实足尖。口径 31.2、高 34.6 厘米。

甗 1 件。

标本谷 JTGD1M5：4，夹砂红陶。侈口，圆唇，折沿，弧腹微鼓，束腰，弧裆，袋足。口径 31.8、高 42.6～43.0 厘米。

鼎 152 件。

大多数墓葬及器物组合完整的器物群都有出土，一般正置，其上扣有器盖或碗。鼎身、鼎足分制拼接；鼎身手制，部分经轮修，鼎足手制，少数足根部设角状耳。大多为夹砂红陶，质地较疏松，破损严重。共复原 109 件，以腹部、口部形状分为四型。

A 型 52 件。弧腹。

A 型 I 式 10 件。卷沿。此型鼎身手制，制作规范程度较差，未见轮修痕迹，沿较窄。

标本谷 JTGD1M1：8，夹砂红陶。侈口，圆唇，卷沿，弧腹，圜底，扁锥形足。口径 17.4、高 13.0 厘米。

标本谷 JTGD1M2：11，夹砂红陶。侈口，圆唇，卷沿，弧腹，圜底，锥形足。口径 27.4、高 24.7 厘米。

A 型 II 式 31 件。折沿。

标本谷 JTGD1M3：5，夹砂红陶。侈口，圆唇，折沿，弧腹，圜底，扁锥形足。器下部有烟炱痕。口径 23.0、高 15.4 厘米。

标本浮 JTFD29M26：24，夹砂红陶。侈口，圆唇，折沿，束颈，弧腹，圜底，扁锥形足。口径 17.1、高 15.5 厘米。

A 型 III 式 11 件。折（卷）沿近平。

标本浮 JTFD29M32：26，夹砂红陶。侈口，圆唇，折沿近平，弧腹，圜底，凿形足，足尖外撇。器表有烟熏痕迹。口径 20.6、高 17.4 厘米。

B 型 26 件。直腹，腹、底间折。

B 型 I 式 3 件。折沿。

标本浮 JTFD29M16：12，夹砂红陶。侈口，圆唇，折沿，直腹，圜底，腹、底间折，扁锥形足。口径 22.7～25.0、高 16.7～17.5 厘米。

B 型 II 式 12 件。宽折沿。

标本浮 JTFD29M9：6，夹砂红陶。侈口，圆唇，宽折沿，直腹，圜底，腹、底间折，扁锥形足。口径 21.8、高 15.2 厘米。

B 型Ⅲ式　11 件。折（卷）沿近平。

标本浮 JTFD29M27∶10，夹砂红陶。侈口，圆唇，折沿近平，直腹，腹、底间折，圜底近平，扁铲形足外撇。口径 25.6、高 18.6 厘米。

C 型　24 件。折腹，腹部有一道折棱。

标本浮 JTFD29M7∶6，夹砂红陶。侈口，圆唇，折沿，折腹，圜底。扁锥形足。口径 19.0～19.4、高 15.8 厘米。

标本东 JTDD1M10∶3，夹砂红陶。侈口，圆唇，卷沿，束颈，折腹，圜底，扁锥形足。口径 17.8、高 13.2 厘米。

标本东 JTDD1M2∶5，夹砂红陶。侈口，圆唇，卷沿，束颈，折腹，圜底，扁锥形足。一足跟部设角状耳。口径 23.4、高 18.0 厘米。

D 型　7 件。敛口。

标本浮 JTFD29M16∶6，夹砂红陶。敛口，方圆唇，弧腹，圜底，锥形足。口径 19.7、高 17.6 厘米。

标本东 JTDD2 盗∶5，夹砂红陶。敛口，圆唇，弧腹，圜底，圆锥形足。一侧足根处有一角状耳。口径 9.4、高 8.8 厘米。

釜　5 件。破碎严重，未能复原。釜宽折沿、腹稍曲，其中浮山果园的 3 件沿稍卷近平。

器盖　35 件。主要出自浮山果园 D29 及东边山 D1，多扣于硬陶坛、罐之上。较为破碎，复原 26 件，均为半球形，以纽的形状分为三式。

Ⅰ式　23 件。环形纽。

标本浮 JTFD29M6∶5，夹砂红陶。呈半球形，环形纽，截面圆形，敛口，方圆唇。口径 22.6、高 18.6 厘米。

Ⅱ式　1 件。柱形纽。

标本浮 JTFD29M30∶10，夹砂红陶。呈半球形，柱形纽残，直口微敞，圆唇。口径 22.6、残高 13.0 厘米。

Ⅲ式　2 件。钩形纽。

标本东 JTDD1M13∶3，夹砂红陶。大致呈半球形，直口微侈，圆唇，钩形纽，顶残。口径 20.0 厘米。

2. 泥质陶器

484 件。大多为灰色胎，部分表面有黑皮，少量为砖红色胎。烧结程度较差，胎质疏松，十分破碎，能完全复原的数量较少。器形有坛、罐、瓶、盆、钵、盘、豆、碗、大口器、纺轮。其中罐、盆、器盖最多，钵次之，其余较少。

坛　9 件。

造型、纹饰与硬陶坛一致，为同一类器物，只是烧制火候较低，胎呈砖红色，并入硬陶进行分析。

罐　107 件。

泥条盘筑，部分经轮修。一类素面，型式多样，器形变化规律不明显。另一类表面印有各类几何纹饰，一般器形稍大，破碎严重，能复原者较少。

素面罐　复原 58 件。

均为泥质灰陶，多数表面有黑皮。

A 型　44 件。鼓腹。

Aa 型　29 件。双耳。

Aa 型Ⅰ式　13 件。耳较窄，颈部较直。

标本浮 JTFD27M2：1，泥质黑皮陶。侈口，平折沿，束颈，平弧肩，扁鼓腹，平底微凹。肩部设一对竖耳。口径 8.0、底径 11.0、高 14.3 厘米。

标本浮 JTFD29M45：6，泥质黑皮陶。侈口，圆唇，窄折沿，沿面微凹，束颈，弧肩，鼓腹，平底内凹。颈部饰弦纹。上腹部设一对竖耳。口径 8.0、底径 6.8、高 10.4 厘米。

Aa 型Ⅱ式　16 件。耳宽扁，斜颈。

标本浮 JTFD29M27：5，泥质黑皮陶。侈口，尖唇，折沿，沿面有一道凹槽，束颈，弧肩，鼓腹，平底。上腹设一对竖耳。颈部饰浅细弦纹。口径 12.8、底径 12.4、高 19.0 厘米。

标本浮 JTFD29M41：2，泥质黑皮陶。直口，方圆唇，唇面内凹，弧肩，鼓腹，平底微凹。肩部设一对竖耳。颈部饰弦纹。口径 8.8、底径 7.4、高 12.8 厘米。

Ab 型　15 件。无耳。

Ab 型Ⅰ式　5 件。侈口，束颈。

标本浮 JTFD29M43：6，泥质黑皮陶。侈口，圆唇，卷沿，沿面内凹，束颈，弧肩，鼓腹，平底。颈部饰弦纹。口径 16.8、底径 15.2、高 18.0 厘米。

Ab 型Ⅱ式　1 件。敛口，斜颈。

标本东 JTDD1M12：3，泥质黑皮陶。敛口，圆唇，窄折沿，沿面有一道凹槽，斜颈，弧肩，扁鼓腹，平底。颈部饰弦纹，颈、腹多残。口径 15.0、底径 14.2 厘米。

B 型　14 件。钵式罐。

标本谷 JTGD1M4：6，泥质黑皮陶。敛口，圆唇，卷沿，沿面有两道凹槽，折肩，弧腹，平底。内壁有刮削痕。口径 12.6、底径 12.6、高 9.6 厘米。

标本浮 JTFD29M30：8，泥质黑皮陶。敛口微侈，圆唇，卷沿，沿面有一道凹槽，折肩，弧腹，平底。肩部饰弦纹。口径 15.8、底径 10.8、高 9.6 厘米。

纹饰罐　复原 26 件。

除少量为泥质灰陶外，余皆为泥质红陶，陶胎砖红色，少部分略泛灰褐色。

A 型　3 件。扁鼓腹。

标本东 JTDD2M1：4，泥质黑皮陶。侈口，圆唇，卷沿，沿面有两道凹槽，束颈，弧肩，扁鼓腹，平底。颈部饰弦纹，肩、腹部饰套菱形纹。口径 13.6、底径 19.0、高 25.8 厘米。

B 型　19 件。鼓腹。

B 型Ⅰ式　13 件。长束颈。泥质红陶，火候较低，表面饰席纹、菱形填线纹，个别饰方格纹。

标本浮 JTFD29M21：1，泥质红陶。侈口，圆唇，卷沿近平，沿面略凹，溜肩，鼓腹，平底。颈部饰浅细弦纹，腹部饰席纹。口径 16.8、底径 14.0、高 19.3 厘米。

B 型Ⅱ式　6 件。束颈。

标本东 JTDD1M8：12，泥质黑皮陶。敞口，圆唇，卷沿，沿面有一道凹槽，束颈，弧肩略平，鼓腹。颈部饰弦纹，肩、腹部刻划水波纹。口径 13.8、底径 11.8、高 18.3 厘米。

标本谷 JTGD1Q4：6，泥质红陶。侈口，圆唇，卷沿，束颈，弧肩，鼓腹，凹圜底。外壁饰绳纹，肩部有两周绳纹被抹。口径17.6、底径11.0、高27.0厘米。

C型　4件。弧腹，广口。

标本东JTDD1M5：35，泥质桔黄陶。敞口，圆唇，卷沿，沿面有一道凹槽，束颈，弧腹，底略凹。腹部饰几何形填线纹。口径35.0～35.8、底径12.8、高20.2厘米。

瓿　9件。

器形与罐接近，但较矮，器宽明显大于器高。

素面瓿　3件。

Ⅰ式　2件。敛口。

标本浮JTFD29M4：18，泥质黑皮陶。敛口，方唇，肩微耸，扁鼓腹，平底。口径16.8、底径16.8、高16.8厘米。

Ⅱ式　1件。直口。

标本浮JTFD29M19：19，泥质黑皮陶。直口，方圆唇，沿面有一道凹槽，平弧肩，鼓腹，平底略凹。口径17.8、底径16.4、高17.4厘米。

纹饰瓿　6件。

A型　5件。扁鼓腹较矮。均为泥质灰陶，表面划水波纹、弦纹，部分表面拍印席纹或菱形填线纹。

标本谷JTGD1Q3：1，泥质灰陶。侈口，方唇，束颈，圆肩，扁鼓腹，平底内凹。肩部饰"∽"形纹间以弦纹，腹部饰席纹。口径19.0、底径23.2、高22.2厘米。

B型　1件。扁鼓腹。

标本东JTDD1M15：11，泥质红陶。侈口，圆唇，卷沿，沿面有一道凹槽，束颈，溜肩，扁鼓腹，平底微凹。肩、腹部饰席纹。口径16.8、底径17.6、高19.0厘米。

盆　112件。

大多数扣于硬陶坛、罐上，作为器盖使用，少量正置。轮制，绝大多数为泥质灰陶，部分表面有黑皮。复原84件，以腹部形状分为三型。

A型　2件。弧腹，束颈，折肩。

标本谷JTGD1M1：10，泥质黑皮陶。侈口，卷沿，沿面有一道凹槽，束颈，折肩，平底微凹。上腹部饰弦纹。口径24.0、高10.2、底径12.8厘米。

B型　51件。折腹，上腹近直或略向内弧。

B型Ⅰ式　39件。卷沿。

标本浮JTFD29M34：15，泥质黑皮陶。敞口，卷沿，沿面有一道凹槽，直颈微束，折腹，平底。上腹部饰弦纹。口径31.2、底径13.8、高13.8厘米。

B型Ⅱ式　15件。折沿。

标本浮JTFD29M26：13，泥质黑皮陶。敞口，圆唇，卷沿，沿面有两道凹槽，折腹，上腹略向内弧，下腹斜收至底，平底微凹。上腹部饰弦纹。口径28.6、底径12.8、高8.8～10.0厘米。

C型　34件。器形略小。

标本浮JTFD29M36：5，泥质黑皮陶。侈口，尖圆唇，卷沿，沿面微凹，束颈，折腹，平底微凹。内壁有浅螺旋纹。口径12.6、底径7.0、高3.6厘米。

钵　38件。

大多数扣于硬陶坛、罐上，作为器盖使用，少量正置。轮制，绝大多数为泥质灰陶，部分表面有黑皮。复原 33 件，以腹部形状分为三型。

A 型　23 件。弧腹。

标本浮 JTFD29M32∶30，灰黑色胎，黑皮部分脱落。敛口，方唇，唇面微凹，弧腹，平底。口径 23.0、底径 15.0、高 8.0～8.2 厘米。

B 型　6 件。鼓腹。

标本浮 JTFD29M29∶19，泥质黑皮陶。敛口，方唇，唇面有一道凹槽，鼓腹，平底。内壁有螺旋纹。口径 14.0、底径 10.0、高 5.8 厘米。

C 型　4 件。折肩。

标本浮 JTFD29M9∶1，泥质黑皮陶。敛口，尖圆唇，折肩，弧腹，下部略残，平底。口径 24.0、底径 16.0、高 7.8 厘米。

盘　13 件。

轮制，绝大多数为泥质灰陶，部分表面有黑皮。以底足形状分为三型。

A 型　2 件。圈足盘。

A 型 I 式　1 件。弧腹。

标本东 JTDD2 盗∶2，泥质黑皮陶。敞口，圆唇，窄卷沿，沿面有一道凹槽，弧腹，圜底，矮圈足略外撇，圈足宽大。腹部饰凹弦纹。口径 19.4、底径 12.4、高 6.2 厘米。

A 型 II 式　1 件。弧腹，矮圈足。

标本东 JTDD4M1∶2，泥质黑皮陶。敞口，斜方唇，弧腹，圜底，矮圈足。口径 19.2、圈足径 8.2、高 6.3 厘米。

B 型　1 件。三足盘。

标本谷 JTGD1Q2∶1，泥质黑皮陶。敞口，方唇，直腹稍内弧，平底，下承三扁足，残缺。口径 19.0、底径 16.6、残高 5.5 厘米。

C 型　7 件。平底，造型与盆接近，但腹较浅。

C 型 I 式　4 件。折腹。

标本东 JTDD1M5∶13，泥质黑皮陶。敞口，尖圆唇，卷沿，沿面有一道凹槽，束颈，折腹，平底。口径 26.0、底径 10.0、高 4.8～5.2 厘米。

C 型 II 式　3 件。弧腹。

标本浮 JTFD29M5∶13，泥质黑皮陶。侈口，方圆唇，浅弧腹，平底。口径 19.6、底径 14.6、高 3.2 厘米。

豆　8 件。

其中 7 件出自谷城 D1，扣在鼎、鬲、瓿类器物上作为器盖使用，另 1 件出自浮山果园 D29M43，正置作为盛器使用。轮制，均为泥质灰陶，多数表面有黑皮。以口部形状分为三式。

I 式　5 件。敞口。

标本谷 JTGD1M1∶14，泥质黑皮陶。敞口，方唇，唇面内凹，唇缘外突，唇面有一周凹槽，弧折腹，矮圈足。口径 17.2、圈足径 9.4、高 5.5 厘米。

II 式　1 件。敛口。

标本谷JTGD1M3：4，泥质黑皮陶。敛口，方唇，喇叭状圈足。口径15.8、底径8.7、高6.6厘米。

Ⅲ式　2件。侈口。

标本浮JTFD29M43：4，泥质黑皮陶。侈口，圆唇，卷沿，束颈，折腹，喇叭形圈足。口径11.4、底径6.6、高6.0厘米。

碗　13件。

轮制，均为泥质灰陶，部分表面有黑皮。

标本浮JTFD29M25：23，泥质黑皮陶。侈口，尖圆唇，卷沿，沿面有一道凹槽，束颈，弧折腹，平底。内壁有螺旋形凹槽。口径8.2、底径4.6、高3.0厘米。

大口器　2件。

轮制，均为泥质灰陶。

标本浮JTFD27M3：8，泥质灰陶。倒"几"字形，敞口，圆唇，卷沿，沿面有一道凹槽，折腹内曲，平底。口径43.0、底径18.8、高23.2厘米。

标本浮JTFD29M14：2，泥质黑皮陶。倒"几"字形，侈口，圆唇，卷沿，沿面有一道凹槽，束颈，折腹，平底。上腹部饰弦纹，下腹部饰席纹。口径40.0、底径12.0、高20.2厘米。

器盖　138件。

轮制，均为覆豆形，全部为泥质灰陶，部分表面黑皮。复原97件。

Ⅰ式　84件。弧顶。

标本浮JTFD29M41：11，泥质黑皮陶。整体呈覆豆形，喇叭形捉手，弧顶，直壁略内弧，顶、壁间折，敞口，卷沿，沿面有一道凹槽。捉手径7.8、口径17.2、高7.0厘米。

Ⅱ式　13件。顶部近平。

标本浮JTFD29M16：11，泥质灰陶。整体呈覆豆形，喇叭形捉手，盖顶近平，直壁，顶、壁间折，敞口，圆唇，卷沿，沿面有一道凹槽。捉手径8、口径19.6、高5.6厘米。

纺轮　20件。

器形无明显变化规律，一般置于偏外侧角落，少量置于墓内单独位置。

标本浮JTFD29M1：4，泥质黑皮陶。算珠形，上下有窄平台，中有圆形穿孔。器表有弦纹。直径4.0、孔径0.6、高2.5厘米。

标本浮JTFD29M37：2，泥质黑皮陶。算珠状，上下平台内凹，中有圆形穿孔。器表有弦纹。直径3.4、孔径0.4、高2.2厘米。

标本浮JTFD29M38：3，泥质红褐陶。算珠状，中有圆形穿孔。直径3.6、孔径0.5、高2.2厘米。

3．硬陶器

303件。一般为紫褐色胎，烧结程度高，胎质致密，部分器形较大的器物上半部有爆浆釉，有些器物胎体有鼓泡。

器形有坛、罐、瓿、壶、豆、碗、盂。其中坛、罐、瓿在绝大多数墓葬及器物群中都有发现，数量较多；壶仅1件。一般正置，部分上有器盖。均泥条盘筑，内壁留有盘筑形成的痕迹，口、底分制拼接，颈部饰弦纹，器表拍印各类几何纹饰，近底部纹饰被抹平。

豆、碗、盂仅在一部分墓葬或器物群中发现，数量较少，既有扣在其余器物上作为器盖使用，也有正置作盛器使用；轮制，平底的碗、盂底部留有线切割痕。

坛　127 件。

器形较罐、瓶高。复原 120 件，以腹部形状分为三型。

A 型　23 件。深弧（鼓）腹，最大腹径位于中上部，颈短直。

A 型 I 式　2 件。圆肩，口径较大。

标本东 JTDD2 盗：1，褐色硬陶。侈口，方唇，卷沿，唇面有一道凹槽，短束颈，圆肩，深弧腹，底略凹。颈部饰弦纹，肩、腹部饰回纹与套菱形纹的组合纹饰。口径 22.0、底径 20.4、高 40.0 厘米。

A 型 II 式　20 件。耸肩，短颈近直。

标本浮 JTFD29M45：5，红褐色硬陶。侈口，尖唇，卷沿，直颈，弧折肩，深弧腹，平底微凹。颈部饰弦纹，肩、腹部饰折线纹与回纹组合纹饰。平底微凹。上腹及口外壁有爆浆釉。口径 19.3、底径 18.6、高 39.3 厘米。

A 型 III 式　2 件。耸肩，颈较长。

标本浮 JTFD27M2：6，褐色硬陶。侈口，尖唇，卷沿，长束颈，弧肩，深弧腹，平底局部略外凸。颈部饰弦纹，肩、腹部饰折线纹与回纹组合。口径 15.4、底径 18.0、高 37.5 厘米。

B 型　12 件。深弧（鼓）腹，最大腹径位于近中部，颈较长、内束。

B 型 I 式　9 件。弧肩或溜肩。

标本东 JTDD1M13：4，灰褐色硬陶。侈口，尖唇，卷沿，束颈，溜肩，深弧腹，平底内凹。颈部饰弦纹，肩部饰菱形填线纹，腹部饰方格纹。口径 18.6～19.2、底径 19.6、高 40.2～41.0 厘米。

B 型 II 式　3 件。弧肩略折。

标本浮 JTFD19Q2：1，灰色硬陶。侈口，圆唇，卷沿，矮束颈，弧肩略折，鼓腹，平底微凹。颈部饰弦纹，肩及上腹部饰席纹，下腹部饰菱形填线纹。口径 23.8、底径 22.0、高 49.4 厘米。

C 型　85 件。深弧（鼓）腹，最大腹径偏上部，颈较长、内束。

C 型 I 式　28 件。弧肩。

标本浮 JTFD29M7：4，灰色硬陶。侈口，尖圆唇，卷沿，沿面内凹，束颈，弧肩，深弧腹，平底略凹。颈部饰弦纹，肩、腹部饰菱形填线纹。口径 18.6、底径 18.6、高 45.0 厘米。

C 型 II 式　39 件。肩部弧折略窄。

标本浮 JTFD29M1：3，灰色硬陶。侈口，卷沿，沿面下凹，肩弧折，深弧腹，底微凹。口沿至上腹部饰席纹，颈部抹而未尽加饰弦纹，下腹部饰菱形填线纹。口径 18.0、底径 18.4、高 33.8 厘米。

C 型 III 式　18 件。肩部弧折略宽。

标本浮 JTFD33M1：4，灰褐色硬陶。侈口，尖圆唇，卷沿，沿面有一道凹槽，束颈，弧折肩，深弧腹，平底。颈部饰浅细弦纹，肩及上腹部饰席纹，下腹部饰菱形填线纹。口径 23.6、底径 19.6、高 44.0 厘米。

罐　50 件。

器形较坛稍矮。复原 42 件，以腹部形状分为两型。

A 型　36 件。鼓腹，侈口。

A 型 I 式　3 件。颈短直，弧肩略耸。

标本浮 JTFD29M23：4，灰色硬陶。侈口，圆唇，卷沿，沿面内凹，束颈，弧肩，鼓腹，平底略外凸。肩部设一对泥条耳。颈部饰弦纹，肩及上腹部饰折线纹，下腹部饰回纹。口径 12.8、底径 16.4、高

22.0 厘米。

A 型Ⅱ式　18 件。颈长、内束，弧肩。

标本浮 JTFD29M9：18，红褐色硬陶。侈口，尖唇，卷沿，束颈，弧肩，平底微凹。颈部饰弦纹，肩部饰席纹，腹部饰方格纹。口径 17.2、底径 18.0、高 26.6 厘米。

标本浮 JTFD29M23：6，灰褐色硬陶。侈口，尖唇，卷沿，沿面内凹，束颈，弧肩，鼓腹，平底略内凹。肩部设一对泥条耳。颈部饰弦纹，肩及上腹部饰菱形填线纹，下腹部饰方格纹。口径 16.8、底 16.2、高 24.3 厘米。

A 型Ⅲ式　12 件。颈内束，弧折肩。

标本浮 JTFD29M8：10，灰色硬陶。侈口，尖唇，卷沿，沿面外侧内凹，束颈，弧折肩，鼓腹，平底微凹。颈部饰弦纹，肩及上腹部饰方格纹，下腹部饰菱形填线纹。口径 18.8、底径 18.4、高 31.0 厘米。

标本浮 JTFD29M16：5，灰色硬陶。侈口，尖圆唇，卷沿，沿外侧下凹，束颈，弧肩略折，弧腹，平底。颈、肩部饰弦纹，上腹部饰席纹，下腹部饰菱形填线纹。腹内壁有刮痕和指窝痕。口径 16.8、底径 19.2、高 23.2 厘米。

A 型Ⅳ式　3 件。折肩。

标本浮 JTFD29M19：21，灰黑硬陶。侈口，圆唇，卷沿，沿面外侧内凹，折肩，鼓腹，平底。颈、肩部饰数道弦纹，腹部饰大席纹。口径 16.2、底径 19、高 21.6 厘米。

B 型　1 件。垂腹、溜肩。

标本浮 JTFD27M3：7，灰褐色硬陶。侈口，方唇，溜肩，垂腹，平底。器表饰方格纹。内壁可见泥条盘筑痕迹及指按纹。口径 10.2、底径 10.8、高 15.0 厘米。

C 型　5 件。敛口。

标本浮 JTFD29M24：17，褐色硬陶。敛口，斜方唇，唇面内凹，折肩，弧腹，平底内凹。肩部贴附一对倒"U"形泥条堆饰。颈部饰弦纹，肩部饰水波纹，腹部饰叶脉纹。口径 17.6、底径 17.4、高 21.4 厘米。

瓿　91 件。

器形较罐矮，器宽大于器高。以口部形状分为两型。

A 型　87 件。侈口或直口。

Aa 型　7 件。短直颈。饰折线纹及折线纹与回纹组合纹饰，仅东 JTDD2Q1：3 为弦纹夹套菱形纹，纹饰较粗深。

标本浮 JTFD33M2：2，灰褐色硬陶。直口微侈，折沿，尖唇，沿面下垂略内凹，直颈，弧肩，扁鼓腹，平底。颈部饰弦纹，肩腹部饰折线纹。口径 10.95、底径 11.5、高 9.3 厘米。

Ab 型　42 件。内束颈，下腹弧收较剧。多数有双耳或双盲耳。

Ab 型Ⅰ式　17 件。平弧肩。纹饰以菱形填线纹与方格纹组合为绝大多数，席纹、与方格纹组合较少，另有菱形填线纹、方格纹、席纹单一纹饰少量。

标本浮 JTFD29M30：7，红褐色硬陶。侈口，尖唇，卷沿，沿面内凹，束颈，弧肩，扁鼓腹，平底。肩腹部设一对竖耳，残。颈部饰弦纹，肩部饰菱形填线纹，腹部饰方格纹。口径 14.8、底径 13.4、高 14.8 厘米。

Ab 型Ⅱ式　10 件。溜肩。纹饰以菱形填线纹与方格纹组合为绝大多数，席纹、与方格纹组合较少，另有菱形填线纹、方格纹、席纹、小席纹、水波纹、叶脉纹少量，纹饰较浅。

标本浮 JTFD29M40∶3，红褐色硬陶。侈口，圆唇，卷沿，沿面微凹，溜肩，扁鼓腹，平底。上腹设一对竖耳。颈部饰凹弦纹，肩、腹部饰回纹。口径 14.0、底径 12.5、高 15.2 厘米。

Ab 型Ⅲ式　15 件。弧肩略折。纹饰既有菱形填线纹与方格纹组合，也出现席纹、方格纹与菱形填线纹组合。

标本东 JTDD1M11∶17，灰色硬陶。侈口，尖唇，卷沿，沿面有一道凹槽，束颈，弧肩，扁鼓腹，底微凹。颈部饰弦纹。肩、腹部饰席纹。口径 14.0、底径 14.6、高 14.8 厘米。

Ac 型　38 件。束颈，颈下部呈斜坡状。无耳。以小席纹、方格纹为主，另有少量饰方格纹与菱形填线纹、席纹与菱形填线纹。

Ac 型Ⅰ式　36 件。弧肩及弧折肩，底部较宽。

标本浮 JTFD29M1∶2，灰色硬陶。侈口，圆唇，卷沿，沿面内凹，束颈，溜肩，扁鼓腹，底微凹。颈部饰弦纹，肩、腹部饰席纹。口径 11.2、底径 13.4、高 13.4 厘米。

标本浮 JTFD29M29∶28，红褐色硬陶。侈口，尖唇，卷沿，沿面内凹，束颈，弧折肩，扁鼓腹，平底。颈部饰弦纹，肩部饰弦纹，腹部饰席纹。口径 14.7、底径 14.6、高 14.2 厘米。

Ac 型Ⅱ式　2 件。折肩。

标本浮 JTFD27M3∶1，灰褐色硬陶。侈口，尖圆唇，折沿，束颈，折肩，扁鼓腹，平底。肩部饰弦纹，腹部饰席纹。口径 9.2、底径 10.8、高 11.6 厘米。

B 型　4 件。敛口。

标本浮 JTFD29M44∶34，红褐色硬陶。敛口，斜方唇，唇面微凹，弧肩，扁鼓腹，平底。腹部设一对竖耳，耳残，其上有横"S"形泥条堆饰。肩部饰弦纹，腹部饰小席纹。口径 11.4、底径 16.8、高 14.4 厘米。

壶　1 件。

标本东 JTDD1M13∶26，灰色硬陶。侈口，圆唇，卷沿，束颈，溜肩，筒形腹，平底微凹。上腹部设一对竖耳，各以双股泥条捏制而成，边缘用单股泥条堆贴一周。肩及腹部饰窗格纹。口径 11.6、底径 14.4、高 23.8 厘米。

豆　4 件。

造型一致。

标本浮 JTFD27Q8∶1，灰色硬陶。敞口，尖圆唇，折腹，圈足外撇。器内饰弦纹数周。口径 13.1、圈足径 5.7、高 6.2 厘米。

碗　5 件。

标本浮 JTFD29M24∶14，硬陶，红褐色胎，内壁灰褐色。敞口微侈，尖唇，卷沿，折腹，上腹内弧，平底内凹。外底有平行的切割痕。口径 16.85、底径 6.55、高 5.3～5.9 厘米。

盂　9 件。

标本浮 JTFD29M1∶1，褐色硬陶。敛口，尖唇，弧腹，平底微凹。唇外侧有一道凹槽，底面有线切割痕。口径 13.0、底径 6.4、高 5.6 厘米。

标本浮 JTFD29M9∶15，灰褐色硬陶。敛口，尖唇，折肩，弧腹，平底微凹。肩部刻划水波纹，外底面有平行切割痕。口径 11.6、底径 5.6、高 3.8～4.2 厘米。

标本东 JTDD1M5：34，灰褐色硬陶。口微敛，圆唇，折腹，假圈足，平底。上腹及器内底有细密的轮制旋线，外底有线切割痕。口径 8.0、底径 5.2、高 4.5 厘米。

标本浮 JTFD29M41：3，紫红色硬陶。侈口，圆唇，卷沿，沿面微凹，束颈，弧肩，鼓腹，假圈足，平底。腹部贴附一对羊角形堆饰。颈部饰弦纹，腹部饰两组水波纹。外底有平行的切割痕。口径 10.3、底径 6.4、高 8.2 厘米。

4．原始瓷器

180 件。胎质较坚硬，火候高，多数较为完整。灰白或灰黄色胎，施青釉，釉色泛黄或泛绿，外底不施釉，有些器物胎、釉结合较差，剥落严重。器形有罐、瓿、钵、豆、碗、盅、盂、碟、器盖。罐、瓿泥条盘筑，钵、豆、碗、盅等轮制。

罐　4 件。

以腹部形状分三型。

A 型　3 件。鼓腹。

A 型 I 式　2 件。侈口，卷沿，弧（溜）肩。

标本浮 JTFD29M44：13，灰色胎。侈口，圆唇，卷沿，沿面有一道凹槽，束颈，溜肩，鼓腹，平底内凹。肩部设一对泥条形横耳。颈部饰水波纹，肩、腹部饰对称弧线纹。内壁可见盘筑及指窝痕。施青绿色釉。口径 17.6、底径 18.4、高 21.8 厘米。

A 型 II 式　1 件。敛口。

标本浮 JTFD27M3：3，灰色胎。敛口，方唇，平弧肩，鼓腹，平底。肩部饰水波纹，腹部饰窗格纹。器表满施黄绿釉。口径 20.8、底径 21.0、高 26.4 厘米。

B 型　1 件。鼓腹下垂，肩部一对横耳。

标本浮 JTFD29M44：17，灰白色胎。敛口，圆唇，窄折沿，沿面内凹，溜肩，垂腹，平底内凹。肩部设一对绞索状横耳。内壁有螺旋凹槽。施青绿色釉，凹槽有积釉现象。口径 9.0、底径 11.0、高 10.2 厘米。

瓿　2 件。

扁鼓腹。造型接近。

标本浮 JTFD29M14：20，灰色胎。侈口，尖圆唇，折沿，沿面下凹，束颈，溜肩，扁鼓腹，平底内凹。肩部设置一对横向绞索状耳。肩部划一道凹弦纹，底面有平行切割痕。施青绿色釉。口径 10.2、底径 11.2、高 10.7 厘米。

钵　仅 2 件。

标本浮 JTFD27M2：2，灰色胎。敛口，圆唇，折肩，弧腹，平底。器身变形严重，内有螺旋纹。施黄色釉，剥落较甚。口径 12.4、底径 6.8、高 7.0～7.6 厘米。

标本东 JTDD1M4：9，灰色胎。敛口，方唇，唇面内凹，折肩，弧腹，平底。器内有轮制时留下的旋痕。施青绿色釉，釉层稀薄。口径 8.8、底径 5.2、高 4.4 厘米。

豆　52 件。

轮制，盘、足分制拼接。

A 型　49 件。圈足。

A 型 I 式　11 件。敞口，折沿。

标本东 JTDD2M1：1，灰色胎。敞口，圆唇，折腹，圈足。器内壁有轮制形成的数道弦纹。施灰绿色釉。口径 14.4、底径 6.4、高 5.7 厘米。

A 型 II 式　3 件。敞口，盘较浅。

标本东 JTDD2Q2：4，灰黄色胎。敞口，尖圆唇，折腹，矮圈足略外撇。器内折腹处饰弦纹。施黄色釉。口径 10.5～10.9、底径 4.5、高 3.7～4.0 厘米。

A 型 III 式　35 件。敞口，盘较深。

标本浮 JTFD19M1：4，灰色胎。敞口，圆唇，折腹，圈足。器内壁有轮制形成的数道弦纹。施灰绿色釉。口径 14.4、底径 6.4、高 5.7 厘米。

B 型　2 件。矮圈足或饼形足。

标本谷 JTGD1Q1：5，灰白色胎。敞口，圆唇，颈微束，折腹，饼形足略外撇，底内凹。施青绿色釉。口径 12.2、圈足径 6.4、高 4.5 厘米。

标本谷 JTGD1Q6：1，灰白色胎。敞口，圆唇，折腹，上腹略直，下腹弧收，矮圈足。腹中部饰一周凹弦纹。施青黄色釉。口径 11.0、圈足径 5.4、高 4.1～4.4 厘米。

C 型　1 件。喇叭形圈足。

标本东 JTDD1M13：34，灰白色胎。直口，尖圆唇，折腹，上腹近直，下腹斜收，凹圜底，喇叭形圈足。盘外壁有较宽的弦纹，底部有一道划纹。施灰绿色釉，釉层较薄，多剥落。口径 17.0～17.6、足径 9.0、高 6.4～7.0 厘米。

碗　105 件。

为原始瓷器中数量最多的一类，其中一部分是作为器盖使用，另一部分单个或成组放置，成组放置时与钵、豆类器物排列成"品"字形或梅花状。轮制，均为平底器，造型变化较多，器内多见螺旋凹槽。以腹部形状分为三型。

A 型　87 件。弧腹。

A 型 I 式　60 件。折沿，沿面有一、两道凹槽。

标本东 JTDD1M9：10，灰白色胎。敞口，折沿，沿面内凹，圆唇，弧腹，平底内凹。器内壁有螺旋纹。施青绿色釉。口径 13.0、底径 7.6、高 4.3～4.8 厘米。

A 型 II 式　25 件。窄折沿，沿面一般下垂。

标本浮 JTFD29M14：17，灰黄色胎。敞口，尖唇，折沿，沿面下垂，弧腹，平底微凹。内壁有螺旋纹。釉剥落殆尽。口径 15.4、底径 7.2、高 4.8 厘米。

A 型 III 式　2 件。敛口。

标本浮 JTFD29M29：3，灰黄色胎。敛口，尖唇，内折沿，沿面内凹，弧腹，平底微凹。内壁有螺旋纹，外底有平行的切割痕。施黄绿色釉，脱落殆尽。口径 8.0、底径 4.8、高 3.3 厘米。

B 型　18 件。弧腹略鼓。

B 型 I 式　7 件。折沿。

标本浮 JTFD29M12：2，灰白色胎。敞口，尖唇，窄折沿，弧腹略鼓，平底内凹。沿面饰两道凹弦纹。内壁有螺旋纹。通体施青釉。口径 11.0、底径 6.2、高 4.2 厘米。

B 型 II 式　11 件。方唇。

标本浮 JTFD29M13：1，灰白色胎。敞口，尖唇，窄折沿，弧腹略鼓，平底略内凹。内壁有螺旋纹，外底面有线切割痕。通体施黄釉。口径 11.0、底径 7.0、高 4.6 厘米。

盅　8 件。

仅在浮山果园 D27Q9 及 M3 中发现。

标本浮 JTFD27Q9：5，灰白色胎。盖弧形，顶部有泥条捏制成的桥形纽，纽上饰叶脉纹。盅子母口，斜直腹，近底部折收，饼形足，平底。器内有螺旋纹。施青绿色釉，釉层薄，脱落严重。口径 9.0、底径 4.0、高 6.4 厘米。

盂　5 件。

A 型　2 件。弧腹。

标本东 JTDD1M13：32，灰色胎。子口，斜方唇，唇面内凹，折肩，弧腹，平底。器内有螺旋纹，外底有线切割痕。施青绿色釉不及外底。口径 8.4、底径 5.8、高 3.6 厘米。

B 型　3 件。鼓腹。

B 型 I 式　1 件。侈口。

标本浮 JTFD29M41：25，灰白色胎。侈口，圆唇，卷沿，鼓腹，平底内凹，内底中心突起。内壁有螺旋形凹槽。施青釉，厚薄不均，凹槽有积釉现象。口径 10.2、底径 7.1、高 4.6 厘米。

B 型 II 式　2 件。敛口。

标本浮 JTFD33M3：4，灰白色胎。口微敛，折沿，沿面有两道凹槽，尖唇，鼓腹，平底内凹。内壁有螺旋纹。施黄色釉，釉面剥落殆尽。口径 8.3、底径 6.2、高 3.0 厘米。

碟　1 件。

标本浮 JTFD29M16：10，灰色胎。敞口，圆唇，折沿，沿面内凹，浅弧腹，平底略凹。内底部有密而深的螺旋纹。施青黄色釉。口径 16.2、底径 9.2、高 3.0～3.2 厘米。

器盖　1 件。

标本浮 JTFD29M16：3，灰褐色胎。绞索状纽，弧顶，弧壁，敞口，方唇。内壁有螺旋纹。外表施黄绿色釉。口径 13.1、高 4.5 厘米。

第二节　分期与年代

一　分期

句容浮山果园片区、金坛薛埠片区共发现器物群 162 处、墓葬 135 座，绝大多数土墩中都有两个或两个以上的遗迹，这些器物群、墓葬有明确的叠压关系，出土器物丰富，是研究该区域土墩墓变化规律十分理想的材料。重点考察了金坛薛埠片区的许家沟 D1、D2、裕巷 D2 及句容浮山果园片区的浮山果园 D29、东边山 D1、谷城 D1，这几个土墩地层堆积层次较多、叠压关系清楚，土墩内的遗迹、遗物丰富，同一土墩内出土器物的型式演变规律明确，并在此基础上推及其他各座土墩。

根据典型关系墓葬和一般关系墓葬以及出土器物种类的组合和型式，以器物群和墓葬的地层关系为基础，以出土器物为依据进行分期。

浮山果园土墩墓群的墓葬、器物群分为六期（表四）。

表四　浮山果园土墩墓墓葬与器物群分期表

		第一期	第二期	第三期	第四期	第五期	第六期
浮山果园	D19		M1		Q1~Q3		
	D27		M2	Q1、Q3、Q4、Q6、Q8、Q10、M1、M4~M6	Q2、Q5、Q7		Q9、M3
	D29	M45	Q1、M39、M41	M9、M17、M20~M24、M30、M33、M35、M38、M40、M42、M43	M25、M26、M34、M36、M37、M44	M1~M8、M10~M16、M18、M19、M27~M29、M31、M32	
	D33	M2、M4				Q1、M1、M3	
东边山	D1			M2、M5、M8~M10、M12~M14	M1、M3、M4、M7、M11、M15	M6	
	D2	Q1、Q2、M1					
	D4		M2	M1			
谷城	D1		M1、M2	Q1、Q3、Q5、Q6、M3、M4	Q2、Q4、M5、M6		

1. 第一期

墓葬 7 座、器物群 2 处。属于浮山果园 D29、D33、东边山 D2、D4、谷城 D1 等 5 座土墩，为各土墩内最早的遗迹。浮山果园 D29M45、东边山 D2M1 位于土墩营造之初堆筑的平台中心位置，底部有石床，上有两面坡式"人"字形建筑；其余墓葬均挖建于土墩中心的小土墩上，有深浅不一的墓坑，墓葬方向朝向墩中心。

夹砂陶器有鬲、鼎。鬲仅 1 件，弧裆，实足尖。鼎有 A 型 I 式，弧腹，卷沿较窄。

泥质陶器有 Aa 型 I 式、Ab 型 I 式素面罐、A 型纹饰罐、A 型盆、A 型 I 式盘及 I 式、II 式豆。

硬陶器有 A 型 I 式、II 式坛、Aa 型瓿。颈部短直，肩略耸。表面均拍印几何纹饰，纹饰粗深，以组合纹饰为主，有折线纹与回纹组合、弦纹夹套菱形纹与回纹组合，瓿多饰折线纹。

原始瓷器仅有豆，圈足，型式有 A 型 I 式、II 式、III 式。

2. 第二期

墓葬 7 座、器物群 5 处。浮山果园 D19M1、D27M2 是两座土墩内最早的遗迹，其余遗迹均位于早期土墩的外围。浮山果园 D29M41 为平地掩埋，上有截面呈梯形的封土，其余墓葬均有深浅不一的墓坑，方向朝向墩中心。

夹砂陶器有鬲、鼎。鬲仅 2 件，新出现折沿的 A 型 II 式、C 型鼎及敛口的 D 型鼎；A 型鼎发现较多，C、D 型鼎仅在个别墓葬内发现，鼎的器形趋规整。

泥质陶器新出现 B 型素面罐、B 型 I 式纹饰罐、B 型 I 式盆、A 型 II 式盘，但盆、盘的数量很少，仅见于个别墓葬。

硬陶器新出现 A 型 III 式、B 型、C 型 I 式坛，A 型 I 式、II 式罐，Ab 型 I 式瓿，新出现碗、盂类小型器。坛饰折线纹与回纹组合，罐、瓿饰折线纹、菱形填线纹，出现席纹、菱形填线纹与方格纹组合，纹饰较浅、细。碗、盂类小型器开始出现。

原始瓷 A 型 Ⅱ 式豆不再出现，新出现矮圈足的 B 型 Ⅰ 式豆，个别墓葬中发现钵、盂等平底器。

3．第三期

墓葬 28 座、器物群 8 处。属于浮山果园 D27、D29、东边山 D1、谷城 D1 共 4 座土墩，其中东边 D1M13 为土墩内最初的墓葬，位于土墩中心位置，打破土墩最初堆筑的土墩，前有墓道，两侧有二层台；其余墓葬均围绕早期土墩挖坑葬墓，呈向心分布。

夹砂陶器有甗、鼎，鬲不再出现，甗仅 1 件。鼎的造型趋规整，沿趋宽折；A 型 Ⅰ 式鼎不再出现；A 型 Ⅱ 式鼎仍然有少量发现，并一直延续到第五期，但数量较少；C 型鼎数量明显增多。新出现器盖，均为半球形，有 Ⅰ、Ⅱ、Ⅲ 式，分别为环形、柱形、勾形纽，以 Ⅰ 式为主。

泥质陶新出现 Aa 型 Ⅱ 式、Ab 型 Ⅱ 式素面罐及 B 型 Ⅱ 式、C 型纹饰罐。新出现 B 型 Ⅱ 式盆、钵、B 型、C 型 Ⅰ 式盘；A 型圈足盘不再出现，B 型三足盘仅 1 件，其余盆、钵、盘均为平底器。

硬陶器中颈短直的 A 型坛数量已很少，Aa 型瓿不再出现，颈向长、内束发展。新出现 C 型罐、Ab 型 Ⅱ 式、Ⅲ 式、B 型瓿。纹饰有方格纹、席纹、菱形填线纹、折线纹，少见水波纹、叶脉纹，以组合纹饰为主，其中菱形填线纹、席纹与方格纹组合纹饰占绝大多数，折线纹与回纹组合尚有少量出现。

原始瓷豆仅见 A 型 Ⅲ 式，数量已非常少。本期开始出现平底碗，A 型 Ⅰ 式，折沿，沿面略宽；另发现少量 A 型盂。本期发现 1 件 C 型豆，敞口近直，喇叭形圈足，施灰绿色釉，造型、胎釉都与本片区其他的豆有明显区别，属于西周早期器物，可能是早期的孑遗。

4．第四期

墓葬 12 座、器物群 6 处。属于浮山果园 D19、D27、D33 及东边山 D1，分布于早期土墩的四周，墓葬均挖有墓坑，呈向心分布。

夹砂陶器有釜、鼎、器盖。釜为新出现器类，但数量明显少于金坛薛埠片区。有耳鼎数量已非常少，折腹的 C 型鼎数量也已减少；新出现 B 型 Ⅰ 式、Ⅱ 式鼎，直腹，腹、底间折，成为鼎的主要型式。

泥质陶素面罐的型式、数量减少，Aa 型 Ⅰ 式、Ab 型不再出现。B 型盆的数量大大增加，豆不再出现。Ⅱ 式器盖开始出现，器形稍矮，顶部较平。

硬陶坛、罐、瓿肩部由弧肩、溜肩向弧折肩变化，A 型坛、Ab 型 Ⅰ 式瓿不再出现，新出现 C 型 Ⅱ 式坛、A 型 Ⅲ 式罐。纹饰有方格纹、席纹、菱形填线纹，少见水波纹、叶脉纹；坛、罐以组合纹饰为主，菱形填线纹、席纹与方格纹组合纹饰仍占一定比例，新出现席纹与大单元的菱形填线纹组合占大多数，折线纹与回纹组合尚有少量出现。瓿除组合纹饰外，席纹或方格纹单一纹饰增多。纹饰有变小、变浅趋势。

原始瓷豆已很少，碗大量出现。碗新出现 A 型 Ⅱ 式，沿面趋窄、下垂；本期的浮山果园 D29M44 出土 3 件罐。

5．第五期

墓葬 25 座、器物群 1 处。属于浮山果园 D29、D33、东边山 D1 等 3 座土墩，是这 3 座土墩内最晚的遗迹单元，墓葬均挖坑葬于土墩偏外侧，呈向心分布。

夹砂陶器有釜、鼎、器盖。C 型鼎不再出现，新出现沿面近平的 A 型 Ⅲ 式、B 型 Ⅲ 式鼎，D 型鼎还有少量发现。

泥质陶新出现大口器，盆的数量减少。

硬陶 B 型、C 型 I 式坛、A 型 II 式罐、Ab 型、B 型瓿不再出现，新出现 C 型 III 式坛、Ac 型 I 式瓿；坛、罐、瓿的颈较短，下部呈斜坡状，瓿底较宽。碗、盂类小型器不再出现。纹饰有席纹、方格纹、菱形填线纹，少见水波纹、叶脉纹；坛、罐以组合纹饰为主，其中细密的席纹、方格纹与大单元的菱形填线纹组合占绝大多数，席纹、菱形填线纹与方格纹组合及折线纹与回纹组合尚有个别出现；瓿以细密的席纹、方格纹为主。

原始瓷豆已不再出现，仅见碗、盂。新出现 A 型 III 式、B 型碗，B 型碗弧腹略鼓，沿面较窄。

6．第六期

墓葬 1 座、器物群 1 处。仅发现于浮山果园 D27。

夹砂陶仅见 B 型 III 式鼎，沿面近平，足尖扁平、外撇。

泥质陶器仅见 B 型 II 式盆、大口器。

硬陶器有坛、罐、瓿，颈部短，下部呈斜坡状，肩部弧折，器形有 C 型 II、III 式坛、B 型罐，Ac 型 II 式瓿。纹饰浅、细，有席纹、方格纹、菱形填线纹，新出现窗格纹，坛多饰细密的席纹与大单元的菱形填线纹组合，瓿饰细密的席纹、方格纹。

原始瓷器仅见盅。

第一期至第六期器物呈连续、渐进式变化。夹砂陶鼎、泥质陶罐、硬陶坛、罐、瓿及原始瓷豆、碗等数量较多，从早到晚器形变化规律较为明显。夹砂陶鬲、釜、器盖、泥质陶盆、钵、大口器、硬陶碗、盂及原始瓷罐、钵、盅仅见于少数几期，器形变化规律不明显（表五）。

夹砂陶鬲出现在第一、二期的谷城 D1 的 2 座墓和 1 处器物群中，第三期后不再出现。鬲均为弧裆，实足尖。甗仅在第三期墓中发现 1 件。釜数量较少，发现于第四、五期，较金坛薛埠片区数量少，釜沿稍窄、腹稍曲。

鼎是夹砂陶器中最多的一类器物，每期大多数墓葬和器物组合较完整的器物群中均有发现，数量 1～5 件不等，一般正置。一期的鼎卷沿，弧（鼓）腹，形状不太规整，没有轮修痕迹；第二期沿面趋折，并出现少量器形较规整的折腹鼎；第三期折腹鼎大量出现，鼎造型规整，轮修的痕迹明显；第四期以后直腹鼎出现，并占大多数，但弧（鼓）腹、折腹鼎仍并存，但器形趋规整。鼎沿的变化较为明显，整体是由卷向折、由窄向宽发展，至第五期一部分鼎沿趋平，而第六期鼎沿面基本近平；一期鼎的足多稍向内聚，六期鼎的足尖部扁平、外撇。有耳鼎大多发现于第一～三期，第三期以后仅个别发现。

本片区夹砂陶器盖较金坛薛埠片区多，一般扣在坛、罐一类器物上，盖身均为半球形。器盖第三期开始出现，纽有环形、柱形、钩形，以环形纽为主，第三期后数量减少，且仅有环形纽，至第六期未再发现。

第一、二期泥质陶 A 型素面罐表皮有黑皮，制作规整；第三期起陶色偏灰，制作略粗，颈下部呈斜坡状，耳面变宽，并出现横耳及异型耳。B 型罐第二期开始出现，表皮有黑皮，制作规整，折棱较尖利；第三、四期数量较多。第一期的纹饰罐仅见 A 型，泥质灰陶，扁鼓腹，口部较小，饰席

表五　浮山果园土墩墓群遗物分期表

器类＼分期	夹砂陶 鬲	甗	釜	鼎	器盖	泥质陶 素面罐	纹饰罐	盆	钵	盘	豆	大口器	器盖	硬陶 坛	罐	瓿	碗	盖	原始瓷 罐	钵	豆	碗	盅	盂	其他 钺
一期	▲			A I		Aa I Ab I	A	A		A I	I II		I	A I A II		Aa					A I A II A III				
二期	▲			A I A II C D	I II III	Aa I Ab I B	B I	B I		A II	I II		I	A I A II A III B C I	A I A II	Aa Ab I	▲	▲			A I A II A III B			B I	
三期		▲		A II B I B II C	I	Aa I Aa II Ab I Ab II B	B I B II C	B I B II	A B C	B C I	III		I	A II B C I	A I A II C	Ab I Ab II Ab III B	▲	▲			A III C	A I			▲
四期			▲	A III B I B II B III D	I	Aa II B	B II C	B I B II	A	C I			I II	B C I C II	A I A II A III	Ab II Ab III B	▲	▲	A I B	▲		A I A II		A	▲
五期			▲	B III	I	Aa II B	B II C	B I B II	A B C	C II		▲	I II	C II C III	A III A IV C	Ac I			A I B			A I A II A III B I B II		B II	▲
六期				B III				B II				▲		C II C III	B	Ac II			A II				▲		

纹及套菱形纹；第二、三期起出现 B 型、C 型罐，为泥质红陶。第一期盆仅见折肩、弧腹的 A 型，第二期 B 型、C 型开始出现，但数量很少，第三期数量、型式增多，以折腹盆为主，第五期数量最多；钵及平底盘第三期开始出现。第一～三期盘、豆以圈足类型为主，第三期出现平底器。器盖、纺轮各期基本都有发现，型式变化不大。

硬陶坛、罐、瓿出土较多，在各期的变化趋势较为明显，颈、肩部变化趋势类似。坛、罐颈部由短、直向长、束发展，第四期后出现下部呈斜坡状的束颈；肩部由圆肩、耸肩向弧肩、弧折肩变化。瓿从第一期至第六期均有发现，且数量较多，颈部变化与坛类似，由短、直向长、束颈发展，第四期后出现下部呈斜坡状的束颈；肩部变化趋势为弧肩—平弧肩—溜肩—弧折肩，器底变化趋势为宽—窄—宽。硬陶坛、罐、瓿表面饰各类几何纹饰，大多数坛、罐及少部分瓿饰组合纹饰，其余饰单一纹饰；第一期饰折线纹与回纹组合、弦纹夹套菱形纹与回纹组合，第二期开始出现席纹或菱形填线纹与方格纹组合，第四期开始出现席纹、方格纹与大单元的菱形填线纹组合，第五、六期席纹及方格纹更加细密；硬陶器纹饰总体由粗、深向浅、细发展。碗、盂类小型器第二期开始少量出现，第三期数量最多，第四期尚有少量发现，第五期不再出现。

原始瓷罐、瓿类很少。豆、碗、盂类器物变化规律是圈足器向平底器发展，高圈足向矮圈足向平底发展。豆仅在第一～三期出现，第一期豆盛行，型式多样，数量较多，第二期出现矮圈足豆，第二期后数量明显减少并被碗取代。碗第三期开始出现，全部为平底碗，造型变化规律为弧腹—弧鼓腹—直腹；折沿—窄折沿（一般略下垂）—方唇，至第六期出现深直腹、子母口的盅。盂的数量较少，在第二～五期少量发现（表六）。

二 年代

第一期至第六期遗迹有叠压关系，因此年代的早晚关系明确。各期出土器物的型式呈连续、渐近式的变化，晚期开始萌生新的器形，但早期的一些器形仍有少量保留，因此浮山果园土墩墓群第一期至第六期年代是连续的。

由于本地区的土壤环境使得有机质很难保存，本次考古发掘未能取得科技测年的标本，因此有关年代判断主要依据江苏南部地区以往的分期研究资料及发掘材料（表七）；另，由于本地区的原始瓷器及部分硬陶器与浙江地区有相近的演变规律，因此也借鉴了浙江地区的一些材料。采用的相关分期研究材料有邹厚本《江苏南部土墩墓》[1]、刘建国《论土墩墓分期》[2] 及陈元甫《论浙江地区土墩墓分期》[3]；相关发掘材料有《句容鹅毛岗土墩墓发掘报告》[4]、《萧山柴岭山土墩墓》[5]、《德清火烧山——原始瓷窑址发掘报告》[6]、《江苏镇江大港华山马脊墩土墩墓发掘简报》[7]、《丹徒镇四脚墩西周土墩墓发

[1] 邹厚本：《江苏南部土墩墓》，《文物资料丛刊（第6辑）》，文物出版社，1982年。

[2] 刘建国：《论土墩墓分期》，《东南文化》1989年第4、5期。

[3] 陈元甫：《论浙江地区土墩墓分期》，《纪念浙江省文物考古研究所建所二十周年论文集1979～1999》，西泠印社，1999年。

[4] 镇江博物馆：《句容鹅毛岗土墩墓发掘报告》，江苏大学出版社，2013年。

[5] 杭州市文物考古研究所、萧山博物馆：《萧山柴岭山土墩墓》，文物出版社，2013年。

[6] 浙江省文物考古研究、故宫博物院、德清县博物馆：《德清火烧山——原始瓷窑址发掘报告》，文物出版社，2008年。

[7] 镇江博物馆：《江苏镇江大港华山马脊墩土墩墓发掘简报》，《东南文化》2015年第3期。

表六　浮山果园典型器物分期表

分期	年代	夹砂陶鬲	夹砂陶鼎	泥质陶豆	硬陶坛
第一期	西周中期		A型Ⅰ式 东边山JTDD2盗：4		A型Ⅰ式　东边山JTDD2盗：
第一期	西周晚期	谷城JTGD1M1：12	A型Ⅰ式 谷城JTGD1M2：11	Ⅰ式 谷城JTGD1M1：14	A型Ⅱ式　浮山JTFD29M45
第二期	两周之交	谷城JTGD1M4：3	A型Ⅱ式 谷城JTGD1Q3：9	Ⅱ式 谷城JTGD1M3：4	B型Ⅰ式　东边山JTDD1M13
第三期	春秋早期		C型Ⅰ式 浮山JTFD29M24：11	Ⅲ式 浮山JTFD29M43：4	C型Ⅰ式　东边山JTDD1M5：2
第四期	春秋中期偏早		B型Ⅱ式 浮山JTFD29M34：1		C型Ⅱ式　浮山JTFD29M26：1
第五期	春秋中期偏晚		B型Ⅲ式 浮山JTFD29M32：8		C型Ⅲ式　浮山JTFD29M8：19
第六期	春秋晚期		B型Ⅲ式 浮山JTFD27M3：10		C型Ⅲ式　浮山JTFD27M3：14

硬陶瓿	原始瓷豆	原始瓷碗	原始瓷盅
Aa型Ⅰ式 东边山JTDD2Q1：3	A型Ⅰ式 东边山JTDD2M1：1		
Aa型Ⅰ式 谷城JTGD1M2：6	A型Ⅱ式 谷城JTGD1M1：1		
Ab型Ⅰ式 浮山JTFD29M41：5	B型Ⅰ式 谷城JTGD1Q6：1		
Ab型Ⅱ式 浮山JTFD29M40：3		A型Ⅰ式 东边山JTDD1M9：7	
Ab型Ⅲ式 东边山JTDD1M11：17		A型Ⅱ式 东边山JTDD1M15：2	
Ac型Ⅰ式 浮山JTFD29M1：2		B型Ⅰ式 浮山JTFD29M12：2	
Ac型Ⅱ式 浮山JTFD27M3：1			浮山JTFD27M3：6

掘报告》[1]、《江苏丹徒磨盘墩西周墓发掘简报》[2]、《江苏丹徒南岗山土墩墓》[3]、《江苏镇江大港庄连山春秋墓地发掘简报》[4]、《真山东周墓地——吴楚贵族墓地的发掘与研究》[5]。

第一期东边山 D2 内出土的典型器物有 A 型 I 式夹砂陶鼎、A 型 I 式硬陶坛、A 型 I 式泥质陶盘、A 型 I 式原始瓷豆，器物特征与萧山柴岭山土墩墓三期、镇江大港华山马脊墩土墩墓出土器物特征接近。萧山柴岭山土墩墓三期年代为西周中期，镇江大港华山马脊墩土墩墓碳-14 测年校正结果为 B.P.2870～B.P.2760（B.C.920～B.C.810)，年代上限已达西周中期。第一期其余墓葬及器物群出土的典型器物如 A 型 II 式硬陶坛、A 型 II 式原始瓷豆符合句容鹅毛岗第一、二期器物特征，年代应为西周晚期；因此，第一期的年代为西周中晚期。

第六期出土的浮山果园 D27Q9、M3 出土 A 型 III 式夹砂陶鼎、C 型 III 式硬陶坛、Ac 型 III 式硬陶瓿、原始瓷盅，器物特征与萧山柴岭山土墩墓第七期、真山东周墓地 D9M1 一致，年代应为春秋晚期。

表七　浮山果园土墩墓年代推断表

年代	句容浮山果园	金坛薛埠	江苏南部土墩墓	论土墩墓分期	论浙江地区土墩墓分期	句容鹅毛岗	萧山柴岭山	德清火烧山	其他
西周中期	一		二	二	四		三		马脊墩、四角墩M6
西周晚期		一		三		一二	四		
两周之交	二	二			五	三			磨盘墩
春秋早期	三	三		四	六	四五	五	二三四	
春秋中期（偏早）	四	四	三	五	七	六	六	五	丹徒南岗山
春秋中期（偏晚）	五	五						六七	庄连山
春秋晚期	六	六	四	六	八		七	八	真山东周墓地D9M1

第三节　几点发掘认识

本次发掘的最大收获就是凭借考古层位学还原青铜时代江南土墩墓的营造过程及其社会面貌，并且在土墩墓的形制结构、丧葬习俗等诸多方面取得新的突破，不仅廓清了长期以来学术界对土墩墓的模糊认识，同时也为江南地区青铜时代的社会结构和土著文化，土墩墓的源流、分期与分区，以及土墩墓的保护和利用等重大课题的深入研究提供了翔实的第一手资料。

[1]　镇江博物馆：《丹徒镇四脚墩西周土墩墓发掘报告》，《东南文化》1989年4、5期。

[2]　南京博物院、丹徒县文管会：《江苏丹徒磨盘墩西周墓发掘简报》，《考古》1985年第11期。

[3]　南京博物院：《江苏丹徒南岗山土墩墓》，《考古学报》1993年第2期。

[4]　镇江博物馆：《江苏镇江大港庄连山春秋墓地发掘简报》，《东南文化》2015年第3期。

[5]　苏州博物馆：《真山东周墓地——吴楚贵族墓地的发掘与研究》，文物出版社，1999年。

一　墓地的选择

茅山南北长约 90、东西宽约 10 千米，区域面积约 900 平方千米，是秦淮水系东支、太湖水系西支的源头和分水岭之一。茅山主体大茅峰、二茅峰、三茅峰在句容市和金坛市的交界处，主峰海拔372.5 米。茅山以西地区是典型丘陵地貌，多为海拔高 20～30 米丘陵岗地，这一区域是土墩墓分布最为集中的区域，这一区域土墩墓以中小型为主，或三五成群，或数十座至上百座连成一片。

土墩墓群各土墩之间尚未发现明显的时间和空间分布规律，始筑年代有早有晚。一般位于丘陵岗地的较高位置，地势高而开阔，常沿岗阜顶部排列，以岗地的突出部最为多见。墓周边多有水塘，可能是当时取土堆墩形成。

二　一墩多墓的葬制

本片区发掘了 10 座土墩墓，东边山 D3、D5 完全破坏，浮山果园 D19 破坏严重，形制不详；东边山 D2 为一墩一墓类型。其余 6 座土墩内分别发现 2～45 座墓葬，为一墩多墓类型。

一墩多墓的土墩内墓葬是在不同时期逐渐葬入的，但晚期墓葬对早期墓葬破坏较小，且有意识维护着土墩的完整性，这一点在句容鹅毛岗 D2[1] 尤其明显，因此墓主人可能存在亲缘关系，土墩可能是属于一个家族或家庭的墓地。浮山果园 D29、东边山 D1、谷城 D1 内的墓葬的分布较有规律，土墩的营建经过了较长时间，且中间没有长时间间断。而浮山果园 D33 墓葬分属于第一期和第五期，显示中间中断了相当长时间，此类土墩内两组墓葬的关系值得思考。

浮山果园 D29 最早的 M45 位于土墩中心第⑧层平台上，属于平地起封类型，也即先葬墓后封土；浮山果园 D33、东边山 D1、D4、谷城 D1 先堆土形成土墩，最早的墓葬也是在土墩上挖坑葬墓。上述 5 座土墩墓的晚期墓葬均朝向墩中心，呈向心分布；由于墓坑开挖在早期土墩的斜坡上，因此墓口一般呈内高外低的倾斜状。

浮山果园 D29 内发现墓葬 45 座，是迄今已发掘的单个土墩中墓葬最多的土墩墓。最早的 M45 位于土墩中心的封土堆内，M41 位于封土堆外侧，为平地起封类型；其余墓葬均有长方形或长梯形坑，围绕着逐步扩大的封土堆呈向心分布。墓葬从第一期至第五期，年代从西周晚期到春秋中期，显示各层封土和墓葬是在不同时期逐渐形成的，土墩的营建经过较长时间。不同时期的墓葬葬在土墩的不同区域，一般比较集中；如第三期墓葬集中在土墩东、南、西侧；第四期墓葬集中葬在土墩西侧；第五期墓葬位于土墩最外侧，其中第③层下墓葬主要集中在土墩东南侧和北侧，第①层下墓葬集中在土墩西南侧和东侧。浮山果园 D29 内遗迹与地层的关系十分复杂，但发掘者较好地把握了地层与墓葬、墓葬与墓葬的关系，为研究者展示了一个复杂的立体模型，是研究一墩多墓类型土墩墓的理想资料。

三　墓葬及器物群区分

由于本地区特殊的土壤环境，土墩墓中很少发现人骨、葬具，因此相当一部分墓葬和器物群的

---

[1] 镇江博物馆：《句容鹅毛岗土墩墓发掘报告》，江苏大学出版社，2013年。

性质判定存在争议。

浮山果园 D29、东边山 D1、谷城 D1 等 3 座土墩中 26 座墓葬发现有人骨、人牙等残留，可确定为墓葬。这些墓葬大部分能明确墓主人的头向；东边山 D1M13 为土墩最早的中心墓，墓主人头朝墓内侧；其余墓葬均开口于土墩外侧，绝大多数墓主人头朝墩中心，少数如谷城 D1M3 墓主人头朝外侧。

发现的 80 座墓葬中 77 座有长方形或长梯形坑，底部较平整，部分底部有石床；坑内器物围绕着一个狭长形的空间排列，很显然此空间才是坑内是的核心部分，是安放墓主人的位置；浮山果园 D29M41、M45、东边山 D2M1 为平地起封类型，虽然没有墓坑，但也有类似的空间；虽然多数这类遗迹未发现骨骸、葬具，但其形制特征、器物组合排列方式与上述 26 座墓葬是一致的，因此可确定为墓葬。

"器物群"是土墩墓发掘报告常见的一种概念，这个名称带有描述性，而非严格的性质判断，是对土墩墓中发现的一些不能确定为墓葬随葬器物的一组器物统称，这些器物既有可能是祭祀的遗存，也有可能是一些目前尚不能明确认识的墓葬随葬器物。本片区共发现 23 处器物群。浮山果园 D19Q2、Q3 有很小的圆形坑，浮山果园 D19Q1、D27Q10 虽有长方形坑，但明显没有埋葬墓主人的空间；浮山果园 D27Q9 有长方形坑，但底部呈斜坡形，因此不太可能是墓葬。其余器物群的器物放置于某层平面上，多数没有完整的器物组合，应是与祭祀活动有关的器物群。浮山果园 D27Q4、谷城 D1Q1、Q3、Q4、Q5 器物放置在较平整的层面上，有较完整的器物组合，排列呈一条直线或"L"形，方向朝向墩中心，与墓葬的器物组合及排列方式十分接近，这一类型遗迹性质有待考证。

四　墓葬建筑

浮山果园 D29M45、东边山 D2M1 上发现有木构建筑。两座墓葬均属于第一期墓葬，位于起墩之初堆筑的平台上，其位置接近土墩的中心；墓葬内有长方形石床，两侧及后侧有基槽，内有密集的柱洞，柱洞多呈半圆形，两侧柱洞向内倾，浮山果园 D29M45 前部有门柱，门柱两侧垒砌石块，门外用黑土堆成通往墓内的斜坡道路，由此推测建筑是呈两面坡式的"人"字形椁室。

类似建筑在句容鹅毛岗 D2[1]、江宁陶吴一号墩[2]也有发现；而土墩墓的另一重要分布区的浙江省也有发现，一般出现在一些大中型土墩墓内，如萧山柴岭山 D30[3]、绍兴印山越王陵[4]、东阳前山越国贵族墓[5]、安吉龙山越国贵族墓[6]。这类遗迹在江苏、浙江地区同时发现，说明是本地区一种较为普遍的葬制，具有浓郁的地方特色。

五　墓地界域

东边山 D1 界墙平面近方形，建造于墓地营造于土墩的基础层面上，外侧有一周护坡，在西、南

[1] 镇江博物馆：《句容鹅毛岗土墩墓发掘报告》，江苏大学出版社，2013年。
[2] 南京市博物馆、南京市江宁区博物馆：《南京江宁陶吴社区春秋时期大型土墩墓发掘简报》，《东南文化》2011年第3期。
[3] 杭州市文物考古研究所、萧山博物馆：《萧山柴岭山土墩墓》，文物出版社，2013年。
[4] 浙江省文物考古研究所、绍兴县文物保护管理所：《印山越王陵》，文物出版社，2002年。
[5] 浙江省文物考古研究所、东阳博物馆：《浙江东阳前山越国贵族墓》，《文物》2008年第7期。
[6] 浙江省文物考古研究所、安吉县博物馆：《浙江安吉龙山越国贵族墓》，《南方文物》2008年第3期。

两面有两个缺口，土墩的堆积基本在界墙范围内，仅最上一层堆积局部溢出墙外，这类界墙是土墩墓发掘中首次发现。金坛薛埠片区的茅东林场 D4 发现 2 段长条形土垄，筑于中心墩外，将土墩及早期的器物群、墓葬包含在内。上水 D4 的土垄建造于生土面上，平面呈弧形，南部敞开，北部留有缺口，建墩之初挖沟、搭建筑、葬墓、封土，都在土垄范围内。从发掘情况看，土垄起到确定墓地四至的作用。

没有明显界墙、土垄的土墩，其墓地的界域与墩子的基础垫土大体一致，墩子堆积包括墓葬和祭祀器物群等活动基本在基础范围内，除最后覆土外，溢出现象未见。同时在墩子基础铺垫完后，墓地的范围也就确定了，尚未见改变墓地基础的现象。这些说明土墩作为墓地在建造之初就有了明确的规划。

六　一组具有明确地层关系的遗物

发掘的 8 座土墩墓出土遗物十分丰富。共出土各类器物 1176 件，其中夹砂陶器 199 件、泥质陶器 484 件、硬陶器 303 件、原始瓷器 180 件、其余器物 10 件。器物年代从西周中晚期至春秋晚期，可分为由早至晚的六期，基本涵盖了这一时期茅山周边地区土墩墓出土器物的所有类型。

由于发掘时较好的把握了遗迹与地层、遗迹与遗迹的关系，这些器物组合关系清晰，早晚关系明确，对于今后研究西周中晚期至春秋晚期的分期具有重要作用。为研究这一时期江南地区的历史提供了丰富的素材。

附表一　浮山果园D19登记表　　　　　　　　　　（单位：米）

土墩平面形状与尺寸	遗迹				遗物						期别	备注
	编号	平面位置	层位关系	形制与尺寸 长×宽-深	夹砂陶	泥质陶	硬陶	原始瓷	合计	其他		
平面椭圆形 长径20×短径15-高0.6	Q1	D19东南部	Q1→①	长方形竖穴土坑2.6×0.85～1-0.15～0.25	釜1		坛3 不明器形1		5		四	Q1上部遭破坏
	Q2	D19中部略偏东北	Q2→①	近圆形浅坑φ0.86-0.4			坛1		1		四	Q2上部遭破坏
	Q3	D19东部	Q3→①	近圆形浅坑φ0.8-0.37			坛1		1		四	Q3上部遭破坏
	M1	D19西南部	M1→①	长方形竖穴土坑2.5×0.85-0.15	不明器形1			豆3	4		二	墓葬上部遭破坏

附表二　浮山果园D27出土登记表　　　　　　　　（单位：米）

土墩平面形状与尺寸	遗迹				遗物						期别	备注
	编号	平面位置	层位关系	形制与尺寸 长×宽-深	夹砂陶	泥质陶	硬陶	原始瓷	其他	合计		
平面圆形 长径20×短径20-高1.5	Q1	D27中部略偏西	①→Q1→②	器物置于②层面上			坛1			1	三	
	Q2	D27中部略偏西	①→Q2→②	器物置于②层面上			瓿1			1	四	
	Q3	D27东南部近墩脚处	①→Q3→②	器物置于②层面上			瓿1			1	三	
	Q4	D27中部偏东	①→Q4→②	器物置于②层面上	鼎3	罐1器盖2	坛1瓿1盂1		豆1	10	三	
	Q5	D27东南部近墩脚处	①→Q5→②	器物置于②层面上			坛1			1	四	Q5东南部被清代墓葬破坏
	Q6	D27中部偏东北	①→Q6→②	器物置于②层面上	鼎1					1	三	
	Q7	D27东南部近墩脚处	①→Q7→②	器物置于②层面上	鼎1	器盖1	罐2			4	四	
	Q8	D27中部偏西	①→Q8→②	器物置于②层面上	鼎1	器盖1	坛1豆1			4	三	
	Q9	D27南部	①→Q9→③d	长方形竖穴浅坑1.8×1-0.08～0.12		盆1	罐1	盖盅5		7	六	

平面圆形长径20×短径20－高1.5	Q10	D27东南部近墩脚处	①→Q10→②	近长方形竖穴浅坑残长0.6×0.9－0.16~0.2	鼎1	罐1盆1		碗1	4	三	Q10南侧被清代墓葬破坏
	M1	D27中部偏南	①→M1→②	近长方形竖穴土坑2.3×0.8~1.05－0.25~0.28		罐1			1	三	
	M2	D27中部	②→M2→③d	长方形竖穴土坑2.95×1.1－0.2~0.35	鼎2	罐1器盖2	坛1罐1	钵1豆2	10	二	
	M3	D27东部略偏南	①→M3→②	长方形竖穴土坑2.62×0.85~1.07－0.37~0.45	鼎3	瓿1盆2大口器1块1	坛1罐1瓿2	罐1盅3	16	六	
	M4	D27东南部近墩脚处	①→M4→②	近长方形竖穴土坑2.2×1~1.12－0.07~0.13			坛1		1	三	M4西北、西南角被清代墓葬破坏
	M5	D27东部近墩脚处	①→M5→②	长方形竖土坑2.5×0.85－0.18	鼎1	器盖1			2	三	
	M6	D27东部近墩脚处	①→M6→②	长方形竖穴土坑2.2×0.8－0.17~0.2	鼎1	坛1器盖1			3	三	
									67		

附表三　浮山果园D29登记表　　　　　　　　　（单位：米）

土墩平面形状与尺寸	遗迹				遗物						期别	备注
	编号	平面位置	层位关系	形制与尺寸 长×宽-深	夹砂陶	泥质陶	硬陶	原始瓷	其他	合计		
	Q1	D29西部	⑤→Q1→⑥b	器物置于⑥b层面上		罐1				1	二	
	M1	D29东北部近墩脚处	①→M1→②	梯形竖穴土坑3.6×1.08~1.5-0.23~0.7		纺轮1	坛1罐1瓿1盉1			5	五	M1中部被现代山芋窖破坏
	M2	D29东北部	①→M2→②	簸箕状土坑2.9×0.55~1.9-0~0.71	鼎3釜1	罐1盆3钵3器盖3	坛2罐3瓿1	碗2		25	五	M2西南部被现代山芋窖破坏，M2打破M14
平面圆形长径26×短径25-高2.8	M3	D29东部	①→M3→②	梯形竖穴土坑3.2×1.4~1.84-0.15~0.86	鼎2	盆3器盖2	坛2罐1瓿2			12	五	M3西南部被现代山芋窖破坏M3打破M18
	M4	D29东部近墩脚处	①→M4→②	近长方形竖穴土坑2.42×1.2-0.16~0.62	鼎2	罐2瓿1盆4钵2碗4残器1	瓿2			18	五	M4西北部被M3打破
	M5	D29东部略偏南	①→M5→②	近梯形竖穴土坑残长2.42×1~1.23-0.12~0.5		坛1盆3盘1器盖1	坛3瓿1	碗3		13	五	M5北部被现代山芋窖破坏
	M6	D29东南部	①→M6→②	近长方形竖穴土坑2.24×0.95~1.13-0.15~0.5	器盖1	盆1器盖1	坛3	碗3		9	五	M6东南部和西北部被现代山芋窖破坏
	M7	D29东南部	①→M7→②	近长方形竖穴土坑2×0.8-0.13~0.65	鼎2器盖1	器盖2	坛1瓿1			7	五?	M7东北部被现代山芋窖破坏
	M8	D29南部略偏东	③→M8→④a	长方形竖穴土坑4.2×1.2-0.44~0.8	釜1鼎3	罐2瓿1盆5钵3碗1	坛3罐1瓿4			24	五	M8东南角和西南角被现代山芋窖破坏
	M9	D29南部略偏东	④a→M9→④c	梯形竖穴土坑2.59×1~1.4-0.3~0.6	鼎3器盖1	罐2钵1器盖3	坛2罐2瓿2盉2			18	三	M9发现两段腐烂的人肢骨

	M10	D29南部近墩脚处	①→M10→②	近长方形竖穴土坑残长2.2×1.15-0.3~0.6	釜1	盆2	坛2	碗3		8	五	M10北部被现代山芋窖破坏
平面圆形长径25.8×短径25.2-高2.8	M11	D29西南部	①→M11→②	近梯形竖穴浅坑4.2×1.55~1.74-0.4~1.02	鼎2	罐1钵3碗1	瓿1			8	五	M11东北部、西北部、东南部被现代山芋窖破坏 M11打破M20
	M12	D29西南部	①→M12→②	近长方形竖穴浅坑2.7×1-0.38~0.54	残器1			碗2		3	五	M12东北部、西北部、东南部被现代山芋窖破坏
	M13	D29南部偏西近墩脚处	①→M13→②	长方形竖穴土坑残长2×0.94-0.4	鼎1			碗1		2	五	M13北部和西南部被现代山芋窖破坏
	M14	D29东北部	①→M14→②	近梯形竖穴土坑3.4×0.67~1.25-0.42~0.99	鼎5	罐2盆4大口器1碗3器盖4纺轮1	坛1罐2瓿1	瓿1碗4	块1	30	五	M14西南部被现代山芋窖破坏,南侧被M2打破,西南侧发现人牙痕迹
	M15	D29西南部	①→M15→②	近长方形竖穴土坑残长2.9×1.36~1.52-0.24~0.96	鼎1	罐4盆3器盖2	坛1	碗2		13	五	M15东西两端被现代山芋窖打破 M15墓底东部发现人牙
	M16	D29东南部	③→M16→④a	近梯形竖穴土坑2.9×0.93~1.18-0.33~0.44	鼎2	盆2器盖2	罐2瓿3	碟1器盖1		13	五	M16打破M21
	M17	D29东南部	④a→M17→④b	近梯形竖穴土坑2.74×0.74~0.94-0.36~0.4		罐1盆1				2	三	M17东部被现代山芋窖破坏

封土	墓号	位置	层位关系	墓坑形制	器物1	器物2	器物3	器物4	器物5	数量	期	备注
平面圆形长径26×短径25-高2.88	M18	D29东部	①→M18→②	近梯形竖穴浅坑2.5×0.4~0.65-0.15~0.4		碗1				1	五	M18南部被M3打破
	M19	D29东北部	③→M19→④a	近梯形竖穴土坑3.4×1.02~1.25-0.36~0.4	鼎4	坛1瓿1盆4盘1钵2碗2器盖1纺轮3	坛2罐1瓿3	碗2		27	五	M19东南部被现代山芋窖破坏
	M20	D29西部偏南	④a→M20→④d	平面不规则2.5×1.2-0.6			罐1			1	三	M20东部被M11打破，西部被M15打破
	M21	D29中部偏东	④a→M21→④b	近长方形竖穴土坑2.4×1.2-0.4~0.5		罐1盆1	坛1罐1	碗3		7	三	M21西南角被M16打破，东端被现代山芋窖破坏
	M22	D29西南部	④a→M22→④d	近长方形竖穴土坑2.4×1.09-0.3~0.4	鼎3	罐1器盖1	碗1	碗2		8	三	M22西南角被现代山芋窖破坏，墓底发现人牙数枚
	M23	D29东部	④a→M23→④b	近长方形竖穴浅坑残长2.9×1-0.39	鼎3器盖2	罐2盆1器盖1	坛1罐2	碗1豆1	蚌壳1	15	三	M23东端被现代山芋窖破坏
	M24	D29西部略偏南	④a→M24→④d	近梯形竖穴土坑2.8×1.1~1.4-0.22~0.45	鼎5器盖3	罐3盆2器盖3	坛2罐2瓿1碗1盂1			23	三	M24南部被M15和现代山芋窖打破
	M25	D29西北部	④a→M25→⑤	近梯形竖穴土坑3.1×1.03~1.6-0.55~0.8	鼎3	罐4盆3盘1碗1器盖5纺轮1	坛3罐1瓿2	碗3		27	四	M25内发现人头骨及牙齿
	M26	D29西部	④a→M26→⑤	近梯形竖穴土坑3.75×1.09~1.46-0.48~0.55	鼎3器盖2	罐1盆4碗1器盖3	坛6瓿3	瓿1碗5		29	四	
	M27	D29北部	③→M27→④a	近长方形竖穴土坑2.2×0.88~0.95-0.3~0.4	鼎1	罐3盆1器盖4				9	五	

	M28	D29北部	③→M28→④a	近梯形竖穴土坑2.4×0.72～0.92-0.3～0.4	鼎1	罐1钵1器盖1				4	五	
	M29	D29北部偏西	③→M29→④a	近长方形竖穴土坑2.9×1.1～1.2-0.1～0.2	鼎3	坛1罐1瓶1盆6钵3器盖2纺轮1	坛1罐1瓶1	碗4		28	五	M29有独立封土3.43×1.77-0.7，墓坑内有人牙数枚
	M30	D29中心偏东南	④a→M30→④b	长梯形竖穴浅坑残长2.4×1.05～1.26-0.37～0.46	器盖1	罐2钵1器盖3	罐1瓶4	碗1		13	三	M30东部被M16和M21打破
	M31	D29南部	①→M31→②	长梯形竖穴土坑2.9×0.75～1.05-0.45～0.52	鼎1	罐1	坛1			3	五	M31西半部被现代山芋窖破坏墓坑北部有人牙数枚
平面圆形长径26×短径25-高2.8	M32	D29南部	③→M32→④a	长梯形竖穴土坑3.25×1.1～1.6-0.45	鼎4器盖1	罐1盆2钵6器盖2	坛4罐1瓶1	碗8	蚌壳1	31	五	M32北部被M9打破，南部被现代山芋窖破坏，东北角有牙齿及人骨
	M33	D29南部	④a→M33→④c	长梯形竖穴土坑2.5×0.92～1.1-0.45～1	鼎2	罐2器盖2	罐1			7	三	M33墓坑内腐烂的人牙及人肢骨，面向朝上，仰身直肢
	M34	D29中部偏西南	④a→M34→⑤	长梯形竖穴土坑3.4×1.43～1.55-0.5～0.95	鼎3器盖2	盆7器盖4	坛6罐2瓶1	碗3		28	四	M34墓坑内发现少量人牙及朽骨
	M35	D29东部	④a→M35→④b	长方形竖穴土坑2.3×1-0.2～0.3	鼎1					1	三	M35上半部被M23打破，东北角被现代山芋窖破坏，墓坑西端发现人牙一枚

	墓号	位置	层位关系	墓坑形制						数量	分期	备注
平面圆形长径26×短径25-高2.8	M36	D29西部偏北	④a→M36→⑤	竖穴浅坑残长1.8×0.6-0.3	盆3不明器形1	瓿1	碗2			7	四	M36南侧被M25打破
	M37	D29西部偏北	④a→M37→⑤	长梯形竖穴土坑2.45×0.7~1.4-0.26~0.3	鼎1	罐3盆1器盖3纺轮1				9	四	M37南部被M26打破
	M38	D29南部偏西	④a→M38→④d	长方形竖穴土坑2.3×0.8-0.27~0.3	鼎2	罐1盆1器盖1纺轮1	坛2罐1瓿1			10	三	
	M39	D29南部略偏西	⑤→M39→⑥b	长方形竖穴土坑3.8×1.1-0.4	鼎1	罐4瓿1盆1器盖2纺轮1	坛2瓿1	豆4	石镞1蚌壳1	19	二	M39北部被M34打破,北端有人牙
	M40	D29西部	④a→M40→⑤	长方形竖穴土坑2.1×残宽0.5-0.22~0.3	鼎1	器盖1	瓿1			3	三	M40被M26和M37打破,墓坑东端发现人牙数枚
	M41	D29北部偏东	⑤→M41→⑥a	器物置于⑥a层面上	鼎5器盖1	罐6盆5器盖5	坛2瓿1盂1	豆1盂1		28	二	M41有独立封土3.3×1.45-0.73,墓葬南部发现人牙数枚
	M42	D29中部略偏东	④b→M42→⑤	长方形竖穴土坑残长1.2×0.9-0.35	鼎1器盖1	器盖1	罐1瓿1			5	三	M42有独立封土1.25×0.98-0.41,东半部被M23打破
	M43	D29中部略偏西	④d→M43→⑤	长梯形竖穴土坑3×0.8~1-0.45~0.7	鼎2器盖1	罐2豆1器盖1	坛1罐1碗1			10	三	M43被M26和M44打破,墓坑东端发现朽烂人头骨及上肢骨
	M44	D29中部略偏西	④a→M44→⑤	长梯形竖穴土坑3.2×0.7~1.4-0.5~1.25	鼎4器盖3纺轮1	罐1盆3盘1碗1器盖6	坛5罐2瓿2	罐3碗5	块1	38	四	
	M45	D29中部	⑥b→M45→⑧	平面刀形3.75×1.4	鼎2	罐2器盖2	坛2	豆3		11	一	M45内有石床3.1×0.75

平面圆形长径26×短径25-高2.8	H1	D29西北部	①→H1→②	曲尺形竖穴土坑2.8×0.55~1-0.09~0.68								
	H2	D29西北部	①→H2→②	近长方形竖穴土坑2.6×1.13~1.35-0.2~0.78								
	H3	D29中部	①→H3→②	近长方形竖穴土坑2.8×1.1~1.18-0.68~1.45								

附表四　　浮山果园D33登记表　　　(单位：米)

土墩平面形状与尺寸	遗迹				遗物						期别	备注
	编号	平面位置	层位关系	形制与尺寸 长×宽-深	夹砂陶	泥质陶	硬陶	原始瓷	其他	合计		
平面圆形长径21×短径21-高1	Q1	D33西部偏北	①→Q1→③	长方形竖穴土坑残长1×0.75-0.2	鼎1	罐1钵1				3	五	东部被现代山芋窖打破坏
	M1	D33南部略偏东	①→M1→③	长方形竖穴土坑3.75×1.2-0.22~0.52		钵5	坛2罐1瓿3	碗1		12	五	中部被现代山芋窖破坏
	M2	D33北部略偏东	①→M2→③	长梯形竖穴土坑3×1.15~1.45-0.22~0.52	鼎2		坛2瓿2	豆2		8	一	中部和西侧被现代山芋窖破坏
	M3	D33中部偏西	①→M3→③	长梯形竖穴浅坑3.4×1~1.15-0.25	釜1鼎2	坛1罐1盆3钵2器盖1	坛2瓿2	碗4盂2		21	五	北部和东南部被现代山芋窖破坏
	M4	D33中部偏东南	①→M4→③	近长方形竖穴土坑3.3×1.5-0.2	鼎1	罐1	坛1	豆3		6	一	西南部和南部被现代山芋窖破坏，墓坑底部铺石床
合计					7	16	15	12		50		

附表五　东边山D1登记表　　　　　　　　　　（单位：米）

土墩平面形状与尺寸	编号	平面位置	层位关系	形制与尺寸 长×宽－深	夹砂陶	泥质陶	硬陶	原始瓷	其他	合计	期别	备注
平面圆形长径22×短径22－高3	M1	D1东北侧	①→M1→②	近长方形竖穴土坑2.4×0.91～0.98－0.45～0.63	鼎1	罐1盆2器盖3	坛1瓶2			10	四	南侧发现一组人牙
	M2	D1西北侧	②→M2→③	近梯形竖穴土坑2.75×0.65～0.95－0.52～0.72	鼎1	盆1器盖1	坛1瓶1			5	三	东南端发现人颅骨、牙齿，中部发现一段下肢骨腐痕
	M3	D1东北侧	①→M3→②	长梯形竖穴土坑2.65×0.73～1.26－0.39～0.57	鼎2	罐1器盖3	坛1瓶1	碗2		10	四	东北侧发现部分人牙
	M4	D1西侧	①→M4→②	近长方形竖穴土坑3.3×0.8～0.95－0.39～0.51	鼎1	罐1盆4	坛2罐1	钵1碗2		12	四	东侧发现部分人牙
	M5	D1南侧	②→M5→④	近长方形竖穴土坑4.1×1.2～1.6－0.46	鼎3器盖1	罐5盆2盘1器盖8纺轮3	坛3罐2瓶3盂1	豆4	块2	38	三	M5打破M13墓道，北侧发现人牙一颗
	M6	D1西侧	①→M6→②	近长梯形竖穴土坑3.6×0.75～1.2－0.42～1.05	鼎3器盖1	坛1罐1盆4钵2器盖4纺轮1	坛4罐1瓶5	碗13		40	五	
	M7	D1北侧	②→M7→③	长梯形竖穴土坑2.8×0.85～1.18－0.42～0.63	鼎2	罐1盆2器盖1	坛2罐1	碗4		13	四	东南部发现人牙
	M8	D1西侧	②→M8→③	长梯形竖穴土坑2.3×0.86～1.05－0.47～0.58	鼎2器盖1	坛1罐8盆5器盖11	坛1瓶1	碗2		32	三	M8被M4打破，打破M9
	M9	D1西侧	②→M9→③	长方形竖穴土坑2.8×0.9－1.25－0.48～0.61	鼎1器盖1	罐1盆3器盖2	坛3罐1瓶1碗1	碗2		16	三	M9被M8打破
	M10	D1西南侧	②→M10→③	近长方形竖穴土坑2.3×0.93～1－0.29～0.45	鼎2	罐1器盖3	瓶1			7	三	

M11	D1西北侧近土墩顶部	①→M11→②	近长方形竖穴土坑3×1～1.1－0.38～0.7	鼎2器盖1	盆2钵1器盖1	坛3罐2瓿3	豆1碗7		23	四	
M12	D1东北侧	②→M12→③	长梯形竖穴浅坑1.6×0.6～0.93－0.21～0.31	鼎1	罐2盆1器盖2				6	三	
M13	D1中部	②→M13→④	长方形竖穴土坑7×3.6～4.2－1.75	鼎5器盖7	罐1盆2钵1器盖4	坛6罐3壶1瓿3盂1	豆2碗2盂1	石器2	41	三	M13有棺椁椁长4.25、宽2.2～3.3棺长2.12、宽0.8，内有一具人骨
M14	D1东南侧	②→M14→③	近长方形竖穴土坑4.45×1.13～1.33－0.5～0.65	鼎3器盖1	坛1罐2盆2器盖7	坛2瓿2	豆1碗1		22	三	
M15	D1东侧	①→M15→②	长方形竖穴土坑2.85×1.1－0.2～0.4	鼎1器盖1	坛1瓿1盘1器盖1	坛2瓿1	碗6		15	四	M15被破坏
合计				44	121	70	51	4	290		

附表六　东边山D2登记表　　（单位：米）

土墩平面形状与尺寸	遗迹				遗物						期别	备注
	编号	平面位置	层位关系	形制与尺寸 长×宽－深	夹砂陶	泥质陶	硬陶	原始瓷	其他	合计		
平面圆形长径19×短径19－高2	Q1	D2中部偏西	⑤→Q1→⑧	器物置于⑧层面上			瓿1	豆2		3	一	
	Q2	D2中部偏西	⑤→Q2→⑧	器物置于⑧层面上	鼎2			豆2		4	一	
	M1	D2中部	⑥→M1→⑦	于中心平台上，长3.56、宽1.28			罐1	豆3		4	一	M1南半部被盗，有长方形石床，上有"人"字形建筑
	盗洞	D2中部	①→盗洞→M1	平面近长方形 3×1.5－1.3	鼎2	罐1圈足盘1	坛1			5		
合计					4	3	2	7		16		

附表七　东边山D4登记表　　（单位：米）

土墩平面形状与尺寸	遗迹				遗物						期别	备注
	编号	平面位置	层位关系	形制与尺寸 长×宽－深	夹砂陶	泥质陶	硬陶	原始瓷	其他	合计		
残存平面呈半圆形长径20×短径10.5－高1.5	M1	D4中部略偏南	③→M1→④	近梯形竖穴土坑2.91×0.77～1.09－0.34	鼎1	罐1圈足盘1	瓿1			4	二	
	M2	D4中部略偏东	④→M2→⑤	近梯形竖穴土坑4.2×1.04～1.5－0.1	鼎1器盖1	罐1纺轮1	坛2			6	一	
	H1	D4东部	②→H1→③	不规则圆形0.68－0.13					石块3			石块呈"品"字形摆放
合计					3	4	3			10		

附表八 谷城D1登记表 （单位：米）

土墩平面形状与尺寸	遗迹				遗物						期别	备注
	编号	平面位置	层位关系	形制与尺寸 长×宽－深	夹砂陶	泥质陶	硬陶	原始瓷	其他	合计		
残存方形台地 长径22×短径21－高2	Q1	D1中部偏南	④→Q1→⑤	器物置于⑤层面上	鬲1	罐1豆1	坛2	豆3		8	二	Q1上部遭破坏
	Q2	D1东北部	②→Q2→③a	器物置于④层面上	鼎1	罐2三足盘1纺轮1				5	三	Q2上部遭破坏
	Q3	D1北部	③b→Q3→④	器物置于④层面上	鼎1	瓿1豆1	坛2瓿1	豆3		9	二	
	Q4	D1东部	②→Q4→③a	器物置于④层面上	鼎2	罐2器盖1	坛1瓿1盂1			8	三	
	Q5	D1中部偏西	④→Q5→⑤	器物置于⑤层面上	鼎2	罐2碗1	坛1罐1			7	二	
	Q6	D1西北部	③b→Q6→④	器物置于④层面上				豆1		1	二	
	M1	D1中部	④→M1→⑤	长方形竖穴土坑 2.1×1.13－0.35	鬲1鼎3	罐1瓿1盆1豆3	坛1豆1	豆2		14	一	上部遭严重破坏，中部偏北有较为整齐的人牙
	M2	D1西北部	④→M2→⑤	长方形竖穴土坑2.85×1－0.5	鼎2罐1	罐4盆1豆1纺轮1	坛1瓿1	豆3		15	一	南侧有人牙和部分肢骨
	M3	D1西北部	④→M3→⑤	长方形竖穴土坑2.3×0.9－0.4	鼎1	罐1豆1纺轮2	坛1罐1	豆3		10	二	南侧有保存较差的人颅骨
	M4	D1东北部	③b→M4→④	长方形竖穴土坑2.8×1.4－0.4	鬲1鼎1	罐4盆1器盖1	坛1	豆2		11	二	
	M5	D1东南部	③a→M5→④	长方形竖穴土坑2.3×1.35－0.45	甗1鼎2	罐2盆1器盖1	坛2罐2瓿1碗1豆2			15	三	
	M6	D1中部偏东	③a→M6→④	长方形竖穴土坑1.8×0.8－0.32			瓿2			2	三	西端有保存极差的人牙
合计					20	41	27	17		105		

句容浮山果园土墩墓群发掘报告

（下）

南 京 博 物 院
镇 江 博 物 馆
常 州 博 物 馆 　编著
句 容 市 博 物 馆

文物出版社

Excavation Report on Burial Mounds at Fushan Orchard in Jurong

(II)

by

Nanjing Museum
Zhenjiang Museum
Changzhou Museum
Jurong Museum

Cultural Relics Press

彩版目录

彩版一　东边山土墩墓群周边地貌（北—南，远处为浮山）

1. 发掘工作人员合影（前排左起：周润垦、胡宁、林留根、文茂秀、李虎仁、田名利、周恒明，后排左起：赵东升、盛之翰、原丰、张浩林）

2. 2005年5月29日，黄景略先生等专家在发掘现场指导工作

彩版二　工作照

1. 浮山果园JTFD19M1

2. 原始瓷豆JTFD19M1：2

3. 原始瓷豆JTFD19M1：3

4. 浮山果园JTFD19Q1

彩版三　浮山果园JTFD19M1、Q1及出土器物

1．浮山果园JTFD19Q2

3．浮山果园JTFD19Q3

2．硬陶坛JTFD19Q2：1

4．硬陶坛JTFD19Q3：1

彩版四　浮山果园JTFD19Q2、Q3及出土器物

1. 浮山果园JTFD27

2. 浮山果园JTFD27西壁剖面

彩版五　浮山果园JTFD27

1．浮山果园JTFD27M1

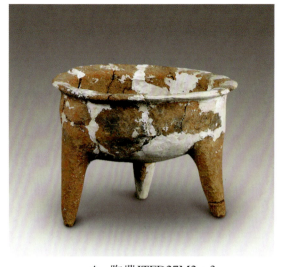

4．陶鼎JTFD27M2：3

2．浮山果园JTFD27M2

5．原始瓷钵JTFD27M2：2

3．浮山果园JTFD27M2

彩版六　浮山果园JTFD27M1、M2及出土器物

1．硬陶坛JTFD27M2：6

2．陶罐JTFD27M2：1

4．原始瓷豆JTFD27M2：7

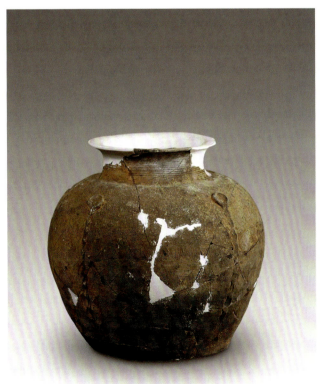

3．硬陶罐JTFD27M2：10

5．原始瓷豆JTFD27M2：8

彩版七　浮山果园JTFD27M2出土器物

1. 浮山果园JTFD27M3

2. 浮山果园JTFD27M3局部

3. 陶鼎JTFD27M3：9

4. 陶鼎JTFD27M3：10

彩版八　浮山果园JTFD27M3及出土器物

1．硬陶坛JTFD27M3：14

2．原始瓷罐JTFD27M3：3

3．硬陶罐JTFD27M3：7

4．硬陶瓿JTFD27M3：1

5．硬陶瓿JTFD27M3：4

彩版九　浮山果园JTFD27M3出土器物

1．陶盆JTFD27M3：2

2．陶盆JTFD27M3：12

3．陶大口器JTFD27M3：8

4．原始瓷盅JTFD27M3：5

5．原始瓷盅JTFD27M3：6

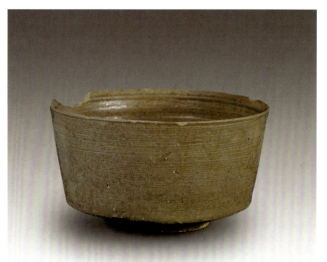

6．原始瓷盅JTFD27M3：11

彩版一〇　浮山果园JTFD27M3出土器物

1．浮山果园JTFD27M4

2．浮山果园JTFD27M5

3．浮山果园JTFD27M6

彩版一一　浮山果园JTFD27M4～M6

1. 浮山果园JTFD27Q1

2. 浮山果园JTFD27Q2

3. 硬陶瓿JTFD27Q2：1

4. 硬陶瓿JTFD27Q3：1

彩版一二　浮山果园JTFD27Q1～Q3及出土器物

1．浮山果园JTFD27Q4

3．陶鼎JTFD27Q4：5

2．陶鼎JTFD27Q4：2

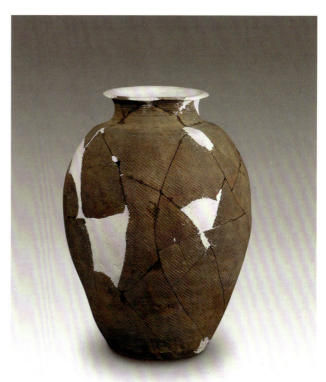

4．硬陶坛JTFD27Q4：8

彩版一三　浮山果园JTFD27Q4及出土器物

1. 硬陶瓿JTFD27Q4：1

2. 硬陶盂JTFD27Q4：3

3. 陶器盖JTFD27Q4：6

4. 浮山果园JTFD27Q8

5. 陶鼎JTFD27Q8：3

彩版一四　浮山果园JTFD27Q4、Q8及出土器物

1. 浮山果园JTFD27Q9

2. 浮山果园JTFD27Q9

彩版一五　浮山果园JTFD27Q9

1. 浮山果园JTFD27Q9局部

2. 陶盆JTFD27Q9：7

3. 原始瓷盅JTFD27Q9：1

彩版一六　浮山果园JTFD27Q9及出土器物

1. 原始瓷盅JTFD27Q9：2

2. 原始瓷盅JTFD27Q9：3

3. 原始瓷盅JTFD27Q9：3

4. 原始瓷盅JTFD27Q9：4

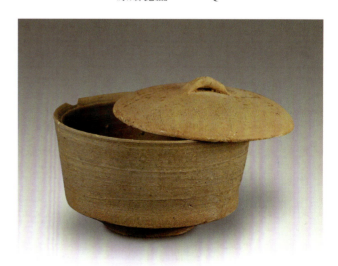

5. 原始瓷盅JTFD27Q9：5

彩版一七　浮山果园JTFD27Q9出土器物

1. 浮山果园JTFD27Q10

2. 陶鼎JTFD27Q10：4

3. 陶盆JTFD27Q10：1

4. 原始瓷碗JTFD27Q10：3

彩版一八　浮山果园JTFD27Q10及出土器物

1. 浮山果园JTFD29发掘前地貌（东侧）

2. 浮山果园JTFD29发掘前地貌（南侧）

彩版一九　浮山果园JTFD29

1．浮山果园JTFD29发掘前

2．浮山果园JTFD29清理表土层

彩版二〇　浮山果园JTFD29

1. 浮山果园JTFD29第①层下墓葬发掘前

2. 浮山果园JTFD29第①层下墓葬分布

彩版二一　浮山果园JTFD29

1. 浮山果园JTFD29发掘工作全景

2. 浮山果园JTFD29第③层下燎祭痕迹

彩版二二　浮山果园JTFD29

1. 浮山果园JTFD29工作照

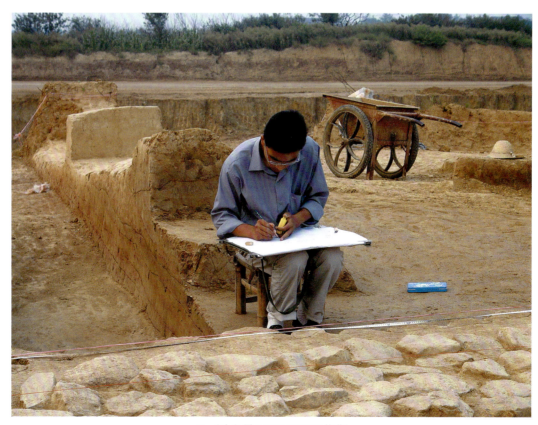

2. 浮山果园JTFD29工作照

彩版二三　浮山果园测绘工作照

1. 浮山果园JTFD29铲壁工作照

2. 浮山果园JTFD29摄影工作照

彩版二四　浮山果园JTFD29

1．浮山果园JTFD29工作照

2．浮山果园JTFD29工作照

彩版二五　　浮山果园JTFD29高空摄影工作照

1．浮山果园JTFD29第⑥a层向下地层剖面（西—东）

2．浮山果园JTFD29第⑥a层向下地层剖面（南—北）

彩版二六　浮山果园JTFD29

1. 浮山果园JTFD29第⑥b层发掘前

2. 浮山果园JTFD29第⑥b层露头（中心墓葬封土）

彩版二七　浮山果园JTFD29

1．浮山果园JTFD29M1发掘前

2．浮山果园JTFD29M1发掘后

3．硬陶坛JTFD29M1：3

4．硬陶瓿JTFD29M1：2

5．硬陶盂JTFD29M1：1

彩版二八　浮山果园JTFD29M1及出土器物

1. 浮山果园JTFD29M2

2. 硬陶坛JTFD29M2：8

4. 陶罐JTFD29M2：4

3. 硬陶坛JTFD29M2：11

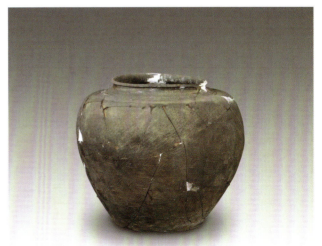

5. 硬陶罐JTFD29M2：2

彩版二九　浮山果园JTFD29M2及出土器物

1. 硬陶罐JTFD29M2：9

2. 硬陶罐JTFD29M2：24

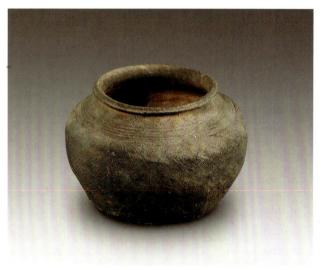

3. 硬陶瓿JTFD29M2：6

4. 陶盆JTFD29M2：5

5. 原始瓷碗JTFD29M2：17

6. 原始瓷碗JTFD29M2：18

彩版三〇　浮山果园JTFD29M2出土器物

1．陶碗JTFD29M2：16

2．陶钵JTFD29M2：3

3．陶钵JTFD29M2：10

4．陶鼎JTFD29M3：4

彩版三一　浮山果园JTFD29M2、M3出土器物

1. 浮山果园JTFD29M3

2. 浮山果园JTFD29M3

彩版三二　浮山果园JTFD29M3

1. 硬陶坛JTFD29M3：11

2. 硬陶罐JTFD29M3：6

3. 硬陶瓿JTFD29M3：2

4. 硬陶瓿JTFD29M3：9

5. 陶盆JTFD29M3：8

6. 陶器盖JTFD29M3：3

彩版三三　浮山果园JTFD29M3出土器物

1. 浮山果园JTFD29M4

2. 陶瓿JTFD29M4∶18

3. 硬陶瓿JTFD29M4∶4

彩版三四　浮山果园JTFD29M4及出土器物

1．硬陶瓿JTFD29M4：6

2．陶盆JTFD29M4：1

3．陶碗JTFD29M4：12

4．陶碗JTFD29M4：15

5．陶碗JTFD29M4：16

彩版三五　浮山果园JTFD29M4出土器物

1. 浮山果园JTFD29M5

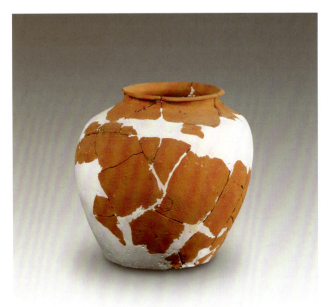

2. 陶坛JTFD29M5：1

3. 硬陶坛JTFD29M5：3

彩版三六　浮山果园JTFD29M5及出土器物

1. 硬陶坛JTFD29M5：10

3. 陶盆JTFD29M5：12

4. 原始瓷碗JTFD29M5：4

2. 硬陶瓿JTFD29M5：2

5. 原始瓷碗JTFD29M5：8

彩版三七　浮山果园JTFD29M5出土器物

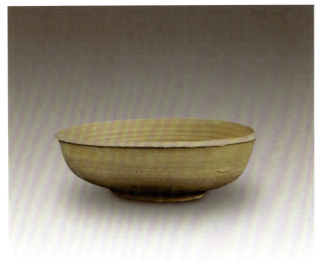

1．原始瓷碗JTFD29M5：11　　　　　2．陶器盖JTFD29M5：6

3．浮山果园JTFD29M6

4．陶盆JTFD29M6：1

5．陶器盖JTFD29M6：5

彩版三八　浮山果园JTFD29M5、M6及出土器物

1. 硬陶坛JTFD29M6：2

2. 硬陶坛JTFD29M6：4

3. 原始瓷碗JTFD29M6：7

4. 原始瓷碗JTFD29M6：8

5. 原始瓷碗JTFD29M6：9

彩版三九　浮山果园JTFD29M6出土器物

1．陶鼎JTFD29M7：6

3．硬陶瓿JTFD29M7：2

4．陶器盖JTFD29M7：1

2．硬陶坛JTFD29M7：4

5．陶器盖JTFD29M7：5

彩版四○　浮山果园JTFD29M7出土器物

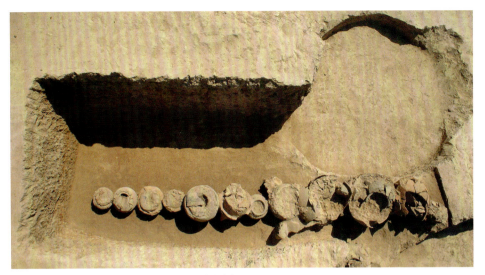

1. 浮山果园JTFD29M8

2. 陶鼎JTFD29M8：8

3. 陶鼎JTFD29M8：12

4. 陶鼎JTFD29M8：16

5. 陶罐JTFD29M8：10

彩版四一　浮山果园JTFD29M8及出土器物

1. 硬陶坛JTFD29M8：19

2. 硬陶坛JTFD29M8：21

3. 硬陶坛JTFD29M8：23

4. 硬陶瓿JTFD29M8：2

彩版四二　浮山果园JTFD29M8出土器物

1. 硬陶瓿JTFD29M8：4

2. 硬陶瓿JTFD29M8：14

3. 硬陶瓿JTFD29M8：17

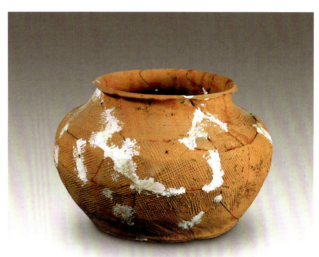

4. 陶瓿JTFD29M8：6

5. 陶盆JTFD29M8：1

6. 陶盆JTFD29M8：5

彩版四三　浮山果园JTFD29M8出土器物

1. 陶盆JTFD29M8：22

2. 陶碗JTFD29M8：15

3. 陶钵JTFD29M8：3

4. 陶钵JTFD29M8：9

5. 陶钵JTFD29M8：18

彩版四四　浮山果园JTFD29M8出土器物

1. 浮山果园JTFD29M9

2. 浮山果园JTFD29M9内人骨骸

3. 陶鼎JTFD29M9：4

4. 陶鼎JTFD29M9：6

5. 陶罐JTFD29M9：2

彩版四五　浮山果园JTFD29M9及出土器物

1．硬陶坛JTFD29M9：8

3．硬陶罐JTFD29M9：3

4．硬陶罐JTFD29M9：18

2．硬陶坛JTFD29M9：14

5．硬陶瓿JTFD29M9：10

彩版四六　浮山果园JTFD29M9出土器物

1．硬陶瓿JTFD29M9：13

2．硬陶盂JTFD29M9：15

3．硬陶盂JTFD29M9：16

4．陶器盖JTFD29M9：9

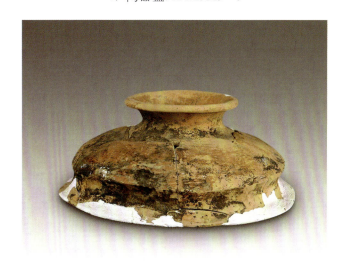

5．陶器盖JTFD29M9：12

彩版四七　浮山果园JTFD29M9出土器物

1. 浮山果园JTFD29M10

2. 硬陶坛JTFD29M10：2

4. 原始瓷碗JTFD29M10：7

3. 原始瓷碗JTFD29M10：6

5. 原始瓷碗JTFD29M10：8

彩版四八　浮山果园JTFD29M10及出土器物

1. 浮山果园JTFD29M11

2. 浮山果园JTFD29M11局部

彩版四九　浮山果园JTFD29M11

1．陶鼎JTFD29M11：1

2．陶鼎JTFD29M11：6

3．陶罐JTFD29M11：8

4．硬陶瓿JTFD29M11：4

5．陶碗JTFD29M11：3

6．陶钵JTFD29M11：7

彩版五○　浮山果园JTFD29M11出土器物

1. 浮山果园JTFD29M12

2. 原始瓷碗JTFD29M12：1

3. 原始瓷碗JTFD29M12：2

4. 浮山果园JTFD29M13

彩版五一　浮山果园JTFD29M12、M13及出土器物

1. 浮山果园JTFD29M14

2. 浮山果园JTFD29M14内人牙痕迹

3. 陶鼎JTFD29M14：5

4. 陶鼎JTFD29M14：24

彩版五二　浮山果园JTFD29M14及出土器物

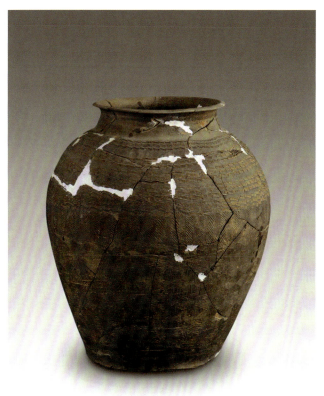

1．硬陶坛JTFD29M14：28

3．陶罐JTFD29M14：14

4．硬陶瓿JTFD29M14：18

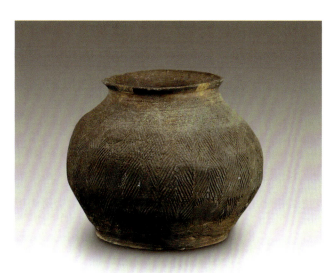

2．硬陶罐JTFD29M14：7

5．原始瓷瓿JTFD29M14：20

彩版五三　浮山果园JTFD29M14出土器物

1. 陶盆JTFD29M14：4

2. 陶盆JTFD29M14：13

3. 陶盆JTFD29M14：21

4. 陶盆JTFD29M14：30

5. 陶大口器JTFD29M14：2

6. 原始瓷碗JTFD29M14：10

彩版五四　浮山果园JTFD29M14出土器物

1. 原始瓷碗JTFD29M14：11

2. 原始瓷碗JTFD29M14：15

3. 陶碗JTFD29M14：16

4. 陶碗JTFD29M14：29

5. 陶器盖JTFD29M14：1

6. 陶纺轮JTFD29M14：3

彩版五五　浮山果园JTFD29M14出土器物

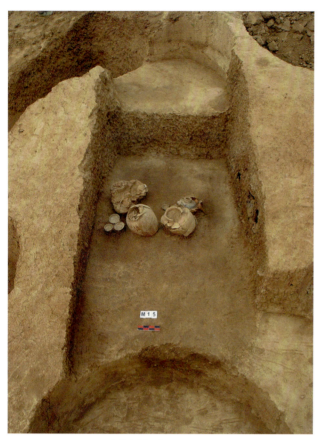

1．浮山果园JTFD29M15

2．浮山果园JTFD29M15局部

3．浮山果园JTFD29M15内人牙痕迹

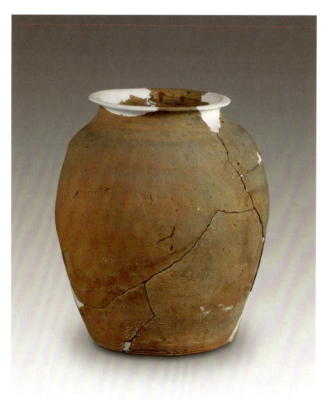

4．硬陶坛JTFD29M15：10

彩版五六　浮山果园JTFD29M15及出土器物

1．陶罐JTFD29M15：3

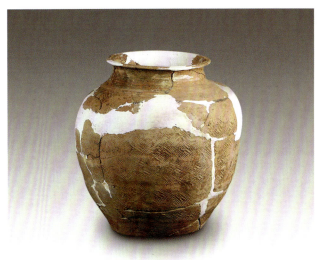

2．陶罐JTFD29M15：9

3．原始瓷碗JTFD29M15：11

4．原始瓷碗JTFD29M15：13

5．陶盆JTFD29M15：12

6．陶器盖JTFD29M15：4

彩版五七　浮山果园JTFD29M15出土器物

1. 浮山果园JTFD29M16

2. 陶鼎JTFD29M16：6

3. 陶鼎JTFD29M16：12

4. 硬陶罐JTFD29M16：5

5. 硬陶瓿JTFD29M16：1

彩版五八　浮山果园JTFD29M16及出土器物

1．硬陶瓿JTFD29M16：2

2．硬陶瓿JTFD29M16：13

3．陶盆JTFD29M16：4

4．陶盆JTFD29M16：9

5．原始瓷器盖JTFD29M16：3

6．原始瓷碟JTFD29M16：10

彩版五九　浮山果园JTFD29M16出土器物

1. 陶器盖JTFD29M16：7

2. 陶器盖JTFD29M16：11

3. 浮山果园JTFD29M17

4. 陶罐JTFD29M17：2

5. 陶盆JTFD29M17：1

彩版六〇　浮山果园JTFD29M16、M17及出土器物

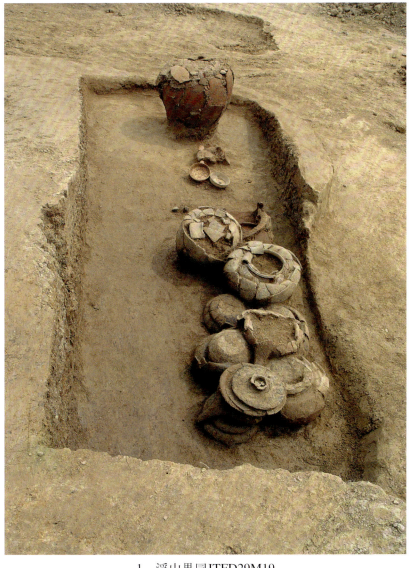

1. 浮山果园JTFD29M19

2. 浮山果园JTFD29M19

彩版六一　浮山果园JTFD29M19

1. 陶鼎JTFD29M19：4

2. 陶鼎JTFD29M19：17

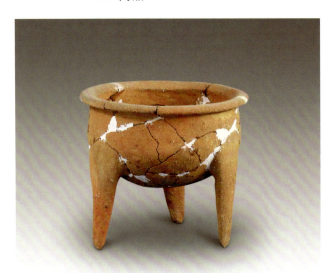

3. 陶鼎JTFD29M19：25

4. 硬陶坛JTFD29M19：11

5. 陶坛JTFD29M19：2

彩版六二　浮山果园JTFD29M19出土器物

1．硬陶坛JTFD29M19：13

2．陶瓿JTFD29M19：19

3．硬陶罐JTFD29M19：21

4．硬陶瓿JTFD29M19：15

5．硬陶瓿JTFD29M19：23

彩版六三　浮山果园JTFD29M19出土器物

1．硬陶瓿JTFD29M19：27

2．原始瓷碗JTFD29M19：5

3．原始瓷碗JTFD29M19：6

4．陶碗JTFD29M19：3

5．陶碗JTFD29M19：14

6．陶钵JTFD29M19：20

彩版六四　浮山果园JTFD29M19出土器物

1．陶钵JTFD29M19：26

2．陶纺轮JTFD29M19：7

3．陶纺轮JTFD29M19：8

4．陶纺轮JTFD29M19：9

5．浮山果园JTFD29M20

彩版六五　浮山果园JTFD29M19、M20及出土器物

1. 浮山果园JTFD29M21

3. 原始瓷碗JTFD29M21：2

4. 原始瓷碗JTFD29M21：3

2. 陶罐JTFD29M21：1

5. 原始瓷碗JTFD29M21：4

彩版六六　浮山果园JTFD29M21及出土器物

1．浮山果园JTFD29M22

2．陶鼎JTFD29M22：4

3．原始瓷碗JTFD29M22：2

4．硬陶碗JTFD29M22：3

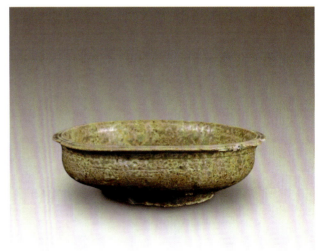

5．原始瓷碗JTFD29M22：7

彩版六七　浮山果园JTFD29M22及出土器物

1．浮山果园JTFD29M23

2．陶盆内蚌壳

彩版六八　浮山果园JTFD29M23

1. 浮山果园JTFD29M23墓壁烧烤痕迹

2. 浮山果园JTFD29M23墓底烧烤痕迹

彩版六九　浮山果园JTFD29M23

1．陶鼎JTFD29M23：5

2．陶鼎JTFD29M23：8

3．陶鼎JTFD29M23：13

4．硬陶罐JTFD29M23：4

5．硬陶罐JTFD29M23：6

6．陶罐JTFD29M23：11

彩版七〇　浮山果园JTFD29M23出土器物

1. 陶罐JTFD29M23：12

2. 原始瓷豆JTFD29M23：10

3. 陶盆JTFD29M23：2

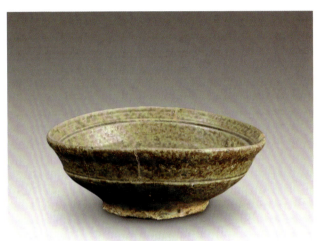

4. 原始瓷碗JTFD29M23：9

5. 陶器盖JTFD29M23：3

6. 陶器盖JTFD29M23：7

彩版七一　浮山果园JTFD29M23出土器物

1. 浮山果园JTFD29M24

2. 浮山果园JTFD29M24

彩版七二　浮山果园JTFD29M24

1．陶鼎JTFD29M24∶13

2．陶鼎JTFD29M24∶7

3．陶鼎JTFD29M24∶21

4．陶鼎JTFD29M24∶9

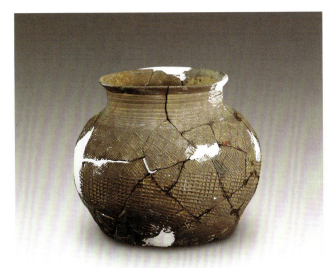

5．硬陶罐JTFD29M24∶4

6．陶罐JTFD29M24∶8

彩版七三　浮山果园JTFD29M24出土器物

1．硬陶罐JTFD29M24：17

2．陶罐JTFD29M24：22

3．陶罐JTFD29M24：5

4．硬陶瓿JTFD29M24：2

5．陶盆JTFD29M24：3

6．小陶盆JTFD29M24：16

彩版七四　浮山果园JTFD29M24出土器物

1．硬陶碗JTFD29M24：14

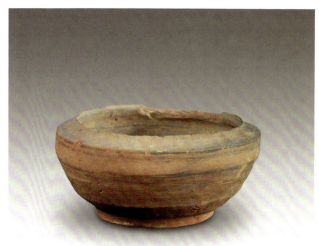

2．硬陶盂JTFD29M24：18

3．陶器盖JTFD29M24：1

4．陶器盖JTFD29M24：10

5．陶器盖JTFD29M24：20

6．陶器盖JTFD29M24：6

彩版七五　浮山果园JTFD29M24出土器物

1. 浮山果园JTFD29M25

2. 浮山果园JTFD29M25

彩版七六　浮山果园JTFD29M25

1．陶鼎JTFD29M25：22

2．陶鼎JTFD29M25：9

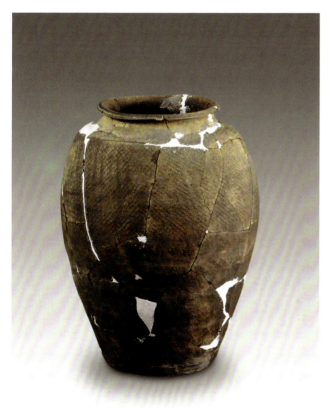

3．硬陶坛JTFD29M25：14

4．硬陶坛JTFD29M25：17

彩版七七　浮山果园JTFD29M25出土器物

1．硬陶坛JTFD29M25：27

3．硬陶罐JTFD29M25：26

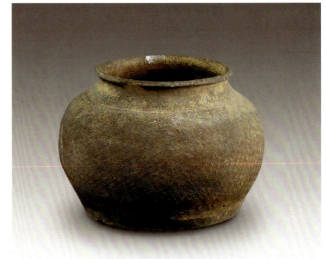

4．硬陶瓿JTFD29M25：6

2．陶罐JTFD29M25：21

5．硬陶瓿JTFD29M25：11

彩版七八　浮山果园JTFD29M25出土器物

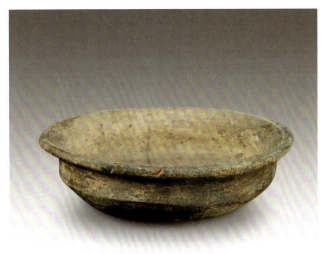

1．小陶盆JTFD29M25：1

2．陶碗JTFD29M25：23

3．陶盘JTFD29M25：20

4．原始瓷碗JTFD29M25：2

5．原始瓷碗JTFD29M25：7

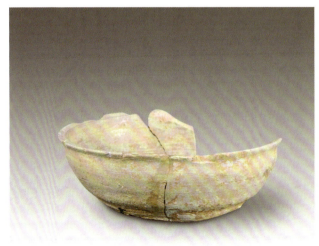

6．原始瓷碗JTFD29M25：24

彩版七九　浮山果园JTFD29M25出土器物

1. 陶器盖JTFD29M25：8

2. 陶器盖JTFD29M25：10

3. 陶器盖JTFD29M25：19

4. 陶器盖JTFD29M25：25

5. 陶鼎JTFD29M26：6

6. 陶鼎JTFD29M26：11

彩版八〇　浮山果园JTFD29M25、M26出土器物

1. 浮山果园JTFD29M26

2. 陶鼎JTFD29M26：24

3. 硬陶坛JTFD29M26：12

4. 硬陶坛JTFD29M26：14

彩版八一　浮山果园JTFD29M26及出土器物

1. 硬陶坛JTFD29M26：18

2. 硬陶坛JTFD29M26：19

3. 硬陶坛JTFD29M26：21

4. 硬陶坛JTFD29M26：22

彩版八二　浮山果园JTFD29M26出土器物

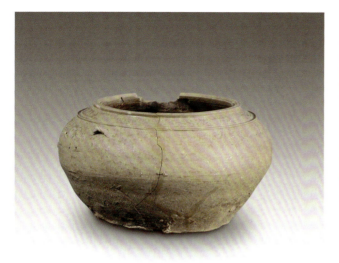

1. 原始瓷瓿JTFD29M26：2

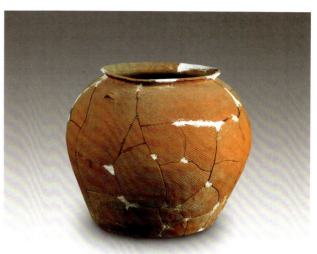

2. 陶罐JTFD29M26：15

3. 硬陶瓿JTFD29M26：4

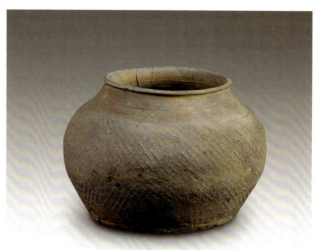

4. 硬陶瓿JTFD29M26：5

5. 硬陶瓿JTFD29M26：7

6. 陶盆JTFD29M26：8

彩版八三　浮山果园JTFD29M26出土器物

1．陶盆JTFD29M26：13

2．陶盆JTFD29M26：16

3．陶盆JTFD29M26：20

4．陶碗JTFD29M26：27

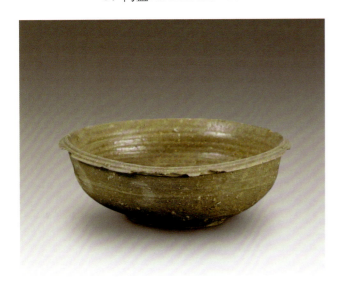

5．原始瓷碗JTFD29M26：3

彩版八四　浮山果园JTFD29M26出土器物

1．原始瓷碗JTFD29M26：25

2．原始瓷碗JTFD29M26：26

3．原始瓷碗JTFD29M26：28

4．原始瓷碗JTFD29M26：29

5．陶器盖JTFD29M26：1

6．陶器盖JTFD29M26：10

彩版八五　浮山果园JTFD29M26出土器物

1. 陶器盖JTFD29M26：23

2. 陶器盖JTFD29M26：9

3. 浮山果园JTFD29M27

4. 陶鼎JTFD29M27：2

5. 陶罐JTFD29M27：5

彩版八六　浮山果园JTFD29M26、M27及出土器物

1. 陶罐JTFD29M27：9

2. 陶罐JTFD29M27：8

3. 陶盆JTFD29M27：7

4. 陶器盖JTFD29M27：1

5. 陶器盖JTFD29M27：3

6. 陶器盖JTFD29M27：6

彩版八七　浮山果园JTFD29M27出土器物

1. 浮山果园JTFD29M28

2. 陶鼎JTFD29M28：3

3. 陶罐JTFD29M28：4

4. 陶鼎JTFD29M29：4

5. 陶鼎JTFD29M29：16

彩版八八　浮山果园JTFD29M28、M29及出土器物

1. 浮山果园JTFD29M29

2. 浮山果园JTFD29M29

彩版八九　浮山果园JTFD29M29

1. 陶鼎JTFD29M29：18

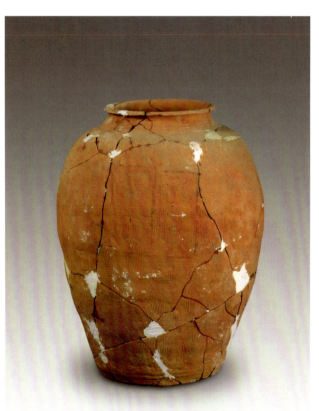

2. 陶罐JTFD29M29：11

3. 陶坛JTFD29M29：1

4. 硬陶坛JTFD29M29：2

彩版九〇　浮山果园JTFD29M29出土器物

1. 硬陶罐JTFD29M29：13

2. 陶瓿JTFD29M29：22

3. 硬陶瓿JTFD29M29：20

4. 硬陶瓿JTFD29M29：24

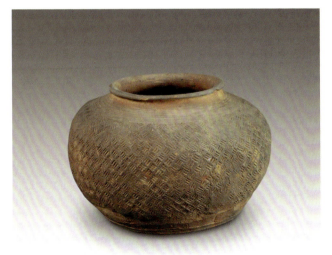

5. 硬陶瓿JTFD29M29：26

6. 硬陶瓿JTFD29M29：28

彩版九一　浮山果园JTFD29M29出土器物

1．陶盆JTFD29M29：6

2．陶盆JTFD29M29：21

3．陶盆JTFD29M29：23

4．陶盆JTFD29M29：25

5．原始瓷碗JTFD29M29：5

彩版九二　浮山果园JTFD29M29出土器物

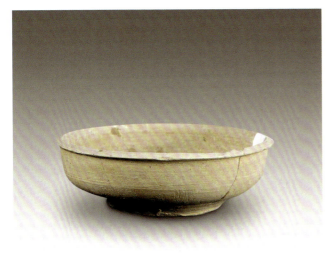

1．原始瓷碗JTFD29M29：8

2．原始瓷碗JTFD29M29：3

3．陶钵JTFD29M29：14

4．陶钵JTFD29M29：19

5．陶器盖JTFD29M29：17

6．陶纺轮JTFD29M29：10

彩版九三　浮山果园JTFD29M29出土器物

1. 浮山果园JTFD29M30

2. 浮山果园JTFD29M30

彩版九四　浮山果园JTFD29M30

1．陶罐JTFD29M30：8

2．陶罐JTFD29M30：11

3．硬陶罐JTFD29M30：9

4．硬陶瓿JTFD29M30：2

5．硬陶瓿JTFD29M30：4

6．硬陶瓿JTFD29M30：6

彩版九五　浮山果园JTFD29M30出土器物

1．硬陶瓿JTFD29M30：7

2．原始瓷碗JTFD29M30：12

3．陶器盖JTFD29M30：1

4．陶器盖JTFD29M30：3

5．陶器盖JTFD29M30：5

6．陶器盖JTFD29M30：10

彩版九六　浮山果园JTFD29M30出土器物

1．浮山果园JTFD29M31

2．浮山果园JTFD29M31内人牙痕迹

3．陶鼎JTFD29M31：1

4．硬陶坛JTFD29M31：3

彩版九七　浮山果园JTFD29M31及出土器物

1. 浮山果园JTFD29M32

2. 浮山果园JTFD29M32

彩版九八　浮山果园JTFD29M32

1．浮山果园JTFD29M32人骨

2．浮山果园JTFD29M32蚌壳

3．浮山果园JTFD29M32硬陶器内盛装的动物骨骼

彩版九九　浮山果园JTFD29M32

1．陶鼎JTFD29M32∶7

2．陶鼎JTFD29M32∶8

3．陶鼎JTFD29M32∶16

4．陶鼎JTFD29M32∶26

5．硬陶罐JTFD29M32∶4

6．陶罐JTFD29M32∶31

彩版一〇〇　浮山果园JTFD29M32出土器物

1．硬陶坛JTFD29M32：5

2．硬陶坛JTFD29M32：17

3．硬陶坛JTFD29M32：19

4．硬陶坛JTFD29M32：21

彩版一〇一　浮山果园JTFD29M32出土器物

1．硬陶瓿JTFD29M32：2

2．陶盆JTFD29M32：3

3．陶盆JTFD29M32：9

4．原始瓷碗JTFD29M32：10

5．原始瓷碗JTFD29M32：11

6．原始瓷碗JTFD29M32：12

彩版一○二　浮山果园JTFD29M32出土器物

1．原始瓷碗JTFD29M32：13

2．原始瓷碗JTFD29M32：14

3．原始瓷碗JTFD29M32：15

4．原始瓷碗JTFD29M32：22

5．原始瓷碗JTFD29M32：24

6．陶钵JTFD29M32：1

彩版一〇三　浮山果园JTFD29M32出土器物

1. 陶钵JTFD29M32：27

2. 陶钵JTFD29M32：28

3. 陶钵JTFD29M32：29

4. 陶器盖JTFD29M32：6

5. 陶器盖JTFD29M32：25

6. 陶器盖JTFD29M32：20

彩版一〇四　浮山果园JTFD29M32出土器物

1. 浮山果园JTFD29M33

2. 浮山果园JTFD29M33

彩版一○五　浮山果园JTFD29M33

1．陶鼎JTFD29M33：1

2．陶鼎JTFD29M33：4

3．陶罐JTFD29M33：5

4．陶罐JTFD29M33：6

5．陶器盖JTFD29M33：3

6．陶器盖JTFD29M33：7

彩版一○六　浮山果园JTFD29M33出土器物

1. 浮山果园JTFD29M34

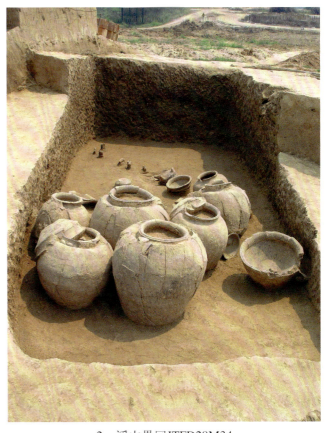

2. 浮山果园JTFD29M34

彩版一〇七　浮山果园JTFD29M34

1. 浮山果园JTFD29M34

2. 陶鼎JTFD29M34∶1

3. 陶鼎JTFD29M34∶8

彩版一〇八　浮山果园JTFD29M34及出土器物

1．陶鼎JTFD29M34：11

2．硬陶罐JTFD29M34：4

3．硬陶坛JTFD29M34：9

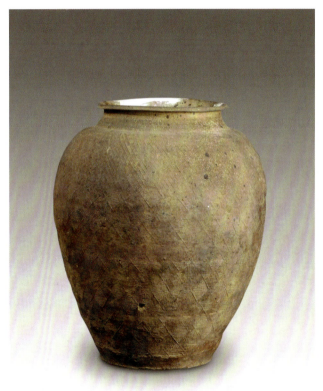

4．硬陶坛JTFD29M34：13

彩版一〇九　浮山果园JTFD29M34出土器物

1．硬陶坛JTFD29M34：18

2．硬陶坛JTFD29M34：19

3．硬陶坛JTFD29M34：25

4．硬陶坛JTFD29M34：27

彩版一一〇　浮山果园JTFD29M34出土器物

1．硬陶罐JTFD29M34：23

2．硬陶瓿JTFD29M34：21

3．陶盆JTFD29M34：12

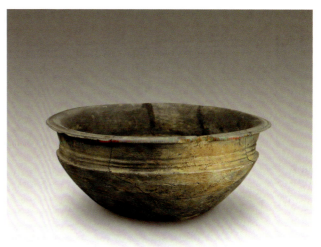

4．陶盆JTFD29M34：3

5．陶盆JTFD29M34：6

6．陶盆JTFD29M34：15

彩版一一一　浮山果园JTFD29M34出土器物

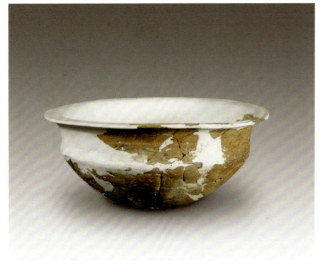

1. 陶盆JTFD29M34：24

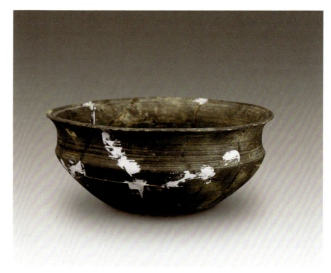

2. 陶盆JTFD29M34：17

3. 原始瓷碗JTFD29M34：2

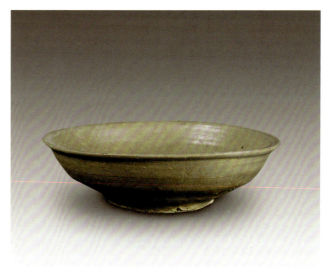

4. 原始瓷碗JTFD29M34：14

5. 原始瓷碗JTFD29M34：16

6. 陶器盖JTFD29M34：5

彩版一一二　浮山果园JTFD29M34出土器物

1．陶器盖JTFD29M34：7

2．陶器盖JTFD29M34：10

3．陶器盖JTFD29M34：20

4．陶鼎JTFD29M35：1

5．浮山果园JTFD29M35

彩版一一三　浮山果园JTFD29M34、M35及出土器物

1．浮山果园JTFD29M36

2．硬陶瓿JTFD29M36：2

3．小陶盆JTFD29M36：5

4．原始瓷碗JTFD29M36：4

5．原始瓷盂JTFD29M36：3

彩版一一四　浮山果园JTFD29M36及出土器物

1．浮山果园JTFD29M37

2．浮山果园JTFD29M37

彩版一一五　浮山果园JTFD29M37出土器物

1. 陶鼎JTFD29M37：5

2. 陶罐JTFD29M37：3

3. 陶罐JTFD29M37：6

4. 陶盆JTFD29M37：9

5. 陶器盖JTFD29M37：4

6. 陶纺轮JTFD29M37：2

彩版一一六　浮山果园JTFD29M37出土器物

1. 浮山果园JTFD29M38

2. 浮山果园JTFD29M38

彩版一一七　浮山果园JTFD29M38

1．陶鼎JTFD29M38：6

2．陶鼎JTFD29M38：8

3．硬陶罐JTFD29M38：2

4．陶罐JTFD29M38：7

5．硬陶瓿JTFD29M38：4

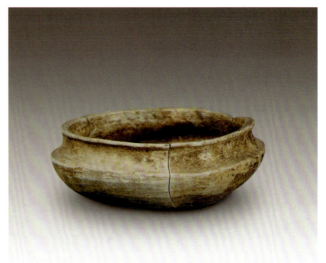

6．陶盆JTFD29M38：1

彩版一一八　浮山果园JTFD29M38出土器物

3．浮山果园JTFD29M39内人骨牙齿

1．浮山果园JTFD29M39

2．浮山果园JTFD29M39

彩版一一九　浮山果园JTFD29M39

1．陶鼎JTFD29M39：15

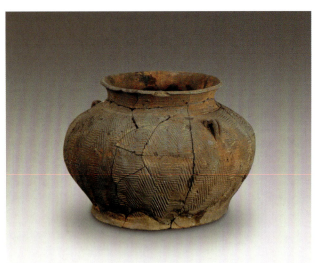

2．硬陶瓿JTFD29M39：3

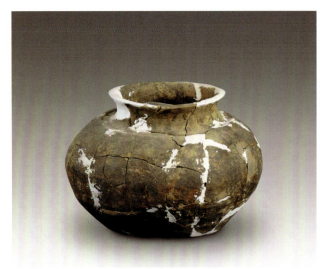

3．陶瓿JTFD29M39：5

4．硬陶坛JTFD29M39：7

5．硬陶坛JTFD29M39：9

彩版一二〇　浮山果园JTFD29M39出土器物

1. 原始瓷豆JTFD29M39：1

2. 原始瓷豆JTFD29M39：16

3. 原始瓷豆JTFD29M39：17

4. 原始瓷豆JTFD29M39：18

5. 陶盆JTFD29M39：2

6. 陶纺轮JTFD29M39：6

彩版一二一　浮山果园JTFD29M39出土器物

1．陶器盖JTFD29M39：8

2．石镞JTFD29M39：19

3．浮山果园JTFD29M40

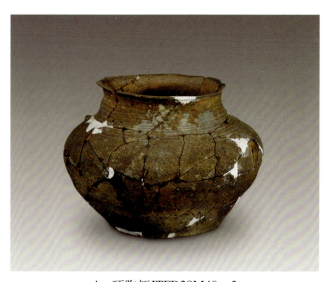

4．硬陶瓿JTFD29M40：3

彩版一二二　浮山果园JTFD29M39、M40及出土器物

1. 浮山果园JTFD29M41封土

2. 浮山果园JTFD29M41封土剖面

彩版一二三　浮山果园JTFD29M41

1. 浮山果园JTFD29M41

2. 浮山果园JTFD29M41

彩版一二四　浮山果园JTFD29M41

1. 陶鼎JTFD29M41：12

2. 陶鼎JTFD29M41：13

3. 陶鼎JTFD29M41：15

4. 陶鼎JTFD29M41：21

5. 陶罐JTFD29M41：1

6. 陶罐JTFD29M41：2

彩版一二五　浮山果园JTFD29M41出土器物

1. 硬陶坛JTFD29M41：17

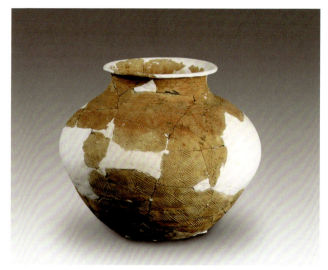

3. 陶罐JTFD29M41：8

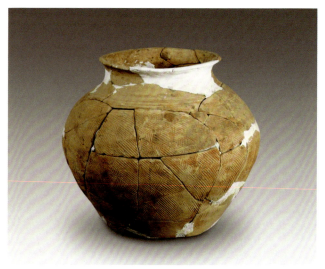

4. 陶罐JTFD29M41：20

2. 硬陶坛JTFD29M41：19

5. 硬陶瓿JTFD29M41：5

彩版一二六　浮山果园JTFD29M41出土器物

1. 原始瓷豆JTFD29M41：22

2. 陶盆JTFD29M41：9

3. 陶盆JTFD29M41：10

4. 陶盆JTFD29M41：18

5. 陶盆JTFD29M41：24

彩版一二七　浮山果园JTFD29M41出土器物

1．硬陶盂JTFD29M41：3

2．原始瓷盂JTFD29M41：25

3．陶器盖JTFD29M41：4

4．陶器盖JTFD29M41：7

5．陶器盖JTFD29M41：11

6．陶器盖JTFD29M41：26

彩版一二八　浮山果园JTFD29M41出土器物

1. 浮山果园JTFD29M42

2. 浮山果园JTFD29M42封土剖面

彩版一二九　浮山果园JTFD29M42

1. 浮山果园JTFD29M42器物组合特写

2. 陶鼎JTFD29M42：5

3. 硬陶罐JTFD29M42：4

4. 硬陶瓿JTFD29M42：2

5. 陶器盖JTFD29M42：3

彩版一三〇　浮山果园JTFD29M42及出土器物

1. 浮山果园JTFD29M43

2. 浮山果园JTFD29M43

3. 浮山果园JTFD29M43内头骨遗骸

彩版一三一　浮山果园JTFD29M43

1. 陶鼎JTFD29M43：2

2. 陶鼎JTFD29M43：8

4. 陶罐JTFD29M43：3

3. 硬陶坛JTFD29M43：1

5. 陶罐JTFD29M43：6

彩版一三二　浮山果园JTFD29M43出土器物

1. 硬陶罐JTFD29M43：10

2. 陶豆JTFD29M43：4

3. 硬陶碗JTFD29M43：5

4. 陶器盖JTFD29M43：7

5. 陶器盖JTFD29M43：9

彩版一三三　浮山果园JTFD29M43出土器物

1. 浮山果园JTFD29M44

2. 浮山果园JTFD29M44

彩版一三四　浮山果园JTFD29M44

1．陶鼎JTFD29M44：16

2．陶鼎JTFD29M44：28

3．陶鼎JTFD29M44：36

4．硬陶坛JTFD29M44：3

5．硬陶坛JTFD29M44：4

彩版一三五　浮山果园JTFD29M44出土器物

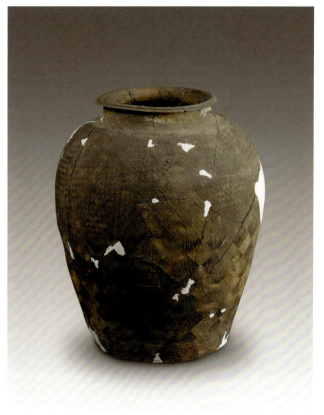

1. 硬陶坛JTFD29M44：6

2. 硬陶坛JTFD29M44：7

3. 硬陶坛JTFD29M44：9

4. 硬陶罐JTFD29M44：11

彩版一三六　浮山果园JTFD29M44出土器物

1．原始瓷罐JTFD29M44：13

2．原始瓷罐JTFD29M44：17

3．硬陶罐JTFD29M44：18

4．原始瓷罐JTFD29M44：22

5．陶罐JTFD29M44：27

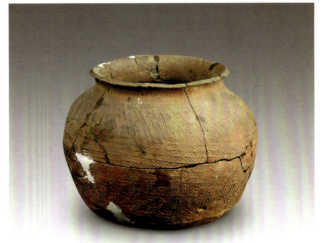

6．硬陶瓿JTFD29M44：23

彩版一三七　浮山果园JTFD29M44出土器物

1. 硬陶瓿JTFD29M44：34

2. 陶盆JTFD29M44：10

3. 陶盆JTFD29M44：21

4. 陶盆JTFD29M44：24

5. 陶盘JTFD29M44：29

6. 陶器盖JTFD29M44：33

彩版一三八　浮山果园JTFD29M44出土器物

1. 原始瓷碗JTFD29M44：1

2. 陶碗JTFD29M44：14

3. 原始瓷碗JTFD29M44：19

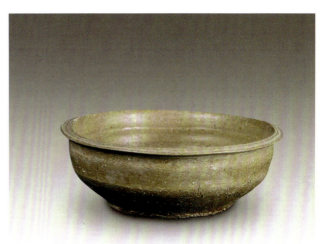

4. 原始瓷碗JTFD29M44：30

5. 原始瓷碗JTFD29M44：31

6. 原始瓷碗JTFD29M44：32

彩版一三九　浮山果园JTFD29M44出土器物

1．陶器盖JTFD29M44：2

2．陶器盖JTFD29M44：5

3．陶器盖JTFD29M44：12

4．陶器盖JTFD29M44：15

5．陶器盖JTFD29M44：20

6．陶器盖JTFD29M44：26

彩版一四〇　浮山果园JTFD29M44出土器物

1. 浮山果园JTFD29M45发掘前

2. 浮山果园JTFD29M45填土清理后

彩版一四一　浮山果园JTFD29M45

1. 浮山果园JTFD29M45发掘工作照

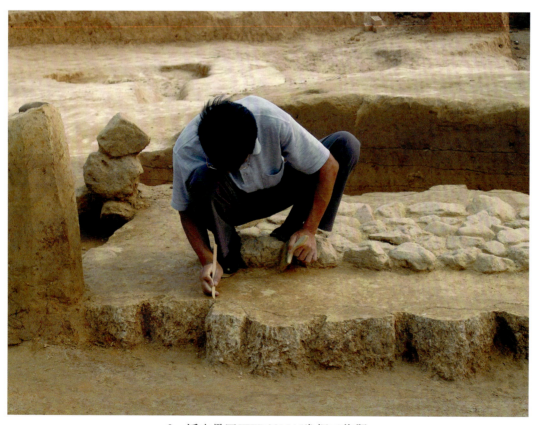

2. 浮山果园JTFD29M45发掘工作照

彩版一四二　浮山果园JTFD29M45

1. 浮山果园JTFD29M45墓内随葬器物

2. 浮山果园JTFD29M45墓内随葬器物

彩版一四三　浮山果园JTFD29M45

1. 浮山果园JTFD29M45基槽柱洞及石床

2. 浮山果园JTFD29M45墓门石墙

彩版一四四　浮山果园JTFD29M45

1. 浮山果园JTFD29M45墓门及石床

2. 浮山果园JTFD29M45墓道发掘前

3. 浮山果园JTFD29M45墓道发掘后

彩版一四五　浮山果园JTFD29M45

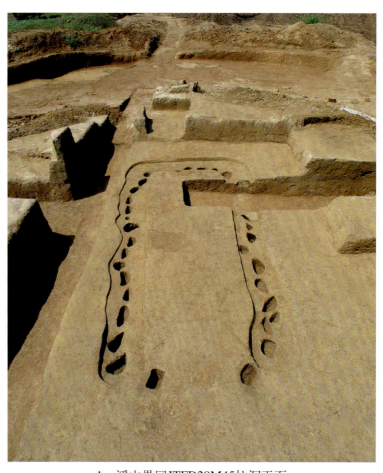

1. 浮山果园JTFD29M45柱洞平面

2. 浮山果园JTFD29M45柱洞平面

彩版一四六　浮山果园JTFD29M45

1．浮山果园JTFD29M45柱子外皮

2．浮山果园JTFD29M45柱洞剖面

3．浮山果园JTFD29M45柱洞及基槽剖面

彩版一四七　浮山果园JTFD29M45

1．浮山果园JTFD29M45基槽

2．浮山果园JTFD29M45基槽

彩版一四八　浮山果园JTFD29M45

1. 浮山果园JTFD29M45出土人牙齿

2. 陶鼎JTFD29M45：2

3. 陶罐JTFD29M45：3

4. 陶罐JTFD29M45：6

5. 陶器盖JTFD29M45：1

彩版一四九　浮山果园JTFD29M45及出土器物

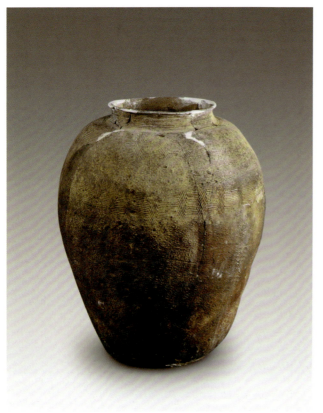

1. 硬陶坛JTFD29M45：4

2. 硬陶坛JTFD29M45：5

3. 原始瓷豆JTFD29M45：7

4. 原始瓷豆JTFD29M45：8

5. 原始瓷豆JTFD29M45：9

1．浮山果园JTFD33发掘中

2．浮山果园JTFD33发掘后

彩版一五一　浮山果园JTFD33

1. 浮山果园JTFD33M1

2. 浮山果园JTFD33M1

彩版一五二　浮山果园JTFD33M1

1. 硬陶坛JTFD33M1：2

3. 硬陶瓿JTFD33M1：8

4. 硬陶瓿JTFD33M1：10

2. 硬陶坛JTFD33M1：4

5. 硬陶瓿JTFD33M1：12

彩版一五三　浮山果园JTFD33M1出土器物

1．原始瓷碗JTFD33M1：3

2．陶钵JTFD33M1：5

3．陶钵JTFD33M1：7

4．陶钵JTFD33M1：9

5．硬陶罐JTFD33M1：6

6．陶钵JTFD33M1：11

彩版一五四　浮山果园JTFD33M1出土器物

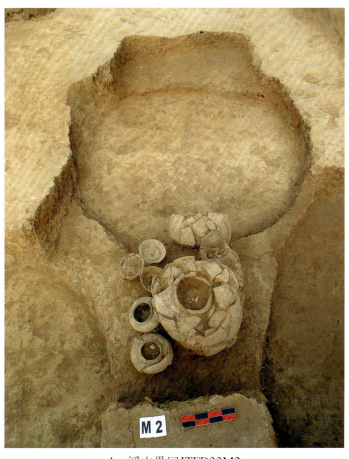

1．浮山果园JTFD33M2

2．浮山果园JTFD33M2

彩版一五五　浮山果园JTFD33M2

1. 陶鼎JTFD33M2：5

3. 硬陶瓿JTFD33M2：1

2. 硬陶坛JTFD33M2：6

4. 硬陶瓿JTFD33M2：2

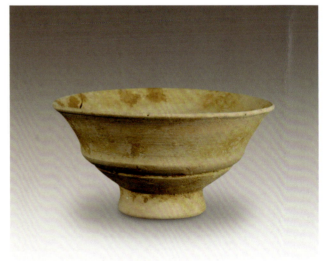

5. 原始瓷豆JTFD33M2：3

彩版一五六　浮山果园JTFD33M2出土器物

1. 浮山果园JTFD33M3

2. 硬陶坛JTFD33M3：17

3. 硬陶坛JTFD33M3：14

彩版一五七　浮山果园JTFD33M3及出土器物

1. 陶鼎JTFD33M3：12

2. 陶坛JTFD33M3：9

3. 陶罐JTFD33M3：21

4. 硬陶瓿JTFD33M3：19

彩版一五八　浮山果园JTFD33M3出土器物

1．硬陶瓿JTFD33M3：20

2．陶盆JTFD33M3：16

4．陶钵JTFD33M3：15

3．陶盆JTFD33M3：18

5．陶钵JTFD33M3：8

彩版一五九　浮山果园JTFD33M3出土器物

1. 原始瓷碗JTFD33M3：1

2. 原始瓷碗JTFD33M3：2

3. 原始瓷碗JTFD33M3：3

4. 原始瓷碗JTFD33M3：5

5. 原始瓷盂JTFD33M3：4

6. 原始瓷盂JTFD33M3：7

彩版一六〇　浮山果园JTFD33M3出土器物

1. 浮山果园JTFD33M4

2. 陶鼎JTFD33M4：1

3. 原始瓷豆JTFD33M4：3

4. 原始瓷豆JTFD33M4：4

5. 原始瓷豆JTFD33M4：5

彩版一六一　浮山果园JTFD33M4及出土器物

1. 浮山果园JTFD33Q1

2. 陶罐JTFD33Q1：1

3. 陶钵JTFD33Q1：2

彩版一六二　浮山果园JTFD33Q1及出土器物

彩版一六三　东边山土墩墓群远眺

1. 东边山JTDD1发掘前

2. 东边山JTDD1发掘中

彩版一六四　东边山JTDD1

彩版一六五　东边山JTDD1墓葬分布

1. 东边山JTDD1界墙西段

2. 东边山JTDD1界墙剖面

彩版一六六　东边山JTDD1界墙

1. 东边山JTDD1东北区西壁剖面

2. 东边山JTDD1东南区西壁剖面

彩版一六七　东边山JTDD1

1. 东边山JTDD1M1

2. 东边山JTDD1M1

3. 东边山JTDD1M1人牙齿

彩版一六八　东边山JTDD1M1

1．陶鼎JTDD1M1：4

3．陶罐JTDD1M1：5

2．硬陶坛JTDD1M1：10

4．硬陶瓿JTDD1M1：2

1. 硬陶瓿JTDD1M1：7

2. 陶盆JTDD1M1：3

3. 陶器盖JTDD1M1：6

4. 陶器盖JTDD1M1：8

1. 东边山JTDD1M2

3. 硬陶坛JTDD1M2：1

2. 陶鼎JTDD1M2：5

4. 硬陶瓿JTDD1M2：3

彩版一七一　东边山JTDD1M2及出土器物

1. 东边山JTDD1M3

3. 硬陶坛JTDD1M3：1

2. 陶鼎JTDD1M3：7

4. 陶罐JTDD1M3：5

彩版一七二　东边山JTDD1M3及出土器物

1．硬陶瓿JTDD1M3：3

2．原始瓷碗JTDD1M3：2

3．原始瓷碗JTDD1M3：9

4．陶器盖JTDD1M3：4

5．陶器盖JTDD1M3：6

彩版一七三　东边山JTDD1M3出土器物

1. 东边山JTDD1M4

2. 陶鼎JTDD1M4：7

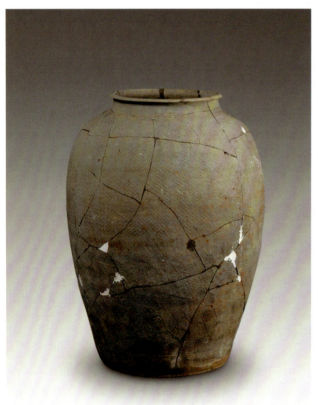

3. 硬陶坛JTDD1M4：1

4. 硬陶坛JTDD1M4：2

彩版一七四　东边山JTDD1M4及出土器物

1. 硬陶罐JTDD1M4：4

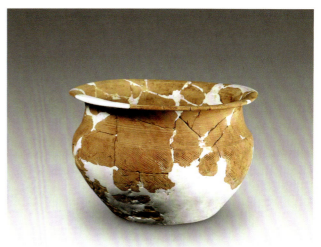

2. 陶罐JTDD1M4：5

3. 陶盆JTDD1M4：12

4. 原始瓷碗JTDD1M4：8

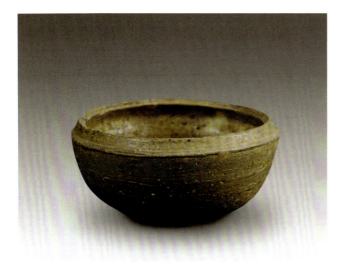

5. 原始瓷钵JTDD1M4：9

6. 原始瓷碗JTDD1M4：10

彩版一七五 东边山JTDD1M4出土器物

1. 东边山JTDD1M5

2. 硬陶罐JTDD1M5∶11

3. 硬陶罐JTDD1M5∶19

4. 陶罐JTDD1M5∶35

5. 陶罐JTDD1M5∶21

彩版一七六　东边山JTDD1M5及出土器物

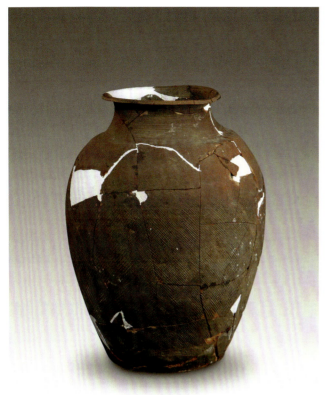

1．硬陶坛JTDD1M5：20

2．硬陶坛JTDD1M5：23

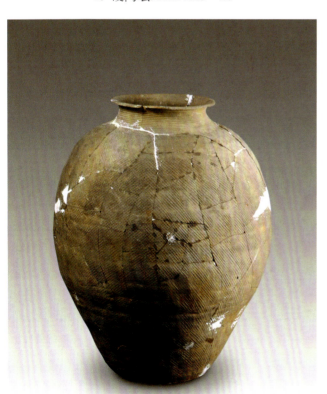

3．硬陶坛JTDD1M5：28

4．硬陶瓿JTDD1M5：5

彩版一七七　东边山JTDD1M5出土器物

1．硬陶瓿JTDD1M5：9

2．硬陶瓿JTDD1M5：30

3．原始瓷豆JTDD1M5：24

4．原始瓷豆JTDD1M5：25

5．原始瓷豆JTDD1M5：26

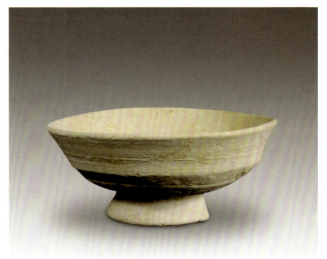

6．原始瓷豆JTDD1M5：31

彩版一七八　东边山JTDD1M5出土器物

1. 陶盘JTDD1M5：13

2. 陶罐JTDD1M5：6

3. 硬陶盉JTDD1M5：34

4. 陶器盖JTDD1M5：8

5. 陶器盖JTDD1M5：18

6. 陶器盖JTDD1M5：32

彩版一七九　东边山JTDD1M5出土器物

1. 东边山JTDD1M6

2. 东边山JTDD1M6

彩版一八〇 东边山JTDD1M6

1. 陶鼎JTDD1M6：9

2. 陶鼎JTDD1M6：13

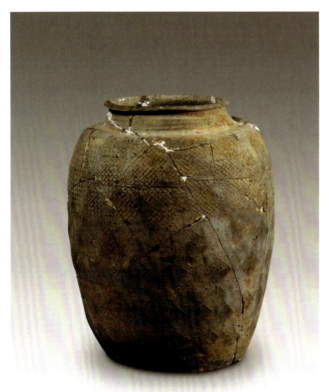

3. 硬陶坛JTDD1M6：20

4. 陶罐JTDD1M6：7

5. 硬陶罐JTDD1M6：19

彩版一八一　东边山JTDD1M6出土器物

1. 陶坛JTDD1M6：21

3. 硬陶坛JTDD1M6：26

2. 硬陶坛JTDD1M6：24

4. 硬陶坛JTDD1M6：23

彩版一八二　东边山JTDD1M6出土器物

1. 硬陶瓿JTDD1M6：2

2. 硬陶瓿JTDD1M6：12

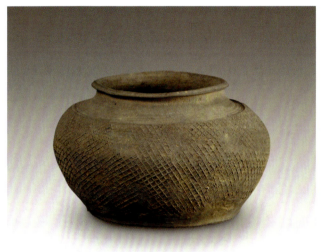

3. 硬陶瓿JTDD1M6：37

4. 硬陶瓿JTDD1M6：39

5. 陶盆JTDD1M6：22

6. 陶盆JTDD1M6：36

彩版一八三　东边山JTDD1M6出土器物

1．原始瓷碗JTDD1M6∶3　　　　　　　2．原始瓷碗JTDD1M6∶4

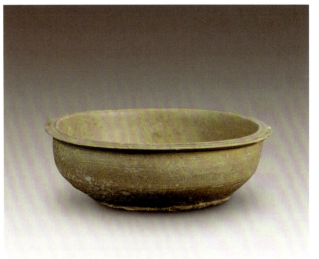

3．原始瓷碗JTDD1M6∶5　　　　　　　4．原始瓷碗JTDD1M6∶11

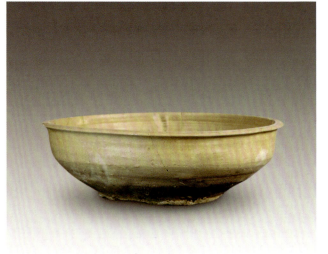

5．原始瓷碗JTDD1M6∶16　　　　　　　6．原始瓷碗JTDD1M6∶17

彩版一八四　东边山JTDD1M6出土器物

1．原始瓷碗JTDD1M6：27

2．原始瓷碗JTDD1M6：28

3．原始瓷碗JTDD1M6：29

4．原始瓷碗JTDD1M6：30

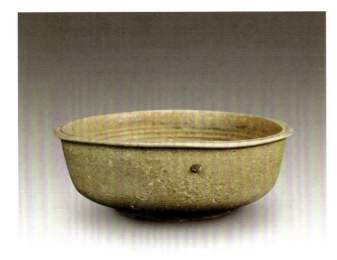

5．原始瓷碗JTDD1M6：31

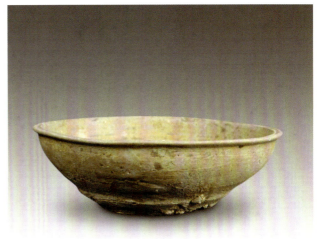

6．原始瓷碗JTDD1M6：32

彩版一八五　东边山JTDD1M6出土器物

1. 东边山JTDD1M7

3. 东边山JTDD1M7内的牙齿

2. 东边山JTDD1M7

彩版一八六　东边山JTDD1M7

1．陶鼎JTDD1M7：13

2．硬陶罐JTDD1M7：4

3．陶罐JTDD1M7：8

4．硬陶坛JTDD1M7：1

5．硬陶坛JTDD1M7：12

彩版一八七　东边山JTDD1M7出土器物

1. 陶盆JTDD1M7：3

2. 原始瓷碗JTDD1M7：2

3. 原始瓷碗JTDD1M7：5

4. 原始瓷碗JTDD1M7：6

5. 原始瓷碗JTDD1M7：7

6. 陶器盖JTDD1M7：9

彩版一八八　东边山JTDD1M7出土器物

1. 东边山JTDD1M8

2. 东边山JTDD1M8

彩版一八九　东边山JTDD1M8

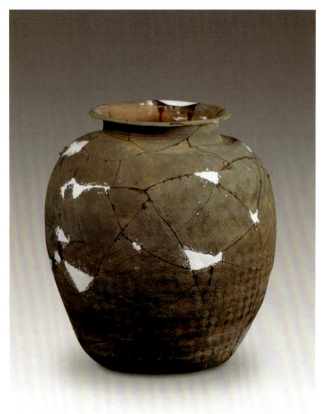

1. 硬陶坛 JTDD1M8：8

3. 陶罐 JTDD1M8：5

4. 陶罐 JTDD1M8：10

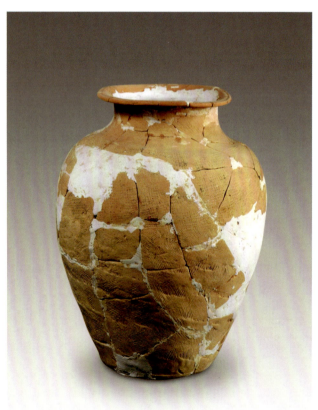

2. 陶坛 JTDD1M8：20

5. 陶罐 JTDD1M8：15

彩版一九〇　东边山JTDD1M8出土器物

1．硬陶瓿JTDD1M8：24

2．陶盆JTDD1M8：6

3．陶盆JTDD1M8：19

4．陶盆JTDD1M8：32

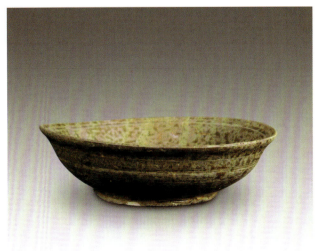

5．原始瓷碗JTDD1M8：2

6．原始瓷碗JTDD1M8：3

彩版一九一　东边山JTDD1M8出土器物

1. 陶器盖JTDD1M8：7

2. 陶器盖JTDD1M8：9

3. 陶器盖JTDD1M8：11

4. 陶器盖JTDD1M8：13

5. 陶器盖JTDD1M8：21

6. 陶器盖JTDD1M8：23

彩版一九二　东边山JTDD1M8出土器物

1. 东边山JTDD1M9

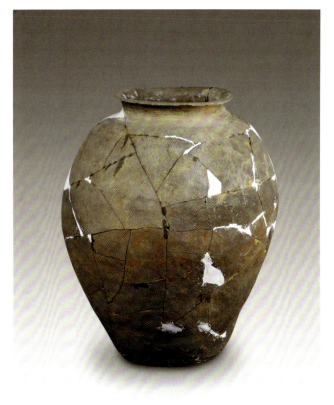

3. 硬陶坛JTDD1M9：1

2. 陶鼎JTDD1M9：11

4. 硬陶坛JTDD1M9：3

彩版一九三　东边山JTDD1M9及出土器物

1．硬陶坛JTDD1M9∶5

2．硬陶罐JTDD1M9∶13

4．硬陶碗JTDD1M9∶6

3．硬陶瓿JTDD1M9∶15

5．原始瓷碗JTDD1M9∶10

彩版一九四　东边山JTDD1M9出土器物

1. 东边山JTDD1M10

2. 陶鼎JTDD1M10：3

3. 硬陶瓿JTDD1M10：5

4. 陶器盖JTDD1M10：4

5. 陶器盖JTDD1M10：6

彩版一九五　东边山JTDD1M10及出土器物

1. 东边山JTDD1M11

2. 陶鼎JTDD1M11：11

3. 陶鼎JTDD1M11：22

4. 硬陶坛JTDD1M11：2

彩版一九六　东边山JTDD1M11及出土器物

1．硬陶坛JTDD1M11：3

2．硬陶坛JTDD1M11：9

3．硬陶罐JTDD1M11：7

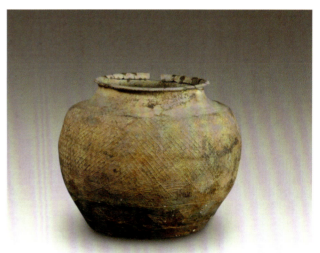

4．硬陶罐JTDD1M11：13

彩版一九七　东边山JTDD1M11出土器物

1. 硬陶瓿JTDD1M11：17

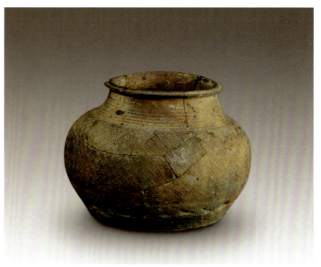

2. 硬陶瓿JTDD1M11：19

3. 原始瓷豆JTDD1M11：23

4. 陶盆JTDD1M11：12

5. 原始瓷碗JTDD1M11：4

6. 原始瓷碗JTDD1M11：5

彩版一九八　东边山JTDD1M11出土器物

1. 原始瓷碗JTDD1M11：6

2. 原始瓷碗JTDD1M11：14

3. 原始瓷碗JTDD1M11：20

4. 原始瓷碗JTDD1M11：21

5. 陶钵JTDD1M11：10

6. 陶器盖JTDD1M11：8

彩版一九九　东边山JTDD1M11出土器物

1. 东边山JTDD1M12

2. 东边山JTDD1M13

彩版二○○　东边山JTDD1M12、M13

1．东边山JTDD1M13船棺清理前

2．东边山JTDD1M13墓葬清理后平面

彩版二○一 东边山JTDD1M13

1. 东边山JTDD1M13墓葬全景

2. 东边山JTDD1M13墓坑俯视

彩版二〇二　东边山JTDD1M13

1. 东边山JTDD1M13墓葬西部器物

2. 东边山JTDD1M13墓道底部垫土

彩版二○三　东边山JTDD1M13

1. 东边山JTDD1M13发掘工作照

2. 东边山JTDD1M13船棺清理后平面

彩版二〇四　东边山JTDD1M13

1．陶鼎JTDD1M13：11

2．陶鼎JTDD1M13：31

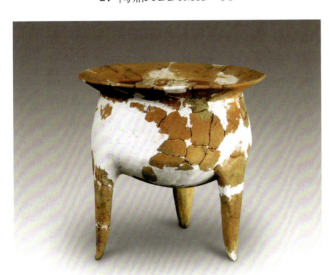

3．陶鼎JTDD1M13：40

4．硬陶坛JTDD1M13：2

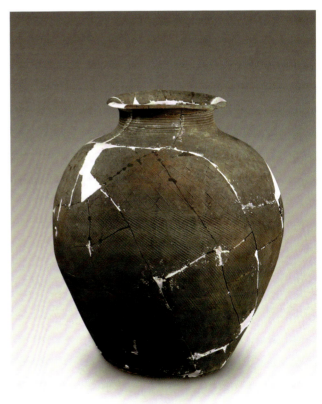

5．硬陶坛JTDD1M13：4

彩版二○五　东边山JTDD1M13出土器物

1. 硬陶坛JTDD1M13：6

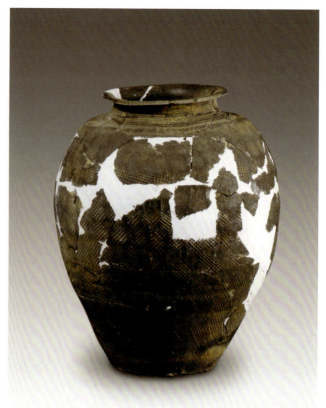

2. 硬陶坛JTDD1M13：8

3. 硬陶坛JTDD1M13：25

4. 硬陶坛JTDD1M13：30

彩版二〇六　东边山JTDD1M13出土器物

1．陶罐JTDD1M13：36

2．硬陶罐JTDD1M13：17

3．硬陶罐JTDD1M13：21

4．硬陶罐JTDD1M13：28

5．硬陶瓿JTDD1M13：15

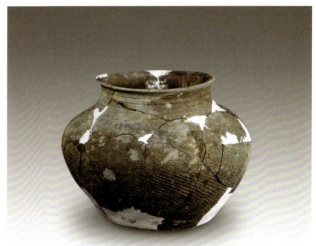

6．硬陶瓿JTDD1M13：23

彩版二〇七　东边山JTDD1M13出土器物

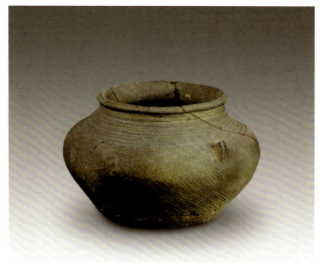

1. 硬陶瓿JTDD1M13：38

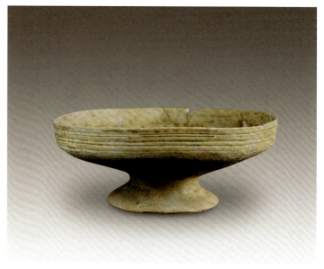

2. 原始瓷豆JTDD1M13：34

3. 原始瓷豆JTDD1M13：35

4. 陶盆JTDD1M13：10

5. 陶盆JTDD1M13：24

6. 陶壶JTDD1M13：26

彩版二〇八　东边山JTDD1M13出土器物

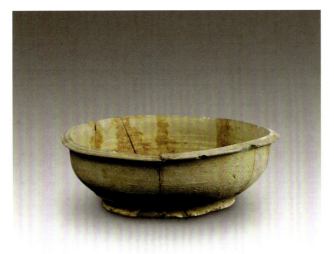

1. 原始瓷碗JTDD1M13：19

2. 原始瓷碗JTDD1M13：33

3. 陶钵JTDD1M13：18

4. 硬陶盂JTDD1M13：41

5. 陶器盖JTDD1M13：14

6. 陶器盖JTDD1M13：22

彩版二○九　东边山JTDD1M13出土器物

1．陶器盖JTDD1M13：16

2．陶器盖JTDD1M13：37

3．陶器盖JTDD1M13：5

4．陶器盖JTDD1M13：20

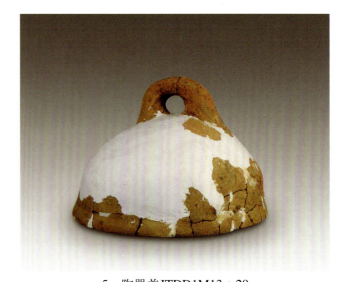

5．陶器盖JTDD1M13：29

彩版二一〇　东边山JTDD1M13出土器物

1. 东边山JTDD1M14

3. 硬陶坛JTDD1M14:16

2. 陶鼎JTDD1M14:12

4. 硬陶坛JTDD1M14:18

彩版二一一　东边山JTDD1M14及出土器物

1. 陶罐JTDD1M14：14

2. 硬陶瓿JTDD1M14：7

3. 原始瓷豆JTDD1M14：20

4. 原始瓷碗JTDD1M14：1

5. 陶器盖JTDD1M14：4

6. 陶器盖JTDD1M14：22

彩版二一二　东边山JTDD1M14出土器物

1. 东边山JTDD1M15

2. 陶瓿JTDD1M15∶11

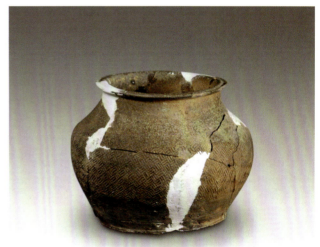

3. 硬陶瓿JTDD1M15∶7

4. 陶盘JTDD1M15∶5

5. 原始瓷碗JTDD1M15∶1

彩版二一三　东边山JTDD1M15及出土器物

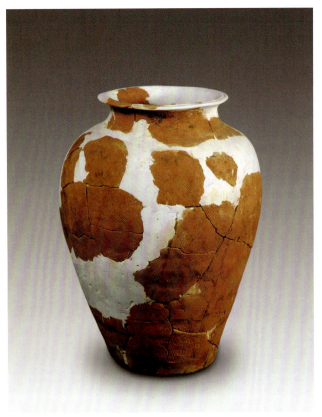

1．陶坛JTDD1M15：9

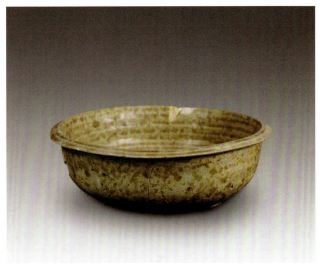

3．原始瓷碗JTDD1M15：2

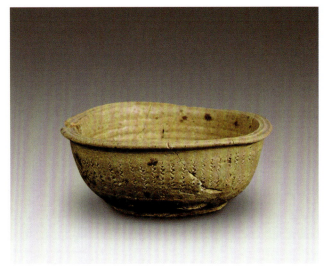

4．原始瓷碗JTDD1M15：3

2．原始瓷碗JTDD1M15：6

5．原始瓷碗JTDD1M15：4

彩版二一四　东边山JTDD1M15出土器物

1. 东边山JTDD2发掘前

2. 东边山JTDD2剖面

彩版二一五　　东边山JTDD2

1. 东边山JTDD2M1石棺床

2. 东边山JTDD2M1人骨

彩版二一六　东边山JTDD2M1

1. 东边山JTDD2M1柱洞发掘前

2. 东边山JTDD2M1柱洞发掘后

彩版二一七 东边山JTDD2M1及出土器物

1. 东边山JTDD2M1基槽

2. 东边山JTDD2M1柱洞剖面

3. 东边山JTDD2M1柱洞剖面

彩版二一八 东边山JTDD2M1

1. 陶罐JTDD2M1：4

2. 原始瓷豆JTDD2M1：1

3. 原始瓷豆JTDD2M1：2

4. 原始瓷豆JTDD2M1：3

1．东边山JTDD2Q1、Q2

2．硬陶瓿JTDD2Q1：3

3．原始瓷豆JTDD2Q1：1

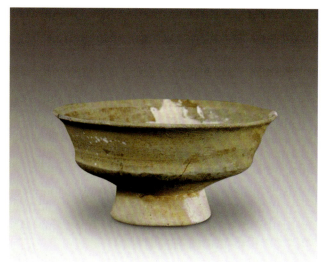

4．原始瓷豆JTDD2Q1：2

彩版二二〇　东边山JTDD2Q1及出土器物

1. 陶鼎JTDD2盗：5

2. 陶鼎JTDD2盗：4

3. 硬陶坛JTDD2盗：1

4. 陶罐JTDD2盗：3

5. 陶盘JTDD2盗：2

彩版二二一　东边山JTDD2盗洞出土器物

1. 东边山JTDD4北剖面

2. 东边山JTDD4工程断面剖面

彩版二二二　东边山JTDD4

1. 东边山JTDD4M1

2. 陶鼎JTDD4M1：1

3. 硬陶瓿JTDD4M1：3

4. 陶盘JTDD4M1：2

彩版二二三　东边山JTDD4M1及出土器物

1. 东边山JTDD4M2

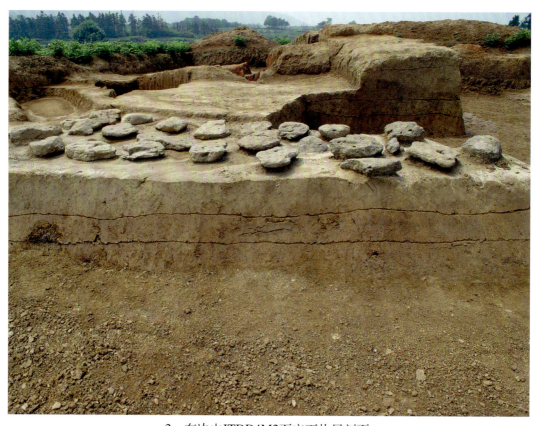

2. 东边山JTDD4M2石床下垫层剖面

彩版二二四　东边山JTDD4M2

1．陶鼎JTDD4M2：2

2．陶罐JTDD4M2：3

3．硬陶坛JTDD4M2：1

4．硬陶坛JTDD4M2：5

彩版二二五　东边山JTDD4M2出土器物

1. 谷城JTGD1发掘前

2. 谷城JTGD1地层剖面（左北右南）

彩版二二六　谷城JTGD1

1. 谷城JTGD1M1

3. 陶鼎JTGD1M1：8

4. 陶鬲JTGD1M1：12

2. 陶鼎JTGD1M1：6

5. 陶瓿JTGD1M1：13

彩版二二七　谷城JTGD1M1及出土器物

1. 硬陶坛JTGD1M1：4

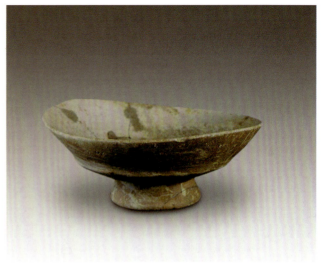

2. 原始瓷豆JTGD1M1：1

3. 硬陶豆JTGD1M1：2

4. 原始瓷豆JTGD1M1：3

5. 陶豆JTGD1M1：7

彩版二二八　谷城JTGD1M1出土器物

1. 谷城JTGD1M2

2. 谷城JTGD1M2

彩版二二九　谷城JTGD1M2

1. 陶鼎JTGD1M2：2

2. 陶鼎JTGD1M2：11

3. 硬陶坛JTGD1M2：13

4. 陶罐JTGD1M2：10

5. 陶罐JTGD1M2：7

彩版二三〇　谷城JTGD1M2出土器物

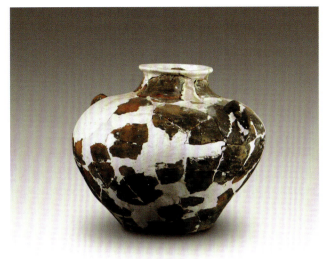

1．陶罐JTGD1M2：9

2．硬陶瓿JTGD1M2：6

3．原始瓷豆JTGD1M2：3

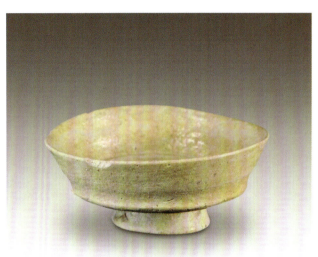

4．原始瓷豆JTGD1M2：4

5．原始瓷豆JTGD1M2：5

6．陶纺轮JTGD1M2：8

彩版二三一　谷城JTGD1M2出土器物

1. 谷城JTGD1M3

2. 谷城JTGD1M4

彩版二三二　谷城JTGD1M3、M4

1．陶鼎JTGD1M3：5

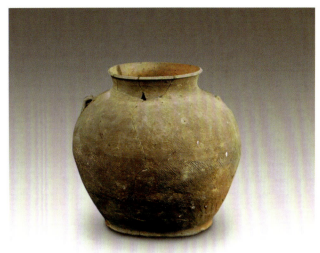

2．硬陶罐JTGD1M3：3

3．陶豆JTGD1M3：4

4．原始瓷豆JTGD1M3：6

5．原始瓷豆JTGD1M3：8

6．陶纺轮JTGD1M3：10

彩版二三三　谷城JTGD1M3出土器物

1. 陶鼎JTGD1M4：8

2. 陶鬲JTGD1M4：3

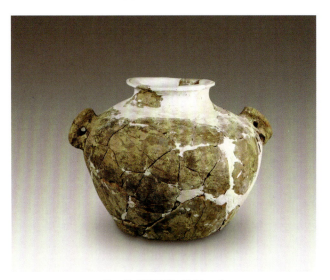

3. 陶罐JTGD1M4：5

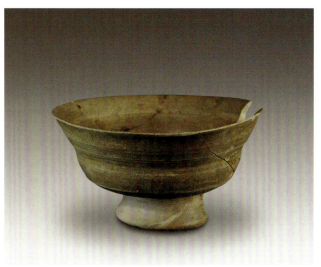

4. 原始瓷豆JTGD1M4：10

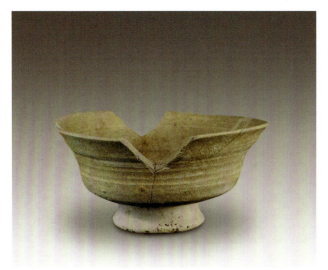

5. 原始瓷豆JTGD1M4：11

6. 陶罐JTGD1M4：6

彩版二三四　谷城JTGD1M4出土器物

1. 谷城JTGD1M5

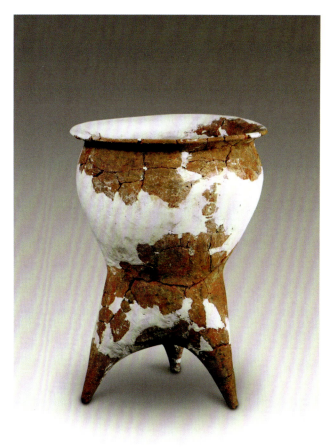

3. 陶甂JTGD1M5：4

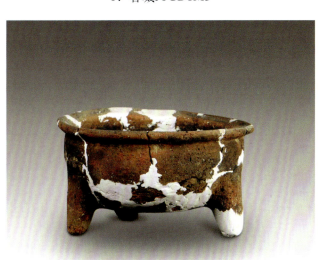

2. 陶鼎JTGD1M5：14

4. 硬陶罐JTGD1M5：11

彩版二三五　谷城JTGD1M5及出土器物

1. 硬陶坛JTGD1M5：15

2. 硬陶瓿JTGD1M5：10

3. 硬陶豆JTGD1M5：2

4. 硬陶豆JTGD1M5：3

5. 硬陶碗 JTGD1M5：1

彩版二三六　谷城JTGD1M5出土器物

1. 谷城JTGD1Q1

2. 陶鬲JTGD1Q1：1

3. 陶豆JTGD1Q1：2

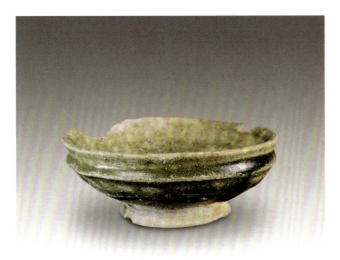

4. 原始瓷豆JTGD1Q1：5

5. 原始瓷豆JTGD1Q1：6

彩版二三七　谷城JTGD1Q1及出土器物

1. 谷城JTGD1Q3

2. 陶鼎JTGD1Q3：9

3. 硬陶瓿JTGD1Q3：4

4. 陶豆JTGD1Q3：8

5. 原始瓷豆JTGD1Q3：5

彩版二三八　谷城JTGD1Q3及出土器物

1. 原始瓷豆JTGD1Q3：6

2. 原始瓷豆JTGD1Q3：7

3. 硬陶坛JTGD1Q3：2

4. 硬陶坛JTGD1Q3：3

彩版二三九　谷城JTGD1Q3出土器物

1. 陶鼎JTGD1Q4：5

2. 陶罐JTGD1Q4：6

3. 硬陶瓿JTGD1Q4：1

4. 陶鼎JTGD1Q5：2

5. 陶鼎JTGD1Q5：3

6. 陶罐JTGD1Q5：1

彩版二四〇　谷城JTGD1Q4、Q5出土器物